GRAMÁTICA NORMATIVA DA LÍNGUA PORTUGUESA

Rocha Lima

GRAMÁTICA NORMATIVA DA LÍNGUA PORTUGUESA

Edição revista segundo o novo Acordo Ortográfico

62ª edição

Rio de Janeiro | 2024

© *Herdeiros de Carlos Henrique da Rocha Lima, 1972*

Reservam-se os direitos desta edição à
EDITORA JOSÉ OLYMPIO LTDA.
Rua Argentina, 171 – 3º andar – São Cristóvão
20921-380 – Rio de Janeiro, RJ
Tel.: (21) 2585-2000
Printed in Brazil / Impresso no Brasil

Seja um leitor preferencial Record.
Cadastre-se em www.record.com.br e receba informações
sobre nossos lançamentos e nossas promoções.

Atendimento e venda direta ao leitor:
sac@record.com.br

ISBN 978-85-03-01022-1

Atualização do texto e revisão do original: SÔNIA PEÇANHA
Revisão do original e provas: ÂNGELA MARIA DA ROCHA LIMA
Capa: VICTOR BURTON

CIP-BRASIL. CATALOGAÇÃO NA FONTE
SINDICATO NACIONAL DOS EDITORES DE LIVROS, RJ

	Lima, Rocha, 1915-1991	
L71g	Gramática normativa da língua portuguesa / Rocha Lima.	
62ª ed.	– 62ª ed. – Rio de Janeiro: José Olympio, 2024.	
	Edição revista segundo o novo Acordo Ortográfico	
	Inclui bibliografia e índice	
	ISBN 978-85-03-01022-1	

1. Língua portuguesa – Gramática. I. Título

	CDD: 469.5
16-0452	CDU: 811.134.3'36

À memória de
ANTENOR NASCENTES,

Professor Emérito do Colégio Pedro II,

homenagem da geração que
estudou Português nas páginas
pioneiras de O *idioma nacional*.

SUMÁRIO

DADOS BIOBIBLIOGRÁFICOS DO AUTOR   15
NOTA DA 48ª EDIÇÃO (Ângela Maria da Rocha Lima)   23
EVOCAÇÃO (Valentina da Rocha Lima)   25
PROFISSÃO DE FÉ [À GUISA DE PREFÁCIO DA 31ª EDIÇÃO] (Rocha Lima)   27
NO LIMINAR [DA 15ª EDIÇÃO, REFUNDIDA] (Rocha Lima)   29

GRAMÁTICA NORMATIVA DA LÍNGUA PORTUGUESA

INTRODUÇÃO   35

Linguagem, 35; Língua e estilo, 36; Língua-comum e suas diferenciações, 37; Dialeto e língua especial, 37; Gramática normativa: seu conceito e divisões, 38.

FONÉTICA E FONOLOGIA

CAPÍTULO 1:   SOM DA FALA E FONEMA   43

Classificação dos fonemas (*1*. Vogais, 45; *2*. Consoantes, 48; *3*. Semivogais, 54); Sílaba e sua estrutura, 54; Hiato, 56; Ditongo e tritongo — Encontros instáveis, 57 (Ditongo, 57; Tritongo, 57; Encontros instáveis, 57); Encontro consonantal, 58.

CAPÍTULO 2:   TONICIDADE E ATONICIDADE   60

Acento de intensidade, 60; Acento principal e acento secundário, 61; Palavras de acentuação viciosa, 62; Ideia de grupo acentual, 64; Vocábulos sem acento, 64; Monossílabos tônicos, 65; Próclise e ênclise, 65; Constituição dos grupos acentuais, 65; Tonicidade e atonicidade acidentais, 66; Consequências da próclise, 67.

CAPÍTULO 3:   PRONÚNCIA NORMAL DO BRASIL   68

Vogais, 68 (Vogais tônicas, 68; Vogais átonas, 70); Ditongos, 72 (Tônicos, 72; Átonos, 73); Tritongos, 74 (Tônicos, 74; Átonos, 75); Encontros de ditongo tônico decrescente e vogal, 75; Consoantes, 75.

8   ROCHA LIMA

CAPÍTULO 4:   ORTOGRAFIA   77
Periodização da história da ortografia portuguesa, 77 (O período fonético, 77; O período pseudoetimológico, 78; O período histórico-científico, 78); Síntese didática do sistema ortográfico oficial, 80 (Generalidades, 80; A letra h, 83; Separação de sílabas, 85; Acerca dos ditongos "ou" e "oi", 86; Verbos em "oar" e em "uar", 86; Sufixos -iano e -iense, 87; Terminação em -io e -ia, 87; Acentuação gráfica, 87; Uso do hífen e do apóstrofo, 95; O apóstrofo, 101; Emprego das letras iniciais maiúsculas, 102).

MORFOLOGIA

CAPÍTULO 5:   SUBSTANTIVO   110
Conceito de substantivo, 110; Concretos e abstratos, 110; Comuns e próprios — coletivos, 112; Gênero, 115 (Meios de expressão do gênero, 116); Número, 125 (Formação do plural, 126; Plural dos diminutivos, 130; Nomes próprios de pessoa, 131; Nomes compostos, 131; Plural com mutação vocálica, 134); Gradação, 135 (Graus do substantivo, 135).

CAPÍTULO 6:   ARTIGO   139
Conceito de artigo, 139; Tipos de artigo, 140.

CAPÍTULO 7:   ADJETIVO   141
Conceito de adjetivo, 141; Gênero, 141 (Adjetivos uniformes, 141; Adjetivos biformes, 142; Adjetivos compostos, 143); Número, 144 (Adjetivos terminados em vogal oral, ou ditongo, 144; Adjetivos terminados em consoante, 144; Adjetivos terminados em "l", 145; Adjetivos terminados em "ão" acentuado, 145; Adjetivos compostos. 146); Graus de significação do adjetivo, 148 (Comparativo, 148; Superlativo, 148; Formas especiais de comparativo e superlativo, 150).

CAPÍTULO 8:   NUMERAL   153
Conceito de numeral, 153; Tipos de numeral, 153.

CAPÍTULO 9:   PRONOME   156
Conceito de pronome, 156; Pronomes pessoais, 156; Pronomes possessivos, 159; Pronomes demonstrativos, 159; Pronomes indefinidos, 161; Pronomes relativos, 162 (Pronomes relativos indefinidos, 163); Pronomes interrogativos, 164; O pronome na oração, 164 (Demonstrativos, 166; Indefinidos, 166); Palavras vicárias, 167.

GRAMÁTICA NORMATIVA DA LÍNGUA PORTUGUESA

CAPÍTULO 10: VERBO **168**
Conceito de verbo, 168; Conjugação, 171; Paradigmas das três conjugações regulares, 173 (Formas simples, 173); Verbos com mutação vocálica, 177 (Primeira conjugação, 177; Segunda conjugação, 179; Terceira conjugação, 179); Conjugação do verbo pôr, 181 (Voz ativa — tempos simples, 181); Verbos auxiliares, 182; Conjugação dos verbos regulares e dos auxiliares, 186 (Formas compostas, 186); Verbos na voz passiva, 189; Verbos na voz reflexiva, 195 (1° tipo, 195; 2° tipo, 200); Conjugação de verbos com os pronomes objetivos diretos o, a, os, as, 206; Verbos irregulares (e anômalos), 207 (1ª conjugação, 208; 2ª conjugação, 213; 3ª conjugação, 217); Verbos defectivos, 219; Verbos abundantes no particípio, 223 (1ª conjugação, 223; 2ª conjugação, 223; 3ª conjugação, 224); Verbos de um único particípio irregular, 225.

CAPÍTULO 11: ADVÉRBIO **226**
Conceito de advérbio, 226; Classificação dos advérbios, 227 (1. De dúvida, 227; 2. De intensidade, 227; 3. De lugar, 227; 4. De modo, 227; 5. De tempo, 228); Locução adverbial, 228; Advérbios relativos, 228; Advérbios interrogativos, 228; Graus do advérbio, 229.

CAPÍTULO 12: PREPOSIÇÃO **231**
Conceito de preposição, 231; Preposições essenciais e acidentais, 231; Locução prepositiva, 232.

CAPÍTULO 13: CONJUNÇÃO **234**
Conceito de conjunção, 234; Classificação das conjunções, 234 (Coordenativas, 234; Subordinativas, 236).

CAPÍTULO 14: INTERJEIÇÃO **240**
Conceito e classificação das interjeições, 240.

CAPÍTULO 15: ESTRUTURA DAS PALAVRAS **241**
Os morfemas — seu conceito, 241; Raiz, 242; Radical, 242; Desinência, 243; Vogal temática, 246; Tema, 247; Afixos, 248; Modelos de análise mórfica, 248.

CAPÍTULO 16: FORMAÇÃO DE PALAVRAS **250**
Derivação e composição, 250; Derivação prefixal, 251 (Prefixos latinos, 252; Prefixos gregos, 256; Correspondência de prefixos gregos e latinos, 258); Derivação sufixal, 259 (Sufixos latinos, 259; Sufixos gregos, 262; Sufixos de outras procedências, 263); Derivação parassintética, 265; Derivação regressiva, 266; Famílias de palavras, 267 (Alguns corradicais de procedência latina, 267; Alguns corradicais de procedência grega, 272); Hibridismos, 279; Composição, 279; Outros tipos de formação de palavras, 281.

ROCHA LIMA

SINTAXE

CAPÍTULO 17: TEORIA GERAL DA FRASE E SUA ANÁLISE 285

Conceito de frase, 285; Tipos de frase, 286; Conceito de oração, 287; Termos básicos da oração, 288 (*1*. O sujeito, 288; *2*. O predicado, 292); Termos integrantes da oração, 296 (*1*. Complemento nominal, 296; *2*. Complementos verbais, 299; *3*. Agente da passiva, 313); Termos acessórios da oração, 314 (*1*. Adjunto adnominal, 314; *2*. Aposto, 315; *3*. Adjunto adverbial, 318); Vocativo, 320; Constituição do período, 321 (Coordenação, 321; Subordinação, 323; Da oração principal, 356); Constelação sintática, 357.

CAPÍTULO 18: EMPREGO DO SUBSTANTIVO 359

Funções do substantivo, 359; Núcleo de expressões adjetivas, 360; Núcleo de expressões adverbiais, 361; Substantivação 361; Locativos e personativos, 362; Substantivo empregado como adjetivo, 363; Singular e plural, 363; Sujeito precedido de preposição, 365.

CAPÍTULO 19: EMPREGO DO ARTIGO 367

Papel do artigo, 367; Omissão e repetição do artigo, 367.

CAPÍTULO 20: EMPREGO DO ADJETIVO 372

Funções do adjetivo, 372; Adjetivo com valor adverbial, 373; Colocação do adjetivo em grupos nominais, 374; Concordância do adjetivo com o substantivo, 376; Emprego do comparativo e superlativo sintéticos, 377; Emprego do superlativo sintético em lugar do relativo, 378; Repetição e omissão da partícula intensiva no superlativo, 379

CAPÍTULO 21: EMPREGO DO NUMERAL 380

Posição dos cardinais, 380; Posição dos ordinais, 381; Valor de número indeterminado, 383; Emprego de ambos, 384; O numeral "uma", 385.

CAPÍTULO 22: EMPREGO DO PRONOME 386

Pronomes pessoais, 386 (Formas retas, 386; Formas oblíquas, 387; Conosco e com nós [próprios, etc.], 389; Si e consigo, 389; Sujeito de infinitivo, 390; Reflexividade, apassivação, reciprocidade, 391; Emprego enfático, 392; Combinação de casos pronominais, 393; Elipse do sujeito pronominal, 395; Valor singular de "nós", 395; Precedência elegante, 396); Pronomes possessivos, 396 (Posição dos possessivos, 397; Um caso de concordância, 398; Ambiguidade possível, 398; Nossa Senhora, 399); Pronomes demonstrativos, 399 (Dêiticos e anafóricos, 401); Posposição dos demonstrativos, 401 (Tal, 402; Mesmo e próprio, 402; Demonstrativos "o(s)", "a(s)", 403); Pronomes relativos, 403 (Funções do "que"; 403; Funções de "quem", 406; Funções de "cujo", 407;

GRAMÁTICA NORMATIVA DA LÍNGUA PORTUGUESA 11

Funções de "onde", 408); Pronomes interrogativos, 409; Pronomes indefinidos, 410 (Algum — Nenhum, 410; Algo, 412; Alguém — Ninguém — Outrem, 412; Todo e Todo o, 413; Tudo — Nada, 414).

CAPÍTULO 23: VERBO E SEUS COMPLEMENTOS 416
Classificação do verbo quanto aos complementos, 416; Verbos que têm anexo predicativo, 417; Sobre verbos transitivos, 419; Verbos de forma ativa absoluta ou de forma reflexa, 420; Haja vista, 421.

CAPÍTULO 24: EMPREGO DO ADVÉRBIO 422
Função do advérbio, 422; Advérbios em "mente", 423; Uso de "melhor" e "pior" e outros advérbios, 424; Há e A, 426; Advérbios interrogativos, 427; Observação sobre a grafia do advérbio interrogativo "porque", 428.

CAPÍTULO 25: EMPREGO DA PREPOSIÇÃO 432
Papel da preposição, 432; Regime de *"exceto"*, *"salvo"*, *"fora"* e *"afora"*, 433; Regime de *"segundo"*, *"conforme"*, *"mediante"* e *"durante"*, 433; Preposições fracas e fortes, 434; Valores da preposição "a", 434; Outras preposições, 446 (Até, 446; Com, 446; Contra, 448; De, 449; Desde, 454; Em, 454; Entre, 457; Para, 458; Por, 460; Sem, 462; Sob, 462; Sobre, 462).

CAPÍTULO 26: O PROBLEMA DO "A" ACENTUADO — A CRASE: REGRAS PRÁTICAS 464
Um problema: o acento em "a", 464; Regras práticas para acentuar (ou não) o "a", 468; Artifícios didáticos, 471.

CAPÍTULO 27: CONCORDÂNCIA VERBAL 472
Casos gerais, 472; Concordância facultativa com o sujeito mais próximo, 474; Voz passiva com a partícula "se", 475; Casos particulares, 476 (*1*. Um e outro, 476; *2*. Um ou outro, 477; *3*. Nem um, nem outro, 477; *4*. Um dos que, 478; *5*. Mais de um, 478; *6*. Sujeitos resumidos, 479; *7.* Expressões de sentido quantitativo acompanhadas de complemento no plural, 479; *8.* Quais, quantos, alguns, muitos, poucos, vários + de nós, de vós, dentre nós, dentre vós, 480; *9.* Qual de nós ou de vós, dentre nós ou dentre vós, 481; *10.* Sujeitos unidos por com, 481; *11.* Tanto... como, assim... como, não só... mas também, etc., 483; *12.* Sujeitos unidos por e, 483; *13.* Sujeitos oracionais, 484; *14.* Sujeitos unidos por nem, 485; *15.* Cerca de, perto de, mais de, menos de, obra de..., 487; *16.* Dar, bater, soar [horas], 487; *17.* Verbos impessoais, 488; *18.* Sujeitos unidos por "ou", 489; *19.* Sujeito pronome relativo, 491; *20.* Concordância especial do verbo "ser", 492; *21.* Um caso de realce com o verbo "ser", 495; *22.* A locução "é que", 496); Irregularidades de concordância, 496 (Concordância ideológica, 496; Emprego do infinitivo, 501).

12 ROCHA LIMA

CAPÍTULO 28: REGÊNCIA DE ALGUNS VERBOS 508
Abdicar, 508; Abraçar, 509; Ajudar, 510; Aspirar, 511; Assistir, 512; Atender, 515; Casar, 516; Chamar, 517; Custar, 518; Esforçar-se, 521; Esquecer, 521; Implicar, 524; Informar, 525; Interessar, 526; Investir, 528; Lembrar, 529; Morar, 530; Obedecer, 531; Pagar, 531; Perdoar, 532; Preferir, 533; Presidir, 534; Prevenir, 535; Proceder, 536; Querer, 537; Renunciar, 538; Responder, 539; Socorrer, 540; Suceder, 540; Visar, 541.

CAPÍTULO 29: COLOCAÇÃO DOS PRONOMES ÁTONOS 543
Com as formas verbais finitas, 543; Com as formas infinitas, 546 (Infinitivo, 546; Gerúndio, 547); Com as locuções verbais, 547 (Auxiliar + infinitivo, 547; Auxiliar + gerúndio, 548; Auxiliar + particípio, 548); Repetição e omissão dos pronomes átonos, 549; Interposição do pronome átono, 549.

CAPÍTULO 30: PONTUAÇÃO 551
Pausas rítmicas, 551; Vírgula, 552; Ponto e vírgula, 558; Dois-pontos, 559; Ponto simples, parágrafo e final, 561; Ponto de exclamação, 563; Ponto de interrogação, 564; Reticências, 565.

RUDIMENTOS DE ESTILÍSTICA E POÉTICA

CAPÍTULO 31: FUNÇÕES DA LINGUAGEM. GRAMÁTICA E ESTILÍSTICA 571
Estilística fônica, 571 (Valorização estilística dos fonemas, 573; Onomatopeia, 574; Reiteração de fonemas, 577; Evocação sonora, 578); Estilística léxica, 580 (Séries sinonímicas, 581; Polissemia, 582; Homônimos e parônimos, 584); Estilística sintática, 585 (Anacoluto, 587; Infinitivo flexionado, 588; Colocação dos pronomes átonos, 589; A interrogação, 590).

CAPÍTULO 32: ESTILO DIRETO, INDIRETO E INDIRETO LIVRE 592

CAPÍTULO 33: FIGURAS DE LINGUAGEM: OS TROPOS 596
Classificação das figuras de linguagem, 596 (Figuras de palavras, 596; Figuras de construção, 596; Figuras de pensamento, 597); Figuras de palavras ou tropos, 598 (Metáfora, 598; Metonímia, 603).

CAPÍTULO 34: OUTRAS FIGURAS DE LINGUAGEM 606
Figuras de construção, 606 (Elipse, 606; Zeugma, 607; Assíndeto, 607; Reticência, 607; Pleonasmo, 608; Polissíndeto, 608; Hipálage, 608; Hipérbato, 609; Sínquise, 610; Anáfora, 611; Epístrofe, 611; Símploce, 612; Concatenação, 612; Conversão, 612); Figuras de pensamento, 613 (Antítese, 613; Paradoxo, 613; Clímax, 614; Preterição, 614; Antífrase, 615; Eufemismo, 615; Litote, 616; Alusão, 617).

GRAMÁTICA NORMATIVA DA LÍNGUA PORTUGUESA

CAPÍTULO 35: NOÇÕES DE VERSIFICAÇÃO 618

Verso tradicional, 618 (Crase, sinalefa, elisão, 619; Hiato, ditongo, diérese, sinérese, 619; Número de sílabas, acentuação, 621; Rima, 638); Verso livre, 651.

ÍNDICE DE ALGUNS FATOS DE LINGUAGEM, 653

DADOS BIOBIBLIOGRÁFICOS
DO AUTOR

CARLOS HENRIQUE DA ROCHA LIMA nasceu na antiga capital da República, hoje cidade do Rio de Janeiro, aos 22 de outubro de 1915. Filho de Marcellino Pitta da Rocha Lima e Evangelina Ramos da Rocha Lima. Viúvo de Maria de Lourdes da Rocha Lima, teve três filhas e cinco netos.

Curso primário no Externato do Sagrado Coração de Jesus, em São Cristóvão, escola particular de grande prestígio à época. Estudos secundários, durante cinco anos, no (extinto) Internato do Colégio Pedro II, em cujo Externato completou o sexto ano, a fim de diplomar-se Bacharel em Ciências e Letras (turma de 1935). No ensino universitário, graduou-se Doutor em Letras, ao conquistar, na Universidade Federal Fluminense, o título de livre-docente em língua portuguesa.

Iniciou sua escalada em 1936, ao disputar com 23 candidatos, em concurso de provas, um lugar ao sol no magistério público da então Prefeitura do Distrito Federal. Classificado em segundo lugar — em chave com Antônio Houaiss (o primeiro lugar coube a outro amigo, Sílvio Elia) —, foi nomeado professor de português, latim e literatura do Ensino Técnico-Secundário, com exercício na Escola Visconde de Cairu (1938), e, depois, na Escola Paulo de Frontin (1941), para, finalmente, ser alçado, por merecimento, ao Instituto de Educação (1947), onde contribuiu, por estirados anos, para a formação de numerosas turmas de normalistas.

Nesse mesmo ano de 1947, a convite de Guimarães Rosa (a quem só então conheceu pessoalmente), passou a reger a cadeira de português do Instituto Rio Branco, do Ministério das Relações Exteriores. Aí, também, deixou um pouco de si numa geração de diplomatas.

Ainda por essa época, integrou a Missão Cultural ao Uruguai, em cumprimento de Convênio Internacional. Anos mais tarde (1962-1964), caber-lhe-ia, mais uma vez, divulgar a cultura brasileira em terras estrangeiras, quando exerceu em Londres a função de diretor da Casa do Brasil na Grã-Bretanha.

Em 1956, tornou-se catedrático de português do Colégio Pedro II, depois de concurso de provas e títulos, no qual se classificou em primeiro lugar, entre oito concorrentes de alto nível. Nessa sesquicentenária instituição de ensino humanístico (da qual foi professor emérito), respondeu, interinamente, por duas cátedras de literatura — vagas pelo falecimento de Álvaro Lins e pela aposentadoria de Afrânio Coutinho; integrou o Conselho de Curadores e o Conselho Departamental; chefiou, durante longo tempo, o Departamento de Português e Literatura; e, por coroamento, ascendeu ao posto de diretor do velho Internato e à alta hierarquia de presidente da Congregação de Catedráticos, muitos dos quais haviam sido professores seus.

Dentro das salas de aula, no ensino secundário e no superior; em cargos de administração escolar, no país e fora dele; em vastíssima atividade do magistério da pena (livros didáticos, teses de concurso, ensaios doutrinários, etc.), desempenhou ininterrupta e fecunda atividade. Foi professor titular da Faculdade de Humanidades Pedro II; ensinou na Escola de Aeronáutica dos Afonsos; nos Cursos de Aperfeiçoamento de Professores, do Instituto de Educação; na Pontifícia Universidade Católica do Rio de Janeiro; na Universidade Santa Úrsula. Serviu os cargos de diretor do Colégio Pedro II — Internato; diretor da Casa do Brasil na Grã-Bretanha; diretor do Departamento de Educação Técnico-Secundário; diretor do Instituto de Pesquisas Educacionais; diretor da Escola Técnica Sousa Aguiar. Pertenceu a órgãos colegiados federais, como a Comissão Nacional do Livro Didático, o Conselho Nacional do Serviço Social e o Conselho Consultivo da Fundação Casa de Rui Barbosa. Atuou, como examinador, em concursos para titular e livre-docente, em várias universidades federais.

Membro efetivo da Academia Brasileira de Filologia; da Academia Brasileira da Língua Portuguesa; da Sociedade Brasileira de Língua e Literatura; do Círculo Linguístico do Rio de Janeiro; da Sociedade de Estudos Filológicos de São Paulo; do PEN Clube do Brasil; da Associação Brasileira de Educação. Membro temporário (1962-1964) do Portuguese Language Committee, da Inglaterra; membro honorário da Academia Cearense da Língua Portuguesa.

Quando se aposentou, em 1982, a Assembleia Legislativa do Estado do Rio de Janeiro conferiu-lhe, por unanimidade, em sessão solene, a láurea de Cidadão Benemérito, por serviços relevantes à educação e à cultura. E, em 1985, a Câmara dos Vereadores de sua cidade natal outorgou-lhe, também por unanimidade, a Medalha Pedro Ernesto, a mais importante distinção concedida a um carioca. Em 2010 foi eleito o homenageado do ano do XIV Congresso Nacional de Linguística e Filologia / Círculo Fluminense de Estudos Filológicos e Linguísticos, homenagem póstuma prestada a um brasileiro ilustre que tenha se destacado com sua contribuição intelectual.

Possuiu, além dessas, as seguintes condecorações: Ordem do Mérito Judiciário do Trabalho, conferida pelo Tribunal Superior do Trabalho, na área de educação; Medalha Oscar Nobiling (de Mérito Linguístico e Filológico); Medalha Anchieta; Medalha Rui Barbosa; Medalha Pedro II; Medalha Tamandaré; Medalha José de Alencar.

Autor de numerosos estudos linguísticos e literários, e de obras didáticas — estas últimas de larga influência nos rumos do ensino de português no país.

Morreu aos 22 de junho de 1991, na Casa de Rui Barbosa, entre seus pares do Círculo Linguístico. Fazia conferência sobre poema de Manuel Bandeira. Só a morte súbita interrompeu-lhe a palavra: morreu vivo.

OBRAS

TRABALHOS FILOLÓGICOS

Através da "Oração aos moços": tentativa de interpretação estilística de Rui Barbosa. Rio de Janeiro, 1949 (esg.).

Contribuição para o estudo da língua de Castro Alves: explicação gramatical e literária do poema "Vozes d'África" — Monografia inédita, laureada com o prêmio Centenário de Castro Alves, da Secretaria-Geral de Educação e Cultura do Distrito Federal, em 1946.

Discurso no Colégio Anchieta, de Rui Barbosa (com estabelecimento do texto, prefácio e breves notas explicativas). Rio de Janeiro: Fundação Casa de Rui Barbosa, 1981.

"Dois matizes estilísticos do 'e' inicial de frase" (na *Miscelânea* em homenagem ao professor Celso Ferreira da Cunha).

Dois momentos da poesia de Manuel Bandeira. Rio de Janeiro: José Olympio, 1992.

"Elegia para o amigo 'encantado'". Texto lido em sessão do CLRJ de 29 de outubro de 1979 em homenagem ao professor Hamilton Aluízio Elia. In: *Cultura Linguística.* Órgão do Círculo Linguístico do Rio de Janeiro, n. 1, ano 1, p. 9-12, 2º semestre, 1982.

"Em torno da conjunção 'e'." *Studia,* Rio de Janeiro, Colégio Pedro II, ano IX, n. 9, p. 87-96, dez., 1979; ano X, n. 10, p. 117-26, dez., 1980; ano XI, n. 11, p. 135-45, dez., 1981; ano XII, n. 12, p. 121-8, dez., 1982.

GRAMÁTICA NORMATIVA DA LÍNGUA PORTUGUESA. 48ª ed., Rio de Janeiro: José Olympio, 2010. [A 1ª ed. é de 1957.]

O *problema da análise literária*: *teoria e aplicação* — Monografia inédita, laureada com o prêmio Carlos de Laet de 1956 (prêmios municipais de literatura, instituídos pela Lei n. 793, de 28 de abril de 1954).

"O ritmo na prosa oratória de Rui". *O Globo,* de 7/11/1949.

Oração aos moços, de Rui Barbosa (com estabelecimentos do texto, prefácio e breves notas explicativas). Edição nacional promovida pelo Congresso Brasileiro de Língua Vernácula em comemoração do centenário de Rui Barbosa, por proposta do mestre Sousa da Silveira, aprovada pela ABL. Rio de Janeiro: Imprensa Nacional, 1949 (esg.).

"Otávio Mangabeira e o idioma nacional". *Jornal do Brasil,* 25/6/1986.

"Ouro-Velho da língua na literatura brasileira do século XX". In: *Estudos universitários de linguística, filologia e literatura.* Homenagem ao professor Sílvio Elia. Rio de Janeiro: Tempo Brasileiro, Sociedade Brasileira de Língua e Literatura, 1990.

"Pontos nos is: o estilo de Guimarães Rosa". *Boletim UEG,* Rio de Janeiro: n. 40, agosto de 1969.

"Radiografia da '*Réplica*'". *Jornal de Letras,* 1980(?).

Recensão crítica: *Obras de Casimiro de Abreu.* Apuração e revisão do texto, notas e índices por Sousa da Silveira. *Revista Brasileira de Filologia,* Rio de Janeiro: Livraria Acadêmica, v. 2, t.1, p. 124-127, jun., 1956.

GRAMÁTICA NORMATIVA DA LÍNGUA PORTUGUESA

"Sistema gramatical da língua portuguesa". *Enciclopédia Delta-Larousse*. Rio de Janeiro, tomo VI, 1960.

"Sobre o sincretismo de *a* e *em* no exprimir direção". *Estudos em homenagem a Cândido Jucá (filho)*. Rio de Janeiro: Simões, 1969.

Subsídios para o estudo da partícula "e" em algumas construções da língua portuguesa (tese apresentada à Universidade Federal Fluminense, em prova de habilitação a Livre-docência). Rio de Janeiro, 1975.

"Três amores de Rachel". In: *Rachel de Queiroz: os oitenta* (depoimentos de diversos escritores). Rio de Janeiro: José Olympio, p. 127-128, 1990.

"Uma elegância idiomática em declínio: o objeto direto preposicional". *Informativo da Fundação Getulio Vargas*, Rio de Janeiro, n. 6, ano II, 1970.

Uma preposição portuguesa: aspectos do uso da preposição a na língua literária moderna (tese de concurso para a cátedra de português do Colégio Pedro II). Rio de Janeiro, 1954.

"Um cultismo sintático herdado do latim medieval". *Revista Brasileira de Língua e Literatura*, Rio de Janeiro, n. 5, p. 30-35, 3º trimestre de 1980.

CONFERÊNCIAS LITERÁRIAS

Antenor Nascentes: o homem e o mestre (palestra realizada na Associação Brasileira de Educação [ABE] em 1986).

De Passo de Camaragibe à porta do céu. Palavras proferidas no PEN Clube do Brasil, aos 18/4/1988 em sessão de saudade em homenagem a Aurélio Buarque de Holanda.

"Juca Mulato", o poema da terra. Montevidéu, 1948.[1]

O Colégio Pedro II e a tradição dos estudos linguísticos e literários (Aula Magna, ministrada à abertura dos cursos em 1981).

"Ode (em prosa) a um Triunfador — em honra do professor Antenor Nascentes". *Jornal do Commercio*, 19/6/1966.

Rui Barbosa artista. Montevidéu, 1948.[2]

[1,2]Ambas as palestras foram recitadas no famoso recinto de "El Ateneo" de Montevidéu (Uruguai), como membro de Missão Cultural Brasileira enviada pelo Itamaraty ao país vizinho, em cumprimento a tratado internacional.

Rui e o culto da língua portuguesa (palestra no Liceu Literário Português, em 1982).

Sobre o estilo de Guimarães Rosa (no Teatro José de Alencar, em Fortaleza, durante o I Simpósio Norte-Nordeste de Estudos da Língua Portuguesa, em 1976).

Um clássico moderno: João Ribeiro (proferida em sessão pública da Congregação do Colégio Pedro II, por ocasião do centenário do escritor. Rio de Janeiro, 1960).

Livros Didáticos

Anotações a textos errados. 4ª ed. Rio de Janeiro: Zélio Valverde, 1944 (esg.).

"Antologia" (1ª e 2ª séries ginasiais). In: Rocha Lima e J. Matoso Câmara Jr., *Curso da língua pátria.* 8ª ed. Rio de Janeiro: F. Briguiet, 1960 (esg.).

"Antologia" (3ª e 4ª séries ginasiais). In: Rocha Lima e J. Matoso Câmara Jr., *Curso da língua pátria.* 7ª ed. Rio de Janeiro: F. Briguiet, 1960 (esg.).

Base de português (para o curso de admissão ao curso ginasial e 5ª e 6ª séries primárias). 2ª ed. Rio de Janeiro: Fundação Getulio Vargas, 1969 (esg.).

Ciclo ginasial de português. 2ª ed., 2 vols. Rio de Janeiro: Reper, 1970 (esg.).

Leitura integral, I (para a 1ª série do ciclo ginasial). 2ª ed. Rio de Janeiro: F. Briguiet, 1966 (esg.).

Leitura integral, II (para a 2ª série do ciclo ginasial). Rio de Janeiro: F. Briguiet, 1967 (esg.).

Manual de redação (em colaboração com Raimundo Barbadinho Neto). 4ª ed. Rio de Janeiro: FAE, 1987.

O programa de português no curso comercial (em colaboração com Raul Léllis). Rio de Janeiro: F. Briguiet, 1947 (esg.).

O programa de português no segundo ciclo (em colaboração com Mário Pena da Rocha e Raul Léllis). 3ª ed., 2 vols. Rio de Janeiro: Francisco Alves, 1951 (esg.).

"Português". In: *O exame de admissão ao curso ginasial.* 4ª ed. Rio de Janeiro: F. Briguiet, 1959 (esg.).

Português no colégio (1ª série dos cursos clássico e científico). 16ª ed. Rio de Janeiro: F. Briguiet, 1969 (esg.).

Teoria da análise sintática: *introdução ao estudo da estrutura da frase portuguesa*. 4ª ed. Rio de Janeiro: J. Ozon, 1958 (esg.).

Um programa de português (da 5ª à 8ª série do primeiro grau). Rio de Janeiro: José Olympio, 1974. 3 vols.

Trabalhos Literários

"Era uma vez" (poema). Ilustração de Euridice. *Ateneu. Revista Literária do Colégio Pedro II*, Rio de Janeiro, ano I, n. II, p. 6-7, nov., 1933.

Direção e Consultoria

Coleção Estante da Língua Portuguesa da Fundação Getulio Vargas. Rio de Janeiro, 1971-1972. Volumes publicados: 1. *Fonética sintática*, de Sousa da Silveira; 2. *Meios de expressão e alterações semânticas*, de Said Ali; 3. *Textos quinhentistas*, de Sousa da Silveira; 4. *O fator psicológico na evolução sintática*, de Cândido Jucá (filho); 5. *Ensaios de linguística e de filologia*, de Leodegário A. de Azevedo Filho; 6. *A língua do Brasil*, de Gladstone Chaves de Melo; 7. *Dispersos*, de J. Matoso Câmara Jr. (direção).

Dicionário enciclopédico Koogan Larousse Seleções (2 vols. em cores). Tradução e adaptação à língua portuguesa do *Nouveau Petit Larousse en couleurs*. Rio de Janeiro: Larousse do Brasil, 1978 (coautoria).

NOTA DA 48ª EDIÇÃO

ÂNGELA MARIA DA ROCHA LIMA

COM SUA PRIMEIRA VERSÃO lançada em 1957, a *Gramática Normativa da Língua Portuguesa* do professor Rocha Lima — *GN* para os já familiarizados — teve, ao longo de sua trajetória, algumas edições que bem poderiam ser chamadas históricas. Uma, com certeza, foi a 15ª, de 1972, refundida, quando a *GN* passou a ser editada pela Editora José Olympio; outra, a 31ª, de 1991, "retocada e enriquecida" pelo Autor, o qual, entretanto, não chegou a ver sua publicação. E agora, queremos crer, é esta 48ª que o leitor tem em mão, atualizada conforme o novo Acordo Ortográfico da Língua Portuguesa — firmado em 1990 pelos representantes dos Estados membros da Comunidade dos Países de Língua Portuguesa e em vigor no Brasil desde 1º de janeiro de 2009. Face a essa contingência, os herdeiros e os editores responsáveis por esta Gramática tiveram, por força de lei, que enfrentar o desafio de fazer as atualizações necessárias em um clássico das nossas letras, uma obra de referência que traz consigo o lastro de mais de cinquenta anos de existência e de quase igual número de edições.

As alterações feitas visando a atualização ao novo Acordo Ortográfico restringiram-se estritamente ao compulsado, buscando resguardar ao máximo os traços autorais originais da obra. Não foram modificados o cunho normativo da Gramática, nem sua doutrina, suas orientações linguísticas e didáticas; mantiveram-se tanto as particularidades estilísticas do professor Rocha Lima quanto a exemplificação dos fatos de linguagem por ele selecionada, firmemente decalcada do que de melhor se produziu nas literaturas em língua portuguesa.

A atualização consistiu, basicamente, na adequação de todo o texto do volume à nova ortografia e na reformulação — sempre minimamente invasiva — do capítulo relativo à ortografia. Neste, na seção dedicada ao hífen, optou-se por reproduzir o texto do novo Acordo relativo ao assunto, assim como o Autor o havia feito anteriormente, transcrevendo o de 1943. Teve-se ainda o cuidado de assinalar, em todos os pontos que foram alterados em função do novo Acordo, que ali houve uma mudança em relação à antiga regra. Nas partes da Gramática que não tratam especificamente da ortografia, houve-se por bem grafar conforme a norma brasileira todos os vocábulos para os quais o novo Acordo prevê a possibilidade de dupla grafia — à lusitana ou à brasileira.

Aproveitando a feitura de uma nova matriz para o livro, procedeu-se a uma ampla revisão tipográfica, a fim de expurgar as pequenas gralhas acumuladas ao longo de meio século de publicação. E, com o objetivo de arejar a *GN* e integrá-la melhor ao século XXI em que adentra, sua apresentação visual também passou por uma modernização. Cumpre, para encerrar esta Nota, dar o devido crédito a Sônia Peçanha, competente profissional a quem foi confiado o trabalho de atualização do texto — ainda revisado por ela, pela editora e por mim — conforme o novo Acordo, e fazer votos de que esta nova *GN* seja tão útil às novas gerações quanto o foi às suas precedentes.

Rio de Janeiro, outubro de 2009.

EVOCAÇÃO

Valentina da Rocha Lima

As Palavras que se seguem, eu as disse no dia 28 de junho de 1991. Era a Missa de 7º dia de meu pai. Em um mesmo 28 de junho, passados já seis anos, partira minha mãe. Completava-se naquele momento o ciclo perfeito de uma história de amor.

Na cerimônia, chorando todos, celebrávamos em comunhão a existência de um homem — professor Rocha Lima —, e o percurso generoso que fizera. O Colégio Pedro II, paixão e casa de papai por tantos anos, mais uma vez abrira suas portas para ele. Foi uma Missa campal, no velho Internato em São Cristóvão. Cantava o coro do Colégio — tudo se passava como um hino de louvor entre lágrimas.

Meu sentimento não era o de estar dizendo algo *in memoriam*, mas sim o de estar falando com papai, ali, naquela hora, naquele local, diante daquelas pessoas. A céu aberto, era a Ele, meu pai, que eu me dirigia. E tive a pretensão de expressar um "nós" maior do que cada um de nós.

Trêmula de emoção, assim falei:

Professor Rocha Lima,

Nós, seus alunos, estamos aqui para agradecer o privilégio de termos ouvido a sua palavra — "No princípio era o Verbo e o Verbo estava junto a Deus, e o Verbo era Deus."

A terra por Você arada frutificou; hoje estamos espalhados por todo o Brasil, trabalhamos nas mais diferentes profissões. E carregamos conosco sua presença. Você, portas dentro de sala de aula, trouxe ao ensino uma qualidade mágica, encantada, imorredoura. Ela emanava de sua pessoa e retirava seiva do amor que Você nutria por seus alunos e da paixão com que Você exercia o Magistério. Magistério com maiúsculas, que Você honrou, dignificou e embelezou.

E o Verbo só é Verdade se expresso com alma; e sua alma, papai, Você foi entregando-a, entregando-a, até que a doou por inteiro no momento em que proferia suas últimas palavras.

PROFESSOR ROCHA LIMA,

Nós, brasileiros, homenageamos e reverenciamos sua memória. Nesses nossos "tristes trópicos", é a Língua Materna o maior elo unificador de cento e cinquenta milhões de pessoas. É na Língua Materna que se forjou nosso inconsciente coletivo. Somos um povo, uma cultura, uma nação —, na Língua Materna. É nela que deita origens nossa identidade de brasileiros. Cultuando-a, desvendando seus mistérios, sua pujança, Você nos presenteou com um bem precioso — Você nos fez ver, na grandeza que ela encerra, o horizonte dos possíveis.

> Não morrerá sem poetas nem soldados
> A língua em que cantaste rudemente
> As armas e os barões assinalados.

— assim Manuel Bandeira dirigiu-se a Camões. E foi essa a epígrafe que Você escolheu para a sua *GRAMÁTICA NORMATIVA*. E agora, diante de todos, eu repito: Não! Não morrerá sem poetas nem soldados... Rocha Lima, lírico! Rocha Lima, mais que soldado, incansável guerreiro!

PAPAI,

Nós, suas filhas; nós, fruto da família que Você constituiu com mamãe — Mariota, digam por favor! —; nós, que crescemos alimentadas do amor de Vocês dois; nós, o que podemos dizer agora? Ainda não descobrimos todos os recursos do Verbo para expressar o que sentimos neste momento. Mas um dia haveremos de fazê-lo.

PROFISSÃO DE FÉ
[À GUISA DE PREFÁCIO DA 31ª EDIÇÃO]

ROCHA LIMA

ASSIM SE RESUME, como se lê na folha de rosto, o *espírito* desta 31ª edição: "retocada e enriquecida".

Nada mais que isto — muito apesar de retocada em não poucos pontos, e copiosamente enriquecida, sobretudo na exemplificação dos *fatos* da língua.

Nada mais que isto, para que a GN continue a ser, fundamentalmente, o que sempre aspirou a ser: um livro redigido com simplicidade e clareza, e norteado por obsessiva busca de exatidão no sistematizar as normas da modalidade culta do idioma nacional —, dever primeiro do ofício de professor de português.

Em matéria doutrinária, procurou o Autor equilibrar, com avaro e prudente critério de seleção, as variadas e muita vez conflitantes correntes da linguística moderna, naquilo que lhe pareceu pertinente à finalidade dos estudos de teoria gramatical. Com tal proceder, preservou-se da precipitação de aderir cegamente à ditadura das últimas e passageiras "novidades" importadas, assim como aos ouropéis de uma terminologia quase sempre também superfluamente inovadora.

Nesta cautelosa orientação, talvez repouse o gasalhoso acolhimento com que, ao longo de tantos anos, tem o favor público premiado o meu esforço de bem servir o ensino da língua portuguesa em nosso meio.

Rio de Janeiro, maio, 1991.

NO LIMINAR
[DA 15ª EDIÇÃO, REFUNDIDA]

ROCHA LIMA

A PARTIR DE CERTA ALTURA de sua jornada, teve este livro o texto estereotipado, e, pois, irrefundível.

Em razão disso, não pôde o Autor, muito a seu malgrado, carrear para a obra novas ideias, novas doutrinas, novos métodos — enfim, a visão nova que passou a ter, no curso dos últimos anos, dos problemas de teoria gramatical e seu ensino.

Tempo era, portanto, de quebrar pedras e refazer o trabalho — o que se realiza agora, quando, editada pela José Olympio Editora, passa a *Gramática Normativa* a viver a segunda fase de sua carreira.

Mantivemos-lhe, decerto, a fisionomia original com que fora planejada e redigida, a fim de que se lhe não deformasse a inteiriça estrutura intelectual e didática; mas, além da correção de um deslize aqui, da atualização de um conceito ali, e, até, da substituição integral de alguns capítulos e acrescimento de outros, enriquecemos copiosamente a exemplificação dos "fatos" da língua, a qual estendemos aos escritores de nossos dias.

E cabe, a propósito, uma observação importantíssima, que vem assim à guisa de pôr os pontos nos *is*: a de que, em matéria de bom uso da língua literária, os ensinamentos até aqui esposados pela *Gramática Normativa* são confirmados, em sua quase totalidade, pela lição dos prosadores e poetas de hoje — o que patenteia, de maneira solar, a continuidade histórica das formas verdadeiramente afinadas com o sentimento idiomático.

Assim que, sem embargo de sua tonitruante intenção demolidora e a despeito de certos exageros postiços que lhe marcaram a fase inicial, inevitavelmente revolucionária —, a decantada rebeldia dos modernistas de 1922 à tradição gramatical do idioma não passou de "boato falso", como viria a confessar, mais tarde, o próprio Mário de Andrade.[1] Pois já agora, à distância de cinquenta anos da Semana de Arte Moderna, se pode ter por certo que, havendo realizado profunda renovação no *estilo literário* brasileiro, os continuadores do Modernismo não lograram, todavia, no terreno da *língua*, romper os compromissos com o passado: sua contribuição, neste particular, foi, de fato, muito mofina — e meramente episódica.

Daí o verem-se — na presente edição —, a fundamentarem os mesmos fatos linguísticos, citações de Vieira, Bernardes, Herculano, Camilo, Eça, Gonçalves Dias, Castro Alves, Rui, Bilac, Machado de Assis..., de par com exemplos de Manuel Bandeira, Menotti del Picchia, Graciliano Ramos, Érico Veríssimo, Cyro dos Anjos, Rachel de Queiroz, Aníbal M. Machado, Cecília Meireles, Carlos Drummond de Andrade, todos a estilizar numa só e excelente língua portuguesa.

Ao terminar esta breve explicação, queremos deixar consignado nosso agradecimento aos amigos e colegas que, de uma forma ou de outra, colaboraram conosco no melhoramento da obra: a Olavo A. Nascentes, pelas inteligentes anotações com que, em carta particular, nos ofereceu um mundo de sugestões e achegas; a Othon M. Garcia, pelos retoques, sem conta, que o seu reconhecido bom gosto literário nos levou a introduzir no livro; a Raimundo Barbadinho Neto, pela prestimosidade com que amealhou — e pôs à nossa disposição — material para documentar a linguagem dos modernistas.

E uma palavra final para os companheiros de professorado que, generosamente, têm levado a *Gramática Normativa* aos mais longínquos rincões do país.

Rio de Janeiro, maio, 1972.

---

[1]Mário de Andrade. "O movimento modernista", In: *Aspectos da literatura brasileira.* 4ª ed. São Paulo: Martins, 1972, p. 244.

CAMÕES

*"Não morrerá sem poetas nem soldados
A língua em que cantaste rudemente
As armas e os barões assinalados."*

Manuel Bandeira,
em *Estrela da vida inteira*

GRAMÁTICA NORMATIVA DA LÍNGUA PORTUGUESA

INTRODUÇÃO

LINGUAGEM

Em sentido amplo, pode-se entender por *linguagem*[1] qualquer processo de comunicação:

a) A mímica, usada pelos surdos-mudos e pelos estrangeiros que não sabem a língua de um país.

b) O semáforo, sistema de sinais com que se dão avisos aos navios e aviões que se aproximam das costas ou dos aeroportos.

c) A transmissão de mensagens por meio de bandeiras ou espelhos ao sol, empregada por marujos, escoteiros, etc.

Para a linguística, porém, só apresenta interesse aquele tipo de linguagem que se exterioriza pela palavra humana, fruto de uma atividade mental superior e criadora.

Há dois tipos de expressão linguística: a falada e a escrita.

Na comunicação escrita, os sons da fala (que, em essência, constituem a linguagem dos homens) passam a ser apenas evocados mentalmente por meio de símbolos gráficos; a rigor, ela não se apresenta senão como um imperfeito sucedâneo da fala. Esta é que abrange a revelação do *eu* em sua totalidade, pressupondo, além da significação dos vocábulos e das frases, o timbre da voz, a entoação, os elementos subsidiários do gesto e do jogo fisionômico.

---

[1]Acerca da amplitude e complexidade dos problemas de linguagem em geral e os do nosso idioma nacional em particular, cf. Antônio Houaiss, "Línguas e a língua portuguesa", na *Revista do Brasil*, ano 5, n. 12/90. Prefeitura da cidade do Rio de Janeiro/Rio Arte/Fundação Rio, p. 14-41.

Por isso, para bem se compreender a natureza e o funcionamento da linguagem, é preciso partir da *fala* para se examinar em seguida a *escrita*, a qual se entenderá, assim, como uma espécie de linguagem mutilada, cuja eficácia estará na dependência da maior ou menor habilidade com que conseguirmos obviar à falta inevitável dos elementos expressivos auxiliares.

LÍNGUA E ESTILO

A LÍNGUA é um sistema: um conjunto organizado e opositivo de relações, adotado por determinada sociedade para permitir o exercício da linguagem entre os homens.

Fato social por excelência, é aquele acervo de sons, estruturas vocabulares e processos sintáticos que a sociedade põe à disposição dos membros de uma comunidade linguística.

Do equilíbrio de duas tendências resulta sua estabilidade pelos tempos fora: de um lado, a *diferenciação*, força natural, espontânea, desagregadora; de outro, a *unificação*, força coercitiva, disciplinante, conservadora.

Ao assenhorear-se dos recursos da língua, cada indivíduo, culto ou ignorante, a executa à sua maneira, de acordo com a sua feição, com o seu temperamento: um é aparatoso, verbalista, ama a riqueza das imagens, a veemência das antíteses, a audácia dos adjetivos extravagantes; outro é sóbrio, cheio de delicadeza e pudor, prefere o desataviado da expressão direta, a singeleza de um vocabulário comum.

A contribuição pessoal do indivíduo, manifestada na seleção, por ele feita, dos recursos que a língua subministra, é o que se chama, em sentido lato — ESTILO, que Sêneca já havia definido como "o espelho da alma".

Sem embargo de se prestar à floração de mil estilos individuais, a língua não se desfigura: seu sistema permanece uno e íntegro. É a variedade na unidade — a preservação histórica do seu *gênio*, da sua *índole*, à qual se hão de adaptar todas as particularizações.

LÍNGUA-COMUM E SUAS DIFERENCIAÇÕES

A este instrumento de comunicação geral, aceito por todos os componentes de uma coletividade para assegurar a compreensão da fala, denomina-se LÍNGUA-COMUM, ou *coiné*.

Mas, dentro da ampla coesão da língua, cabem vários aspectos, que se influem mutuamente, determinados não só pela situação cultural, ou psicológica, dos que usam dela, senão também pela ação de fatores geográficos, ou sociais.

DIALETO E LÍNGUA ESPECIAL

Os aspectos regionais de uma língua, que apresentam entre si coincidência de traços linguísticos fundamentais, constituem os DIALETOS.

Paralelamente a eles, sublinhem-se os aspectos grupais, nascidos por imposição da solidariedade que congrega os indivíduos da mesma esfera social, enlaçados por interesses comuns, ou pelas exigências da mesma profissão; eis as LÍNGUAS ESPECIAIS.

Aqui, é necessário distinguir três modalidades: *calão, gíria* e *língua profissional*.

CALÃO, GÍRIA E LÍNGUA PROFISSIONAL

CALÃO é a língua especial das classes que vivem à margem da sociedade, de caráter acentuadamente esotérico, artificialmente "fabricada" — diz Dauzat — para se poderem compreender entre si os indivíduos de certo grupo, sem serem entendidos pelos não iniciados.

Inspirada na dissimulação dos malfeitores, cria um conjunto de convenções que a estremam da língua-comum a que pertence, posto que nesta se desenvolva e emaranhe.

Estão neste caso o *argot* dos franceses; a *germanía* dos espanhóis; o *furbesco* dos italianos; o *cant* dos ingleses; o *slang* dos americanos; o *Rotwelsch* dos alemães; o *dieventael* dos holandeses; o *afinskoe* dos russos, etc.

Para o linguista, pois, calão é a língua especial dos delinquentes portugueses e brasileiros. Como a fala das mais baixas camadas sociais, por exprimir a vida desses grupos, é naturalmente disfêmica, a palavra adquiriu a acepção vulgar de uso de termos chulos, gravosos, pouco limpos.

GÍRIA é a língua especial de uma profissão ou ofício, de um grupo socialmente organizado, quando implica, por sua vez, educação idiomática deficiente.

A gíria atinge a fraseologia e, especialmente, o vocabulário, já pela criação de palavras, já por se atribuírem novos valores semânticos às existentes. Frequentemente, a serviço da expressividade, ela se insinua na linguagem familiar de todas as camadas sociais.

Às gírias dos grupos sociais de cultura elevada dá-se o nome de LÍNGUAS PROFISSIONAIS ou TÉCNICAS. Em diferentes graus, têm sua linguagem mais ou menos especializada os médicos, os engenheiros, os filósofos, os diplomatas, os economistas, etc.

GRAMÁTICA NORMATIVA: SEU CONCEITO E DIVISÕES

É uma disciplina, didática por excelência, que tem por finalidade codificar o "uso idiomático", dele induzindo, por classificação e sistematização, as normas que, em determinada época, representam o ideal da expressão correta.

"Son formas *correctas* de decir aquellas aceptadas y usadas por los grupos más cultos de la sociedad. Corrección quiere decir aquí prestigio social de cultura."[2]

Fundamentam-se as regras da gramática normativa[3] nas obras dos grandes escritores, em cuja linguagem as classes ilustradas põem o seu ideal de perfeição, porque nela é que se espelha o que o uso idiomático estabilizou e consagrou.

---

[2]Amado Alonso e Pedro Henríquez Ureña, *Gramática castellana*, 4ª ed., 2 vols., Buenos Aires: Losada, 1943, vol. 1, p. 16.

[3]Distingue-se, assim, a gramática *normativa* da gramática *descritiva*, que examina a língua como "sistema de meios de expressão", sem levar em conta a sua utilização imediata como código de bem falar e escrever. É claro que se trata de disciplinas interdependentes, porém de finalidades distintas.

GRAMÁTICA NORMATIVA DA LÍNGUA PORTUGUESA

Refiro-me, decerto, àqueles escritores de linguagem corrente, estilizada dentro dos padrões da norma culta. Excetuam-se, pois, os regionalistas acentuadamente típicos, assim como os experimentalistas de todos os matizes —, por admiráveis que possam ser uns e outros. Estes últimos apreciam-se no âmbito da estética literária, mas não se prestam a abonar fatos da língua-comum.

Quanto à *Ortografia*, está fixada pelo *Pequeno vocabulário ortográfico da língua portuguesa*, publicado, em 1943, pela Academia Brasileira de Letras, com as alterações que lhe introduziu, no capítulo da acentuação gráfica, a Lei n. 5.765, de 20-12-1971. Em 1981, a Academia Brasileira de Letras publicou a 2ª edição dessa obra, com o título de *Vocabulário ortográfico da língua portuguesa*, no qual se amplia consideravelmente o universo vocabular do idioma e se retificam lapsos da obra anterior, já aliás, apontados, na maioria, pelo acadêmico Aurélio Buarque de Holanda Ferreira.[4]

Compreende a gramática três partes: *fonética* e *fonologia*; *morfologia*; e *sintaxe*.

FONÉTICA e FONOLOGIA: estudo dos fonemas e sua combinação, e dos caracteres prosódicos da fala, como o acento e a entoação.

MORFOLOGIA: estudo das formas, sua estrutura e classificação.

SINTAXE: estudo da construção da frase.

---

[4]Em 2009, a Academia Brasileira de Letras lançou nova edição do seu *Vocabulário ortográfico*, com as alterações introduzidas pelo novo Acordo Ortográfico.

FONÉTICA
E
FONOLOGIA

Capítulo 1

SOM DA FALA E FONEMA

Os sons da fala resultam das modificações que a corrente de ar expirado sofre durante o seu trajeto pelo aparelho fonador.

APARELHO FONADOR é o conjunto de órgãos adaptados ao ato da fala. Compõe-se das seguintes partes: *pulmões, brônquios, traqueia, laringe, faringe, boca* e *fossas nasais*.

Destas, as mais importantes são a laringe e a boca.

Na parte superior da laringe existem dois pares de pequenos músculos chamados vulgarmente *cordas vocais*, separados por uma depressão conhecida como ventrículo de Morgagni. O papel principal, se não exclusivo, na produção da voz, cabe ao par de cordas inferior, *cordas verdadeiras*. Estas, que se opõem à maneira de lábios, deixam entre si uma estreita fenda, a *glote*, capaz de se fechar por contração dos músculos insertos nas cartilagens moles da laringe.

Na boca são de notar: a língua, os dentes, os lábios e o palato, compreendendo este duas porções: o palato duro (*céu da boca*) e o palato mole (*véu do paladar*).

O véu do paladar, levantando-se, intercepta a passagem do ar pelas fossas nasais.

Expulso dos pulmões em consequência da pressão do diafragma e dos músculos da caixa torácica, o ar atravessa os brônquios e sobe pela traqueia para alcançar a laringe.

Ao chegar à parte superior da laringe, tem necessariamente de transpor a glote. Pode dar-se, então, um de dois casos: ou a glote está fechada, e o ar, forçando-lhe a passagem, põe as cordas vocais em vibração; ou está aberta, e, passando o ar sem dificuldade, não vibram as cordas vocais.

Na primeira hipótese, o som produzido será *sonoro*; na segunda, *surdo*.

Vencida a glote, encaminha-se o ar para os ressonadores supralaríngeos (faringe, boca e fossas nasais), onde vai ser reforçado e ganhar individualidade. Qualquer leve movimento dos órgãos que compõem o aparelho fonador determina uma especial modalidade de — SOM DA FALA.

À gramática, entretanto, só interessa classificar aqueles sons da fala que concorrem para distinguir uma palavra de outra; de tal sorte que eles não podem substituir-se mutuamente sem alterar o sentido das palavras onde figuram. Exemplos:

f*a*ro	*b*ola	ca*p*a	ma*l*
f*e*ro	*c*ola	ca*s*a	ma*r*
f*i*ro	*m*ola	ca*l*a	ma*s*

A tais sons diferenciadores chama-se — FONEMAS.

Nem todos os sons da fala têm valor assim distintivo. Tomemos para exemplo o nome do nosso país, cuja consoante final soa muito diferentemente, quando a ouvimos pronunciada por um gaúcho, ou proferida por um carioca. Fato idêntico, entre vários outros, encontramo-lo na pronúncia da consoante de *tua* e *tia*, a segunda das quais se articula aproximadamente como /tch/ — traço característico da fala carioca.

Sem embargo dessa diversidade de sons do /l/ final e do /t/ seguido de /i/ ou de outra vogal, ninguém deixaria de identificar uma e outra daquelas palavras (*Brasil* e *tia*), uma vez que não mudou a significação com que elas são conhecidas.

Temos, aí, portanto, em cada caso, dois sons da fala — porém um só *fonema*. Ensina Tomás Navarro:

> "Es, pues, base esencial para la diferenciación entre sonidos y fonemas el efecto que los cambios fonéticos ejercen sobre el valor semántico de las palabras. Las modificaciones de articulación y sonoridad que la *n*, por ejemplo, experimenta en *confuso*, *encima*, y *cinco*, son sonidos de un mismo fonema."[1]

---

[1]Tomás Navarro, *Estudios de fonologia española*, Nova York: Syracuse University, 1946, p. 8-9.

A disciplina que estuda os sons da fala, em sua natureza física e fisiológica, denomina-se — FONÉTICA.

A parte da gramática que estuda os fonemas, isto é, aqueles conjuntos de traços fônicos com que numa língua se distinguem vocábulos de significação diferente, chama-se — FONOLOGIA (ou FONÊMICA).

Estes dois ramos da ciência linguística não se opõem: antes se coordenam e completam. Porque somente com apoio numa boa descrição fonética é possível depreender-se, com segurança, o quadro dos fonemas de uma língua.

CLASSIFICAÇÃO DOS FONEMAS

Os fonemas se classificam em *vogais, consoantes* e *semivogais*.

1. VOGAIS

As vogais são fonemas sonoros, que se produzem pelo livre escapamento do ar pela boca e se distinguem entre si por seu timbre característico.

A corrente de ar sonorizada que sai da laringe encontra, na faringe, nas fossas nasais e na boca, uma caixa de ressonância de dimensões e forma variáveis para cada vogal. Esta caixa de ressonância pode alargar-se ou estreitar-se em virtude dos movimentos dos órgãos que a constituem, mas sempre a cavidade bucal estará suficientemente aberta para que a corrente de ar passe por ela sem encontrar empecilho.

Classificam-se as vogais de acordo com quatro critérios conjugados:

a) Quanto à zona de articulação:

anteriores, posteriores, média.

b) Quanto ao timbre:

abertas, fechadas.

c) Quanto à ressonância nas cavidades bucal ou nasal:

orais, nasais.

d) Quanto à intensidade:

tônicas, átonas.

a) Quando pronunciamos a vogal /a/, a boca alcança a sua maior abertura; o véu do paladar se levanta, impedindo a passagem do ar pelas fossas nasais; e a língua se mantém em posição relativamente plana, muito próxima à posição em que fica quando respiramos com a boca aberta e sem falar.

Se, partindo do /a/, pronunciarmos a série /é/, /ê/, /i/, observaremos que a parte *anterior* da língua se arqueia e avança gradativamente para a região pré-palatal, ao mesmo tempo que as comissuras labiais se contraem. Por isso, estas vogais se denominam *anteriores* ou *palatais.*

Se, partindo do /a/, pronunciarmos a série /ó/, /ô/, /u/, observaremos que a parte *posterior* da língua vai recuando em busca do véu do paladar, ao mesmo tempo que os lábios se arredondam e projetam para diante. Estas vogais se chamam *posteriores* ou *velares.*

O /a/, ponto de referência de ambas as séries, recebe o nome de vogal *média* ou *central.*

b) Dentro de cada série, as vogais podem ser *abertas*, ou *fechadas.* O grau de abertura (que as distingue pelo *timbre*) depende da distância entre a língua e o céu da boca: esta distância é máxima para o /a/, a mais aberta das vogais; e mínima para o /i/ e o /u/, as mais fechadas.

O /e/ e o /o/ são abertos quando se articulam mais perto do /a/, e se vão tornando fechados à medida que se aproximam das respectivas vogais extremas /i/ e /u/.[2]

---

[2] "Il est à noter que la notion de fermeture et d'ouverture sert à différencier les deux timbres que présentent certaines voyelles" (Pierre Fouché, *Phonétique historique du français — Introduction*, Paris, 1952, p. 22).

O seguinte esquema, conhecido como TRIÂNGULO DAS VOGAIS, nos mostra as duas escalas vocálicas:[3]

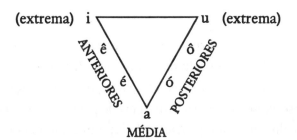

c) Estas sete vogais são *orais* porque se produzem com o véu do paladar levantado, de modo que o ar escoa todo pela boca. Ocorrendo o abaixamento do véu do paladar, divide-se a coluna de ar entre a boca e as fossas nasais, produzindo-se uma ressonância nasal. Estas vogais chamam-se, então, *nasais*:

/ã/, /ẽ/, /ĩ/, /õ/, /ũ/.

As vogais nasais são representadas na escrita pelas cinco *letras* (*a, e, i, o, u*), seguidas de *m* ou *n*; em sílaba final, o *a* nasal grafa-se com *til* (avel*ã*, irm*ã*, cidad*ã*).

d) Em sílaba *tônica*, distinguem-se nitidamente sete vogais orais:

/a/, /é/, /ê/, /i/, /ó/, /ô/, /u/.

Em sílaba *átona*, anula-se a distinção, como fonemas, entre /é/ e /ê/ e entre /ó/ e /ô/, em favor das de timbre fechado — daí resultando a redução a um quadro de cinco vogais:

/a/, /ê/, /i/, /ô/, /u/.

---

[3]Posto que não conste na Nomenclatura Gramatical Brasileira, o termo *extrema* (ou qualquer outro) é indispensável — por uma questão de clareza e método descritivo — para caracterizar o maior grau de fechamento das vogais /i/ e /u/, que assim se diferenciam, nas escalas respectivas, do /ê/ e do /ô/, que são também fechados.

Quando em sílaba *átona final*, este quadro tende a simplificar-se ainda mais, limitando-se a três vogais:

/a/, /i/, /u/.

Observe-se que dizemos *reza* (com *e* tônico aberto) e *pobre* (com *o* tônico aberto), porém *rezar* e *pobreza* (respectivamente com *e* e *o* fechados, por terem passado para a posição de vogais átonas).

Observe-se também a pronúncia de palavras como *verme* e *lado*, que realmente soam [*vérmi*] e [*ládu*], por estarem em posição final as vogais átonas respectivas.

2. CONSOANTES

As consoantes são fonemas resultantes de um *fechamento* momentâneo ou de um *estreitamento* do canal bucal, que, em qualquer de seus pontos, ofereça obstáculo à saída da corrente de ar — sonorizada ou não pela vibração das cordas vocais.

Classificam-se as consoantes de acordo com quatro critérios conjugados:

a) Quanto ao tipo de obstáculo oposto à corrente de ar:

oclusivas, fricativas, laterais e *vibrantes*

b) Quanto à zona de articulação:

bilabiais, labiodentais, linguodentais, alveolares, palatais e *velares*.

c) Quanto à ação das cordas vocais:

surdas e *sonoras*.

d) Quanto à ressonância nas cavidades bucal ou nasal:

orais e *nasais*.

a e *b*) Vejamos, em conjunto, os dois primeiros critérios (tipo de obstáculo e zona de articulação):

Oclusivas

O que as caracteriza é a aproximação *completa* de dois órgãos da boca — o que determina a interrupção momentânea da corrente de ar vinda dos pulmões; ao cessar esse obstáculo em virtude do afastamento rápido de tais órgãos, o ar acumulado atrás deles sai repentina e violentamente, ocasionando um ruído seco, comparável a uma pequena explosão.

Segundo a região que oferece obstáculo, as consoantes oclusivas podem ser:

1) BILABIAIS (lábio contra lábio): /p/, /b/, /m/, em vocábulos como, respectivamente — *pala, bala, mala*.

2) LINGUODENTAIS (ponta da língua e arcada dentária superior): /t/, /d/, /n/, em vocábulos como, respectivamente — *tão, dão, não*.

3) PALATAIS (dorso da língua e palato): /nh/, em vocábulos como *banho, pinho*.

4) VELARES (raiz da língua e véu do paladar): /k/, /g/, em vocábulos como, respectivamente, *cola, gola*.

Fricativas

Resultam da aproximação *incompleta* de dois órgãos da boca — o que obriga a corrente de ar a comprimir-se a fim de passar pela fenda estreita que assim se forma; então, o ar escoa ininterruptamente, roçando-se de encontro às paredes desses órgãos, o que produz um ruído comparável a uma fricção.

Conforme a região onde se dá esse contato parcial, as consoantes fricativas podem ser:

1) LABIODENTAIS (lábio inferior e arcada dentária superior): /f/, /v/, em vocábulos como, respectivamente — *fala, vala*.

2) ALVEOLARES (ponta da língua e alvéolos, isto é, zona onde os dentes se encravam na gengiva): /s/, /z/, em vocábulos como, respectivamente — *sela, zela*.

3) PALATAIS (dorso da língua e palato): /x/, /j/, em vocábulos como, respectivamente — *xá, já*.

Laterais

Assim se chamam porque, não obstante haver obstrução da corrente de ar em determinada região da boca, ele vai, ao mesmo tempo, escoando livremente pelos *lados* do canal bucal.

Segundo o local onde ocorre essa obstrução, as consoantes laterais podem ser:

1) ALVEOLARES (ponta da língua e alvéolos): /l/, em vocábulos como — *lapa, lua*.

2) PALATAIS (dorso da língua e palato): /lh/, em vocábulos como — *malha, ilha*.

Observação

Em extensas faixas do Brasil, e especialmente no Rio de Janeiro, a consoante /l/, quando em final de sílaba, apresenta uma pronúncia "relaxada", que a aproxima do som da semivogal /w/.

Este fato faz que desapareçam oposições como as de *mal* e *mau, alto* e *auto, servil* e *serviu* — oposições que a língua culta procura cuidadosamente observar.

Vibrantes

Acarretam vibrações da língua (daí o seu nome), decorrentes do contato intermitente dela com uma zona da boca.

São apenas duas: o /r/ e o /rr/.

GRAMÁTICA NORMATIVA DA LINGUA PORTUGUESA

Na produção do /r/, há uma vibração simples e frouxa da língua, cuja ponta toca levemente nos alvéolos; na do /rr/, são múltiplas e mais intensas essas vibrações, junto ao véu palatino.

O primeiro, ALVEOLAR, aparece em posição intervocálica (*era, caro, fero*); o segundo, VELAR, é o que figura nas demais posições (*reza, sorte, guelra, mar*) e, vindo entre vogais, se escreve com a letra "r" dobrada (*carro, ferro*).

c e *d*) Apreciemos, agora, os dois outros critérios (ação das cordas vocais e ressonância):

Surdas e sonoras

Examinemos as consoantes /p/ e /b/. Possuem elas, como vimos, dois caracteres comuns: ambas são oclusivas e bilabiais. Todavia, são fonemas diferentes, capazes de distinguir palavras como, por exemplo — *pato* e *bato*.

O mesmo acontece, outrossim, com /k/ e /g/ — ambas oclusivas e velares, porém fonemas distintos, segundo se reconhece por diferençarem palavras como, por exemplo — *cato* e *gato*.

A razão é porque a primeira de cada par se produz sem vibrações das cordas vocais (consoantes *surdas*); ao passo que a segunda vem acompanhada de vibrações das cordas vocais (consoantes *sonoras*).

Nasais

Estendamos a observação a estas três consoantes: /p/, /b/, /m/.

Já sabemos que o /p/ e o /b/ apresentam dois caracteres comuns (ambos são oclusivos e bilabiais) e se distinguem por ser *surdo* um, e *sonoro* outro.

Porém o /b/ e o /m/ reúnem não apenas *dois*, mas *três* traços comuns: são igualmente oclusivos, bilabiais e sonoros.

Que os distinguirá, então?

A diferença entre eles decorre de que o /m/, além de oclusivo, bilabial e sonoro, é, ainda, NASAL, isto é, em sua produção, a corrente de ar ressoa, em parte, na cavidade nasal.

Há, em português, três consoantes nasais: /m/, /n/, /nh/.

QUADRO GERAL DAS CONSOANTES

À vista do exposto, podemos organizar o seguinte quadro geral da classificação das consoantes:

1. OCLUSIVAS *a) Bilabiais*: surda: /p/ sonora: /b/ nasal: /m/ *b) Linguodentais*: surda: /t/ sonora: /d/ nasal: /n/ *c) Palatal*: nasal: /nh/ *d) Velares*: surda: /k/ sonora: /g/	**2. FRICATIVAS** *a) Labiodentais*: surda: /f/ sonora: /v/ *b) Alveolares*: surda: /s/ sonora: /z/ *c) Palatais*: surda: /x/ sonora: /j/
3. LATERAIS *a) Alveolar*: /l/ *b) Palatal*: /lh/	**4. VIBRANTES** *a) Alveolar* (fraca): /r/ *b) Velar* (forte): /rr/

Observações

1. As consoantes laterais, as vibrantes e as nasais são — *sonoras*.
2. Quanto ao caráter *oclusivo* das consoantes nasais /m/, /n/ e /nh/, leiam-se Grammont, *Traité de phonétique*, 3ª ed., Paris: Delagrave, 1946, p. 94-5; Saussure, *Cours de linguistique générale*, edição crítica preparada por Tullio de Mauro, Paris: Payot, 1972, p. 72; Samuel Gili Gaya, *Elementos de fonética general*, Madri: Gredos, 1950, p. 111-22.

GRAMÁTICA NORMATIVA DA LÍNGUA PORTUGUESA

REPRESENTAÇÃO GRÁFICA DAS CONSOANTES

Em maioria, cada uma das consoantes de nossa língua é representada, na escrita, somente por uma das letras do alfabeto, ou combinação de letras (*nh*; *lh*); algumas, porém, podem ser representadas por mais de um símbolo gráfico, conforme o vocábulo em que aparecem:

FONEMAS	LETRAS
1. A oclusiva velar surda /k/	*c* (antes de *a, o, u*): casa, cola, acuso *k* (em nomes próprios de pessoas ou de lugares, originários de língua estrangeira, assim como em seus derivados): Kant, kantismo *qu* (antes de *e, i*): quero, aqui *q* (antes de *u* semivogal): quase
2. A oclusiva velar sonora /g/	*g* (antes de *a, o, u*): gato, agora, gume *gu* (antes de *e, i*): guerra, águia *g* (antes de *u* semivogal): sagui
3. A fricativa labiodental sonora /v/	*v*: vela *w* (em nomes próprios de pessoas ou de lugares, originários de língua estrangeira, assim como em seus derivados): Wagner, wagneriano
4. A fricativa alveolar surda /s/	*s*: sala, sino, valsa *ss* (entre vogais): nosso, missal *c* (antes de *e* e *i*): céu, cego, macio *ç* (antes de *a, o, u*): poça, maço, beiçudo *x*: máximo, sintaxe, próximo
5. A fricativa alveolar sonora /z/	*z*: zagal, zebra, azar, vizinho *s*: asa, casebre, vasilha, usual *x*: exame, exemplo, exímio

(cont.)

Fonemas	Letras
6. A fricativa palatal surda /x/	*x*: xarope, peixe, lixo *ch*: chave, flecha, piche
7. A fricativa palatal sonora /j/	*j*: já, jeito, hoje, jiló *g* (antes de *e*, *i*): gente, gíria
8. A vibrante velar sonora (forte)	*r*: rosto, corça, genro, falar *rr* (entre vogais): erro, terra

3. SEMIVOGAIS

São os fonemas *i* e *u*, quando, ao lado de uma vogal, formam sílaba com ela.

Nas palavras, por exemplo: *vi-da* e *lu-ta*, tais fonemas figuram, nas respectivas sílabas, com a *função* de vogal, tanto é certo que recebem o acento silábico; porém, nas palavras, por exemplo, *pai* e *mau*, esse acento recai no *a* (que é, então, a vogal dessas sílabas), funcionando, portanto, o *i* e o *u* com o valor de qualquer das outras consoantes.

Em razão de seu caráter híbrido, o *i* e o *u*, em casos assim, recebem a denominação de *semivogais*.

SÍLABA E SUA ESTRUTURA

Escolhamos o vocábulo — *estrela*.

Só o podemos pronunciar dividindo-o em três partes: *es-tre-la*.

Cada uma destas partes, que dá ao nosso ouvido a impressão de unidade de som, é proferida de uma vez, num só impulso de expiração.

Eis as SÍLABAS do vocábulo.

Compõe a sílaba *uma* vogal isolada, ou o agrupamento de uma ou mais consoantes (ou semivogais) com *uma* vogal.

Eis os tipos silábicos encontradiços em português:

GRAMÁTICA NORMATIVA DA LÍNGUA PORTUGUESA

1. *a*-mor
2. *ca*-sal
3. *er-mo*
4. *jor*-na-da
5. *tri*-bo
6. *obs*-tar
7. *pers*-pi-caz

8. *três*
9. *felds*-pa-to
10. *pai*(s)
11. *grau*(s)
12. *guar*-da
13. *guai*-ar

O tipo mais geral, assim em nossa língua como no espanhol, é o formado por consoante e vogal: *bo-ca, pé-ro-la*.[4]

A *vogal* é, pois, o elemento básico, o fonema que, numa sílaba, se salienta a todos os outros. Pode a sílaba, (como vimos), ser, até, constituída de uma vogal sozinha. Por outro lado, numa sílaba não pode existir senão uma vogal.

A razão é porque nela está o *acento silábico* — donde o chamar-se-lhe *base*, *centro*, ou *ápice* da sílaba.

Num vocábulo haverá, portanto, tantas sílabas quantos forem os acentos silábicos — vale dizer, as vogais.

Os fonemas que soam junto com a vogal na sílaba recebem o nome genérico de *consoantes*.

Assim, numa palavra como — *pai*, de uma só sílaba, há somente uma vogal: o *a*, onde se encontra o acento silábico. O *p* e o *i*, que soam junto com ela, têm, pois, igualmente, *função* consonantal.

Ordinariamente os vocábulos portugueses possuem de uma a sete sílabas. São raros os que têm oito ou mais, e mesmo os de sete já não se encontram com muita frequência. A gramática consagrou a seguinte nomenclatura:

a) *Monossílabo* — para o vocábulo de uma sílaba;
b) *Dissílabo* — para o vocábulo de duas sílabas;
c) *Trissílabo* — para o vocábulo de três sílabas;
d) *Polissílabo* — para o vocábulo de mais de três sílabas.

---

[4]"El movimiento alternativo de consonante y vocal armoniza el equilibrio fonológico de los núcleos silábicos." Tomás Navarro, op. cit., p. 46.

HIATO

Quando a uma sílaba terminada por vogal-base se seguir outra iniciada também por vogal-base,[5] produz-se um efeito acústico especial. A este fato se denomina *hiato*, o qual necessariamente ocorrerá sempre que se encontrarem:

1) duas vogais iguais:

graal, reeleger, niilista, cooperar, etc.

2) a vogal *a* com é, ê, ó, ô, ou estas entre si:

aéreo, baeta, aorta, caolho; *beato, oboé, beócio*; *feérico, coorte* (nos dois últimos exemplos, temos, respectivamente, ê + é e ô + ó).

3) *i* e *u* (tônicos) com outra vogal:

dia, daí, lua, baú, país, conteúdo, tio, reúno; *ruína, viúva*.

Observação

Fazem exceção, nos encontros *u/i* e *i/u*, palavras como *gratuito, fortuito, intuito, azuis*, etc.; e as formas verbais do pretérito perfeito da 3ª conjugação: *partiu, vestiu, feriu*, etc.

Em todas, o elemento acentuado vem em primeiro lugar.

---

4) *i* e *u* (átonos) com a vogal antecedente (mas apenas nos casos em que este *i* e este *u* forem tônicos em vocábulos do mesmo radical):

traidor (cf. *trair*)
abaulado (cf. *baú*).

---

[5]Sendo o hiato o encontro de vogal-base + vogal-base, ele não existe, a rigor, em palavras como *goi-a-ba, Mau-á* — nas quais a semivogal (de *oi* e de *au*) desfaz aquela sequência.

DITONGO E TRITONGO

ENCONTROS INSTÁVEIS

DITONGO

É a unidade fônica, formada de *vogal*, acompanhada de *i* ou *u* em função consonantal.

Por outras palavras: o encontro de *vogal* e *semivogal*, ou vice-versa.

Há ditongos *orais*, e *nasais*. Uns e outros classificam-se em *crescentes*, e *decrescentes*.

O ditongo é *crescente*, se a semivogal soar primeiro que a vogal: *uá* (em *quatro*). É *decrescente*, em caso contrário: *ái* (em *pai*).

Estes últimos é que são os verdadeiros ditongos — *ditongos estáveis*.[6]

Também o são, entre os *crescentes*, aqueles que tiverem a semivogal *u* precedida de *q*, ou de *g*:

quase, qualidade, quota, equestre, oblíqua; igual, água.

TRITONGO

É a unidade fônica formada de *vogal* ladeada de semivogais:

quais, averiguei, delinquiu, Paraguai.

ENCONTROS INSTÁVEIS

Há encontros *instáveis*, isto é, que acusam certa flutuação de pronúncia — flutuação condicionada a fatores de ordem regional, ou grupal, e, ainda, ao grau de tensão psíquica do sujeito falante.

Estão neste caso:

---

[6]Cf. Saussure, op. cit., p. 92, e L. Roudet, *Eléments de phonétique générale*, 2ª ed., 2 vols., Paris, 1924, vol. 2, p. 109.

1) Os encontros *ia, ie, io, ua, ue, uo* (átonos e finais de vocábulo):

ausência, série, pátio, árdua, tênue, vácuo.

2) Os encontros de *i* ou *u* (átonos) com a vogal seguinte (tônica, ou átona):

piaga, fiel, prior, muar, suor; crueldade, violento, persuadir.

Na fala espontânea do Rio de Janeiro, em condições normais de elocução, os encontros do primeiro tipo são DITONGOS; e os do segundo, HIATOS.

ENCONTRO CONSONANTAL

O encontro de consoantes pode dar-se:

a) Na mesma sílaba.
b) Em sílabas consecutivas.

a) Os do primeiro tipo, inseparáveis, são habitualmente denominados *grupos* consonantais, e têm quase sempre como segunda consoante — *l*, ou *r*.
Exemplos:

bl	— *bloco, bíblia*	*br*	— *brisa, abrir*
cl	— *clima, tecla*	*cr*	— *cravo, lacrar*
fl	— *flores, aflição*	*fr*	— *fraco, sofrer*
gl	— *glória, inglês*	*gr*	— *grande, negro*

Há alguns outros encontros inseparáveis — aliás, pouco frequentes:

pn — *pneumático*
gn — *gnomo*

GRAMÁTICA NORMATIVA DA LÍNGUA PORTUGUESA   59

b) Nos demais — separáveis —, cada consoante pertence a uma sílaba:

b/*s* — *absoluto*   *d*/*v* — *advertir*
c/*c* — *convicção*   *f*/*t* — *afta*
c/*t* — *aspecto*   *t*/*m* — *ritmo*

Estes se chamam encontros consonantais *disjuntos*.

Notas

1) O *ch* (chave, machado), o *lh* (palha, milharal), o *nh* (ninho, banheiro), o *rr* (carro), o *ss* (passo), e bem assim o *qu* e o *gu* (em palavras, como, respectivamente, *querer* e *guerra*) não são grupos consonantais, nem encontros disjuntos: são DÍGRAFOS; isto é, reuniões de DUAS letras para a transcrição de UM fonema.

2) O *m* e o *n* pós-vocálicos não formam encontro disjunto com a consoante seguinte, pois não são consoantes e sim meros sinais diacríticos de nasalização (valem tanto quanto o *til*): *cam-po, son-so*.

3) Certas combinações podem determinar a formação de grupos consonantais, ou de encontros disjuntos. É o caso, por exemplo, de *bl*: é grupo em *ablativo* (*a-bla-ti-vo*), e encontro disjunto em *sublinhar* (*sub-li-nhar*).

4) Na pronúncia-padrão, é mudo o /s/ — embora se escreva — em palavras com *sc* (piscina, descer), *sç* (cresçam, floresçam) e *xc* (exceção, excelente).

Capítulo 2

TONICIDADE E ATONICIDADE

Acentuação, em sentido geral, é o relevo dado a um elemento fonético. O estudo especial da acentuação denomina-se — *prosódia*. Resulta o acento da íntima associação de certas qualidades físicas dos sons da fala, tais como: a *intensidade* (maior ou menor força expiratória com que são proferidos); a *altura* (maior ou menor frequência com que vibram as cordas vocais); o *timbre* (ou metal de voz); e a *quantidade* (maior ou menor duração com que são emitidos).

Em sentido estrito — aquele que nos interessa aqui — entende-se por acento a maior força expiratória com que uma sílaba se opõe às que lhe ficam contíguas no corpo dos vocábulos.

ACENTO DE INTENSIDADE

Realmente, o acento característico da língua portuguesa é o de *intensidade*, que, regular e fixo, assinala sempre determinada sílaba de cada vocábulo, funcionando, portanto, como elemento gramatical próprio do idioma — capaz, inclusive, de diferençar o valor morfológico e significativo de palavras que têm os mesmos fonemas distribuídos na mesma sequência. É o caso, por exemplo, de séries como estas:

ira (subst.) / *irá* (verbo)
vera (adj.) / *verá* (verbo)
sábia (adj.) / *sabia* (verbo) / *sabiá* (subst.)

GRAMÁTICA NORMATIVA DA LÍNGUA PORTUGUESA 61

Este contraste fonológico pode ocorrer dentro da mesma classe de palavras:

Substantivos:

edito (lei) / *édito* (ordem judicial)

Adjetivos:

florido (em flor) / *flórido* (brilhante)

ACENTO PRINCIPAL E ACENTO SECUNDÁRIO

Nas palavras de duas ou mais sílabas, há uma que se destaca das demais, por ser proferida com maior intensidade.

Eis a sílaba *tônica*, em relação à qual as outras, pronunciadas com menos força, são — *átonas*.

De acordo com a posição da sílaba tônica, classificam-se os vocábulos em *oxítonos*, *paroxítonos*, ou *proparoxítonos* — conforme o acento recaia, respectivamente, na última (a-ma-nhe-*cer*), na penúltima (pri-ma-*ve*-ra), ou na antepenúltima (*lú*-ci-do) sílaba.

Porém, vocábulos de mais de três sílabas, sobretudo os derivados, possuem, quase sempre, além do acento principal, um ou mais acentos secundários.

A mais perceptível das sílabas entre as que trazem acento secundário (e somente até aí costuma ir a análise) — denomina-se *subtônica*.

Exemplos:

admir*á*vel + MENte = admiravelMENte (sílaba tônica: -MEN; subtônica: -*ra*)

gene*ros*(o) + i + DAde = gene*ros*iDAde (sílaba tônica: -DA; subtônica: -*ro*)

PALAVRAS DE ACENTUAÇÃO VICIOSA

É preciso pôr o melhor empenho em não deslocar às palavras a posição de seu acento tônico. O erro prosódico deforma a configuração normal dos vocábulos — o que faz cair pesada sanção social sobre quem o comete.

Recomenda-se particular cuidado na pronúncia das seguintes palavras:

a) São *oxítonas*:

cateter	novel	sutil
condor	recém	ureter
Gibraltar	refém	xerox
Nobel	ruim	

b) são *paroxítonas*:

alanos	filantropo	orquídea
avaro	grácil	pegada
avito	gratuito (úi)	periferia
aziago	hosana	perito
barbaria	Hungria	pletora
batavo	ibero	policromo
cartomancia	inaudito	pudico
ciclope	maquinaria	quíchua
decano	matula	quiromancia
diatribe	misantropo	refrega
estratégia	mercancia	rubrica
efebo	nenúfar	sinonímia
erudito	Normandia	táctil
estalido	onagro	têxtil
estrupido	ônix	ubíquo
êxul	opimo	

GRAMÁTICA NORMATIVA DA LÍNGUA PORTUGUESA

c) são *proparoxítonas:*

ádvena	bávaro	invólucro
aeródromo	bímano	leucócito
ágape	bólido (–e)	lêvedo
álacre	brâmane	Niágara
álcali	Cérbero	ômega[1]
alcíone	cotilédone	périplo
alcoólatra	crisântemo	plêiade
amálgama	égide	prófugo
andrógino	etíope	protótipo
anêmona	êxodo	quadrúmano
antífona	fagócito	revérbero
antífrase	férula	sátrapa
antístrofe	gárrulo	Tâmisa
areópago	hégira	trânsfuga
aríete	idólatra	zéfiro
arquétipo	ímprobo	zênite
azáfama	ínclito	
bátega	ínterim	

Para alguns vocábulos há, mesmo na língua culta, certa flutuação de pronúncia:

anidrido	ou anídrido	projetil	ou projétil
boêmia (subs.)	ou boemia	reptil	ou réptil
hieroglifo	ou hieróglifo	soror	ou sóror
Oceania	ou Oceânia	zangão	ou zângão
ortoepia	ou ortoépia		

Entre médicos, corre a pronúncia *catéter* (paroxítono).

---

[1] *Ômega.* A última letra do alfabeto grego, e, figuradamente — o fim, o término. Como propriedade comercial (marca de um relógio) pronuncia-se *omega* (paroxítona).

IDEIA DE GRUPO ACENTUAL

Se lermos, pausadamente, os seguintes versos de Olavo Bilac:

"*Rosas te brotarão da boca, se cantares!*"
"*E vendo-te a sangrar das urzes através,*" —,

a leitura se fará pela decomposição da fala em pequenas unidades, cada uma das quais tendo por centro um só acento tônico principal:

/ROsas/	/e VENdo-te/
/te brotaRÃO/	/a sanGRAR/
/da BOca/	/das URZes/
/se canTAres/	/atraVÉS/.

Dá-se o nome de *grupo acentual* ao segmento da fala constituído de um ou mais vocábulos subordinados a um acento único.

VOCÁBULOS SEM ACENTO

Vemos, então, que alguns vocábulos se proferem tão fracamente na frase, que têm de apoiar-se no acento tônico de outro vizinho, como se fossem uma sílaba a ele agregada:

/*te* BROTARÃO/; /*e* VENDO-*te*/, etc.

Tais vocábulos, chamados *átonos*, são, em regra, monossílabos.

Há, todavia, um que outro dissílabo átono, como a preposição *para*, as conjunções *como* e *porque*, e a partícula *pelo* (pela, pelos, pelas).

MONOSSÍLABOS TÔNICOS

Por outro lado, monossílabos existem que *são tônicos*, isto é, têm independência fonética — o que vale dizer que podem figurar sozinhos num grupo acentual, e, até, trazer um ou mais vocábulos átonos sob o seu acento:

/FIZ/; /a DOR/; /por MÊS/; /que lhe DEI/, etc.

PRÓCLISE E ÊNCLISE

Quando um vocábulo átono se ampara ao seguinte (*se* CANTARES), diz-se que está em *próclise*; incorporando-se ao anterior (VENDO-*te*), diz-se que há *ênclise*.

Os pronomes pessoais *me, te, se, lhe, o, a, nos, vos, lhes, os, as*, ora aparecem em próclise, ora em ênclise, relativamente ao verbo:

/para *lhe* DIZER/; /para DIZER-*lhe*/.

O artigo definido (*o, a, os, as*), o indefinido (*um, uns*), os pronomes relativos (*que, quem*), as preposições e conjunções monossilábicas figuram somente em próclise:

/*o* MESTRE/; /*um* SONHO/; /*que* OSTENTA/; /*de* SOMBRA/; /*e a* VIDA/.

CONSTITUIÇÃO DOS GRUPOS ACENTUAIS

Considerável quantidade de grupos acentuais consta de um só vocábulo (substantivo, adjetivo, verbo, advérbio, ou pronome tônico); porém são ainda mais frequentes as unidades dessa espécie em que se reúnem dois ou mais vocábulos. A combinação que se repete maior número de vezes é a de *artigo* + *substantivo*, ou *preposição* + *substantivo*.

Facilmente se delimita um grupo acentual, quando entre os vocábulos que o integram apenas um tem acento prosódico.

/As PERnas/desCEram-me/os deGRAUS/ que DAvam/para a CHÁcara./

Menos simples são os casos em que, ao lado do vocábulo tônico principal, aparece outro elemento que, sem ter acentuação plena, não chega, todavia, a ser de todo inacentuado.

Tal fato acontece sobretudo com os verbos auxiliares, os pronomes possessivos e os pronomes pessoais retos — os quais, quando colocados em posição antetônica, ficam sobremaneira enfraquecidos.

Compare-se, por exemplo, a diferença de intensidade com que se profere o possessivo em — *nosso* PAI e *pai* NOSSO; ou o pronome pessoal em — *eu* FAÇO e *faço* EU!

Cotejando as frases:

/O rapaz/não VEM!

/O rapaz/*vem* CHEGANDO!

sentimos a tonicidade do primeiro "vem", ponto de apoio do seu grupo acentual; e, paralelamente, a quase atonicidade do segundo, em cujo grupo acentual o que sobreleva é o acento de "chegando".

TONICIDADE E ATONICIDADE ACIDENTAIS

Vocábulos normalmente átonos podem tornar-se tônicos, assim como não é raro que vocábulos tônicos se debilitem em vários graus de atonicidade — tudo conforme a situação de uns e outros nos grupos acentuais.

Exemplos:

a) *Que* disSEste?   (*que*: átono)
　　Apague/o QUÊ.   (*quê*: tônico)

b) *Para* VOCÊS   (*para*: átono)
　　A palavra/PARA.   (*para*: tônico)

c) *As* PÉrolas.   (*as*: átono)
　　Analise /os AS.   (*as*: tônico)

GRAMÁTICA NORMATIVA DA LÍNGUA PORTUGUESA

d) Um filho/BOM. (*bom*: tônico)
Bom aMIgo! (*bom*: átono)

CONSEQUÊNCIAS DA PRÓCLISE

A próclise pode determinar, às vezes, redução do corpo de vocábulos de duas sílabas, que passam, então, a monossílabos.

É o que acontece, por exemplo, com a preposição *para*, comumente pronunciada /pra/ — e assim grafada pelos escritores que procuram fotografar a linguagem oral:

> "(...) vá buscar a Noite *pra* escurecer o dia e fazer sombra na terra, e eu me casarei com você." (CASSIANO RICARDO)

Corre, igualmente, por conta da próclise a pronúncia monossilábica, encontradiça em todas as fases da língua, dos possessivos femininos (*tua, tuas, sua, suas*) e do numeral *duas* — possibilidade de que muito se valem os poetas.

Eis um exemplo antigo, e outro moderno, de *tu-a* condensado numa sílaba só:

> "Mas porque te não movem tantos choros
> Da minha *tua* mãe? os tantos rogos
> del-rei teu pai?"[2] (ANTÔNIO FERREIRA)

> "Tua cintura em meu braço,
> Meu beijo em *tua* boca em flor..."

Neste exemplo, de Vicente de Carvalho, documentam-se, em versos consecutivos, as duas pronúncias que podem oferecer palavras do tipo de *tua*. No primeiro verso, há de ler-se /tú-a/; no segundo, /twà/.

---

[2]Exemplo recolhido por Sousa da Silveira, *Fonética sintática*, Rio de Janeiro: Simões, 1952, p. 99. Nessa obra-prima da filologia brasileira, lê-se exaustivo estudo das consequências da próclise.

Capítulo 3

PRONÚNCIA NORMAL DO BRASIL[1]

VOGAIS

VOGAIS TÔNICAS

São sete as vogais tônicas orais e cinco as nasais.

1. Vogais Tônicas Orais

/a/ — já, gás, paz, lar, fato, pálido;
/é/ — pé, fel, através, reto, imerso;
/ê/ — crê, mês, ver, português, êxtase;
/i/ — vi, quis, vil, parti, livro, cobrir;
/ó/ — só, nós, voz, anzol, pobre, ótimo;
/ô/ — pôs, avô, flor, horto, algoz, sôfrego;
/u/ — tu, nus, luz, sul, abutre, fúlgido.

> *Observação*
>
> Apresentam /e/ (aberto) as seguintes palavras, entre outras:
>
> *acerbo, acervo*[2]*, anelo, badejo, cerva, coevo, diserto* (= eloquente),
> *doesto, elmo, flagelo, indefeso* (= incansável), *obeso, obsoleto,*
> *palimpsesto, refrega, Tejo, terso.*

---

[1]Com apoio em normas aprovadas pelo Primeiro Congresso Brasileiro de Língua Falada no Teatro, realizado em 1956, na cidade do Salvador, o qual ratificou, em suas grandes linhas, as conclusões do Primeiro Congresso da Língua Nacional Cantada, reunido em 1937, em São Paulo.
[2]*O Vocabulário ortográfico da língua portuguesa* também registra como correto o timbre fechado.

GRAMÁTICA NORMATIVA DA LÍNGUA PORTUGUESA 69

(cont.)

Apresentam /e/ (fechado) as seguintes palavras, entre outras:

adrede (adv.), *alameda, Aulete, canhestro, capelo, cerda, cerebelo, destra*[3] (a mão direita), *enxerga, esmero, faceto, ferrete* (azul-), *ileso, interesse, labareda, Roquete, vereda, vespa.*

Apresentam /o/ (aberto) as seguintes palavras, entre outras:

coldre, envolta (nas locuções *de envolta* e *de envolta com*), *hissope, imoto, molho* (= feixe), *ocre, piloro, probo, remoto, senhora, suor, tropo.*

Apresentam /o/ (fechado) as seguintes palavras, entre outras:

algoz, algozes, chofre (na locução *de chofre*), *côdea, coche, corça, despojo, molosso, odre, serôdio, torpe.*

2. VOGAIS TÔNICAS NASAIS

/ã/ — lã, vãs, aldeã, *ca*mpo, pâ*n*dega;

/ẽ/ — *te*mpo, le*n*to, pêndulo;

/ĩ/ — fi*m*, li*m*po, ti*n*ta, sí*n*dico;

/õ/ — bo*m*, to*m*bo, o*n*da, almô*n*dega;

/ũ/ — ru*m*, tu*m*ba, profu*n*do.

Observe-se:

a) Que são fechadas as vogais nasais.

b) Que também são fechadas, e nasalizadas (em graus diferentes), as vogais que antecederem as consoantes nasais /m/, /n/ e /nh/ (*ca*ma, *ca*na, *ba*nho; *le*ma, *ce*na, *le*nha; *li*ma, *fi*na, *li*nha; *so*ma, *so*no, me*do*nho; apru*mo, ú*nica, u*nha).

c) Que, segundo o novo Acordo Ortográfico, admite-se dupla grafia nas formas verbais terminadas em -*amos* do pretérito perfeito do indicativo (*amamos* /*amámos*) para diferençá-las do presente do indicativo, já que em algumas variantes do português o timbre da vogal tônica é aberto no pretérito. **Vale assinalar que, no Brasil,**

---

[3] O *Vocabulário ortográfico da língua portuguesa* registra como correto o timbre aberto.

mantém-se o timbre fechado e a terminação *-amos*, tanto para o presente quanto para o pretérito perfeito do indicativo.

VOGAIS ÁTONAS

São cinco as vogais átonas orais e cinco as nasais.

1. VOGAIS ÁTONAS ORAIS

/a/ — m*a*s, p*a*ra, ros*a*, p*a*deiro
/ê/ — r*e*zar, r*e*dondo, s*e*lado, car*á*ter
/i/ — v*i*tal, c*i*dadão, júr*i*, pobr*e*
/ô/ — r*o*dar, pr*o*vado, c*o*lega, flú*o*r
/u/ — l*u*cidez, c*u*lpado, espát*u*la, trib*o*

2. VOGAIS ÁTONAS NASAIS

/ã/ — c*a*mpal, *a*mparar, *a*ntigo, c*a*ntor
/ẽ/ — t*e*mporal, s*e*ntar, ap*e*ndicite
/ĩ/ — p*i*ntor, s*i*ntoma, *i*nvasão
/õ/ — c*o*mbate, t*o*mbar, v*o*ntade, c*o*nvite
/ũ/ — c*u*mprir, f*u*ndação, s*u*ntuoso, *u*ntar

Observe-se:

a) Que a simples passagem da posição tônica para a átona determina, mecanicamente, o fechamento das vogais /é/ e /ó/; assim, por exemplo:

reta (é)	— retângulo (ê)
leve (é)	— leveza (ê)
reza (é)	— rezar (ê)
encéfalo (é)	— encefalite (ê)
roda (ó)	— rodar (ô)
pobre (ó)	— pobreza (ô)
sólido (ó)	— solidez (ô)
voto (ó)	— votação (ô)

GRAMÁTICA NORMATIVA DA LÍNGUA PORTUGUESA

Excetuam-se apenas:

— Os vocábulos derivados em que haja prefixos com acento próprio, os quais contenham essas vogais:

pré-história, pós-graduado

— Os vocábulos derivados com os sufixos *mente*, ou (*z*)*inho*, (*z*)*ito*:

leve (é)	— levemente (é)
café (é)	— cafezinho (é)
mole (ó)	— molemente (ó)
só (ó)	— sozinho (ó)

b) Que são átonos orais finais somente /A/, /I/ (grafado *e*) e /U/ (grafado *o*), assim nos monossílabos átonos ou combinações destes, como nos anoxítonos de duas ou mais sílabas:

me (pronúncia *mi*)	*de* (pronúncia *di*)
te (pronúncia *ti*)	*que* (pronúncia *qui*)
se (pronúncia *si*)	*o* (pronúncia *u*)
lhe (pronúncia *lhi*)	*os* (pronúncia *us*)
lhes (pronúncia *lhis*)	*tos* (pronúncia *tus*)
nos (pronúncia *nus*)	*lhas* (pronúncia *lhàs*)
vos (pronúncia *vus*)	*dedo* (pronúncia *dêdu*)
e (pronúncia *i*)	*calado* (pronúncia *caládu*)

c) Que não se distinguem na pronúncia o /a/ artigo, o /a/ preposição, o /a/ pronome e o /à/ resultante de crase (seguidos ou não de /s/ o primeiro e os dois últimos) — salvo, muito excepcionalmente, se houver necessidade imperativa para a inteligência da frase, caso em que o /à/ resultante de crase poderá ser pronunciado com certa tonicidade ou ênfase.

d) Que, quando empregado com valor interjectivo, ou como substantivo, ou em fim de frase não reticente, o vocábulo *que* se torna tônico e passa a pronunciar-se e grafar-se [*quê*].

e) Que a preposição *por*, dada a sua condição de vocábulo átono, deve ser pronunciada — salvo razão excepcional de ênfase — [*pur*].

f) Que são fechadas as vogais átonas que antecederem as consoantes nasais /m/, /n/ e /nh/ (*a*metista, ba*n*heira, s*e*mana, pe*nh*or, dom*é*stico, *u*nidade, etc.).

g) Que, mesmo nas classes cultas, ocorre, em muitos vocábulos, certa oscilação entre /ê/ e /i/, /ẽ/ e /ĩ/, /ô/ e /u/, /õ/ e /ũ/ pretônicos; assim, são igualmente válidas ambas as pronúncias:

[*pedir*] e [*pidir*], [*estudo*] e [*istudo*], [*feliz*] e [*filiz*];
[*sentir*] e [*sintir*], [*mentira*] e [*mintira*], [*enguiço*] e [*inguiço*];
[*cortina*] e [*curtina*], [*gordura*] e [*gurdura*], [*coser*] e [*cuser*];
[*compadre*] e [*cumpadre*].

DITONGOS

TÔNICOS

1) São onze os ditongos *orais decrescentes*:

/*ái*/	— mais, pais, festivais;
/*áu*/	— degrau, pau, fauno;
/*éi*/	— réis, papéis, ideia;
/*êi*/	— dei, beijo, jeito;
/*éu*/	— réu, chapéu, mausoléu;
/*êu*/	— breu, ateus, terapêutica;
/*iu*/	— fugiu, retorquiu;
/*ói*/	— rói, geoide, destrói;
/*ôi*/	— boi, foice, dezoito;
/*ou*/	— sou, estouro, besouro;
/*ũi*/	— fui, azuis, retribuis.

GRAMÁTICA NORMATIVA DA LÍNGUA PORTUGUESA 73

Observação

O novo Acordo Ortográfico aboliu o acento agudo nos ditongos -ei/-oi abertos das palavras paroxítonas.

---

2) São cinco os ditongos *nasais decrescentes*:

Formas fonéticas	Formas gráficas	Exemplos
/ãi/	*ãi, ãe*	*cãibra, mãe, capelães*
/ãu/	*ão*	*carvão*
/ẽi/	*em, en(s)*	*além, armazéns*
/õi/	*õe*	*põe, dispões*
/ũi/	*ui*	*mui, muito*

ÁTONOS

São dez os ditongos *orais decrescentes* pretônicos e dois os postônicos:

1) Pretônicos:

/ái/	— baixela	/êu/	— eufonia
/áu/	— paulada	/ói/	— anzoizinhos
/éi/	— aneizinhos	/ôi/	— anoitecer
/êi/	— empreitada	/ou/	— roubar
/éu/	— chapeuzinho	/ui/	— cuidado

2) Postônicos:

/êi/	— amáveis, úteis
/ói/	— álcoois

São cinco os ditongos *nasais decrescentes* pretônicos e dois os postônicos:

1) Pretônicos:

Formas fonéticas	Formas gráficas	Exemplos
/ãi/	ãe	*mãezinha*
/ãu/	ão	*irmãozinho*
/ẽi/	en	*vintenzinho*
/õi/	õe	*tostõezinhos*
/ũi/	ui	*muitíssimo*

2) Postônicos:

Formas fonéticas	Formas gráficas	Exemplos
/ãu/	ão/am	*órgão, amavam*
/ẽi/	em, en(s)	*bagagem, sofrem, viagens*

TRITONGOS

TÔNICOS

São seis — quatro orais e dois nasais:

1) Orais:

/uái/ — Uruguai
/uêi/ — averigueis
/uou/ — enxaguou
/uiu/ — delinquiu

2) Nasais:

/uãu/ — quão
/uõi/ — saguões

GRAMÁTICA NORMATIVA DA LÍNGUA PORTUGUESA 75

ÁTONOS

São cinco — três pretônicos e dois postônicos:

1) Pretônicos:

/uái/ — guaiar
/uãu/ — saguãozinho
/uõi/ — saguõezinhos

2) Postônicos:

/uãu/ — mínguam
/uẽi/ — deságuem

ENCONTROS DE DITONGO TÔNICO DECRESCENTE E VOGAL

Desenvolve-se sistematicamente uma semivogal nos encontros de ditongo tônico decrescente e vogal:

praia [*prái-ia*], *cheia* [*chêi-ia*], *apoio* [*apôi-io*].

CONSOANTES

São dezenove as consoantes da língua portuguesa:

/b/ oclusiva bilabial sonora: *b*oi, a*b*a, am*b*os, é*b*rio, a*b*dicar;
/d/ oclusiva linguodental sonora: *d*ar, me*d*o, an*d*ar, *d*ragão;
/f/ fricativa labiodental surda: *f*ado, a*f*iar, Á*f*rica, amor*f*o;
/j/ fricativa palatal sonora: *j*arro, *j*eito, *g*elo, a*g*ente, me*s*mo, o*s* bêbedos;
/l/ lateral alveolar sonora: *l*ar, pá*l*ido, ga*l*o, ce*l*eiro;
/m/ oclusiva bilabial sonora nasal: *m*ar, a*m*igo, la*m*a;

/n/ oclusiva linguodental sonora nasal: *n*eve, a*n*iquilar, pa*n*o;

/p/ oclusiva bilabial surda: *p*olo, a*p*arecer, cam*p*o, a*p*raz, ine*p*to;

/k/ oclusiva velar surda: *c*ara, *c*ola, *c*ulpa, *qu*erida, *qu*ilo, a*qu*ele;

/r/ vibrante alveolar sonora (fraca): pu*r*eza, ca*r*o, fala*r* alto;

/rr/ vibrante velar sonora (forte): ca*rr*o, ca*r*ne, *r*osto, fala*r*;

/s/ fricativa alveolar surda: *s*ei, *c*eleste, pa*ç*o, ma*ss*a, pró*x*imo;

/t/ oclusiva linguodental surda: *t*ua, a*t*or, pran*t*o, a*t*leta, ri*t*mo;

/v/ fricativa labiodental sonora: *v*ida, lu*v*a, li*v*reiro;

/x/ fricativa palatal surda: *x*avante, *ch*uva, fe*ch*ar, pei*x*e, e*s*te, o*s* perigos;

/z/ fricativa alveolar sonora: *z*agal, pra*z*er, a*s*a, e*x*ato;

/g/ oclusiva velar sonora: *g*azela, *g*ota, *g*ume, *g*uarda, tan*g*o, a*g*radar;

/lh/ lateral palatal sonora: *lh*ano, fa*lh*a, fi*lh*o;

/nh/ oclusiva palatal sonora nasal: vi*nh*o, so*nh*ar, ba*nh*eiro.

Observações

a) No português do Rio de Janeiro e de extensas zonas do país, a consoante /d/, quando seguida de /i/, apresenta uma pronúncia palatalizada, passando a /djê/ (dia).

b) No português do Rio de Janeiro e de extensas zonas do país, a consoante /t/, quando seguida de /i/, apresenta uma pronúncia palatalizada, passando a /tchê/ (tio).

c) No português do Rio de Janeiro e de extensas zonas do país, a consoante /l/, quando final de sílaba, apresenta uma pronúncia *relaxada*, que a aproxima do som do /w/. É o /l/ VELAR, tão caracteristicamente carioca (sa*l*, a*l*to).

d) No português do Rio de Janeiro e de extensas zonas do país, a consoante /rr/ pode adquirir uma articulação mais recuada, pronunciando-se como uma consoante dorsovelar múltipla. É o /r/ UVULAR, decorrente de afetação viciosa.

CAPÍTULO 4

ORTOGRAFIA

PERIODIZAÇÃO DA HISTÓRIA DA ORTOGRAFIA PORTUGUESA

A história da ortografia portuguesa pode dividir-se em três períodos:

a) O *fonético*, que coincide com a fase arcaica da língua, vai até o século XVI.

b) O *pseudoetimológico*, inaugurado no Renascimento, estende-se até os primeiros anos do século XX.

c) O *histórico-científico*, que se inicia com a adoção da chamada "nova ortografia", começa em 1911.

O PERÍODO FONÉTICO

Durante o primeiro período, não havia a preocupação de escrever de acordo com a origem das palavras, senão exclusivamente com a maneira de pronunciá-las. Mas campeava (nem poderia deixar de ser assim) absoluta falta de sistematização e até de coerência, de tal sorte que o mesmo sinal gráfico era, às vezes, usado com valores diversos e não raro antagônicos.

O *h*, por exemplo, podia indicar ora a tonicidade da vogal (*he* = é), ora a existência de um hiato (*trahedor* = traidor), ora o som *i* (*sabha* sabia), e, ainda, instalar-se arbitrariamente, sem função definida (*hũa* − ũa, *hidade* = idade).

Por outro lado, a mesma palavra aparecia escrita com *h* ou sem ele: *havia e avia, hoje e oje, homem e omem* ou *ome*.

Não obstante as vacilações existentes, o que caracterizava a grafia do português arcaico era a *simplicidade* e, principalmente, o *sentimento fonético*.

O PERÍODO PSEUDOETIMOLÓGICO

Com a floração dos estudos humanísticos, surgiu o eruditismo, a febre de imitação dos clássicos latinos e gregos, e com isso o intento de aproximar a grafia portuguesa da latina.

Durante os séculos XVI, XVII e XVIII multiplicaram-se os estudos a respeito do assunto; porém, como faltasse aos seus autores (Duarte Nunes de Leão, Álvaro Ferreira de Vera, João Franco Barreto, Madureira Feijó, Luís do Monte Carmelo e outros) segurança de conhecimentos linguísticos, o que eles pregavam era uma ortografia pretensiosa e cheia de complicações inúteis, a qual desatendia aos princípios de evolução do idioma.

Na transcrição de palavras de origem grega, encontrava o pseudoetimologismo largo campo para demonstrações eruditas: o *ph* (*philosophia, nympha, typho*), o *th* (*theatro, Athenas, estheta*), o *rh* (*rhombo, rheumatismo*), o *ch* (*chimica, cherubim, technico*), o *y* (*martyr, pyramide, hydrophobia*) passaram a infestar a escrita portuguesa.

E a duplicação de consoantes intervocálicas existentes em palavras latinas? Tendo diante de si o latim dos livros, grafavam *approximar, abbade, gatto, bocca*, etc., por ignorarem que, na evolução para a nossa língua, essas consoantes se simplificaram.

Com a pretensão de ser etimológica, tal ortografia estava inçada de erros, de formas absurdas, totalmente contrárias à etimologia.

O PERÍODO HISTÓRICO-CIENTÍFICO

Somente a partir de 1868, depois que, graças aos estudos de Adolfo Coelho, deu entrada em Portugal a ciência linguística, é que se tornou possível enfrentar, com sólida base científica, o problema da ortografia.

O grande renovador foi o mestre português Aniceto dos Reis Gonçalves Viana, que, após vários opúsculos preparatórios, publicou, em

GRAMÁTICA NORMATIVA DA LÍNGUA PORTUGUESA

1904, a sua notabilíssima *Ortografia nacional*, ponto de partida de quanto se fez depois.

Em consequência da repercussão desse trabalho, o governo português nomeou, em 1911, uma comissão para estudar as bases da reforma ortográfica. Essa comissão, integrada por alguns dos maiores filólogos de Portugal (Leite de Vasconcelos, Carolina Michaëlis de Vasconcelos, Adolfo Coelho, Epifânio Dias, Júlio Moreira, José Joaquim Nunes e outros), propôs a adoção do sistema de Gonçalves Viana, com pequenas alterações.

Realmente, em 1911, foi oficializada a "nova ortografia" pelo governo português, e, em 1931, foi ela estendida ao Brasil por um Acordo firmado entre a Academia das Ciências de Lisboa e a Academia Brasileira de Letras, com aprovação de ambos os governos.

Para essa unificação concorreu grandemente, além da ação diplomática dos dois países, o entusiasmo com que acolheram e pregaram a reforma ortográfica, pela imprensa e pela cátedra, muitos ilustres filólogos brasileiros, entre os quais Silva Ramos, Mário Barreto, Sousa da Silveira, Antenor Nascentes, Jacques Raimundo.

Condições políticas especiais não permitiram, porém, que durasse o Acordo. A Constituição brasileira de 1934 determinou a volta ao sistema anterior. Fez-se necessário, então, novo entendimento entre os dois países, entendimento de que resultou a Convenção Luso-Brasileira, de 1943, que revigorou o Acordo de 1931 Posteriormente, a fim de aplainar pequenas divergências que surgiram na interpretação de algumas regras, reuniram-se em Lisboa, de julho a outubro de 1945, delegados das duas academias, daí surgindo as "Conclusões complementares do Acordo de 1931". As modificações então introduzidas foram, porém, tais e tantas, que quase equivaliam a nova reforma, contra a qual protestaram prestigiosos professores brasileiros, especialmente Júlio Nogueira e Clóvis Monteiro.

Posta em vigor em Portugal a partir de 1º de janeiro de 1946, a "ortografia de 1945" *não entrou em uso no Brasil*, onde continuou de pé a "ortografia de 1943", consubstanciada no *Pequeno vocabulário ortográfico da língua portuguesa* (Imprensa Nacional, 1943), elaborado pela Academia Brasileira de Letras.

Em fins de 1971, o Congresso Nacional aprovou projeto de lei, que veio a ser sancionada pelo presidente da República, introduzindo pequenas alterações no capítulo da acentuação gráfica — de conformidade com parecer conjunto da Academia Brasileira de Letras e da Academia das Ciências de Lisboa, segundo o disposto no art. III da Convenção Ortográfica celebrada a 29 de dezembro de 1943 entre o Brasil e Portugal.

Em 1975, a Academia Brasileira de Letras e a Academia de Ciências de Lisboa elaboraram texto que procurava diminuir as divergências entre as propostas de unificação ortográfica de 1943 e 1945. No entanto, a situação política de Portugal impediu que o acordo se efetivasse.

Em 1986, em reunião na Academia Brasileira de Letras, no Rio de Janeiro, representantes de seis países (Brasil, Portugal, Angola, Moçambique, Cabo Verde e São Tomé e Príncipe) que têm a língua portuguesa como língua oficial iniciaram os trabalhos que deram origem às bases do novo Acordo Ortográfico. O texto final sofreu muitas críticas e passou por várias alterações, até se chegar, em 1990, à sua versão final. Previsto para entrar em vigor em 10 de janeiro de 1994, o novo Acordo Ortográfico, ratificado por membros da Comunidade de Países de Língua Portuguesa (CPLP), passa efetivamente a vigorar em 1º de janeiro de 2009. Além dos países já citados, representantes de Guiné-Bissau e Timor-Leste assinam esta versão final. Enfim, a tão almejada unificação ortográfica entre países de língua portuguesa parece se tornar realidade.

SÍNTESE DIDÁTICA
DO SISTEMA ORTOGRÁFICO OFICIAL

GENERALIDADES

1. O ALFABETO

Todas as palavras portuguesas ou aportuguesadas se escrevem com as seguintes vinte e seis letras e suas combinações:

a, b, c, d, e, f, g, h, i, j, k, l, m, n, o, p, q, r, s, t, u, v, w, x, y, z.

GRAMÁTICA NORMATIVA DA LÍNGUA PORTUGUESA

2. Emprego das letras K, W, e Y

Acrescentadas ao alfabeto da língua portuguesa pelo novo Acordo Ortográfico, só se utilizam as letras *k, w* e *y* nos seguintes casos especiais:

a) Em abreviaturas e como símbolos de alguns termos técnicos de uso internacional:

K   — (*potássio*);
Kr   — (*criptônio*);
kg   — (*quilograma*);
km   — (*quilômetro*);
kW   — (*quilowatt*);
kWh   — (*quilowatt-hora*);
W   — (*tungstênio* e, ainda, *Oeste*);
w   — (*watt*);
Y   — (*ítrio*);
yd   — (*jarda*);
etc.

b) Nos derivados vernáculos de nomes próprios estrangeiros:

kantismo (de *Kant*);
wagneriano (de *Wagner*);
byroniano (de *Byron*).

3. Consoantes mudas

As pronúncias cultas da língua nos países signatários do Acordo determinam a conservação ou eliminação das consoantes mudas. Sendo assim:

a) Não se escrevem as consoantes que não se pronunciam:

diretor, salmo, assinar (e não: *director, psalmo, assignar*), etc.

b) Conservam-se as que são invariavelmente pronunciadas:

convicção, ficção, eucalipto, etc.

c) Quando for facultativa a pronúncia, facultativa será a grafia, cada país adotando a forma sacralizada pelo uso:

aspecto e *aspeto*;
característico e *caraterístico*;
contacto e *contato*;
respectivo e *respetivo*;
secção e *seção*;
subtil e *sutil*;
sumptuoso e *suntuoso*;
etc.

Observação

Em vocábulos derivados de nomes próprios estrangeiros, mantêm-se as combinações de letras que neles ocorram:

comtista (de Comte);
shakespeariano (de *Shakespeare*).

No entanto, o novo Acordo Ortográfico recomenda que os topônimos de língua estrangeira sejam substituídos, tanto quanto possível, por formas vernáculas:

Genebra (em vez de *Genève*);
Milão (em vez de *Milano*);
Zurique (em vez de *Zürich*).

---

4. Consoantes dobradas

Só se duplicam as letras *c*, *r* e *s*. Escreve-se *cc* ou *cç* quando soarem distintamente as duas consoantes: *occipital, convicção*, etc.

E *rr* e *ss* quando, intervocálicos, representam os sons simples do *r* e do *s* iniciais; e, também, quando a um elemento de composição terminado em vogal se seguir, sem interposição do hífen, palavra começada por *r* ou *s*:

carro, massa; *pressentir, sacrossanto, prerrogativa*, etc.

GRAMÁTICA NORMATIVA DA LÍNGUA PORTUGUESA

Observação

Mantêm-se as consoantes dobradas em nomes próprios estrangeiros e seus derivados:

garrettiano (de *Garrett*);
jeffersônia (de *Jefferson*).

---

5. O SC

Neste dígrafo, elimina-se o *s* nos compostos formados em nossa língua; mas, quando estes já vierem formados para o português, o *s* se mantém (embora não se pronuncie).

Assim, escrever-se-ão:

contracenar, encenação, anticientífico, etc.,

a par de:

consciência, prescindir, multisciente, rescisão, proscênio, etc.

A LETRA H

1. INICIAL

Posto não represente nenhum fonema (é uma simples *letra*), persiste em razão da etimologia e da tradição escrita:

haver, honra, humilde, honesto, hóstia, humanidade, etc.

2. MEDIAL

É suprimido, a não ser nos vocábulos compostos em que o segundo elemento, com *h* inicial etimológico, se ligue ao primeiro por meio de hífen:

reabilitar, reaver, desarmonia, lobisomem, exausto, etc.;
anti-higiênico, sobre-humano, pré-história, etc.

3. FINAL

Só se escreve em algumas interjeições:

ah!, *oh!*, *puh!*, etc.

Observação

Grafa-se — *ó!* — nos vocativos.

"Ergue-te, ó Radamés, ó meu vassalo!" (LUÍS DELFINO)

---

4. DÍGRAFOS COM H

É mantido o *h* que faz parte dos dígrafos *ch* (com o valor de *x*), *lh* e *nh*. Estas combinações representam fonemas simples; e para os dois últimos há carência de símbolos no alfabeto:

chave, brecha;
malho, melhor;
minha, banho.

Observação

Segundo o novo Acordo Ortográfico, os nomes próprios de tradição bíblica podem conservar ou não os dígrafos finais de origem hebraica *ch*, *ph* e *th*:

Baruch ou *Baruc;*
Loth ou *Lot.*

No entanto, quando os dígrafos não são pronunciados, devem ser eliminados:

José (em vez de *Joseph*);
Nazaré (em vez de *Nazareth*).

Há ainda o caso daqueles que, por força do uso, admitem uma adaptação, recebendo o acréscimo de uma vogal:

Judite (em vez de *Judith*).

GRAMÁTICA NORMATIVA DA LÍNGUA PORTUGUESA

5. O VERBO "HAVER"

Empregando-se isoladamente, conserva o *h* em todas as formas, ao contrário do francês *avoir* e do italiano *abbiamo*.

Mas quando figura como elemento formador dos futuros, degradado à condição de simples desinência, perde o *h*:

amar-te-ei, *dir-se-ia*, *tra-lo-emos*, etc.

SEPARAÇÃO DE SÍLABAS

1) A separação das sílabas de um vocábulo se faz, de modo geral, pela silabação, e não pelos elementos constitutivos segundo a etimologia:

bi-sa-vô, *tran-sa-tlân-ti-co*.

2) No caso de haver hífen, a partição se dá onde está o hífen — que se repete na linha seguinte:

	altar-			perdoai-			dar-	
-mor			-nos			-lhe		

3) Separam-se:

a) Os hiatos: *co-or-de-nar*, *a-or-ta*, *sa-ú-de*, *pa-ís*.

b) Os dígrafos (*rr*, *ss*, *sc*, *xc*): *car-ro*, *pas-sar*, *des-cer*, *ex-ce-to*.

c) Os encontros consonantais disjuntos:

— de *uma* consoante + *uma* consoante: *op-tar*

— de *uma* consoante + *duas* consoantes: *es-tre-la*

— de *duas* consoantes + *uma* consoante: *pers-pi-caz*

— de *duas* consoantes + *duas* consoantes: *pers-cru-tar*

— de *três* consoantes + *uma* consoante: *felds-pa-to*

4) Não se separam:

a) Os ditongos: *pai-sa-gem, goi-a-ba, á-gua, fú-teis.*
b) Os tritongos: *sa-guão, de-si-guais, guai-ar.*
c) Os dígrafos (*ch, lh, nh, qu, gu*): *fe-char, pa-lha-ço,* etc.
d) Os grupos consonantais: *bra-vo, psi-co-lo-gia, gno-mo.*
e) O *m* e o *n* diacríticos de nasalização: *âm-bar, sin-to.*

5) Tem-se por antiestético deixar uma só letra numa das linhas. Convém que se evitem separações que tais:

| e- | | Graja- | | sa- |
| levar | | ú | | í |

ACERCA DOS DITONGOS "OU" E "OI"

Em muitas palavras alternam-se os ditongos *ou* e *oi*. Regulando-nos pela pronúncia normal do Brasil, podemos, de maneira muito geral, aconselhar a escrita *ou* "invariavelmente" antes de *r* e "quase sempre" antes de qualquer outra consoante: *ouro, louro, tesouro, touro, vassoura, agouro, tesoura, dourar, couro, bebedouro; lousa, papoula, arcabouço, trouxe, ouvir, azougue,* etc.

Grafam-se, todavia, com *oi*: *noite, noitibó, oiti, coivara, oito, dezoito, oitavo, oitenta, pois, depois, coitado, goivo, noivo,* e poucas mais.[1]

Indiferentemente com *ou* ou *oi*: *cousa* e *coisa.* Esta é forma corrente; aquela, de preferência literária.

VERBOS EM "OAR" E EM "UAR"

1) Nos verbos em *oar*, a 1ª, a 2ª e a 3ª pessoas do singular do presente do subjuntivo escrevem-se com *oe*, e não com *oi*:

abençoe, perdoes.

---

[1]Ver, especialmente, Said Ali, *Gramática secundária da língua portuguesa*, edição revista e comentada de acordo com a Nomenclatura Gramatical Brasileira pelo prof. Evanildo Bechara, São Paulo: Melhoramentos, 1985, p. 28.

GRAMÁTICA NORMATIVA DA LÍNGUA PORTUGUESA

2) Nas mesmas pessoas, os verbos em *uar* grafam-se com *ue*, e não com *ui*:

cultue, habitues.

3) E os verbos em *uir*, com *ui* e não *ue*:

constitui, destituis.

SUFIXOS -IANO E -IENSE

O novo Acordo Ortográfico determina que se mantenha o *i* dos sufixos *-iano* e *-iense*, antes de sílaba tônica, em substantivos e adjetivos derivados, ainda que eles apresentem *e* na forma primitiva:

acriano (de *Acre*);
camoniano (de *Camões*);
torriense (de *Torres*).

TERMINAÇÃO EM -IO E -IA

Segundo o novo Acordo Ortográfico, substantivos que representam variações, por ampliação, de outros terminados em vogal recebem as terminações *-io* e *-ia*, em vez de *-eo/-ea*:

véstia (variante de *veste*);
hástia (variante de *haste*).

ACENTUAÇÃO GRÁFICA

1. PALAVRAS PROPAROXÍTONAS

São acentuadas *todas* as palavras proparoxítonas.
Exemplos:

gramática, exército, insólito, tímido, público; câmara, lêvedo, quilômetro; amássemos, entendêramos, louvaríamos.

2. Palavras paroxítonas

Só se acentuam:

a) As terminadas em *i* e *u*, seguidos, ou não, de *s*.
Exemplos:

júri, dândi, lápis, tênis, bônus.

Observação

Não se acentuam os prefixos paroxítonos acabados em *i*: *semisselvagem.*

---

b) As terminadas em *um, uns*.
Exemplos:

álbum, álbuns.

c) As terminadas em *ão, ãos, ã, ãs*.
Exemplos:

órgão, acórdão, bênção, sótãos, imã,[2] *órfã, órfãs.*

d) As terminadas em *ditongo oral*.
Exemplos:

jóquei, pênseis, ágeis, pusésseis;
área, ministério, tirocínio, vácuo, imundície;
ignorância, gênio, fêmea, estrênuo.

e) As terminadas em *l, r, n, ps, x*.
Exemplos:

amável, automóvel, sensível, útil;
cadáver, éter, aljôfar, açúcar;

---

[2]Hoje, está firmada a pronúncia *imã* (paroxítono), embora pela sua origem (o francês *aimant*) devesse a palavra ser oxítona, com a final nasal, rimando com *manhã*. O *t* final da palavra francesa aparece no verbo *imantar.*

GRAMÁTICA NORMATIVA DA LÍNGUA PORTUGUESA

regímen, gérmen, abdômen, elétron, elétrons;
bíceps, fórceps;
tórax, córtex, ônix.

Observação

Não se acentuam os prefixos paroxítonos acabados em *r*: *super-homem;* nem os vocábulos paroxítonos finalizados em *ens*: *regimens, germens, abdomens, jovens, nuvens.*

Segundo o novo Acordo Ortográfico, não se acentuam as palavras paroxítonas terminadas pelo hiato *oo*, seguido, ou não, de *s*.
Exemplos:

enjoo, perdoo, voos.

3. PALAVRAS OXÍTONAS

Só se acentuam as terminadas em:

a — *cajá, vatapá, satanás, amarás;*
e — *café, jacaré, você, português;*
o — *avó, jiló, trisavô, dominós;*
em — *também, armazém, alguém;*
ens — *vinténs, armazéns, parabéns;*
seguidas, ou não, de *s* as três vogais.

Observação

Nesta regra se incluem as formas verbais terminadas em *s, r* ou *z* e acompanhadas do pronome *lo, la, los, las*, nas quais estas consoantes se assimilaram ao *l* do pronome, dando-se posteriormente a queda do primeiro *l*.
Exemplos:

transpôs + lo = *transpô-lo.*
saber + lo + emos = *sabê-lo-emos.*
satisfez + lo = *satisfê-lo.*

(cont.)

> Fica, pois, entendido que não se acentuam, num e noutro caso, os oxítonos terminados em:
>
> i — *aqui, ali, juritis, feri-lo;*
> u — *bambu, urubu, perus;*
> seguidos, ou não, de s, exceto nos casos previstos no item 8: *Hiatos*.

4. MONOSSÍLABOS TÔNICOS

Acentuam-se os terminados em:

a — *já, má, pá, hás, zás-trás;*
e — *pé, ré, vê, três, mês;*
o — *só, pó, nós, pôs;*
seguidos, ou não, de s.

Os terminados em *i* e *u* não se acentuam:

i — *vi, li, bis, quis;*
u — *tu, nu, cru, pus;*
seguidos, ou não, de s.

5. DITONGOS

Pelo novo Acordo Ortográfico, não se acentuam os ditongos abertos -*ei* e -*oi* das palavras paroxítonas:

ideia, assembleia, heroico, jiboia.

Acentuam-se, no entanto, os ditongos abertos -*ei*, -*eu* e -*oi* nos monossílabos tônicos e nas palavras oxítonas:

réis, papéis; véu, chapéu; herói, rouxinóis.

GRAMÁTICA NORMATIVA DA LÍNGUA PORTUGUESA 91

Observação

O ditongo será acentuado nas paroxítonas, quando a palavra se enquadrar em outra regra geral de acentuação:
destrói, Méier.

---

6. ACENTO GRAVE

Usa-se para marcar a *crase* da preposição *a* com o artigo *a* e com os pronomes demonstrativos, *a, aquele, aqueloutro* e *aquilo*, os quais, com as respectivas flexões, se escreverão assim:

à, às, àquele, àquela, àqueles, àquelas, àquilo, àqueloutro, àqueloutra, àqueloutros, àqueloutras.

7. TREMA

O novo Acordo Ortográfico suprime o uso do trema em palavras da língua portuguesa ou aportuguesadas. A pronúncia destas palavras, no entanto, não se alterará.
Exemplos:

equestre, consequência, cinquenta;
quinquênio, líquido, equino;
aguentar, unguento, pinguim, linguiça.

Observação

O trema será mantido em palavras derivadas de nomes próprios estrangeiros:
hübneriano (de *Hübner*);
mülleriano (de *Müller*).

---

8. Hiatos

Recebem acento agudo o *i* e o *u* tônicos que não formarem sílaba com a vogal anterior.

Exemplos:

a-i	— *aí.*
pa-is	— *país* (cf. *pais*).
sa-i-a	— *saía* (cf. *saia*).
do-i-do	— *doído* (verbo *doer*, cf. *doido*)
vi-u-va	— *viúva.*
dis-tri-bu-i-lo	— *distribuí-lo.*
sa-u-de	— *saúde.*
ba-la-us-tre	— *balaústre.*

Torna-se desnecessária qualquer marcação gráfica no caso de essas mesmas vogais estarem antes de *nh*, *nd*, *mb* ou de qualquer consoante que não seja *s* e que não inicie outra sílaba.

Exemplos:

rainha, ainda, Coimbra; juiz, paul, demiurgo.

O novo Acordo Ortográfico determina que não se acentuem as vogais tônicas *i* e *u* das palavras paroxítonas, quando estiverem precedidas de ditongo decrescente. Nas oxítonas, o acento será mantido:

baiuca, feiura;
Piauí, tuiuiús.

9. Grupos "QU" e "GU"

Segundo o novo Acordo Ortográfico, não se assinala com acento agudo o *u tônico* dos grupos *qu* e *gu*, seguido de *e* e de *i*.

Exemplos:

argui, arguis

GRAMÁTICA NORMATIVA DA LÍNGUA PORTUGUESA

Os verbos do tipo *aguar, apaniguar, apaziguar, apropinquar, averiguar, desaguar, enxaguar, obliquar, delinquir* e afins apresentam duas possibilidades de conjugação:

* formas rizotônicas, com o *u* do radical tônico, sem marca gráfica. *averiguo, enxagues.*
* formas rizotônicas, com o *a* ou *i* do radical com acento: *averíguo, enxágues.*

10. PARTICULARIDADES

Desde 1971, com a Lei nº 5.765, vem-se tentando simplificar o uso de acentos diferenciais. No entanto, esta lei suprimiu, tão somente, o uso do acento circunflexo com que se distinguiam, pelo timbre, o *e* e o *o* tônicos de palavras homógrafas (exceção feita para a dupla pôde/pode). Permaneceram, assim, muitas distinções gráficas constantes no sistema de 1943. O Acordo Ortográfico de 1990 traz avanços nesta questão, abolindo muitos dos acentos até então mantidos. Deixam de ser assinaladas com acento gráfico as seguintes palavras:

coa — do verbo *coar*, ou subst. (coação), ou topônimo;

para — do verbo *parar*, ou elemento de palavra composta: *para-brisa·*

pela — do verbo *pelar*, ou subst. (nome de certo jogo de bola);

pera — com *e* fechado, subst. (o fruto da pereira); com *e* aberto, elemento de subst. composto *pera-fita* (grande pedra, talvez monumento megalítico);

pelo — com *e* aberto, do verbo *pelar;* com *e* fechado subst. (cabelo, penugem);

polo — com *o* fechado, subst. (gavião ou falcão menor de um ano); com *o* aberto, subst. (extremidade do eixo da Terra, nome de um jogo).

À luz do novo Acordo Ortográfico de 1990, permanecem as seguintes distinções gráficas:

a) pôr — verbo;

por — preposição.

quê — subst., ou em fim de frase;

que — pron., conj., etc.

porquê — subst. ou em fim de frase;

porque — adv., ou conj.

Observação

Neste grupo, não há oposição de timbre (vogal tônica fechada/vogal tônica aberta), mas sim de intensidade (vocábulo tônico/vocábulo átono).

---

b) ás — subst. (carta de baralho, ou aviador, ou atleta de categoria);

às — contração da preposição *a* com o artigo ou pronome *as*.

Observação

Neste par, a primeira das palavras conserva o acento agudo de acordo com a regra geral de acentuação dos monossílabos tônicos; e a outra mantém o acento grave com que se assinala o fenômeno da crase.

---

c) pôde (pretérito perfeito do verbo *poder*);

pode (presente do indicativo).

d) têm — terceira pessoa do plural do presente do indicativo de *ter*;

tem — terceira pessoa do singular do presente do indicativo de *ter*;

vêm — terceira pessoa do plural do presente do indicativo de *vir*;

vem — terceira pessoa do singular do presente do indicativo de *vir*.

GRAMÁTICA NORMATIVA DA LÍNGUA PORTUGUESA

Observação

Nos derivados desses verbos, a distinção gráfica (que corresponde a diversidade de pronúncia) assim se faz:

ele *retém, detém, contém*, etc. / eles *retêm, detêm, contêm*, etc.

Apenas quatro verbos — *ler, dar, crer, ver* e seus derivados — se escrevem com *ee* na terceira pessoa do plural, sem o acento circunflexo do singular, após o Acordo de 1990.

leem (sing. *lê*); *deem* (sing. *dê*); *creem* (sing. *crê*); *veem* (sing. *vê*).

Distinguem-se, deste modo, *vêm* (do verbo *vir*) e *veem* (do verbo *ver*).

Pelo novo Acordo Ortográfico de 1990, assinalam-se facultativamente com acento:

fôrma (subst.);
forma (subst.; verbo).
louvámos (pretérito perfeito do indicativo);
louvamos (presente do indicativo).

No Brasil, neste último caso, utiliza-se apenas a forma sem acento.

USO DO HÍFEN[3] E DO APÓSTROFO

DO HÍFEN EM COMPOSTOS, LOCUÇÕES E ENCADEAMENTOS VOCABULARES

1. Emprega-se o hífen nas palavras compostas por justaposição que não contêm formas de ligação e cujos elementos, de natureza nominal, adjetival, numeral ou verbal, constituem uma unidade sintagmática e semântica e mantêm acento próprio, podendo dar-se o caso de o primeiro elemento estar reduzido: *ano-luz, arcebispo-bispo, arco-íris, decreto-lei, és-sueste, médico-cirurgião, rainha-cláudia, tenente-coronel, tio-avô, turma-piloto; alcaide-mor, amor-perfeito, guarda-noturno,*

---

[3]Academia Brasileira de Letras, *Vocabulário ortográfico da língua portuguesa*, São Paulo: Global, 2009, p. XXVI-XXIX. (Seguindo critério adotado pelo autor nas edições anteriores, esta parte foi transcrita, sendo feitas apenas as alterações necessárias para adequá-lo ao registro predominante no Brasil, do Formulário Ortográfico, na parte referente ao hífen.)

mato-grossense, norte-americano, porto-alegrense, sul-africano; afro--asiático, afro-luso-brasileiro, azul-escuro, luso-brasileiro, primeiro-ministro, primeiro-sargento, primo-infeção, segunda-feira; conta-gotas, finca-pé, guarda-chuva.

Observação

Certos compostos, em relação aos quais se perdeu, em certa medida, a noção de composição, grafam-se aglutinadamente:

girassol, madressilva, mandachuva, pontapé, paraquedas, paraquedista, etc.

---

2. Emprega-se o hífen nos topônimos compostos iniciados pelos adjetivos *grã, grão* ou por forma verbal ou cujos elementos estejam ligados por artigo: *Grã-Bretanha, Grão-Pará; Abre-Campo; Passa-Quatro, Quebra-Costas, Quebra-Dentes, Traga-Mouros, Trinca-Fortes; Albergaria--a-Velha, Baía de Todos-os-Santos, Entre-os-Rios, Montemor-o-Novo, Trás-os-Montes.*

Observação

Os outros topônimos compostos escrevem-se com os elementos separados, sem hífen:

América do Sul, Belo Horizonte, Cabo Verde, Castelo Branco, Freixo de Espada à Cinta, etc.

O topônimo *Guiné-Bissau* é, contudo, uma exceção consagrada pelo uso.

---

3. Emprega-se o hífen nas palavras compostas que designam espécies botânicas e zoológicas, estejam ou não ligadas por preposição ou qualquer outro elemento: *abóbora-menina, couve-flor, erva-doce, feijão-verde; bênção-de-deus, erva-do-chá, ervilha-de-cheiro, fava-de-santo-inácio, bem-me-quer* (nome de planta que também se dá à *margarida* e ao *malmequer*); *andorinha-grande, cobra-capelo, formiga-branca; andorinha--do-mar, cobra-d'água, lesma-de-conchinha, bem-te-vi* (nome de um pássaro).

GRAMÁTICA NORMATIVA DA LÍNGUA PORTUGUESA

4. Emprega-se o hífen nos compostos com os advérbios *bem* e *mal*, quando estes formam com o elemento que se lhes segue uma unidade sintagmática e semântica e tal elemento começa por vogal ou *h*. No entanto, o advérbio *bem*, ao contrário de *mal*, pode não se aglutinar com palavras começadas por consoante. Eis alguns exemplos das várias situações: *bem-aventurado, bem-estar, bem-humorado; mal-afortunado, mal--estar, mal-humorado; bem-criado* (cf. *malcriado*), *bem-ditoso* (cf. *malditoso*), *bem-falante* (cf. *malfalante*), *bem-mandado* (cf. *malmandado*), *bem-nascido* (cf. *malnascido*), *bem-soante* (cf. *malsoante*), *bem--visto* (cf. *malvisto*).

> **Observação**
>
> Em muitos compostos, o advérbio *bem* aparece aglutinado com o segundo elemento, quer este tenha ou não vida à parte:
>
> *benfazejo, benfeito, benfeitor, benquerença*, etc.

5. Emprega-se o hífen nos compostos com os elementos *além, aquém, recém* e *sem*: *além-Atlântico, além-mar, além-fronteiras; aquém-mar, aquém-Pireneus; recém-casado, recém-nascido; sem-cerimônia, sem-número, sem-vergonha.*

6. Nas locuções de qualquer tipo, sejam elas substantivas, adjetivas, pronominais, adverbiais, prepositivas ou conjuncionais, não se emprega em geral o hífen, salvo algumas exceções já consagradas pelo uso (como é o caso de *água-de-colônia, arco-da-velha, cor-de-rosa, mais-que-perfeito, pé-de-meia, ao deus-dará, à queima-roupa*). Sirvam, pois, de exemplo de emprego sem hífen as seguintes locuções:

a) Substantivas: *cão de guarda, fim de semana, sala de jantar;*

b) Adjetivas: *cor de açafrão, cor de café com leite, cor de vinho;*

c) Pronominais: *cada um, ele próprio, nós mesmos, quem quer que seja;*

d) Adverbiais: *à parte* (note-se o substantivo *aparte*), *à vontade, de mais* (locução que se contrapõe a *de menos*; note-se *demais*, advérbio, conjunção, etc.), *depois de amanhã, em cima, por isso;*

e) Prepositivas: *abaixo de, acerca de, acima de, a fim de, a par de, à parte de, apesar de, aquando de, debaixo de, enquanto a, por baixo de, por cima de, quanto a;*

f) Conjuncionais: *a fim de que, ao passo que, contanto que, logo que, por conseguinte, visto que.*

7. Emprega-se o hífen para ligar duas ou mais palavras que ocasionalmente se combinam, formando, não propriamente vocábulos, mas encadeamentos vocabulares (tipo: a divisa *Liberdade-Igualdade- -Fraternidade*, a ponte *Rio-Niterói*, o percurso *Lisboa-Coimbra-Porto*, a ligação *Angola-Moçambique*), e bem assim nas combinações históricas ou ocasionais de topônimos (tipo: *Áustria-Hungria, Alsácia-Lorena, Angola-Brasil, Tóquio-Rio de Janeiro*, etc.).

DO HÍFEN NAS FORMAÇÕES POR PREFIXAÇÃO, RECOMPOSIÇÃO E SUFIXAÇÃO

1. Nas formações com prefixos (como, por exemplo: *ante-, anti-, circum-, co-, contra-, entre-, extra-, hiper-, infra-, intra-, pós-, pré-, pró-, sobre-, sub-, super-, supra-, ultra-*, etc.) e em formações por recomposi ção, isto é, com elementos não autônomos ou falsos prefixos, de origem grega e latina (tais como: *aero-, agro-, arqui-, auto-, bio-, eletro-, geo-, hidro-, inter-, macro-, maxi-, micro-, mini-, multi-, neo-, pan-, pluri-, proto-, pseud-, retro-, semi-, tele-*, etc.), só se emprega o hífen nos seguintes casos:

a) Nas formações em que o segundo elemento começa por *h*: *anti- -higiênico, circum-hospitalar, co-herdeiro, contra-harmônico, ex- tra-humano, pré-história, sub-hepático, super-homem, ultra- -hiperbólico; arqui-hipérbole, eletro-higrômetro, geo-história, neo- -helênico, pan-helenismo, semi-hospitalar.*

GRAMÁTICA NORMATIVA DA LÍNGUA PORTUGUESA

> *Observação*
>
> Não se usa, no entanto, o hífen em formações que contêm em geral os prefixos *des-* e *in-* nas quais o segundo elemento perdeu o *h* inicial: *desumano, desumidificar, inábil, inumano,* etc.

b) Nas formações em que o prefixo ou pseudoprefixo termina na mesma vogal com que se inicia o segundo elemento: *anti-ibérico, contra-almirante, infra-axilar, supra-auricular, arqui-irmandade, auto-observação, eletro-ótica, micro-onda, semi-interno.*

> *Observação*
>
> Nas formações com o prefixo *co-*, este aglutina-se em geral com o segundo elemento mesmo quando iniciado por *o*: *coobrigação, coocupante, coordenar, cooperação, cooperar,* etc.

c) Nas formações com os prefixos *circum-* e *pan-*, quando o segundo elemento começa por vogal, *m* ou *n* (além de *h*, caso já considerado atrás na alínea a): *circum-escolar, circum-murado, circum-navegação; pan-africano, pan-mágico, pan-negritude.*

d) Nas formações com os prefixos *hiper-*, *inter-* e *super-*, quando combinados com elementos iniciados por *r*: *hiper-requintada, inter-resistente, super-revista.*

e) Nas formações com os prefixos *ex-* (com o sentido de estado anterior ou cessamento), *sota-*, *soto-*, *vice-* e *vizo-*: *ex-almirante, ex-diretor, ex-hospedeira, ex-presidente, ex-primeiro-ministro, ex-rei; sota-piloto, soto-mestre, vice-presidente, vice-reitor, vizo-rei.*

f) Nas formações com os prefixos tônicos acentuados graficamente *pós-*, *pré-* e *pró-*, quando o segundo elemento tem vida à parte (ao contrário do que acontece com as correspondentes formas átonas que se aglutinam com o elemento seguinte): *pós-graduação, pós-tônicos* (mas *pospor*); *pré-escolar, pré-natal* (mas *prever*); *pró-africano, pró-europeu* (mas *promover*).

2) Não se emprega, pois, o hífen:

a) Nas formações em que o prefixo ou falso prefixo termina em vogal e o segundo elemento começa por *r* ou *s*, devendo estas consoantes duplicar-se, prática aliás já generalizada em palavras deste tipo pertencentes aos domínios científico e técnico. Assim: *antirreligioso, antissemita, contrarregra, contrassenha, cosseno, extrarregular, infrassom, minissaia,* tal como *biorritmo, biossatélite, eletrossiderurgia, microssistema, microrradiografia.*

b) Nas formaçoes em que o prefixo ou pseudoprefixo termina em vogal e o segundo elemento começa por vogal diferente, prática esta em geral já adotada também para os termos técnicos e científicos. Assim: *antiaéreo, coeducação, extraescolar, aeroespacial, autoestrada, autoaprendizagem, agroindustrial, hidroelétrico, plurianual*

3) Nas formações por sufixação apenas se emprega o hífen nos vocábulos terminados por sufixos de origem tupi-guarani que representam formas adjetivas, como *açu, guaçu* e *mirim,* quando o primeiro elemento acaba em vogal acentuada graficamente ou quando a pronúncia exige a distinção gráfica dos dois elementos· *amoré-guaçu, anajá-mirim, andá-açu, capim-açu, Ceará-Mirim.*

DO HÍFEN NA ÊNCLISE, NA TMESE E COM O VERBO *HAVER*

1) Emprega-se o hífen na ênclise e na tmese: *amá-lo, dá-se, deixa-o, partir-lhe; amá-lo-ei, enviar-lhe-emos.*

GRAMÁTICA NORMATIVA DA LINGUA PORTUGUESA 101

2) Não se emprega o hífen nas ligações da preposição *de* às formas monossilábicas do presente do indicativo do verbo haver: *hei de, hás de, hão de,* etc.

Observação

Embora estejam consagradas pelo uso as formas verbais *quer* e *requer,* dos verbos *querer* e *requerer,* em vez de *quere* e *requere,* estas últimas formas conservam-se, no entanto, nos casos de ênclise:

quere-o(s), requere-o(s).

Nestes contextos, as formas (legítimas, aliás) *qué-lo* e *requé-lo* são pouco usadas.

---

3) Usa-se também o hífen nas ligações de formas pronominais encliticas ao advérbio *eis* (*eis-me, ei-lo*) e ainda nas combinações de formas pronominais do tipo *no-lo, vo-las,* quando em próclise (por exemplo: *esperamos que no-lo comprem*).

O APÓSTROFO

Emprega-se em certas palavras compostas ligadas pela preposição *de*:

fios-d'ovos
mãe-d'água
pau-d'água
pau-d'arco, etc.

O novo Acordo Ortográfico registra o uso opcional do apóstrofo nos seguintes casos:

a) contração ou aglutinação de preposições e conjuntos vocabulares distintos:

d'Os Sertões (ou de Os Sertões)
n'O Globo (ou em O Globo)

b) contração ou aglutinação de preposições e formas pronominais maiúsculas (referentes a Deus, Jesus, Virgem Maria, etc.):

confio n'Ele

Observação

Pode ocorrer também o emprego da preposição *a* com formas pronominais maiúsculas. Neste caso, a dissolução gráfica não impede a combinação fonética:

a Aquela que nos protege

---

c) elisão das vogais finais das palavras *santo* e *santa*, quando seguidas dos nomes dos mesmos:

Sant'Ana

Observação

Se as ligações deste tipo constituem unidade mórfica, aglutinam-se seus elementos:

Maria Santana

EMPREGO DAS LETRAS INICIAIS MAIÚSCULAS[4]

Emprega-se letra inicial maiúscula:

1) No começo de discurso, verso, ou citação direta; e depois de ponto final.

Exemplos:

"Cálido, o estio abrasava. No esplendor cáustico do céu imaculado, o sol, dum brilho intenso de revérbero, parecia girar verti-

---

[4]Neste tópico da *Gramática Normativa* mantivemos, evidentemente, as normas de emprego das iniciais maiúsculas defendidas pelo Autor, embora o restante da obra siga as normas adotadas pela Editora José Olympio, que recebeu, para isso, autorização do prof. Rocha Lima. (*N. da E.*)

GRAMÁTICA NORMATIVA DA LÍNGUA PORTUGUESA

ginosamente, espalhando raios em torno. Os campos amolentados, numa dormência canicular, recendiam a coivaras..."

(COELHO NETO)

"E a vida passa, efêmera e vazia.
Um adiamento eterno que se espera,
Numa eterna esperança que se adia!..." (RAUL DE LEONI)

Guardemos de cor estas belas palavras de Rui Barbosa:

"Só o influxo da arte marmoriza o papel, comunica durabilidade à escrita e transforma a pena em escopro."

Observação

Alguns poetas preferem usar inicial minúscula no começo dos versos, à espanhola; mas não se tem generalizado esta prática.
Eis um exemplo:

"E há luz purificando a Abóbada esplendente,
e em qualquer ser que à luz sorria,
há força, há vida, há fogo, há dia,
há sol, há muito sol, há um dilúvio de sol..."
(HERMES FONTES, *Apoteoses*, poema "Meio-dia")

---

2) Nos substantivos *próprios* de quaisquer espécies:

a) Nomes de pessoa (prenomes, sobrenomes, cognomes, alcunhas, hipocorísticos, antonomásicos; os relativos a divindades e a seres fabulosos):

Olavo Brás Martins dos Guimarães Bilac;
Valentina, Evangelina, Maria de Lourdes, Marcelo;
Machado, Freitas, Silva Ramos;
Cid, o Campeador; Frederico, o Grande;
Juca, Zequinha, Betinho;
o Patriarca da Independência, o Todo-Poderoso;
Deus, Jeová, Buda, Alá, Tupã;
Vênus, Marte, Netuno, Iara, Saci.

b) Nomes de lugar:

América do Sul, África;
Brasil, Inglaterra, Portugal;
Rio de Janeiro, Paris, Veneza;
Avenida Presidente Vargas, Rua do Ouvidor.

Incluem-se aqui os nomes de acidentes geográficos e os relativos a entidades astronômicas:

Amazonas, Guanabara, Vesúvio, Morro da Viúva;
Paquetá, Danúbio, Estreito de Magalhães;
Lua, Via-Láctea, Sírius, Cruzeiro do Sul, etc.

c) Títulos em geral (nomes de altos cargos, dignidades ou postos; de repartições, estabelecimentos ou edifícios públicos e particulares; de livros, jornais, revistas, produções artísticas ou científicas, etc.):

Papa, Cardeal, Presidente da República, Almirantado, Ministério da Educação, Colégio Pedro II, Tesouro Nacional, Banco do Brasil, Livraria José Olympio, Casa Carvalho, Memórias Póstumas de Brás Cubas (*de Machado de Assis*), Os Sertões (*de Euclides da Cunha*), O Globo, Revista da Semana, Transfiguração (*de Rafael*), O Guarani (*de Carlos Gomes*).

d) Nomes de fatos históricos (grandes eras, épocas e datas; notáveis acontecimentos e empreendimentos públicos):

Idade Média, Hégira, Queda da Bastilha, Sete de Setembro, Quaresma, Natal, Revolução Francesa; Questão Religiosa, Acordo Luso-Brasileiro, etc.

Observação

A não ser em casos como o do exemplo citado (Sete de Setembro), devem grafar-se com *inicial minúscula* os nomes dos MESES, bem como os dos DIAS DA SEMANA: *janeiro, fevereiro, março,* etc.; *segunda-feira, terça-feira, sábado, domingo,* etc.

GRAMÁTICA NORMATIVA DA LÍNGUA PORTUGUESA 105

3) Nos substantivos *comuns*, quando individuados, ou quando, em sinal de respeito ou deferência, se usam em sentido elevado ou simbólico:

o Poeta dos Descobrimentos (Camões);
o Crescente (a Turquia);
a Península (Portugal);
a Igreja (a religião católica);
a Raça; *o Estado*; *a Arte*; *a Agricultura*;
a Filologia Românica; *o Amor*; *a Inveja*, etc.

Na poesia é que melhor se pressente a valorização estética e o intuito especial dos nomes comuns empregados com inicial maiúscula.

4) Nos tratamentos de reverência:

D. (Dom ou Dona); *Sr.* (Senhor); *V. M.* (Vossa Majestade); *V. Ex.ª* (Vossa Excelência); *MM.* ou *M.^{mo}* (Meritíssimo); *Excelentíssimo Senhor Presidente da República*, etc.

5) Nas palavras, de quaisquer categorias, referentes a nomes sagrados:

"E recebeste-O nos teus braços. Vinha
Do alto do Lenho onde estivera exposto
Ao ímpio olhar, tão ímpio! da mesquinha
Multidão que insultava o santo Rosto..."
(ALPHONSUS DE GUIMARAENS, *Setenário das Dores de Nossa Senhora, Sexta Dor*, soneto IV)

MORFOLOGIA

CLASSIFICAÇÃO DAS PALAVRAS
EXPRESSÃO DO GÊNERO E DO NÚMERO
O GRAU

CLASSES DE PALAVRAS

- Substantivo
- Artigo
- Adjetivo
- Numeral
- Pronome
- Verbo
- Advérbio
- Preposição
- Conjunção
- Interjeição

Capítulo 5

SUBSTANTIVO

CONCEITO DE SUBSTANTIVO

Substantivo é a palavra com que nomeamos os seres em geral, e as qualidades, ações, ou estados, considerados em si mesmos, independentemente dos seres com que se relacionam.

Aí temos, na própria definição, a primeira base para a classificação dos substantivos:

CONCRETOS E ABSTRATOS

1º grupo: O dos que designam *seres* que têm existência independente, ou que o pensamento apresenta como tal. Pouco importa que tais seres sejam reais ou não, materiais ou espirituais. São os substantivos CONCRETOS.

2º grupo: O dos que designam nomes de *qualidades*, *ações* ou *estados* — umas e outros imaginados independentemente dos seres de que provêm, ou em que se manifestam. Chamam-se substantivos ABSTRATOS.

No *1º grupo* estão compreendidos os nomes que indicam:

a) Pessoas: Marcelo, Valentina, Evangelina, Ângela, professora, médico.
b) Animais: cavalo, águia, tigre, cão, boi, mosquito.
c) Vegetais: árvore, planta, vitória-régia, rosa.
d) Objetos: livro, mesa, faca, lápis.

GRAMÁTICA NORMATIVA DA LÍNGUA PORTUGUESA

e) Lugares: Brasil, Paris, Ipanema, Terra, Lua.

f) Entidades: diabo, alma, fada, lobisomem, saci.

g) Minerais: água, ouro, cobre, mercúrio, chumbo.

h) Fenômenos: chuva, nevoeiro, vento.

i) Instituições: parlamento, dinheiro, tribunal

j) Concepções: círculo, algarismo, símbolo.

O *2º grupo* abrange nomes que indicam:

a) Qualidades: formosura, tristeza, bondade, palidez, desdém, ira, coragem, ódio, inteligência, pessimismo, frio, calor.

b) Ações: adoração, agradecimento, resolução, vingança, casamento, encontro, zombaria, caça.

c) Estados: morte, vida, sonho, cegueira.

Muitos substantivos podem ser variavelmente abstratos, ou concretos — conforme o sentido em que se empregam.

Deste modo, *redação*, por exemplo, é nome abstrato, quando significa "o ato de redigir", numa frase como esta:

A redação das leis requer clareza e precisão.

Com o sentido, porém, de "trabalho escolar escrito", já passa a nome concreto:

Na redação deste aluno, assinalei, a lápis vermelho, vários erros graves.

Outro exemplo:

Em

A pintura moderna impressiona mais do que a antiga. —,

o substantivo *pintura* quer dizer "o ato de pintar" — nome abstrato, portanto.

Mas, em

A Gioconda é *uma pintura célebre.* —,

o mesmo substantivo significa "o quadro", e, então, estamos diante de um substantivo concreto.

Substantivos abstratos de qualidade tornam-se concretos quando se usam no plural:

a riqueza (abstrato) — *as riquezas* (concreto)
o bem (abstrato) — *os bens* (concreto).

É comum que se imaginem como seres animados algumas ideias abstratas: a palavra *morte*, por exemplo, além de se nos apresentar ao espírito como nome abstrato, a indicar mero estado, personifica-se quase sempre como uma figura malfazeja, de foice na mão — com uma forma que a imaginação coletiva já fixou. Neste último caso, costuma escrever-se com inicial maiúscula (*a Morte*).

Também se concretizam as qualidades personificadas — como, numa peça de teatro, as personagens *Fama*, *Glória*, etc.

A este processo de personificação de coisas abstratas dá-se o nome de — *alegoria*.

COMUNS E PRÓPRIOS
COLETIVOS

Os substantivos podem ser de *extensão* diferente; ora expressam a *espécie* (homem, menina, cidade, rio, etc.), ora um *indivíduo* da espécie (Bruno, Mimi, Belém, São Francisco, etc.). Os primeiros chamam-se COMUNS; os outros, PRÓPRIOS.

Entre aqueles convém salientar os que exprimem uma *coleção* de seres, ou certas *entidades coletivas*. São os COLETIVOS, que se subclassificam em:

Indeterminados { gerais
partitivos

GRAMÁTICA NORMATIVA DA LÍNGUA PORTUGUESA

Determinados { numéricos
especiais

Os *indeterminados* não aludem à quantidade dos seres da coleção. Dizem-se *gerais*, se expressam um todo; exemplo: *exército*, que é a totalidade dos militares integrantes dessa Força Armada. E *partitivos*, se expressam uma parte de um todo; exemplo: *batalhão*, que é uma parte do exército.

Os *determinados*, ao contrário, aludem ou à quantidade, ou à qualidade dos seres da coleção. Se à primeira, chamam-se *numéricos*; exemplos: *par, casal, terno, dúzia, dezena, grosa, centena, milheiro*. Se à segunda, *especiais*. Quando se diz, por exemplo, *cardume*, já se sabe que é um agrupamento de peixes.

Eis alguns coletivos determinados especiais:

alavão	— de ovelhas leiteiras
alcateia	— de lobos
armento	— de gado grande (búfalos, elefantes, etc.)
arquipélago	— de ilhas
assembleia	— de parlamentares, de membros de associações, companhias, etc.
baixela	— de objetos de servir à mesa
banca	— de examinadores, de advogados
banda	— de músicos
bandeira	— de garimpeiros, exploradores de minérios
bando	— de aves, de ciganos, de salteadores
boana	— de peixes miúdos
cabido	— de cônegos (como conselheiros de bispo)
cacho	— de uvas, de bananas
cáfila	— de camelos
cambada	— de caranguejos, de malvados, de chaves, etc.
cancioneiro	— de poesias, de canções
caravana	— de viajantes
cardume	— de peixes

choldra	— de assassinos, de malfeitores
chusma	— de pessoas da plebe, de criados
clero	— representa a classe dos sacerdotes
conselho	— de vereadores, de diretores, de juízes militares
conciliábulo	— de feiticeiros, de conspiradores
concílio	— de bispos
conclave	— de cardeais (para o fim exclusivo de eleger o Papa)
congregação	— de professores, de religiosos
congresso	— de senadores e deputados, de cientistas
consistório	— de cardeais (sob a presidência do Papa, para deliberar sobre interesses da Igreja)
constelação	— de estrelas
corja	— de vadios
elenco	— de atores
enxoval	— roupas e mais objetos de noivas, colegiais, etc.
esquadra	— de navios de guerra
esquadrilha	— de aviões
fato	— de cabras
fauna	— conjunto dos animais de uma região
flora	— conjunto dos vegetais de uma região
feixe	— de capim, de lenha
frota	— de navios mercantes, de ônibus, de táxis
junta	— de bois, de médicos, de credores, de examinadores
joldra	— o mesmo que choldra
legião	— de soldados, de demônios
malta	— de desordeiros
manada	— de bois, de elefantes
matilha	— de cães de caça
matula	— de desordeiros, de vagabundos
ninhada	— de pintos
nuvem	— de gafanhotos, de pó
penca	— de bananas, de chaves
quadrilha	— de bandidos, de ladrões
rebanho	— de ovelhas, de gado em geral

GRAMÁTICA NORMATIVA DA LÍNGUA PORTUGUESA

récua	— de cavalgaduras
réstia	— de alhos, de cebolas
repertório	— de peças teatrais
resma	— de papel
revoada	— de pássaros
súcia	— de pessoas desonestas
talha	— de lenha
vara	— de porcos

O coletivo especial exclui, em regra, a necessidade de se nomear a pessoa ou coisa a que se refere. Dir-se-á, no entanto, *junta de médicos, junta de bois, junta de examinadores*, ou *manada de elefantes, manada de búfalos*, ou ainda, *bando de aves, bando de ciganos, bando de ladrões*, etc., sempre que a significação do coletivo não for específica.

GÊNERO

Gênero "é uma classificação puramente gramatical dos substantivos em dois grupos, masculinos e femininos, segundo a terminação do adjetivo acompanhante".[1]

Masculino é o substantivo que se puder juntar à forma masculina de um adjetivo, ou ao artigo *o*; feminino, o que se puder juntar à forma feminina de um adjetivo, ou ao artigo *a*.

> "Entre os adjetivos, há alguns de uma só terminação, como *jovem, azul, prudente*; eles não têm acidente de gênero. Nos outros, *belo, bela*, etc...., a dupla terminação lhes fixará o gênero. Apesar disso, não se diz que um adjetivo é masculino, ou feminino: prefere-se dizer que tem a terminação masculina, ou a feminina.
>
> Os substantivos é que se chamam propriamente masculinos, ou femininos, porque cada substantivo é classificado num ou noutro grupo; ao

---

[1] Amado Alonso e Pedro Henríquez Ureña, *Gramática castellana*, op. cit., p. 64. Este livro dos eminentes mestres da língua espanhola é de leitura indispensável para quem deseje modernizar seus conhecimentos de teoria gramatical.

contrário, os adjetivos, com sua dupla terminação, são classificadores. Quando se diz *a terminação masculina*, ou *a terminação feminina* do adjetivo, indica-se por esse meio a terminação que o adjetivo adota para referir-se aos substantivos masculinos, ou aos femininos."[2]

MEIOS DE EXPRESSÃO DO GÊNERO

SUBSTANTIVOS DE GÊNERO ÚNICO

Compreendem, primariamente, três tipos:

1º *tipo*: Substantivos que apresentam um só gênero gramatical para designar *pessoas* de um e outro sexo. Chamam-se *sobrecomuns*:

o algoz	a criança
o apóstolo	a criatura
o cônjuge	a pessoa
o indivíduo	a testemunha
o verdugo	a vítima

2º *tipo*: Substantivos que apresentam um só gênero gramatical para designar *animais* de um e outro sexo. Chamam-se *epicenos*:

o albatroz	a águia
o badejo	a baleia
o besouro	a borboleta
o condor	a cobra
o gavião	a codorniz
o jaguar	a formiga
o rinoceronte	a mosca
o rouxinol	a onça
o tatu	a pulga
o tigre	a tartaruga

---

[2]Amado Alonso e Pedro Henríquez Ureña, op. cit., p. 65.

GRAMÁTICA NORMATIVA DA LÍNGUA PORTUGUESA 117

3º tipo: Substantivos que apresentam um só gênero gramatical para designar *coisas* (vegetais, minerais, objetos, entidades, instituições, qualidades, etc.):

o diamante	a alma
o livro	a beleza
o navio	a estrela
o vento	a faca
o tribunal	a rosa

De modo geral, nomes terminados em *o* átono são masculinos; e femininos os que terminam em *a* átono. Todavia, há um grupo de substantivos em *a* que são masculinos, como, por exemplo, *clima, cometa, mapa*, além — e isto de maneira sistemática — dos nomes de origem grega finalizados em — *ema*, ou *oma*:

anátema	fibroma
aroma	fonema
axioma	idioma
carcinoma	morfema
cinema	poema
coma	problema
diadema	sistema
dilema	telefonema
diploma	tema
emblema	teorema
estratagema	trema

SUBSTANTIVOS DE DOIS GÊNEROS, SEM FLEXÃO

Possuem uma só forma para os dois gêneros: o artigo ou a terminação do determinativo acompanhante é que os apontarão como masculinos, ou femininos. Chamam-se *comuns de dois gêneros*:

o aborígine	a aborígine
o agente	a agente

o artista	a artista
o atendente	a atendente
o camarada	a camarada
o colega	a colega
o colegial	a colegial
o cliente	a cliente
o dentista	a dentista
o estudante	a estudante
o gerente	a gerente
o herege	a herege
o imigrante	a imigrante
o indígena	a indígena
o intérprete	a intérprete
o jornalista	a jornalista
o mártir	a mártir
o pianista	a pianista
o protestante	a protestante
o selvagem	a selvagem
o servente	a servente
o silvícola	a silvícola
um artista	uma artista
artista talentoso	artista talentosa

Observação

A força do uso já consagrou as formas flexionadas *infanta*, *parenta* e *presidenta*.

PARES DE SUBSTANTIVOS SEMANTICAMENTE OPOSITIVOS

Há substantivos privativamente masculinos a que se relacionam semanticamente outros, exclusivamente femininos. É como cabe interpretar, à luz da exata descrição linguística, pares como os seguintes:

GRAMÁTICA NORMATIVA DA LÍNGUA PORTUGUESA 119

bode/cabra   macho/fêmea
cavalo/égua   touro/vaca
homem/mulher   varão/matrona

"Tal interpretação, a única objetiva e coerentemente certa, se estende aos casos em que um sufixo derivacional se restringe a um substantivo em determinado gênero, e outro sufixo, ou a ausência de sufixo, em forma nominal não derivada, só se aplica ao mesmo substantivo em outro gênero. Assim, *imperador* se caracteriza, não flexionalmente, pelo sufixo derivacional *-dor*, e *imperatriz*, analogamente, pelo sufixo derivacional *-triz*. Da mesma sorte, *galinha* é um diminutivo de *galo*, que passa a designar as fêmeas em geral da espécie 'galo', como *perdigão* é um aumentativo limitado aos machos da 'perdiz'. Dizer que *-triz, inha* ou *ão* são aí flexões de gênero é confundir flexão com derivação."[3]

INDICAÇÃO DO GÊNERO POR MEIO DE FLEXÃO

Afora os casos examinados, os substantivos costumam *flexionar-se* em gênero, pelo acréscimo ao masculino da desinência *a* (com supressão da vogal temática aos nomes de tema em *-o* e em *-e*):

lob(o) + a = loba
mestr(e) + a = mestra
pastor + a = pastora

Aqui se enquadram, com pequena adaptação morfológica, os substantivos terminados em *ão* acentuado — que se distribuem em três tipos: *oa, ã* e *ona*.

1) *oa*:

abegão   — abegoa
anfitrião   — anfitrioa (ou anfitriã)

---

[3]Matoso Câmara Jr., *Estrutura da língua portuguesa*, Petrópolis: Vozes, 1970, p. 79. Ver, ainda, *Problemas de linguística descritiva*, do mesmo autor e da mesma editora, 1970, p. 62.

beirão — beiroa
bretão — bretoa (ou bretã)
ermitão — ermitoa
hortelão — horteloa
leão — leoa
leitão — leitoa
patrão — patroa
pavão — pavoa
rascão — rascoa
tabelião — tabelioa
vilão — viloa (ou vilã)

2) *ã*:

aldeão — aldeã
alemão — alemã
anão — anã
ancião — anciã
bretão — bretã (ou bretoa)
castelão — castelã
catalão — catalã
charlatão — charlatã
cidadão — cidadã
cirurgião — cirurgiã
coimbrão — coimbrã
comarcão — comarcã
cortesão — cortesã
cristão — cristã
faisão — faisã
irmão — irmã
pagão — pagã
peão — peã (ou peona)
sacristão — sacristã
sintrão — sintrã

GRAMÁTICA NORMATIVA DA LÍNGUA PORTUGUESA 121

3) *ona*: Este processo é próprio sobretudo dos aumentativos. Eis alguns exemplos:

besuntão — besuntona
bonachão — bonachona
figurão — figurona
resmungão — resmungona
respondão — respondona
solteirão — solteirona
valentão — valentona

Escapam a esses tipos:

zângão — abelha
sultão — sultana
perdigão — perdiz
maganão — magana
lebrão — lebre
ladrão — ladra (mas existem também as formas ladroa e ladrona)
cão — cadela
barão — baronesa

> *Observação*
>
> Pode dizer-se *zangão* (oxítono), ou *zângão* (paroxítono).

PARTICULARIDADES

1. SUBSTANTIVOS DE DUPLO GÊNERO OU DE GÊNERO VACILANTE

Apresentam duplo gênero, entre outros, os substantivos abaixo:

acauã   personagem
faringe   pijama
inambu   preá
laringe   víspora

> **Observação**
>
> Embora seja palavra etimologicamente masculina (*o grama*), diz-se hoje, corretamente, *a grama, duzentas gramas*, etc. Isto não obstante, mantém-se o gênero masculino nos múltiplos e submúltiplos: *o quilograma, um miligrama.*

No uso de alguns substantivos tem havido certa vacilação. Recomenda-se, especialmente, a fixação do gênero dos substantivos seguintes:

masculinos:

ágape
alvará
antílope
caudal
champanha
clã
contralto
diabete ou diabetes
eclipse
gengibre
hosana
lança-perfume
pampa
praça (soldado raso)
sabiá
sanduíche
soprano
suéter
tapa
teiró
vau

femininos:

abusão
alcíone
aluvião
análise
araquã
áspide
baitaca
cal
derme
fácies
filoxera
guriatã
hélice
jaçanã
juriti
omoplata
ordenança
rês
sentinela
suçuarana
sucuri
tíbia
usucapião[4]

---

[4]Cf. Nélson Vaz, "Grafia e gênero de usucapião", separata da *Revista Jurídica*, Rio de Janeiro, 1958.

GRAMÁTICA NORMATIVA DA LÍNGUA PORTUGUESA

2. SUBSTANTIVOS CUJA SIGNIFICAÇÃO VARIA COM A MUDANÇA DE GÊNERO

o cabeça — a cabeça
o caixa — a caixa
o capital — a capital
o cisma — a cisma
o corneta — a corneta
o crisma — a crisma
o cura — a cura
o guarda — a guarda
o guia — a guia
o lente — a lente
o língua — a língua
o moral — a moral

FORMAS FEMININAS DIGNAS DE NOTA

Para simples consulta, eis um bom rol de substantivos masculinos acompanhados de seus correspondentes femininos — rol apresentado de maneira promíscua, sem obediência à sistematização atrás formulada:

abade — abadessa
ator — atriz
alcaide — alcaidessa, alcaidina
aviador — aviadora
bode — cabra
cantor — cantora, cantadora, cantarina e cantatriz
cantador — cantadeira
cavaleiro — cavaleira e amazona
cavalheiro — dama
cavalo — égua
compadre — comadre
cônego — canonisa
conde — condessa

cônsul	— consulesa
czar	— czarina
deus	— deusa e deia
diácono	— diaconisa
doge	— dogesa
druida	— druidesa
elefante	— elefanta[5]
embaixador	— embaixadora e embaixatriz[6]
frade	— freira
felá	— felaína
frei	— sóror (ou soror)
flâmine	— flamínica
genro	— nora
gigante	— giganta
grou	— grua
herói	— heroína
homem	— mulher
javali	— javalina
jogral	— jogralesa
juiz	— juíza
landgrave	— landgravina
macho	— fêmea
maestro	— maestrina
marajá	— marani
melro	— mélroa
monge	— monja

---

[5]O termo *aliá* é peregrinismo da linguagem literária, com o qual os escritores designam especialmente a fêmea do elefante do Ceilão, que apresenta a singularidade de não possuir dentes. (Cf. Sebastião Rodolfo Delgado, *Glossário luso-asiático*, 2 vols., Coimbra: Imprensa da Universidade, 1919, vol. 1, p. 24.)
Existe a variante *aliás*. (Cf. Gonçalves Viana, *Apostilas aos dicionários portugueses*, 2 vols., Lisboa: Clássica, 1906, vol. 1, p. 47.) Ampla discussão do assunto pode ler-se em Edmílson Monteiro Lopes, *Atualização gramatical do português do Brasil*, Fortaleza: Secretaria de Cultura e Desporto, 1983, p. 123-32.
[6]Assim se distinguem *embaixatriz* e *embaixadora*: a primeira é a mulher de um embaixador; a segunda, a representante diplomática, ela mesma, de um país em outro.

GRAMÁTICA NORMATIVA DA LÍNGUA PORTUGUESA

oficial	— oficiala
padrasto	— madrasta
padre	— madre
pardal	— pardoca, pardaloca, pardaleja
papa	— papisa
parvo	— párvoa
píton	— pitonisa
prior	— priora, prioresa
profeta	— profetisa
rajá	— rani
rapaz	— rapariga
rei	— rainha
réu	— ré
sacerdote	— sacerdotisa
sandeu	— sandia
senador	— senadora
tabaréu	— tabaroa
touro	— vaca
varão	— matrona, mulher
veado	— veada
zagal	— zagala

NÚMERO

Número é o acidente gramatical que indica se o ser nomeado é um ou mais de um.

São dois os números: o SINGULAR, que se refere a um ente ou grupo de entes, como — *a criança, o peixe, o rebanho*; o PLURAL, que denota mais de um ente ou grupo de entes: *as crianças, os peixes, os rebanhos*.

Note-se que o singular pode exprimir um ser individual (*o homem que esteve ontem aqui, o relógio que comprei, um boi*), ou uma espécie (*o homem é mortal, o relógio serve para marcar as horas, o boi é ruminante*).

Conservam-se geralmente no singular os nomes de massa, que, em razão de não se poderem contar por unidades, não comportam a noção de plural. Estão no caso, por exemplo:

água, estanho, leite, manteiga, platina, sangue, vinho, zinco.

"O plural aplicado a alguns desses nomes de massa designa as diferentes espécies, as divisões artificiais e a massa fragmentada.
Exemplos:

vinhos, águas, mares (que banham um continente), pedras, carvões."[7]

FORMAÇÃO DO PLURAL

O morfema de plural é o *s* (com uma variante *es*), que se opõe a um morfema *zero*, sinal particularizante do singular.

Apenas fogem à singeleza desse mecanismo morfológico os nomes paroxítonos já terminados em *s* (ou em *x*), nos quais a identificação do número se faz pela concordância com um determinante:

alferes, atlas, lápis, oásis, ourives, pires, fênix, ônix, tórax.

Assim,

alferes correto (singular)   — alferes corretos (plural)
lápis vermelho (singular)   — lápis vermelhos (plural)
um tórax aberto (singular)   — dois tórax abertos (plural)

SUBSTANTIVOS TERMINADOS EM VOGAL, OU DITONGO

Recebem *s*:

monte — montes
café — cafés
sapoti — sapotis
bambu — bambus

---

[7]Said Ali, *Gramática secundária da língua portuguesa*, op. cit., p. 69.

GRAMÁTICA NORMATIVA DA LÍNGUA PORTUGUESA

bambu — bambus
divã — divãs
órfã — órfãs
pai — pais
mãe — mães

Aqui se incluem os nomes finalizados em *em*, *im*, *om* e *um* — cujo *m* se troca em *n* antes de receber o *s*:

vintém — vinténs
jardim — jardins
bombom — bombons
jejum — jejuns

SUBSTANTIVOS TERMINADOS EM CONSOANTE

a) aos terminados em *r*, *z*, *n* ou *s* (este em sílaba tônica) junta-se *es*:

mulher — mulheres
cruz — cruzes
abdômen — abdômenes (mas também: abdomens)
gás — gases
português — portugueses

Observações

1) *Caráter faz caracteres.*
2) *Júnior = juniores.*
3) *Sênior = seniores.*
4) *Cais* e *cós* são invariáveis.

---

b) os terminados em *l* comportam-se de acordo com a vogal que precede esta consoante. Assim:

al, *el*, *ol*, *ul*: têm o *l* substituído por *is*:

jornal — jornais
papel — papéis
mel — méis (ou meles)
farol — faróis
álcool — álcoois
paul — pauis

il: se for tônico, o *il* se troca em *is*; se átono, em *eis*:

fuzil — fuzis
covil — covis
réptil — répteis

Observação

Mal e *cônsul* têm, respectivamente, os plurais *males* e *cônsules*.

"Certas palavras em *il* admitem na língua atual pronúncia em *il* acentuado e *il* átono, de sorte que apresentam duas formas de plural possíveis. Dessas palavras são especialmente merecedoras de registro as seguintes:

reptil (oxítono) — reptis
réptil (paroxítono) — répteis
projetil (oxítono) — projetis
projétil (paroxítono) — projéteis"[8]

NOMES TERMINADOS EM "ÃO" ACENTUADO

Apresentam-se três terminações no plural: *ões, ãos, ães*.

a) ões:

balão — balões
leão — leões

---

[8]J. Matoso Câmara Jr., *Gramática* — 1ª e 2ª séries ginasiais, na obra *Curso da língua pátria*, de J. Matoso Câmara Jr. e Rocha Lima, Rio de Janeiro: F. Briguiet, 1944, p. 23-4.

GRAMÁTICA NORMATIVA DA LÍNGUA PORTUGUESA

coração — corações
feijão — feijões
opinião — opiniões
peão — peões
etc. (É o grupo mais numeroso)

b) ãos:

pagão — pagãos
irmão — irmãos
grão — grãos
desvão — desvãos
cidadão — cidadãos
cortesão — cortesãos

e todos os paroxítonos:

órgão — órgãos
bênção — bênçãos
gólfão — gólfãos

c) *ães:*

pão — pães
escrivão — escrivães
sacristão — sacristães
alemão — alemães
capitão — capitães
capelão — capelães
tabelião — tabeliães
deão — deães
faisão — faisães
guardião — guardiães

Em alguns nomes, por certa confusão popular, encontra-se, ao lado do plural legítimo, outro ou outros mais ou menos usados:

alão	— alãos, alães e alões
aldeão	— aldeãos e aldeões
anão	— anãos e anões
ancião	— anciãos, anciães e anciões
castelão	— castelãos e castelões
charlatão	— charlatães e charlatões
corrimão	— corrimãos e corrimões
deão	— deães, deãos e deões
ermitão	— ermitãos, ermitães e ermitões
guardião	— guardiães e guardiões
sultão	— sultães e sultões
verão	— verãos e verões
vilão	— vilãos e vilões

SUBSTANTIVOS QUE SE USAM SOMENTE NO PLURAL

anais, antolhos, arredores, arras, calendas, cãs, condolências, damas
(— *jogo de*), endoenças, esponsais, esposórios, exéquias, fastos, férias, fezes, manes, matinas, núpcias, óculos,[9] olheiras, primícias, pêsames, víveres, etc., além dos nomes dos naipes: copas, espadas, ouros, paus.

PLURAL DOS DIMINUTIVOS

O plural dos diminutivos portadores dos sufixos *-zinho* e *-zito* é obtido pondo-se neste número tanto o sufixo como o substantivo, a cuja forma do plural se suprime, porém, o *s*.
Exemplos:

papel + zinho — papéi(s) + zinhos
botão + zinho — botõe(s) + zinhos

---

[9]Os determinativos devem vir no plural: "meus óculos, estes óculos" —, e não "meu óculos", etc.

NOMES PRÓPRIOS DE PESSOA

Pluralizarem-se é a regra (desde que a sua forma se adapte à pluralização):

"Os dois *Sênecas*, os três *Andradas*, os dois *Plínios*, os *Albuquerques* e os *Catões*." (FREIRE, *apud* Carneiro Ribeiro)

"(...) no salão dos *Seabras*." (MACHADO DE ASSIS)

Lembre-se o nome da obra-prima de Eça de Queirós: *Os Maias*.

Notas soltas

A palavra *avô* tem o plural *avôs* quando designa *o avô paterno + o avô materno*; exemplo: Não conheci meus *avôs*.
Significando *o avô + a avó*, ou, em geral, os ascendentes, seu plural é *avós*.
Formam o plural normalmente os nomes de *letras* e os de *números*: pôr os pontos nos *is*, escreva dois *bês*, os *agás* foram suprimidos, a prova dos *noves*, dois *cincos*, etc.

NOMES COMPOSTOS

Campeia a maior diversidade neste terreno. Como *regras fixas* podem-se apontar, talvez, apenas as seguintes:

a) Seguem a norma geral os substantivos compostos que se escrevem ligadamente, sem hífen:

aguardente(s)	lobisomen(s)	pontapé(s)
claraboia(s)	malmequer(es)	vaivén(s)

b) Varia apenas o segundo elemento nos compostos de:

palavra invariável + palavra variável;
verbo + substantivo;
grão ou grã + substantivo;
palavras repetidas.

Exemplos:

vice-diretor	— vice-diretores
sempre-viva	— sempre-vivas
beija-flor	— beija-flores
quebra-mar	— quebra-mares
grão-duque	— grão-duques
grã-cruz	— grã-cruzes
tico-tico	— tico-ticos

Também assim se pluralizam os nomes de rezas:

padre-nosso	— padre-nossos
ave-maria	— ave-marias

c) Varia somente o primeiro elemento nos compostos de substanti-¬
vos unidos por preposição:

pé de moleque	— pés de moleque
beijo-de-moça (espécie de planta)	— beijos-de-moça
mula sem cabeça	— mulas sem cabeça

Fora destes casos, sigam-se, à guisa de orientação, estes princípios:

a) Compostos de

substantivo + substantivo
substantivo + adjetivo
adjetivo + substantivo.

Flexionam-se, geralmente, ambos os elementos.
Exemplos:

carta-bilhete	— cartas-bilhetes
cirurgião-dentista	— cirurgiões-dentistas
fogo-fátuo	— fogos-fátuos

GRAMÁTICA NORMATIVA DA LÍNGUA PORTUGUESA   133

amor-perfeito   — amores-perfeitos
pública-forma   — públicas-formas
segunda-feira   — segundas-feiras

b) Compostos de dois substantivos, o segundo dos quais limita a significação geral do primeiro. De regra, só este vai para o plural. Exemplos:

banana-maçã   — bananas-maçã
caneta-tinteiro   — canetas-tinteiro
saia-balão   — saias-balão
cavalo-vapor   — cavalos-vapor

Conforme a tradição do idioma, o plural de *guarda-marinha* é *guardas-marinha*; modernamente, usa-se também *guardas-marinhas*.

c) Compostos de verbo + verbo.
Vão para o plural ambos os termos, no caso de se repetirem:

bule-bule   — bules-bules
corre-corre   — corres-corres
pega-pega   — pegas-pegas

Quando o segundo verbo for o oposto do primeiro, fica invariável a palavra:

os perde-ganha, os leva e traz; *vaivém*, que se escreve numa palavra só, tem o plural *vaivéns*.

d) Compostos cujo segundo elemento já está no plural. Não variam. Exemplos:

os troca-tintas, os salta-pocinhas, os espirra-canivetes.

São, outrossim, invariáveis:

os bota-fora, os pisa-mansinho, os bota-abaixo, os louva-a-Deus.

PLURAL COM MUTAÇÃO VOCÁLICA

Há substantivos que têm o plural formado regularmente com acréscimo de s à forma do singular, mas sofrem mudança de timbre da vogal tônica, passando o o fechado da penúltima sílaba a soar como o aberto. Eis alguns:

abrolho(ô)	— abrolhos(ó)	olho	— olhos(ó)
aposto	— apostos	osso	— ossos
caroço	— caroços	ovo	— ovos
choco	— chocos	poço	— poços
corno	— cornos	porto	— portos
corpo	— corpos	posto	— postos
corvo	— corvos	povo	— povos
despojo	— despojos	renovo	— renovos
destroço	— destroços	rogo	— rogos
escolho	— escolhos	socorro	— socorros
esforço	— esforços	tijolo	— tijolos
estorvo	— estorvos	toco	— tocos
fogo	— fogos	tojo	— tojos
forno	— fornos	torno	— tornos
forro	— forros	tremoço	— tremoços
fosso	— fossos	troco	— trocos
miolo	— miolos	troço	— troços

Os substantivos não compreendidos na relação acima mantêm o o fechado no plural:

adorno	— adornos	esposo	— esposos
algoz	— algozes	pescoço	— pescoços
almoço	— almoços	polvo	— polvos
estojo	— estojos	reboco	— rebocos
bojo	— bojos	rebojo	— rebojos
bolso	— bolsos	sogro	— sogros
globo	— globos	soro	— soros
gosto	— gostos		

GRAMÁTICA NORMATIVA DA LÍNGUA PORTUGUESA

GRADAÇÃO

Por meio do *grau* exprime-se:

a) O aumento ou a diminuição de um ser, relativamente ao seu tamanho normal.

b) A intensidade maior ou menor de uma qualidade.

O primeiro tipo de gradação, chamado *gradação dimensiva*, é próprio dos substantivos; o segundo, *gradação intensiva*, dos adjetivos.

O grau pode aparecer excepcionalmente nos pronomes, verbos e advérbios; exemplos: *Elezinho* é um encanto! — Nenê está *dormindinho*. — Irei *agorinha* mesmo.

GRAUS DO SUBSTANTIVO

São dois os graus do substantivo: o *aumentativo* e o *diminutivo*, que se podem expressar analítica ou sinteticamente.

O aumentativo analítico constrói-se com o adjetivo *grande*, ou outro de significação equivalente; o diminutivo analítico, com o adjetivo *pequeno*, ou outro de sentido equivalente.

Exemplos:

nariz grande, automóvel pequeno.

Trata-se, consequentemente, de um processo de ADJETIVAÇÃO.

O aumentativo sintético forma-se com os sufixos *ázio, orra, ola, az* e, principalmente, *ão*, que possui as variantes *eirão, alhão, arão, arrão, zarrão*.

O aumentativo, muitas vezes, exprime desprezo (*sabichão, ministraço, espertalhão, poetastro*, etc.) e também pode indicar certa intimidade (Ele é um *amigalhão!*). No primeiro caso, tem valor pejorativo.

O diminutivo sintético expressa-se com os sufixos *ito, ulo, culo, ote, ola, im, elho* e, sobretudo, *inho* e *zinho*. Este último é obrigatório quando o substantivo terminar em vogal tônica, ou ditongo: *café, pai — cafezinho, paizinho.*

Em regra, os diminutivos encerram ideia de carinho. Com esse intuito, junta-se o sufixo até a adjetivos: *limpinho*, *bonitinho*, *pequenito*, etc.

Há também alguns pejorativos: *professoreco*, *livreco*, *casebre*, etc.

Trata-se, consequentemente, em ambos os casos (aumentativo e diminutivo sintéticos) de um processo de DERIVAÇÃO.

Eis, para consulta, uma lista de aumentativos sintéticos:

alegria	— alegrão
amigo	— amigalhão
atrevido	— atrevidão, atrevidaço
bala	— balaço, balázio
barba	— barbaça
barca	— barcaça
beiço	— beiçola, beiçorra
bobo	— bobalhão
boca	— bocarra
cabeça	— cabeçorra
cão	— canzarrão, canaz
capa	— capeirão
casa	— casarão
chapéu	— chapelão, chapeirão
copo	— copázio
corpo	— corpanzil
doido	— doidarrão
drama	— dramalhão
espada	— espadalhão, espadagão
esperto	— espertalhão
estúpido	— estupidarrão
faca	— facalhão, facalhaz, facão
fatia	— fatacaz
gato	— gatão, gatarrão, gatázio
homem	— homenzarrão
inseto	— insetarrão
ladrão	— ladravaz

GRAMÁTICA NORMATIVA DA LÍNGUA PORTUGUESA

lobo	— lobaz
macho	— machacaz
mão	— manzorra
médico	— medicastro (pejorativo)
mestre	— mestraço (pejorativo)
ministro	— ministraço (pejorativo)
moço	— mocetão
nariz	— narigão
navio	— naviarra
negócio	— negociarrão
negro	— negrão, negralhão
parvo	— parvoeirão
pedinte	— pedinchão (pejorativo)
pobre	— pobretão (pejorativo)
porco	— porcalhão
prato	— pratarraz, pratalhaz
preto	— pretão, pretalhão
rapaz	— rapagão
rico	— ricaço
sábio	— sabichão (pejorativo)
santo	— santarrão (pejorativo)
sapato	— sapatão
torre	— torreão
tolo	— toleirão
vaga	— vagalhão
vilão	— vilanaço, vilanaz
voz	— vozeirão

Eis, igualmente para consulta, uma lista de diminutivos sintéticos:[10]

animal	— animalito, animalejo, animálculo
cão	— canito, canicho

---

[10]Qualquer substantivo admite a formação com o sufixo *inho* ou *zinho*. Por isso, tais formas não se mencionam na lista.

casa	— casita, casinholo, casucha
comentário	— comentaríolo
corpo	— corpúsculo
diabo	— diabrete
espada	— espadim
galo	— galispo
globo	— glóbulo
grão	— grânulo
gota	— gotícula
moça	— moçoila
nó	— nódulo
nota	— nótula
núcleo	— nucléolo
ovo	— óvulo
papel	— papelito, papelucho
porção	— porciúncula
povo	— poviléu
raiz	— radícula
rei	— reizito, régulo (pejorativo)
rio	— riacho
rua	— ruela, rueta
saca	— sacola
saco	— saquitel
saia	— saiote
sala	— saleta
velho	— velhote
via	— viela

Muitos aumentativos e diminutivos são meramente *formais*, isto é, não encerram ideia de aumento, ou de diminuição. Estão no caso, por exemplo, *cartaz, cartilha, cavalete, dentuça, ferrão, flautim, papelão, portão, folhinha* (= calendário), *corpinho* (peça de vestuário), etc.

Capítulo 6

ARTIGO

CONCEITO DE ARTIGO

O artigo é uma partícula que precede[1] o substantivo, assim à maneira de "marca" dessa classe gramatical.

Em razão disso, qualquer palavra, expressão, ou frase, fica substantivada se o trouxer antes de si:

> "Não te embales muito na miragem do *longe* e do *depois*, a fim de não perderes o que arde invisível no *perto* e sopra em silêncio no *agora*." (Aníbal Machado)
>
> "O *não*! que desengana, o *nunca*! que alucina..." (Olavo Bilac)
>
> O *não posso* dos preguiçosos...
>
> O *"conhece-te a ti mesmo"* é conselho sábio.

Em certos casos, serve para assinalar o gênero e o número do substantivo:

o colega — *a* colega
o oásis — *os* oásis

---

[1] No romeno, no búlgaro e no albanês, o artigo se pospõe ao substantivo.

TIPOS DE ARTIGO

Há dois tipos de artigo:

1) *Definido*: *o* (a, os, as).
2) *Indefinido*: *um* (uma, uns, umas).

O primeiro se junta ao substantivo para indicar que se trata de um ser claramente determinado[2] entre outros da mesma espécie — que o ouvinte ou o leitor já sabem quem é, pelas circunstâncias que cercam a enunciação da frase:

O governador foi muito aplaudido durante a convenção.

O segundo se emprega para mencionar um ser qualquer entre outros da mesma espécie — que não individualizo, nem o ouvinte ou o leitor saberão precisar quem seja:

Um governador foi muito aplaudido durante a convenção.

Observação

O artigo definido também se usa com referência à espécie inteira. Exemplo:

O limão é fruta ácida. (Isto é: todo limão.)

---

[2] Com respeito à ideia de *determinação* e *indeterminação* atribuída generalizadamente aos artigos, vale a pena ler a nota de Amado Alonso, que figura como apêndice à citada *Gramática castellana* (p. 221-2).

CAPÍTULO 7

ADJETIVO

CONCEITO DE ADJETIVO

Adjetivo é a palavra que restringe a significação ampla e geral do substantivo.
Exemplos:

homem *magro*
gramática *histórica*
criança *talentosa*

GÊNERO

ADJETIVOS UNIFORMES

Têm uma única forma, com que acompanham os substantivos de ambos os gêneros. Terminam, de regra, em: *a, e, o, l, r, z, m, s*:

carioca	regular
paulista	esmoler
breve	feliz
forte	feroz
só	comum
azul	ruim
geral	simples

Há exceções, como por exemplo:

espanhol — espanhola
andaluz — andaluza
bom — boa

ADJETIVOS BIFORMES

Possuem duas formas: uma para acompanhar os substantivos masculinos, e outra para acompanhar os femininos:

a) Nos terminados em *o* átono, troca-se o *o* por *a*:

gordo — gorda
belo — bela

Observação

Trabalhador, quando é substantivo, tem por feminino *trabalhadora*; quando é adjetivo, *trabalhadeira*.
Exemplos:
As trabalhadoras já vão para as fábricas (isto é, *as operárias*).
As mulheres trabalhadeiras sabem quanto lhes custa cuidar bem de uma casa grande.

---

b) Aos terminados em *u*, soma-se *a*:

cru — crua
nu — nua

c) Aos terminados em *or*, soma-se igualmente *a*:

impostor — impostora

Exceções: incolor, multicor, anterior, inferior, interior, etc.

GRAMÁTICA NORMATIVA DA LÍNGUA PORTUGUESA 143

d) Aos terminados em *ês* também se soma *a*:

português — portuguesa

Exceções: cortês, pedrês, montês, descortês — que são uniformes.

e) Nos terminados em *eu*, muda-se *eu* em *eia*:

europeu — europeia
plebeu — plebeia
ateu — ateia
hebreu — hebreia
pigmeu — pigmeia

Exceções: judeu, judia; sandeu, sandia.

f) Nos terminados em *ão*, a mudança se faz para *oa*, *ã* ou *ona*:

beirão — beiroa
cristão — cristã
chorão — chorona

ADJETIVOS COMPOSTOS

Neles, só o segundo elemento pode assumir a forma feminina·

a guerra *russo-americana*
a literatura *luso-brasileira*
uma operação *médico-cirúrgica*

A única exceção é *surdo-mudo*, que tem por feminino *surda-muda*:

Um menino *surdo-mudo* — uma menina *surda-muda*.

NÚMERO

As regras que regulam a formação do plural dos adjetivos são, em linhas gerais, as mesmas que regem a formação do plural dos substantivos.

Assim que:

ADJETIVOS TERMINADOS EM VOGAL ORAL, OU DITONGO

Recebem a desinência *s*:

rica — ricas
forte — fortes
mau — maus

Observação

Terminado o adjetivo em vogal ou ditongo *nasais* (*im, om, um, em*), é trocado, na escrita, o *m* por *n*, antes do acréscimo do *s*:

ruim — ruins; bom — bons; comum — comuns; virgem — virgens.

ADJETIVOS TERMINADOS EM CONSOANTE

Recebem, de regra, *es*:

regular — regulares
capaz — capazes
cortês — corteses

Exceção: *simples*, que, hodiernamente, é invariável.

GRAMÁTICA NORMATIVA DA LÍNGUA PORTUGUESA   145

ADJETIVOS TERMINADOS EM "L"

Grupam-se de acordo com a vogal que precede o *l*:

a) al, ol, ul. Têm mudadas estas terminações para *ais, óis* e *uis*, respectivamente:

fatal — fatais
espanhol — espanhóis
taful — tafuis

b) el. Têm trocada esta terminação por *éis* (ou *eis*, se for átono):

cruel — cruéis
amável — amáveis

c) il. Quando tônico, o *il* se muda em *is*; quando átono, em *eis*:

gentil — gentis
sutil — sutis
fácil — fáceis
útil — úteis

ADJETIVOS TERMINADOS EM "ÃO" ACENTUADO

A norma é apresentarem o plural em *ões*:

poltrão — poltrões
valentão — valentões

Excetuam-se:

1) Os que formam o plural em *ães*:

alemão — alemães
catalão — catalães
charlatão — charlatães
sacristão — sacristães

2) Os que formam o plural em *ãos*:

cristão   — cristãos
chão   — chãos
comarcão   — comarcãos
loução   — louçãos
pagão   — pagãos
temporão   — temporãos
são   — sãos
vão   — vãos

ADJETIVOS COMPOSTOS

Tem havido muita indecisão por parte dos escritores. Com segurança, poder-se-ão apontar, talvez, apenas as seguintes normas:

a) Recebem a desinência de plural somente no último elemento os compostos de

palavra invariável + adjetivo
adjetivo + adjetivo

Exemplos:

sobre-humano   — sobre-humanos
anti-higiênico   — anti-higiênicos
luso-brasileiro   — luso-brasileiros
técnico-profissional   — técnico-profissionais

Excetuam-se:

azul-marinho   — (que é invariável)
claro-escuro   — claros-escuros
surdo-mudo   — surdos-mudos

GRAMÁTICA NORMATIVA DA LÍNGUA PORTUGUESA

b) São invariáveis os compostos de adjetivo de cor + substantivo. Exemplos:

verde-mar, verde-garrafa, verde-malva, azul-pavão, azul-ferrete, vermelho-sangue, amarelo-ouro, etc.

Também o são:

furta-cor, ultravioleta, infravermelho.

Em Eça de Queirós, encontra-se *"ramagens verde-garrafa"*; e em Camilo *"um par de luvas verde-gaio"*. Conforme Sousa da Silveira,[1]

"as nossas genuínas maneiras de dizer fazem-se com o auxílio da preposição *de* ou das locuções *de cor, de cor de*, ou, simplesmente, *cor de*: *olhos de verde-mar, ramagens de cor verde-garrafa, luvas de cor de pérola, olhos cor de safira, olhos verdes da cor do mar*."

E anota, entre outros, os exemplos:

"Uns olhos *de verde-mar...*"

"Uns olhos *cor de esperança...*"

"Não são de um verde embaçado,
Mas verdes *da cor do prado,*
Mas verdes *da cor do mar.*" (GONÇALVES DIAS)

c) Flexionam-se apenas no último dos termos os compostos de adjetivo + adjetivo, quando ambos designam *nomes de cor*:

flâmulas rubro-negras
paredes azul-claras

Menos comum é a invariabilidade (paredes azul-claro), ou a flexão de ambos os adjetivos (cabelos castanhos-escuros).

---

[1]Sousa da Silveira, *Trechos seletos*, 6ª ed., Rio de Janeiro: F. Briguiet. 1961, p. 74.

d) Cabe referir, finalmente, os *substantivos de cor* que funcionam como adjetivos. Neste caso, ficam invariáveis:

luvas cinza; sapatos gelo.

GRAUS DE SIGNIFICAÇÃO DO ADJETIVO

A significação de um adjetivo pode receber intensidade maior, ou menor.

Daí a existência de dois graus: o *comparativo* e o *superlativo*.

COMPARATIVO

Quando fazemos uma comparação, chegamos infalivelmente a um destes resultados: a qualidade que se compara é superior, ou inferior, ou igual à que serve de termo de comparação. Seja o adjetivo *antiga*:

Esta cidade é *mais* ANTIGA *do que* a nossa.
Esta cidade é *menos* ANTIGA *do que* a nossa.
Esta cidade é *tão* ANTIGA *como* a nossa.

Há, portanto, três espécies de comparativo, que assim se expressam em português:

a) De superioridade (*mais... que*, ou *do que*)
b) De inferioridade (*menos... que*, ou *do que*)
c) De igualdade (*tão... como*, ou *quanto*)

SUPERLATIVO

Com o superlativo exprime-se uma qualidade no mais alto grau de intensidade:

Esta cidade é *a mais* ANTIGA da Europa.
Esta cidade é *muito* ANTIGA, ou *antiquíssima*.

GRAMÁTICA NORMATIVA DA LÍNGUA PORTUGUESA 149

No primeiro dos exemplos, o superlativo diz-se — *relativo*, pois a qualidade considerada mais intensa somente o é em relação às demais cidades da Europa; no segundo caso, o superlativo chama-se — *absoluto*, porquanto aquela qualidade não se compara à de nenhuma outra cidade. Este último tipo de superlativo, o absoluto, apresenta-se com dois aspectos:

a) *Sintético*, quando expresso por uma só palavra (adjetivo + um sufixo peculiar: *íssimo, rimo*, etc.):

elegant(e) + íssimo = elegantíssimo

b) *Analítico*, se formado com a ajuda de um advérbio de intensidade (*muito, excessivamente, extraordinariamente*, etc.):

muito elegante
extraordinariamente elegante

Eis o quadro geral do superlativo:

1. RELATIVO	de superioridade (*o mais... de*, ou *dentre*) de inferioridade (*o menos... de*, ou *dentre*)
2. ABSOLUTO	sintético (*adjetivo + íssimo, rimo*, etc.) analítico (*advérbio de intensidade + adjetivo*)

Exemplos:

Paloma é *a mais* ALEGRE *de* minhas netas.
Casimiro de Abreu é *o mais* TERNO *dentre* os nossos poetas.
Este rapaz se revelou *o menos* ESTUDIOSO *de* sua classe.
Temos de resolver um problema DIFICÍLIMO.
Palmeiras *muito* ALTAS se distinguiam ao longe.

FORMAS ESPECIAIS DE COMPARATIVO E SUPERLATIVO

1) Os adjetivos *bom, mau, grande* e *pequeno* têm formas especiais de comparativo e superlativo:

ADJETIVOS	COMPARATIVO DE SUPERIORIDADE	SUPERLATIVO	
		ABSOLUTO	RELATIVO
bom	melhor	ótimo	o melhor
mau	pior	péssimo	o pior
grande	maior	máximo	o maior
pequeno	menor	mínimo	o menor

Não é correto dizer *mais bom, mais grande*; porém o é — *mais mau, mais pequeno*. Pode-se, todavia, usar da partícula *mais* antes de *bom* e *grande* no caso de se contraporem qualidades, em frases como as seguintes:

Ele é *mais bom* do que *inteligente*.
Mais grande que *pequeno*.

2) Alguns comparativos e superlativos não possuem a forma normal correspondente.

Anotem-se, pela sua importância, estes dois:

— *superior* — com os superlativos *supremo* e *sumo*;
— *inferior* — com o superlativo *ínfimo*.

3) Eis, para consulta, algumas formas literárias de superlativo absoluto sintético:

acre	— acérrimo
agudo	— acutíssimo
amargo	— amaríssimo
amigo	— amicíssimo
antigo	— antiquíssimo

GRAMÁTICA NORMATIVA DA LINGUA PORTUGUESA

áspero	— aspérrimo
benéfico	— beneficentíssimo
benévolo	— benevolentíssimo
célebre	— celebérrimo
comum	— comuníssimo
cristão	— cristianíssimo
crível	— credibilíssimo
cruel	— crudelíssimo
difícil	— dificílimo
doce	— dulcíssimo
dócil	— docílimo
fácil	— facílimo
fiel	— fidelíssimo
frio	— frigidíssimo
geral	— generalíssimo
humilde	— humílimo
incrível	— incredibilíssimo
inimigo	— inimicíssimo
íntegro	— integérrimo
livre	— libérrimo
magnífico	— magnificentíssimo
magro	— macérrimo
malédico	— maledicentíssimo
maléfico	— maleficentíssimo
malévolo	— malevolentíssimo
mísero	— misérrimo
miúdo	— minutíssimo
módico	— modicíssimo
negro	— nigérrimo
nobre	— nobilíssimo
parco	— parcíssimo
pessoal	— personalíssimo
pio	— piíssimo e pientíssimo
pobre	— paupérrimo

pródigo	— prodigalíssimo
próspero	— prospérrimo
provável	— probabilíssimo
pudico	— pudicíssimo
público	— publicíssimo
pulcro	— pulquérrimo
sábio	— sapientíssimo
sagrado	— sacratíssimo
salubre	— salubérrimo
são	— saníssimo
simples	— simplicíssimo
soberbo	— superbíssimo
tétrico	— tetérrimo
úbere	— ubérrimo

A terminação geral do superlativo absoluto sintético é *íssimo*, a qual se junta ao radical dos adjetivos, na forma em que estamos acostumados a vê-los:

fri(o) + íssimo... friíssimo
doc(e) + íssimo... docíssimo
nobr(e) + íssimo... nobríssimo

Às vezes, porém, o radical do adjetivo adquire, ao se lhe formar o superlativo, uma aparência diversa da que tem habitualmente:

frio: frigid + íssimo: frigidíssimo
doce: dulc + íssimo: dulcíssimo
nobre: nobil + íssimo: nobilíssimo

A razão é que estes últimos superlativos são tirados dos radicais latinos dos adjetivos, ao passo que os primeiros são formados com os radicais destes mesmos adjetivos em sua forma portuguesa.

Capítulo 8

NUMERAL

CONCEITO DE NUMERAL

Numerais são palavras que designam os números, ou a ordem de sua sucessão: *três, dezessete, terceiro, vigésimo*. Podem-se usar individualmente, com o valor de substantivos (*três e dois são cinco*), ou como adjetivos, isto é, junto de um substantivo, ao qual acrescentam uma indicação de quantidade, ou de ordem (*três livros, dois álbuns; quinto aluno da classe*).

TIPOS DE NUMERAL

Os numerais podem ser:

cardinais
ordinais
fracionários
multiplicativos

Eis alguns numerais *cardinais*, acompanhados dos ordinais correspondentes:

um	— primeiro
dois	— segundo
três	— terceiro
quatro	— quarto
cinco	— quinto

seis	— sexto
sete	— sétimo
oito	— oitavo
nove	— nono
dez	— décimo
onze	— undécimo ou décimo primeiro
doze	— duodécimo ou décimo segundo
treze	— décimo terceiro
catorze	— décimo quarto
quinze	— décimo quinto
vinte	— vigésimo
vinte e um	— vigésimo primeiro
trinta	— trigésimo
quarenta	— quadragésimo
cinquenta	— quinquagésimo
sessenta	— sexagésimo
setenta	— setuagésimo
oitenta	— octogésimo
noventa	— nonagésimo
cem	— centésimo
duzentos	— ducentésimo
trezentos	— trecentésimo
quatrocentos	— quadringentésimo
quinhentos	— quingentésimo
seiscentos	— sexcentésimo ou seiscentésimo
setecentos	— setingentésimo
oitocentos	— octingentésimo
novecentos	— nongentésimo ou noningentésimo
mil	— milésimo
um milhão	— milionésimo
um bilião, bilhão	— bilionésimo
um trilião, trilhão	— trilionésimo

GRAMÁTICA NORMATIVA DA LÍNGUA PORTUGUESA

Há alguns *ordinais* como, por exemplo, *último*, *penúltimo*, *antepenúltimo*, *respectivos*... que não possuem os cardinais correspondentes. Os numerais *fracionários* exprimem a divisão da quantidade:

meio ou a *metade*	um *oitavo*
um *terço*	um *nono*
um *quarto*	um *décimo*
um *quinto*	um *centésimo*
um *sexto*	um *milésimo*
um *sétimo*	

A divisão dos demais números é expressa pelos próprios cardinais seguidos da palavra *avos*: um onze avos, um dezessete avos, etc.

Os numerais *multiplicativos* exprimem multiplicação:

duplo ou dobro	sétuplo
triplo ou tríplice	óctuplo
quádruplo	nônuplo
quíntuplo	décuplo
sêxtuplo	

(Não se costumam usar outros).[1]

Ainda existe um tipo de numeral, chamado *dual* — a palavra *ambos* —, que pode ser reforçada em:

ambos os dois, ambos de dois, ambos e dois, a ambos dois, ambos a dois — reforço pouco usado hoje em dia.

---

[1]É de ler *Os numerais e suas particulares* (Fortaleza: Senai, 2ª ed., 1990.), minucioso trabalho de Hélio Melo.

CAPÍTULO 9

PRONOME

CONCEITO DE PRONOME

"Pronome é a palavra que denota o ente ou a ele se refere, considerando-o apenas como pessoa do discurso."[1]

Pessoas do discurso se chamam o indivíduo que fala, o indivíduo com quem se fala e o indivíduo ou a coisa de que se fala.

Os pronomes, vazios de conteúdo semântico, têm significação essencialmente ocasional, determinada pelo conjunto da *situação*: *eu*, situação da pessoa que fala; *meu*, situação daquilo que pertence à pessoa que fala; *este*, situação de proximidade em relação à pessoa que fala, etc.

Classificam-se os pronomes em seis grandes grupos:

pessoais	*demonstrativos*	*relativos*
possessivos	*indefinidos*	*interrogativos*

PRONOMES PESSOAIS

Pronomes pessoais são palavras que representam as três pessoas do discurso, indicando-as simplesmente, sem nomeá-las. A primeira pessoa, aquela que fala, chama-se *eu*, com o plural *nós*; a segunda, *tu*, que é a com que se fala, com o plural *vós*; a terceira, que é a pessoa ou coisa de que se fala, é *ele* ou *ela*, com os plurais respectivos *eles* ou *elas*.

---

[1]Saïd Ali, *Gramática secundária da língua portuguesa*, op. cit., p. 61.

GRAMÁTICA NORMATIVA DA LÍNGUA PORTUGUESA

O verbo declara sempre, com as formas especiais de sua conjugação, a qual das três pessoas se refere o predicado, e, também, o número gramatical (singular ou plural) dessas pessoas:

am — O   (eu)
am — a — S   (tu)
am — a   (ele, ela)
am — a — MOS   (nós)
am — a — IS   (vós)
am — a — M   (eles, elas)

Os pronomes que servem de *sujeito* na oração chamam-se *subjetivos* ou *retos*. Os que, ao contrário, desempenham o papel de *complemento* do verbo, denominam-se *objetivos* ou *oblíquos*.

Os pronomes objetivos ou oblíquos possuem formas átonas e tônicas: as primeiras são partículas inacentuadas, que se colocam antes ou depois do verbo, como se fossem uma sílaba a mais desse verbo; as segundas vêm sempre regidas de preposição. São os seguintes esses pronomes:

1ª PESSOA
    singular: *me* (forma átona); *mim* (forma tônica)
    plural: *nos* (forma átona); *nós* (forma tônica)
2ª PESSOA
    singular: *te* (forma átona); *ti* (forma tônica)
    plural: *vos* (forma átona); *vós* (forma tônica)
3ª PESSOA
    singular: *o, a, lhe, se* (formas átonas); *ele, ela, si* (formas tônicas)
    plural: *os, as, lhes, se* (formas átonas); *eles, elas, si* (formas tônicas)

As formas *o, a, os, as* empregam-se em substituição a um substantivo que, sem vir precedido de preposição, completa o regime de um verbo. Exemplo: Vi o *menino* (ou — vi-o); Não escrevi as *cartas* (ou — não *as* escrevi).

As formas *lhe*, *lhes* representam substantivos regidos das preposições *a* ou *para*. Exemplos: Dei o livro *ao menino* (ou — dei-*lhe* o livro); Os reis magos levaram ouro, incenso e mirra *para Jesus* (ou — os reis magos levaram-*lhe* ouro, incenso e mirra).

As formas *se* e *si* dizem-se *reflexivas*, porque só se podem usar em relação ao próprio sujeito do verbo. Exemplos: O capitalista matou-*se*. — Os empregados *se* despediram. — Ela é muito egoísta: só pensa em *si*. — Tratem de *si* e não dos outros.

Há, ainda, cinco formas que, combinadas com a preposição *com*, se apresentam cada uma num vocábulo único. São: *comigo, contigo, consigo, conosco* e *convosco*.

Deve notar-se que, como *si*, o pronome *consigo* é exclusivamente reflexivo: Levou *consigo* quanto era seu. — O advogado nada trouxe *consigo*.

Há alguns pronomes de segunda pessoa que requerem para o verbo as terminações da terceira. Tais são:

você, vocês (tratamento familiar)

o *Senhor*, a *Senhora* (tratamento cerimonioso),

e, acompanhados de seus plurais, os chamados "pronomes de reverência":

Vossa Senhoria (para os funcionários públicos graduados)
Vossa Excelência (para altas autoridades)
Vossa Alteza (para os príncipes)
Vossa Majestade (para os reis)
Vossa Santidade (para o Papa)
Vossa Eminência (para os cardeais)
Vossa Reverendíssima (para os sacerdotes em geral)
Vossa Magnificência (para o reitor da Universidade)

GRAMÁTICA NORMATIVA DA LÍNGUA PORTUGUESA

PRONOMES POSSESSIVOS[2]

Pronomes possessivos são palavras que fazem referência às pessoas do discurso, apresentando-as como possuidoras de alguma coisa.

Tais palavras são pronomes da mesma família dos pessoais, porque sua significação, meramente acidental, gira em torno das pessoas do colóquio. Realmente, se dissermos:

Meu relógio é de ouro

ou

Teu relógio é de ouro,

as palavras *meu* e *teu* apenas indicam que o relógio pertence, respectivamente, à primeira pessoa (eu), ou à segunda (tu).

Eis as formas dos pronomes possessivos:

1ª pessoa do singular — eu : *meu, minha, meus, minhas*
1ª pessoa do plural — nós: *nosso, nossa, nossos, nossas*
2ª pessoa do singular — tu : *teu, tua, teus, tuas*
2ª pessoa do plural — vós: *vosso, vossa, vossos, vossas*
3ª pessoa do singular e do plural: *seu, sua, seus, suas*

PRONOMES DEMONSTRATIVOS

Pronomes demonstrativos são palavras que assinalam a posição dos objetos designados, relativamente às pessoas do discurso.

Amado Alonso chama-lhes *"gestos verbales"*.

---

[2]A inclusão dos possessivos, demonstrativos, indefinidos e relativos na classe dos PRONOMES é doutrina definitivamente consagrada. Abraçam-na, entre outros: Frederico Diez, Meyer-Lübke, Edouard Bourciez, no campo da filologia românica; J. Huber, Edwin Williams, Leite de Vasconcelos, José Joaquim Nunes, Epifânio Dias, Ribeiro de Vasconcelos, Said Ali, Sousa da Silveira e Antenor Nascentes, no âmbito da filologia histórica portuguesa e no da própria gramática normativa; além de grandes teoristas de outras línguas, como Menéndez Pidal, Amado Alonso e Pedro Henríquez Ureña, em espanhol; e Marouzeau, em francês.

Magníficas sínteses da discussão do problema podem ler-se em Amado Alonso e Pedro Henríquez Ureña, op. cit., p. 222-30; e em J. Matoso Câmara Jr., *Boletim de filologia*, 6 (1947), p. 87-91, Rio de Janeiro: Livros de Portugal.

Quando, ao conversar com alguém, eu digo "esta cadeira", a palavra *esta* mostra que a cadeira está perto de mim, ou é a em que me sento. Mas direi "essa cadeira", se me quiser referir à que está ao lado do meu interlocutor, ou à em que ele se senta. Já "aquela cadeira" não será a que está perto de mim, nem perto dele. Há, portanto, estreita relação entre *eu* e *este*, *tu* e *esse*, *ele* e *aquele*, da mesma forma que entre os pronomes pessoais e os possessivos.

Esta é a norma geral. Veremos, mais tarde, que nem sempre os demonstrativos se usam com essa rigidez.

Além destes, existem alguns demonstrativos de natureza adverbial. São: *aqui*, *aí*, *lá*, e *ali* ou *acolá*, que se classificam como *pronomes adverbiais demonstrativos*.

Poder-se-ia organizar o seguinte quadro:

eu — meu — este, isto — aqui	1ª pessoa
tu — teu — esse, isso — aí	2ª pessoa
ele — seu — aquele, aquilo — ali, lá	3ª pessoa

Estes pronomes não só expressam a proximidade ou afastamento no espaço, mas também no tempo:

Este ano (isto é, o *ano corrente*) tem sido feliz para nós.
Em 1930 rebentou uma revolução; *nesse* ano, eu estava ausente do país.
Aqueles dias que passei em Petrópolis foram muito agradáveis.

Eis as formas dos pronomes demonstrativos:

este, esta, estes, estas
esse, essa, esses, essas
aquele, aquela, aqueles, aquelas
mesmo, mesma, mesmos, mesmas
próprio, própria, próprios, próprias
tal, tais
semelhante, semelhantes
isto, isso, aquilo
o, a, os, as

GRAMÁTICA NORMATIVA DA LÍNGUA PORTUGUESA

O, a, os, as são demonstrativos quando equivalem a *este, esse, aquele, isto, aquilo*, etc. Exemplos: *Não compreendo o* (= *isso*) *que disseste. — Os* (= *aqueles*) *que mais protestam, são os* (= *aqueles*) *que menos razão têm*

Semelhante e *tal* são demonstrativos em frases como estas:

Nunca escrevi *semelhantes* coisas!
Tal despudor me causou repulsa.

PRONOMES INDEFINIDOS

Pronomes indefinidos são palavras que se aplicam à terceira pessoa gramatical quando esta tem sentido vago, ou exprimem quantidade indeterminada.

Alguns se empregam isoladamente, desacompanhados de substantivo; outros vêm ao lado de um substantivo, com o qual concordam em gênero e número.

O primeiro grupo compreende três espécies de pronomes:

1. Referentes a *pessoas*:

quem, alguém, ninguém, outrem

2. Referentes a *coisas*:

que, algo, tudo, nada

3. Referentes a *lugares*:

onde, algures, alhures, nenhures

Mais numeroso é o segundo grupo:

todo, toda, todos, todas
algum, alguma, alguns, algumas
vários, várias
nenhum, nenhuma, nenhuns, nenhumas

certo, certa, certos, certas
outro, outra, outros, outras
muito, muita, muitos, muitas
pouco, pouca, poucos, poucas
quanto, quanta, quantos, quantas
que, qual, quais
um, uma, uns, umas
qualquer, quaisquer (invariável em gênero)
cada (invariável em gênero e número)

"A substantivos no plural só se junta *cada*, quando o substantivo, precedido de um numeral cardinal, representa um conjunto: uma escada para *cada doze homens*." (EPIFÂNIO DIAS)

Diz-se: *cada estrofe tem oito versos*; *cada um, cerca de seis palavras* —, mas não se pode usar a palavra *cada* desacompanhada de substantivo ou pronome.[3]

Há expressões pronominais indefinidas:

quem quer que, o que quer, cada um, cada qual, seja o que for, etc.

PRONOMES RELATIVOS

Os *pronomes relativos* são palavras que reproduzem, numa oração, o sentido de um termo ou da totalidade de uma oração anterior.

Eles não têm significação própria; em cada caso representam o seu antecedente.

Exemplos:

"Havia a escola, *que* era azul e tinha
Um mestre mau, de assustador pigarro...

---

[3]"*Cada*, como *substantivo* (v. g.: os sabonetes custam dois tostões *cada*), é imitação viciosa do francês, onde as pessoas que falam menos corretamente dizem *chaque*, em vez de *chacun*." (Epifânio Dias, *Sintaxe histórica portuguesa*, 2ª ed., Lisboa: Clássica, 1933, p. 92 — Nota.) Corrente na linguagem oral, esta construção ainda não logrou estabilizar-se na língua escrita culta.

GRAMATICA NORMATIVA DA LÍNGUA PORTUGUESA 163

Seu Alexandre, um bom velhinho rico
Que hospedara a Princesa: o tico-tico
Que me acordava de manhã, e a serra..." (B. LOPES)

O primeiro *que* significa *escola*; o segundo, *bom velhinho rico*; e o terceiro, *tico-tico*. Em todos estes exemplos, o pronome relativo se refere, pois, a um termo da oração anterior.

Mas numa frase como:

Todos estavam reunidos no mesmo pátio, o *que* facilitou a chamada —,

o antecedente não é só um termo da outra oração, mas a totalidade desta. Observe-se que, neste caso, o pronome relativo vem precedido de *o*.

Eis o quadro dos pronomes relativos:

que, quem; *quanto, quanta, quantos, quantas*; *cujo, cuja, cujos, cujas*; *o qual, a qual, os quais, as quais*.

Como relativo, *quanto* refere-se a *tudo* ou *todo*:

"Ouvia-a! A sua voz me despertava
Tudo QUANTO de bom conservo n'alma." (GONÇALVES DIAS)

PRONOMES RELATIVOS INDEFINIDOS

Assim se chamam os pronomes relativos empregados sem antecedente expresso, em frases como as seguintes:

Quem espera sempre alcança.
Traiu a *quem* lhe fora tão fiel.
Não teve *que* objetar.
Fez *quanto* pôde.

Estes relativos, também chamados "condensados", trazem o antecedente incorporado em si.

PRONOMES INTERROGATIVOS

Os pronomes indefinidos *que*, *quem*, *qual*, *quanto* recebem particularmente o nome de *interrogativos*, quando com eles formulamos uma pergunta.

Exemplos:

"*Quem* eram? De *que* terra? *Que* buscavam?" (CAMÕES)

Paralelamente a *que* (= que coisa?), é lícito usar da forma reforçada *o que*:

— *Que* procuras aqui?
— *O que* procuras aqui?

Uma interrogação pode ser feita *direta* ou *indiretamente*. No primeiro caso, a frase terminará por ponto de interrogação; no segundo, usar-se-á um verbo próprio para interrogar, como *perguntar*, *saber*, *indagar*, etc.

Exemplos de interrogação indireta:

Indagaram *que* motivos há para desistir.
Perguntaram *quem* os acompanharia.
Quero saber *quantos* ficarão.

O PRONOME NA ORAÇÃO

De acordo com o ofício que exerçam na oração, os pronomes se classificam em:

Pronomes substantivos
Pronomes adjetivos

Os primeiros se comportam como verdadeiros substantivos, isto é, representam o *núcleo* de um sujeito, ou de um complemento.

Os outros vêm sempre referidos a um substantivo (claro, ou oculto), ao qual se subordinam na qualidade de *adjunto adnominal*

GRAMÁTICA NORMATIVA DA LÍNGUA PORTUGUESA   165

1) São exclusivamente *pronomes substantivos*:

a) Os pessoais
b) Os demonstrativos: *isto, isso, aquilo, o* (*a, os, as*)
c) Os indefinidos: *quem, alguém, ninguém, outrem, tudo, nada, algo*
d) Os relativos (exceto *cujo* com suas flexões)
e) O interrogativo *quem*

2) São exclusivamente *pronomes adjetivos*:

a) Os possessivos
b) O relativo *cujo* (com suas flexões)
c) Os indefinidos *cada* e *certo*

Observação

Insista-se em que os possessivos são *exclusivamente* pronomes *adjetivos*. Ou se subordinam a um substantivo (claro, ou oculto), na qualidade de adjunto adnominal, ou funcionam como predicativo, função de natureza adjetiva.
Assim:
Meu pai foi um homem de bem (*meu — adjunto adnominal* do núcleo "pai").
Este livro é o *meu* (*meu — adjunto adnominal* do núcleo "livro", oculto, ao qual se prende também o artigo "o").
Este livro é *meu* (*meu —* predicativo).

Confrontar, com respeito a este último exemplo, frases como as seguintes:
Este livro é *bom* (ou *mau*, ou *grosso*, ou *grande*, ou *caro*, ou *de Ricardo*, etc.).

3) Os demais pronomes podem empregar-se como *substantivos*, ou *adjetivos*.

DEMONSTRATIVOS

Camões e Bocage foram dois grandes poetas: *este*, do século XVIII; *aquele*, do século XVI.

(*este* e *aquele* — pronomes substantivos)

Este romancista escreve bem, porém *aquele* (romancista) tem mais imaginação.

(*este* e *aquele* — pronomes adjetivos)

Observação

Quando fazemos referência a dois substantivos anteriormente citados, empregamos *aquele* para o mencionado em primeiro lugar e *este* para o que se apresentou em segundo lugar.

INDEFINIDOS

Algum de vocês fará o favor de levar-me a casa.

(*algum* — pronome substantivo)

Ele ainda possui *algum* dinheiro.

(*algum* — pronome adjetivo)

Que desejas aqui?

(*que* — pronome substantivo)

Que fantasia é essa?

(*que* — pronome adjetivo)

GRAMÁTICA NORMATIVA DA LÍNGUA PORTUGUESA 167

> **Observação**
>
> O interrogativo *que?* vale por "que coisa?" quando funciona como pronome substantivo; e por "qual", ou "que espécie de", como pronome adjetivo. O interrogativo *qual?, quais?* usa-se como pronome adjetivo, mas nem sempre vem ao lado do substantivo. Nas interrogações feitas com o verbo *ser*, costuma-se empregar o verbo depois de *qual*:
>
> *Qual é o seu nome?* (= *Qual nome é o seu?*)

PALAVRAS VICÁRIAS

Palavras há — da família dos pronomes — que se põem no lugar do núcleo de um predicado, a fim de evitar-lhe a repetição. É o que Tesnière chama *mot-phrase*, ou, na terminologia de Matoso Câmara Jr., *partícula frasal*.

Tal acontece, entre outros casos, com *sim* e *não*, e com os verbos *ser* e *fazer*.

Exemplos:

a) "E foi um espanto quando se soube que a festa não era oferecida ao sol ou a qualquer astro de primeira grandeza, mas SIM em honra de uma estrelinha..." (VIRIATO CORRÊA)

Este *sim* reproduz *era oferecida*.

b) "— Ah! Só mesmo a paciência do Sr. Vigário.
Apesar, porém, de tanta paciência, o Sr. Vigário, se não mostrava arrependido daquela caridade, ERA simplesmente porque esse rasgo generoso muito contribuíra para a boa reputação que ele gozava..." (ALUÍZIO AZEVEDO)

O verbo *ser* equivale, aí, a *não se mostrava arrependido*.

c) Na famosa frase de Guimarães Rosa, "A gente morre é para provar que viveu"[4] —, o verbo *ser* significa (enfaticamente) *morre* —, no caso, *palavra vicária*.

---

[4]"O verbo e o logos" (discurso de posse na Academia Brasileira de Letras), na coletânea *Em memória de Guimarães Rosa*, Rio de Janeiro: José Olympio, 1968, p. 85.

Capítulo 10

VERBO

CONCEITO DE VERBO

O verbo expressa um fato, um acontecimento: o que se passa com os seres, ou em torno dos seres.

É a parte da oração mais rica em variações de forma ou acidentes gramaticais.

Estes acidentes gramaticais fazem que ele mude de forma para exprimir cinco ideias:

modo, tempo, número, pessoa e voz.

O MODO caracteriza as diversas maneiras sob as quais a pessoa que fala encara a significação contida no verbo; distinguem-se três modos: *indicativo, subjuntivo* e *imperativo.*

Ao lado destas três, outras formas há, às quais têm os gramáticos vacilado em chamar *modos*: o *infinitivo*, o *particípio* e o *gerúndio*. Realmente, sem embargo de sua aparência de verbo, tais formas não possuem *função* exclusivamente verbal.

O *infinitivo* é antes um *substantivo*: como este, pode ser sujeito ou complemento de um verbo, e, até, vir precedido de artigo.

O *particípio* tem valor e forma de *adjetivo*: modifica substantivos com os quais concorda em gênero e número; apresenta o feminino em *-a*, e o plural em *-s*.

O *gerúndio* equipara-se ao *advérbio*, pelas várias circunstâncias de lugar, tempo, modo, condição, etc., que exprime.

GRAMÁTICA NORMATIVA DA LÍNGUA PORTUGUESA

A gramática clássica as denominava *formas infinitas*, em contraste com as do indicativo, subjuntivo e imperativo, chamadas *formas finitas*. Autores modernos intitularam-nas *formas nominais do verbo*, ou, mais expressivamente, VERBOIDES.[1]

O TEMPO informa, de maneira geral, se o que expressa o verbo ocorre no momento em que se fala, numa época anterior, ou numa ocasião que ainda esteja por vir; são, fundamentalmente, três os tempos: *presente*, *pretérito* e *futuro*.

Para o pretérito e o futuro estabeleceram-se na língua certas diferenças; há três modalidades de pretérito e duas de futuro.

São, ao todo, *seis* os tempos simples em português. Ei-los, no modo indicativo:

1) Presente (louvo)

2) Pretérito
- imperfeito (louvava)
- perfeito (louvei)
- mais-que-perfeito (louvara)

3) Futuro
- do presente (louvarei)
- do pretérito (louvaria)

No modo subjuntivo, só há *três* tempos simples:

1) Presente (louve)
2) Pretérito imperfeito (louvasse)
3) Futuro (louvar).

O imperativo só tem um tempo — o presente —, que também se aplica às ordens que se dão para o futuro e o passado.

Faça o que eu lhe *digo*. Faça o que eu lhe *disser*. Faça o que eu lhe *disse*.

---

[1] Rodolfo Lenz, *La oración y sus partes*, 3ª ed., Madri: *Revista de filología española*, 5(1935), p. 396

O NÚMERO e a PESSOA são os acidentes que mostram a qual das três classes de sujeito se refere o verbo, e, ainda, se tal sujeito está no singular, ou plural.

Chama-se VOZ ao acidente que expressa a relação entre o processo verbal e o comportamento do sujeito.

Eis as vozes:

ATIVA — Em que o sujeito é o agente do processo indicado pelo verbo:

O prisioneiro fugiu.
Um incêndio destruiu o velho casarão.

MEDIAL — Que, pela anexação à forma ativa de um pronome átono da mesma pessoa do sujeito gramatical, apresenta três modalidades:

a) Passiva: Em que o sujeito é o paciente do processo verbal:

Destruiu-se o velho casarão.

Esta significação se realiza também, paralelamente, por uma locução de ser + particípio passado do verbo principal:

Foi destruído o velho casarão.

b) Reflexiva: Em que a ação parte voluntariamente do sujeito e sobre ele recai (de tal sorte, que ele encarna, a um só tempo, o agente e o paciente do processo verbal):

Desmoralizado, o ditador matou-se.

c) Dinâmica: Em que se exprime a mudança de situação do sujeito, mas sem intervenção da vontade dele:

Fernanda feriu-se num espinho da rosa.
Os operários queimaram-se na explosão da mina.

GRAMÁTICA NORMATIVA DA LÍNGUA PORTUGUESA

Isto quer dizer, respectivamente: Fernanda *ficou ferida* num espinho da rosa; e Os operários *ficaram queimados* na explosão da mina.

Esta modalidade pode traduzir, ainda, uma atividade interna que se passa com o sujeito, sem que, igualmente, tenha ele contribuído para tal:

Os cristãos *arrependem-se de seus pecados.*
O gelo *derreteu-se.*
A epidemia *alastrou-se.*

Como se vê pelos exemplos aduzidos, esta construção ocorre não só com sujeitos animados, mas também com sujeitos inanimados.

CONJUGAÇÃO

Ao conjunto dos acidentes gramaticais do verbo dá-se o nome de *conjugação.*

Os verbos portugueses se distribuem por três conjugações. A terminação de cada uma delas é formada pela consoante *r* (desinência do infinitivo), precedida de uma vogal que caracteriza a conjugação: A, para a primeira; E, para a segunda; I, para a terceira.

As vogais A, E, I aparecem sistematicamente em várias formas de cada conjugação, entre o radical do verbo e as desinências de modo, tempo, número e pessoa. Chamam-se vogais *temáticas.*

Exemplos:

louv	A	ste
fal	A	ra
chor	A	sse

vend	E	ste
entend	E	ra
receb	E	sse

part	I	ste
sorr	I	sse
abr	I	ra

Em português, apenas um verbo da *segunda* conjugação — *pôr* —, por ser muito irregular, não tem a vogal temática respectiva — *e* —, na terminação do infinitivo; mas apresentava-a na língua de outros tempos (Po-E-r) e mantém-na em diversas outras formas atuais:

pus	E	ste
		ra
		sse
		r

A mesma vogal ainda vai aparecer em, por exemplo, *poente* (po-E-nte) e *poedeira* (po-E-deira).

Diz-se que um verbo é REGULAR, quando o seu radical é *invariável*, e as terminações são as mesmas da maioria dos verbos da mesma conjugação. Ao dizermos que o radical não varia, falamos, naturalmente, dos *fonemas*, porque, muitas vezes, para conservar a identidade dos sons, há necessidade de alterar as *letras*, segundo as convenções gráficas: *explic-o*, *expliqu-e*; *alcanç-o*, *alcanc-e*; *finj-o*, *fing-es*.[2]

Para estudar os vários acidentes nos diferentes modos e tempos de cada conjugação regular, toma-se um de seus verbos para modelo ou *paradigma*.

---

[2]Deve-se, portanto, banir a denominação *"irregulares gráficos"*, completamente destituída de sentido.

GRAMÁTICA NORMATIVA DA LÍNGUA PORTUGUESA

PARADIGMAS DAS TRÊS CONJUGAÇÕES REGULARES

FORMAS SIMPLES

1ª Conjugação	2ª Conjugação	3ª Conjugação
LOUVAR	*VENDER*	*PARTIR*

INDICATIVO

Presente

Louvo	Vendo	Parto
Louvas	Vendes	Partes
Louva	Vende	Parte
Louvamos	Vendemos	Partimos
Louvais	Vendeis	Partis
Louvam	Vendem	Partem

Pretérito imperfeito

Louvava	Vendia	Partia
Louvavas	Vendias	Partias
Louvava	Vendia	Partia
Louvávamos	Vendíamos	Partíamos
Louváveis	Vendíeis	Partíeis
Louvavam	Vendiam	Partiam

Pretérito perfeito

Louvei	Vendi	Parti
Louvaste	Vendeste	Partiste
Louvou	Vendeu	Partiu
Louvamos	Vendemos	Partimos
Louvastes	Vendestes	Partistes
Louvaram	Venderam	Partiram

Pretérito mais-que-perfeito

Louvara	Vendera	Partira
Louvaras	Venderas	Partiras
Louvara	Vendera	Partira
Louváramos	Vendêramos	Partíramos
Louváreis	Vendêreis	Partíreis
Louvaram	Venderam	Partiram

Futuro do presente

Louvarei	Venderei	Partirei
Louvarás	Venderás	Partirás
Louvará	Venderá	Partirá
Louvaremos	Venderemos	Partiremos
Louvareis	Vendereis	Partireis
Louvarão	Venderão	Partirão

Futuro do pretérito

Louvaria	Venderia	Partiria
Louvarias	Venderias	Partirias
Louvaria	Venderia	Partiria
Louvaríamos	Venderíamos	Partiríamos
Louvaríeis	Venderíeis	Partiríeis
Louvariam	Venderiam	Partiriam

SUBJUNTIVO

Presente

Louve	Venda	Parta
Louves	Vendas	Partas
Louve	Venda	Parta
Louvemos	Vendamos	Partamos
Louveis	Vendais	Partais
Louvem	Vendam	Partam

GRAMÁTICA NORMATIVA DA LÍNGUA PORTUGUESA

Pretérito imperfeito

Louvasse	Vendesse	Partisse
Louvasses	Vendesses	Partisses
Louvasse	Vendesse	Partisse
Louvássemos	Vendêssemos	Partíssemos
Louvásseis	Vendêsseis	Partísseis
Louvassem	Vendessem	Partissem

Futuro

Louvar	Vender	Partir
Louvares	Venderes	Partires
Louvar	Vender	Partir
Louvarmos	Vendermos	Partirmos
Louvardes	Venderdes	Partirdes
Louvarem	Venderem	Partirem

INFINITIVO

Presente impessoal

Louvar	Vender	Partir

Presente pessoal

Louvar	Vender	Partir
Louvares	Venderes	Partires
Louvar	Vender	Partir
Louvarmos	Vendermos	Partirmos
Louvardes	Venderdes	Partirdes
Louvarem	Venderem	Partirem

GERÚNDIO

Louvando	Vendendo	Partindo

PARTICÍPIO

Louvado   Vendido   Partido

O IMPERATIVO

Com este modo, dirigimo-nos a uma ou mais pessoas, para manifestar o que queremos que ela faça, ou elas façam.

Existem, para o imperativo, duas formas: a *afirmativa* e a *negativa*.

a) *Imperativo afirmativo*: O imperativo afirmativo é um tempo misto; para a sua formação concorrem o presente do indicativo e o presente do subjuntivo.

Regra — Não se costuma usar a primeira pessoa, tanto no singular como no plural (eu, nós); as duas formas da segunda pessoa (tu e vós) são tiradas às formas correspondentes no *presente do indicativo*, sem o s final; as duas outras (você, vocês) buscam-se ao *presente do subjuntivo*, sem alteração.

Exemplo:

Presente do indicativo	Presente do subjuntivo	Imperativo afirmativo
eu louvo	eu louve	
*tu louva(s)	tu louves	louva tu
ele louva	*ele louve	louve você
nós louvamos	nós louvemos	
*vós louvai(s)	vós louveis	louvai vós
eles louvam	*eles louvem	louvem vocês

b) *Imperativo negativo*: Basta antepor a partícula *não* às formas do presente do *subjuntivo*, excluídas as primeiras pessoas (eu, nós):

Não louves tu
Não louve você, o Sr., a Sr.ª
Não louveis vós
Não louvem vocês, os Sr.s, as Sr.as

GRAMÁTICA NORMATIVA DA LÍNGUA PORTUGUESA 177

Observação

Quando a pessoa que fala se associa àquelas a quem se dirige, há possibilidade de se empregarem formas como *louvemos, não vendamos*, etc. Exemplos:

Louvemos a Deus todos os dias.
Não vendamos a casa de nossos antepassados.

Por isso, alguns autores incluem no imperativo a forma da primeira pessoa do plural.

VERBOS COM MUTAÇÃO VOCÁLICA

Grandes grupos de verbos portugueses apresentam, regularmente, em algumas formas, alteração da vogal do radical.

Se conjugarmos, por exemplo, o presente do indicativo de *dever*, observaremos que a vogal fechada (*ê*) do radical DEV- se torna em vogal aberta (*é*) na segunda e terceira pessoas do singular e na terceira pessoa do plural: *deves, deve, devem*.

Se conjugarmos, por exemplo, o presente do indicativo de *agredir*, notaremos que a vogal *ê* do radical AGRED- se muda em *i* nas três pessoas do singular e na terceira do plural: *agrido, agrides, agride, agridem*.

PRIMEIRA CONJUGAÇÃO

Na primeira conjugação, este fato ocorre com os verbos que têm a vogal *e* ou *o* no radical, tais como, respectivamente — *rezar* e *rogar*.

1. MODELO: REZAR

A vogal *e* se pronuncia bem aberta nas três pessoas do singular e na terceira pessoa do plural do presente do indicativo e do subjuntivo; e, consequentemente, nas formas do imperativo correspondentes a essas pessoas:

Pres. do indicativo	Pres. do subjuntivo	Imperativo afirmativo	Imperativo negativo
eu rezo	reze		
tu rezas	rezes	reza tu	não rezes tu
ele reza	reze	reze você	
eles rezam	rezem	rezem vocês	não rezem vocês

Conjugam-se como *rezar* os verbos da primeira conjugação que têm *e* no radical, exceto aqueles:

a) Em que o *e* figure no ditongo *ei*: *inteirar, peneirar*, etc.

b) Em que o *e* seja seguido de *m, n*, ou *nh*: *remar, penar, empenhar*, etc.

c) Em que o *e* seja seguido de *ch, lh, j*, ou *x*: *fechar, espelhar, desejar, vexar*, etc. Há, entretanto, alternância vocálica no verbo *invejar*.

2. MODELO: ROGAR

A vogal *o* se pronuncia bem aberta nas três pessoas do singular e na terceira pessoa do plural do presente do indicativo e do subjuntivo; e, consequentemente, nas formas do imperativo correspondentes a essas pessoas:

Pres. do indicativo	Pres. do subjuntivo	Imperativo afirmativo	Imperativo negativo
eu rogo	rogue		
tu rogas	rogues	roga tu	não rogues tu
ele roga	rogue	rogue você	não rogue você
eles rogam	roguem	roguem vocês	não roguem vocês

Conjugam-se como *rogar* os verbos da primeira conjugação que têm *o* no radical, exceto aqueles:

a) Em que o *o* faça parte dos ditongos *ou* e *oi*: *roubar, estourar, noivar*, etc.

b) Em que o *o* seja seguido de *m, n*, ou *nh*: *domar, lecionar, sonhar*, etc

c) Em que o *o* anteceda imediatamente a terminação -*ar*: *perdoar, voar*, etc

GRAMÁTICA NORMATIVA DA LÍNGUA PORTUGUESA

SEGUNDA CONJUGAÇÃO

Os verbos desta conjugação que apresentam alternância vocálica também se distribuem em dois grupos:

a) Os que têm a vogal *e* no radical, como — *dever*;

b) Os que têm a vogal *o* no radical, como — *morder*.

1. MODELO: DEVER

A vogal *e* se pronuncia bem aberta na segunda e terceira pessoas do singular e na terceira pessoa do plural do presente do indicativo; e, ainda, na segunda pessoa do singular do imperativo afirmativo: *deves, deve, devem; deve tu.*

Seguem o modelo de *dever* os verbos da segunda conjugação que têm *e* no radical, com exceção apenas de *querer* e daqueles em que o *e* seja seguido de *m, n,* ou *nh: tremer, encher,* etc.

2. MODELO: MORDER

A vogal *o* se pronuncia bem aberta na segunda e terceira pessoas do singular e na terceira pessoa do plural do presente do indicativo; e, ainda, na segunda pessoa do singular do imperativo afirmativo: *mordes, mordem; morde tu.*

Acompanham o tipo de *morder* os verbos da segunda conjugação que têm *o* no radical, salvo *poder* e aqueles em que o *o* seja seguido de consoante nasal, a exemplo de — *comer.*

TERCEIRA CONJUGAÇÃO

Os verbos desta conjugação que sofrem mutação vocálica podem agrupar-se deste modo:

1. Modelo: Vestir

Presente do indicativo: visto, vestes, veste, vestimos, vestis, vestem.
Presente do subjuntivo: vista, vistas, vista, vistamos, vistais, vistam.
Imperativo afirmativo: veste, vista, vesti, vistam.
Imperativo negativo: não vistas, não vista, não vistais, não vistam.
Por este se conjugam, entre outros:
   aderir, advertir, deferir, despir, ferir, preferir, refletir, repetir, seguir, servir.

2. Modelo: Tossir

Presente do indicativo: tusso, tosses, tosse, tossimos, tossis, tossem.
Presente do subjuntivo: tussa, tussas, tussa, tussamos, tussais, tussam.
Imperativo afirmativo: tosse, tussa, tossi, tussam.
Imperativo negativo: não tussas, não tussa, não tussais, não tussam.
Por este se conjugam, entre outros:
   cobrir (e derivados: *descobrir, encobrir, recobrir*), *dormir, engolir.*

3. Modelo: Agredir

Presente do indicativo: agrido, agrides, agride, agredimos, agredis, agridem.
Presente do subjuntivo: agrida, agridas, agrida, agridamos, agridais, agridam.
Imperativo afirmativo: agride, agrida, agredi, agridam.
Imperativo negativo: não agridas, não agrida, não agridais, não agridam.
Por este se conjugam:
   denegrir, prevenir, progredir, regredir e *transgredir.*

4. Modelo: Frigir

Presente do indicativo: frijo, freges, frege, frigimos, frigis, fregem.
Presente do subjuntivo: frija, frijas, frija, frijamos, frijais, frijam.
Imperativo afirmativo: frege, frija, frigi, frijam.
Imperativo negativo: não frijas, não frija, não frijais, não frijam.

GRAMÁTICA NORMATIVA DA LÍNGUA PORTUGUESA   181

5. MODELO: CUSPIR

Presente do indicativo: cuspo, cospes, cospe, cuspimos, cuspis, cospem.
Presente do subjuntivo: cuspa, cuspas, cuspa, cuspamos, cuspais, cuspam.
Imperativo afirmativo: cospe, cuspa, cuspi, cuspam.
Imperativo negativo: não cuspas, não cuspa, não cuspais, não cuspam.
Por este se conjugam, entre outros:
   acudir, bulir, escapulir, fugir, sacudir, subir.

CONJUGAÇÃO DO VERBO PÔR

VOZ ATIVA — TEMPOS SIMPLES

TEMPOS	PESSOAS	MODOS		
		Indicativo	*Imperativo*	*Subjuntivo*
Presente	eu	ponho		ponha
	tu	pões	põe	ponhas
	ele	põe	ponha	ponha
	nós	pomos		ponhamos
	vós	pondes	ponde	ponhais
	eles	põem	ponham	ponham
Pretérito imperfeito	eu	punha		pusesse
	tu	punhas		pusesses
	ele	punha		pusesse
	nós	púnhamos		puséssemos
	vós	púnheis		pusésseis
	eles	punham		pusessem
Pretérito perfeito	eu	pus		
	tu	puseste		
	ele	pôs		
	nós	pusemos		
	vós	pusestes		
	eles	puseram		

ROCHA LIMA

(cont.)

TEMPOS	PESSOAS	MODOS		
		Indicativo	*Imperativo*	*Subjuntivo*
Pretérito mais-que-perfeito	eu	pusera		
	tu	puseras		
	ele	pusera		
	nós	puséramos		
	vós	puséreis		
	eles	puseram		
Futuro do presente	eu	porei		puser
	tu	porás		puseres
	ele	porá		puser
	nós	poremos		pusermos
	vós	poreis		puserdes
	eles	porão		puserem

Futuro do pretérito			*Infinitivo pessoal presente*	
Simples	eu	poria	eu	pôr
	tu	porias	tu	pores
	ele	poria	ele	pôr
	nós	poríamos	nós	pormos
	vós	poríeis	vós	pordes
	eles	poriam	eles	porem
FORMAS NOMINAIS	Infinitivo			— pôr
	Gerúndio			— pondo
	Particípio			— posto

VERBOS AUXILIARES

A fim de melhor se expressarem certos aspectos especiais não traduzíveis pelas formas simples já estudadas, possuem os verbos alguns *tempos compostos*, nos quais uma das formas nominais (infinitivo, particípio, ou gerúndio) é acompanhada de outro verbo, chamado AUXILIAR. São numerosos os *auxiliares* em português: *querer* (quero

GRAMÁTICA NORMATIVA DA LÍNGUA PORTUGUESA 183

sair), *estar* (estou escrevendo), *ficar* (fiquei a contemplá-la), *ir* (a tarde ia morrendo), etc.

Estudemos a conjugação dos auxiliares fundamentais que formam tempos compostos (*ter* e *haver*) e a voz passiva (*ser*):

TER   *HAVER*   *SER*

INDICATIVO

Presente

TER	HAVER	SER
Tenho	Hei	Sou
Tens	Hás	És
Tem	Há	É
Temos	Havemos	Somos
Tendes	Haveis	Sois
Têm	Hão	São

Pretérito imperfeito

TER	HAVER	SER
Tinha	Havia	Era
Tinhas	Havias	Eras
Tinha	Havia	Era
Tínhamos	Havíamos	Éramos
Tínheis	Havíeis	Éreis
Tinham	Haviam	Eram

Pretérito perfeito

TER	HAVER	SER
Tive	Houve	Fui
Tiveste	Houveste	Foste
Teve	Houve	Foi
Tivemos	Houvemos	Fomos
Tivestes	Houvestes	Fostes
Tiveram	Houveram	Foram

Pretérito mais-que-perfeito

Tivera	Houvera	Fora
Tiveras	Houveras	Foras
Tivera	Houvera	Fora
Tivéramos	Houvéramos	Fôramos
Tivéreis	Houvéreis	Fôreis
Tiveram	Houveram	Foram

Futuro do presente

Terei	Haverei	Serei
Terás	Haverás	Serás
Terá	Haverá	Será
Teremos	Haveremos	Seremos
Tereis	Havereis	Sereis
Terão	Haverão	Serão

Futuro do pretérito

Teria	Haveria	Seria
Terias	Haverias	Serias
Teria	Haveria	Seria
Teríamos	Haveríamos	Seríamos
Teríeis	Haveríeis	Seríeis
Teriam	Haveriam	Seriam

SUBJUNTIVO

Presente

Tenha	Haja	Seja
Tenhas	Hajas	Sejas
Tenha	Haja	Seja
Tenhamos	Hajamos	Sejamos
Tenhais	Hajais	Sejais
Tenham	Haiam	Sejam

GRAMÁTICA NORMATIVA DA LÍNGUA PORTUGUESA

Pretérito imperfeito

Tivesse	Houvesse	Fosse
Tivesses	Houvesses	Fosses
Tivesse	Houvesse	Fosse
Tivéssemos	Houvéssemos	Fôssemos
Tivésseis	Houvésseis	Fôsseis
Tivessem	Houvessem	Fossem

Futuro

Tiver	Houver	For
Tiveres	Houveres	Fores
Tiver	Houver	For
Tivermos	Houvermos	Formos
Tiverdes	Houverdes	Fordes
Tiverem	Houverem	Forem

INFINITIVO

Presente impessoal

Ter	Haver	Ser

Presente pessoal

Ter	Haver	Ser
Teres	Haveres	Seres
Ter	Haver	Ser
Termos	Havermos	Sermos
Terdes	Haverdes	Serdes
Terem	Haverem	Serem

GERÚNDIO

Tendo	Havendo	Sendo

186 ROCHA LIMA

PARTICÍPIO

Tido	Havido	Sido

O IMPERATIVO

Destes três verbos, *ter* e *haver* têm o imperativo formado segundo o artifício didático já exposto; mas a *ser* não pode aplicar-se aquela regra, relativamente à segunda pessoa do singular e à segunda do plural. Seu imperativo completo é o seguinte:

sê tu
seja você
sede vós
sejam vocês

CONJUGAÇÃO DOS VERBOS REGULARES E DOS AUXILIARES

FORMAS COMPOSTAS

INDICATIVO

Pretérito perfeito

Tenho ou hei
Tens ou hás
Tem ou há
Temos ou havemos   louvado, vendido, partido
Tendes ou haveis
Têm ou hão

GRAMÁTICA NORMATIVA DA LÍNGUA PORTUGUESA

Pretérito mais-que-perfeito

Tinha ou havia
Tinhas ou havias
Tinha ou havia
Tínhamos ou havíamos
Tínheis ou havíeis
Tinham ou haviam

louvado, vendido, partido

Futuro do presente

Terei ou haverei
Terás ou haverás
Terá ou haverá
Teremos ou haveremos
Tereis ou havereis
Terão ou haverão

louvado, vendido, partido

Futuro do pretérito

1ª FORMA

Teria ou haveria
Terias ou haverias
Teria ou haveria
Teríamos ou haveríamos
Teríeis ou haveríeis
Teriam ou haveriam

louvado, vendido, partido

2ª FORMA

Tivera ou houvera
Tiveras ou houveras
Tivera ou houvera
Tivéramos ou houvéramos
Tivéreis ou houvéreis
Tiveram ou houveram

louvado, vendido, partido

SUBJUNTIVO

Pretérito perfeito

Tenha ou haja
Tenhas ou hajas
Tenha ou haja   louvado, vendido, partido
Tenhamos ou hajamos
Tenhais ou hajais
Tenham ou hajam

Pretérito mais-que-perfeito

Tivesse ou houvesse
Tivesses ou houvesses
Tivesse ou houvesse   louvado, vendido, partido
Tivéssemos ou houvéssemos
Tivésseis ou houvésseis
Tivessem ou houvessem

Futuro

Tiver ou houver
Tiveres ou houveres
Tiver ou houver   louvado, vendido, partido
Tivermos ou houvermos
Tiverdes ou houverdes
Tiverem ou houverem

INFINITIVO

Pretérito impessoal

Ter ou haver   louvado, vendido, partido

GRAMÁTICA NORMATIVA DA LÍNGUA PORTUGUESA

Pretérito pessoal

Ter ou haver	
Teres ou haveres	
Ter ou haver	louvado, vendido, partido
Termos ou havermos	
Terdes ou haverdes	
Terem ou haverem	

GERÚNDIO

Pretérito

Tendo ou havendo | louvado, vendido, partido

VERBOS NA VOZ PASSIVA

Organiza-se a voz passiva com o verbo auxiliar *ser*, conjugado em todas as suas formas, seguido do particípio do verbo que se quer apassivar.

Eis um modelo de conjugação passiva:

VERBO LOUVAR

INDICATIVO

Presente

Sou louvado
És louvado
É louvado
Somos louvados
Sois louvados
São louvados

Pretérito imperfeito

Era louvado
Eras louvado
Era louvado
Éramos louvados
Éreis louvados
Eram louvados

Pretérito perfeito simples

Fui louvado
Foste louvado
Foi louvado
Fomos louvados
Fostes louvados
Foram louvados

Pretérito perfeito composto

Tenho ou hei sido louvado
Tens ou hás sido louvado
Tem ou há sido louvado
Temos ou havemos sido louvados
Tendes ou haveis sido louvados
Têm ou hão sido louvados

Pretérito mais-que-perfeito simples

Fora louvado
Foras louvado
Fora louvado
Fôramos louvados
Fôreis louvados
Foram louvados

GRAMÁTICA NORMATIVA DA LÍNGUA PORTUGUESA

Pretérito mais-que-perfeito composto

Tinha ou havia sido louvado
Tinhas ou havias sido louvado
Tinha ou havia sido louvado
Tínhamos ou havíamos sido louvados
Tínheis ou havíeis sido louvados
Tinham ou haviam sido louvados

Futuro simples do presente

Serei louvado
Serás louvado
Será louvado
Seremos louvados
Sereis louvados
Serão louvados

Futuro composto do presente

Terei ou haverei sido louvado
Terás ou haverás sido louvado
Terá ou haverá sido louvado
Teremos ou haveremos sido louvados
Tereis ou havereis sido louvados
Terão ou haverão sido louvados

Futuro simples do pretérito

Seria louvado
Serias louvado
Seria louvado
Seríamos louvados
Seríeis louvados
Seriam louvados

Futuro composto do pretérito

1ª FORMA

Teria ou haveria sido louvado
Terias ou haverias sido louvado
Teria ou haveria sido louvado
Teríamos ou haveríamos sido louvados
Teríeis ou haveríeis sido louvados
Teriam ou haveriam sido louvados

2ª FORMA

Tivera ou houvera sido louvado
Tiveras ou houveras sido louvado
Tivera ou houvera sido louvado
Tivéramos ou houvéramos sido louvados
Tivéreis ou houvéreis sido louvados
Tiveram ou houveram sido louvados

SUBJUNTIVO

Presente

Seja louvado
Sejas louvado
Seja louvado
Sejamos louvados
Sejais louvados
Sejam louvados

Pretérito imperfeito

Fosse louvado
Fosses louvado
Fosse louvado
Fôssemos louvados
Fôsseis louvados
Fossem louvados

Pretérito perfeito

Tenha ou haja sido louvado
Tenhas ou hajas sido louvado
Tenha ou haja sido louvado
Tenhamos ou hajamos sido louvados
Tenhais ou hajais sido louvados
Tenham ou hajam sido louvados

Pretérito mais-que-perfeito

Tivesse ou houvesse sido louvado
Tivesses ou houvesses sido louvado
Tivesse ou houvesse sido louvado
Tivéssemos ou houvéssemos sido louvados
Tivésseis ou houvésseis sido louvados
Tivessem ou houvessem sido louvados

Futuro simples

For louvado
Fores louvado
For louvado
Formos louvados
Fordes louvados
Forem louvados

Futuro composto

Tiver ou houver sido louvado
Tiveres ou houveres sido louvado
Tiver ou houver sido louvado
Tivermos ou houvermos sido louvados
Tiverdes ou houverdes sido louvados
Tiverem ou houverem sido louvados

INFINITIVO

Presente impessoal

Ser louvado

Presente pessoal

Ser eu louvado
Seres tu louvado
Ser ele louvado
Sermos nós louvados
Serdes vós louvados
Serem eles louvados

Pretérito impessoal

Ter ou haver sido louvado

Pretérito pessoal

Ter ou haver sido eu louvado
Teres ou haveres sido tu louvado
Ter ou haver sido ele louvado
Termos ou havermos sido nós louvados
Terdes ou haverdes sido vós louvados
Terem ou haverem sido eles louvados

GERÚNDIO

Presente

Sendo louvado

Pretérito

Tendo ou havendo sido louvado

PARTICÍPIO

Louvado, louvada, louvados, louvadas

GRAMÁTICA NORMATIVA DA LÍNGUA PORTUGUESA 195

A propósito da voz passiva cabem as seguintes observações:

1) Quando se tratar de um ser do gênero feminino, o particípio assumirá as formas *louvada, louvadas.*

2) Quando *vós* se referir a uma só pessoa, o particípio ficará no singular: *sois louvado* ou *sois louvada.*

3) Os verbos passivos não têm imperativo.

VERBOS NA VOZ REFLEXIVA

Na voz reflexiva, os verbos se conjugam como na ativa, acompanhados dos pronomes oblíquos de cada pessoa.

Eis um modelo de conjugação reflexiva:

VERBO AJOELHAR-SE

1º TIPO

(Com os pronomes oblíquos antepostos às formas verbais.)

INDICATIVO

Presente

Eu me ajoelho
Tu te ajoelhas
Ele se ajoelha
Nós nos ajoelhamos
Vós vos ajoelhais
Eles se ajoelham

Pretérito imperfeito

Eu me ajoelhava
Tu te ajoelhavas
Ele se ajoelhava

Nós nos ajoelhávamos
Vós vos ajoelháveis
Eles se ajoelhavam

Pretérito perfeito simples

Eu me ajoelhei
Tu te ajoelhaste
Ele se ajoelhou
Nós nos ajoelhamos
Vós vos ajoelhastes
Eles se ajoelharam

Pretérito perfeito composto

Eu me tenho ou hei ajoelhado
Tu te tens ou hás ajoelhado
Ele se tem ou há ajoelhado
Nós nos temos ou havemos ajoelhado
Vós vos tendes ou haveis ajoelhado
Eles se têm ou hão ajoelhado

Pretérito mais-que-perfeito simples

Eu me ajoelhara
Tu te ajoelharas
Ele se ajoelhara
Nós nos ajoelháramos
Vós vos ajoelháreis
Eles se ajoelharam

Pretérito mais-que-perfeito composto

Eu me tinha ou havia ajoelhado
Tu te tinhas ou havias ajoelhado
Ele se tinha ou havia ajoelhado
Nós nos tínhamos ou havíamos ajoelhado
Vós vos tínheis ou havíeis ajoelhado
Eles se tinham ou haviam ajoelhado

GRAMÁTICA NORMATIVA DA LÍNGUA PORTUGUESA

Futuro simples do presente

Eu me ajoelharei
Tu te ajoelharás
Ele se ajoelhará
Nós nos ajoelharemos
Vós vos ajoelhareis
Eles se ajoelharão

Futuro composto do presente

Eu me terei ou haverei ajoelhado
Tu te terás ou haverás ajoelhado
Ele se terá ou haverá ajoelhado
Nós nos teremos ou haveremos ajoelhado
Vós vos tereis ou havereis ajoelhado
Eles se terão ou haverão ajoelhado

Futuro simples do pretérito

Eu me ajoelharia
Tu te ajoelharias
Ele se ajoelharia
Nós nos ajoelharíamos
Vós vos ajoelharíeis
Eles se ajoelhariam

Futuro composto do pretérito

1ª FORMA

Eu me teria ou haveria ajoelhado
Tu te terias ou haverias ajoelhado
Ele se teria ou haveria ajoelhado
Nós nos teríamos ou haveríamos ajoelhado
Vós vos teríeis ou haveríeis ajoelhado
Eles se teriam ou haveriam ajoelhado

2ª FORMA

Eu me tivera ou houvera ajoelhado
Tu te tiveras ou houveras ajoelhado
Ele se tivera ou houvera ajoelhado
Nós nos tivéramos ou houvéramos ajoelhado
Vós vos tivéreis ou houvéreis ajoelhado
Eles se tiveram ou houveram ajoelhado

SUBJUNTIVO

Presente

Eu me ajoelhe
Tu te ajoelhes
Ele se ajoelhe
Nós nos ajoelhemos
Vós vos ajoelheis
Eles se ajoelhem

Pretérito imperfeito

Eu me ajoelhasse
Tu te ajoelhasses
Ele se ajoelhasse
Nós nos ajoelhássemos
Vós vos ajoelhásseis
Eles se ajoelhassem

Pretérito perfeito

Eu me tenha ou haja ajoelhado
Tu te tenhas ou hajas ajoelhado
Ele se tenha ou haja ajoelhado
Nós nos tenhamos ou hajamos ajoelhado
Vós vos tenhais ou hajais ajoelhado
Eles se tenham ou hajam ajoelhado

Pretérito mais-que-perfeito

Eu me tivesse ou houvesse ajoelhado
Tu te tivesses ou houvesses ajoelhado
Ele se tivesse ou houvesse ajoelhado
Nós nos tivéssemos ou houvéssemos ajoelhado
Vós vos tivésseis ou houvésseis ajoelhado
Eles se tivessem ou houvessem ajoelhado

Futuro simples

Eu me ajoelhar
Tu te ajoelhares
Ele se ajoelhar
Nós nos ajoelharmos
Vós vos ajoelhardes
Eles se ajoelharem

Futuro composto

Eu me tiver ou houver ajoelhado
Tu te tiveres ou houveres ajoelhado
Ele se tiver ou houver ajoelhado
Nós nos tivermos ou houvermos ajoelhado
Vós vos tiverdes ou houverdes ajoelhado
Eles se tiverem ou houverem ajoelhado

IMPERATIVO

Afirmativo

Nesta forma, os pronomes oblíquos não podem figurar antepostos ao verbo.

Negativo

Não te ajoelhes tu
Não se ajoelhe você, o Sr., a Sr.ª, etc.
Não vos ajoelheis vós
Não se ajoelhem vocês, os Sr.ˢ, as Sr.ᵃˢ, etc.

INFINITIVO

Presente impessoal

... se ajoelhar

Presente pessoal

Eu me ajoelhar
Tu te ajoelhares
Ele se ajoelhar
Nós nos ajoelharmos
Vós vos ajoelhardes
Eles se ajoelharem

Pretérito impessoal

... se ter ou haver ajoelhado

Pretérito pessoal

Eu me ter ou haver ajoelhado
Tu te teres ou haveres ajoelhado
Ele se ter ou haver ajoelhado
Nós nos termos ou havermos ajoelhado
Vós vos terdes ou haverdes ajoelhado
Eles se terem ou haverem ajoelhado

2º TIPO

(Com os pronomes oblíquos pospostos às formas verbais.)

INDICATIVO

Presente

Ajoelho-me
Ajoelhas-te
Ajoelha-se

GRAMÁTICA NORMATIVA DA LÍNGUA PORTUGUESA

Ajoelhamo-nos
Ajoelhais-vos
Ajoelham-se

Pretérito imperfeito

Ajoelhava-me
Ajoelhavas-te
Ajoelhava-se
Ajoelhávamo-nos
Ajoelháveis-vos
Ajoelhavam-se

Pretérito perfeito simples

Ajoelhei-me
Ajoelhaste-te
Ajoelhou-se
Ajoelhamo-nos
Ajoelhastes-vos
Ajoelharam-se

Pretérito perfeito composto

Tenho-me ou hei-me ajoelhado
Tens-te ou hás-te ajoelhado
Tem-se ou há-se ajoelhado
Temo-nos ou havemo-nos ajoelhado
Tendes-vos ou haveis-vos ajoelhado
Têm-se ou hão-se ajoelhado

Pretérito mais-que-perfeito simples

Ajoelhara-me
Ajoelharas-te
Ajoelhara-se
Ajoelháramo-nos
Ajoelháreis-vos
Ajoelharam-se

Pretérito mais-que-perfeito composto

Tinha-me ou havia-me ajoelhado
Tinhas-te ou havias-te ajoelhado
Tinha-se ou havia-se ajoelhado
Tínhamo-nos ou havíamo-nos ajoelhado
Tínheis-vos ou havíeis-vos ajoelhado
Tinham-se ou haviam-se ajoelhado

Futuro simples do presente

Ajoelhar-me-ei
Ajoelhar-te-ás
Ajoelhar-se-á
Ajoelhar-nos-emos
Ajoelhar-vos-eis
Ajoelhar-se-ão

Futuro composto do presente

Ter-me-ei ou haver-me-ei ajoelhado
Ter-te-ás ou haver-te-ás ajoelhado
Ter-se-á ou haver-se-á ajoelhado
Ter-nos-emos ou haver-nos-emos ajoelhado
Ter-vos-eis ou haver-vos-eis ajoelhado
Ter-se-ão ou haver-se-ão ajoelhado

Futuro simples do pretérito

Ajoelhar-me-ia
Ajoelhar-te-ias
Ajoelhar-se-ia
Ajoelhar-nos-íamos
Ajoelhar-vos-íeis
Ajoelhar-se-iam

Futuro composto do pretérito

1ª FORMA

Ter-me-ia ou haver-me-ia ajoelhado
Ter-te-ias ou haver-te-ias ajoelhado
Ter-se-ia ou haver-se-ia ajoelhado
Ter-nos-íamos ou haver-nos-íamos ajoelhado
Ter-vos-íeis ou haver-vos-íeis ajoelhado
Ter-se-iam ou haver-se-iam ajoelhado

2ª FORMA

Tivera-me ou houvera-me ajoelhado
Tiveras-te ou houveras-te ajoelhado
Tivera-se ou houvera-se ajoelhado
Tivéramo-nos ou houvéramo-nos ajoelhado
Tivéreis-vos ou houvéreis-vos ajoelhado
Tiveram-se ou houveram-se ajoelhado

SUBJUNTIVO

Presente

Ajoelhe-me
Ajoelhes-te
Ajoelhe-se
Ajoelhemo-nos
Ajoelheis-vos
Ajoelhem-se

Pretérito imperfeito

Ajoelhasse-me
Ajoelhasses-te
Ajoelhasse-se
Ajoelhássemo-nos
Ajoelhásseis-vos
Ajoelhassem-se

Pretérito perfeito

Nesta forma, não se usa o pronome oblíquo posposto ao verbo.

Pretérito mais-que-perfeito

Tivesse-me ou houvesse-me ajoelhado
Tivesses-te ou houvesses-te ajoelhado
Tivesse-se ou houvesse-se ajoelhado
Tivéssemo-nos ou houvéssemo-nos ajoelhado
Tivésseis-vos ou houvésseis-vos ajoelhado
Tivessem-se ou houvessem-se ajoelhado

Futuro simples

Nesta forma, não se emprega o pronome oblíquo posposto ao verbo.

Futuro composto

Nesta forma, não se emprega o pronome oblíquo posposto ao verbo.

IMPERATIVO

Afirmativo

Ajoelha-te tu ·
Ajoelhe-se você, o Sr., a Sr.ª, etc.
Ajoelhai-vos vós
Ajoelhem-se vocês, os Sr.ˢ, as Sr.ᵃˢ, etc.

Negativo

Nesta forma, não se emprega o pronome átono posposto ao verbo.

INFINITIVO

Presente impessoal

Ajoelhar-se

GRAMÁTICA NORMATIVA DA LÍNGUA PORTUGUESA

Presente pessoal

Ajoelhar-me
Ajoelhares-te
Ajoelhar-se
Ajoelharmo-nos
Ajoelhardes-vos
Ajoelharem-se

Pretérito impessoal

Ter-se ou haver-se ajoelhado

Pretérito pessoal

Ter-me ou haver-me ajoelhado
Teres-te ou haveres-te ajoelhado
Ter-se ou haver-se ajoelhado
Termo-nos ou havermo-nos ajoelhado
Terdes-vos ou haverdes-vos ajoelhado
Terem-se ou haverem-se ajoelhado

GERÚNDIO

Presente

Ajoelhando-se

Pretérito

Tendo-se ou havendo-se ajoelhado

PARTICÍPIO

Nesta forma, o pronome oblíquo não pode aparecer posposto ao verbo.

CONJUGAÇÃO DE VERBOS COM OS PRONOMES OBJETIVOS DIRETOS O, A, OS, AS

Quando o pronome objetivo direto da 3ª pessoa *o*, *a*, *os*, *as* se colocar depois do verbo, ligando-se a este por traço de união (pronome enclítico), é necessário observar as seguintes regras:

1) Se a forma verbal terminar em *vogal oral*, junta-se-lhe *o* (ou *a*, ou *os*, ou *as*).

2) Se a forma verbal terminar em *r*, *s*, ou *z*, suprimem-se estas consoantes, e o pronome toma a forma *lo* (ou *la*, ou *los*, ou *las*).

3) Se a forma verbal terminar em *vogal nasal* ou *ditongo nasal*, acrescenta-se-lhe a modalidade *no* (ou *na*, ou *nos*, ou *nas*).

Eis um modelo:[3]

VERBO PÔR + O

Infinitivo: pô-lo.

Gerúndio: pondo-o.

Particípio (não se usa com o pronome enclítico).

Indicativo presente: ponho-o, põe-lo, põe-no, pomo-lo, ponde-lo, põem-no.

Pretérito imperfeito: punha-o, punha-lo, punha-o, púnhamo-lo, púnhei-lo, punham-no.

Pretérito perfeito: pu-lo, puseste-o, pô-lo, pusemo-lo, puseste-lo, puseram-no.

Pretérito mais-que-perfeito: pusera-o, pusera-lo, pusera-o, puséramo-lo, pusérei-lo, puseram-no.

Futuro do presente (o pronome fica mesoclítico, isto é, intercalado na forma verbal, antes da desinência): pô-lo-ei, pô-lo-ás, pô-lo-á, pô-lo-emos, pô-lo-eis, pô-lo-ão.

---

[3]Dão-se apenas os tempos simples.

GRAMÁTICA NORMATIVA DA LÍNGUA PORTUGUESA 207

Futuro do pretérito (o pronome fica mesoclítico): pô-lo-ia, pô-lo-ias, pô-lo-ia, pô-lo-íamos, pô-lo-íeis, pô-lo-iam.

Subjuntivo presente: ponha-o, ponha-lo, ponha-o, ponhamo-lo, ponhai-lo, ponham-no.

Pretérito imperfeito: pusesse-o, pusesse-lo, pusesse-o, puséssemo-lo, puséssei-lo, pusessem-no.

Futuro (não se usa com o pronome enclítico).

Imperativo: põe-no, ponha-o, ponde-o, ponham-no.

VERBOS IRREGULARES (E ANÔMALOS)

São *irregulares* os verbos de determinada conjugação que não acompanham o respectivo paradigma.

Destes, *ser* e *ir* — dada a existência de três radicais em cada um — chamam-se especialmente *anômalos*.

Os verbos irregulares classificam-se em: *fortes*, ou *fracos* — segundo sofram, ou não, alteração no radical do *pretérito perfeito do indicativo*. Exemplos:

a) Irregulares *fortes*:

sab-er — pretérito perfeito: soub-e
traz-er— pretérito perfeito: troux-e

b) Irregulares *fracos*:

ped-ir — pretérito perfeito: ped-i
ouv-ir — pretérito perfeito: ouv-i

"Nem todas as formas verbais são *irregulares* num verbo chamado irregular. Assim, o verbo *estar*, da 1ª conjugação, é irregular, mas são regulares várias de suas formas, como, por exemplo, o pretérito imperfeito do indicativo (estAVA, etc.) e as 1ª e 2ª pessoas do plural do presente do indicativo (estAMOS, estAIS).

Uma forma verbal *irregular* pode-o ser por dois motivos:

ROCHA LIMA

1) Porque a sua flexão não é a da forma correspondente do paradigma. Assim, a 1ª pessoa do singular do presente do indicativo de *estAR é irregular* — *estOU*, porque a terminação *-OU* difere da da 1ª pessoa do singular do presente do indicativo no correspondente paradigma — *amO*.
2) Porque o seu radical é mais ou menos diferente do radical do infinitivo impessoal. Assim, a 1ª pessoa do singular do presente do indicativo de *pedIR é irregular* — *peçO*, porque o radical *peç-* é diferente do do infinitivo impessoal — *ped-*.

Com efeito, o radical dos verbos *regulares é invariável*."[4]

Eis as irregularidades de cada uma das conjugações:

1ª CONJUGAÇÃO

São muito poucos os verbos irregulares desta conjugação.
Além de *estar* (já estudado), existe apenas *dar* e aqueles terminados em *-ear* e *-iar*.

DAR

Presente do indicativo: dou, dás, dá, damos, dais, dão.
Pretérito perfeito: dei, deste, deu, demos, destes, deram.
Pretérito mais-que-perfeito: dera, deras, dera, déramos, déreis, deram.
Presente do subjuntivo: dê, dês, dê, demos, deis, deem.
Imperfeito do subjuntivo: desse, desses, desse, déssemos, désseis, dessem.
Futuro do subjuntivo: der, deres, der, dermos, derdes, derem.
Nas demais formas, conjuga-se regularmente.

VERBOS TERMINADOS EM -EAR E -IAR

Os verbos terminados em *-ear* recebem *i* depois do *e* do radical nas três pessoas do singular e na terceira pessoa do plural do presente do

---

[4] J. Matoso Câmara Jr., *Gramática* (1ª e 2ª séries ginasiais), Rio de Janeiro: F. Briguiet, 1955, p. 100, na obra *Curso da língua pátria*, de J. Matoso Câmara Jr. e Rocha Lima.

GRAMÁTICA NORMATIVA DA LÍNGUA PORTUGUESA 209

indicativo e do subjuntivo; e, em consequência, nas formas do imperativo correspondentes a essas pessoas. Em suma: nas formas *rizotônicas*.

Sirva de modelo o verbo *passear*, que assim se conjuga, portanto:

Presente do indicativo: passeio, passeias, passeia, passeamos, passeais, passeiam.
Presente do subjuntivo: passeie, passeies, passeie, passeemos, passeeis, passeiem.
Imperativo afirmativo: passeia, passeie, passeai, passeiem.
Imperativo negativo: não passeies, não passeie, não passeeis, não passeiem.

Os verbos terminados em *-iar* são inteiramente regulares.

Tomemos, como exemplo, o verbo *principiar*:
Presente do indicativo: principio, principias, principia, principiamos, principiais, principiam.
Presente do subjuntivo: principie, principies, principie, principiemos, principieis, principiem.
Imperativo afirmativo: principia, principie, principiai, principiem.
Imperativo negativo: não principies, não principie, não principieis, não principiem.

Há cinco verbos em *-iar* que, todavia, se conjugam como se fossem terminados em *-ear*, isto é, têm *ei* nas mesmas pessoas em que estes o apresentam. São eles: *ansiar, incendiar, mediar, odiar* e *remediar*.
Escolhamos, para modelo, o primeiro dessa lista: *ansiar*.

Presente do indicativo: anseio, anseias, anseia, ansiamos, ansiais, anseiam.
Presente do subjuntivo: anseie, anseies, anseie, ansiemos, ansieis, anseiem.
Imperativo afirmativo: anseia, anseie, ansiai, anseiem.
Imperativo negativo: não anseies, não anseie, não ansieis, não anseiem.

Observação

O verbo *criar* deve ser sempre escrito com *i* e conjugado regularmente.

210 ROCHA LIMA

Ainda na 1ª conjugação outros verbos há que, embora não sejam irregulares, merecem atenção especial.

Ei-los:

MOBILIAR

Têm o acento tônico na sílaba *bi* as formas rizotônicas:

Presente do indicativo: mobílio, mobílias, mobília, mobiliamos, mobiliais, mobíliam.
Presente do subjuntivo: mobílie, mobílies, mobílie, mobiliemos, mobilieis, mobíliem.
Imperativo afirmativo: mobília tu, mobílie você, mobiliai vós, mobíliem vocês.
Imperativo negativo: não mobílies tu, não mobílie você, não mobilieis vós, não mobíliem vocês.
Também existe a variante *mobilar*, que se conjuga regularmente: *mobilo, mobilas*, etc. *mobilava, mobilei, mobilaria*, etc. Esta variante é de Portugal; aqui só se usa por lusitanismo.

APIEDAR-SE

Conjuga-se regularmente:

Presente do indicativo: apiedo-me, apiedas-te, apieda-se, apiedamo-nos, apiedais-vos, apiedam-se.
Pretérito imperfeito: apiedava-me, apiedavas-te, apiedava-se, apiedávamo-nos, apiedáveis-vos, apiedavam-se.
Pretérito perfeito: apiedei-me, apiedaste-te, apiedou-se, apiedamo-nos, apiedastes-vos, apiedaram-se.
Outra forma deste verbo, já arcaizada, é *apiadar-se* (também regular), correspondente ao substantivo antigo *piadade*, assim como *apiedar-se* corresponde a *piedade*.
Não é lícito confundir numa só conjugação formas de um e de outro.

GRAMÁTICA NORMATIVA DA LÍNGUA PORTUGUESA

AGUAR, APROPINQUAR, DESAGUAR, ENXAGUAR, MINGUAR

O Acordo Ortográfico de 1990 estabelece duas possibilidades de conjugação para estes verbos, conforme se exemplifica com *enxaguar*:

a) com o *a* ou *i* dos radicais tônicos e acentuados graficamente:

— enxáguo, enxáguas, enxágua, enxaguamos, enxaguais, enxáguam.
— enxágue, enxágues, enxágue, enxaguemos, enxagueis, enxáguem.
— enxágua tu.

b) com o *u* tônico em formas rizotônicas sem acento:

— enxaguo, enxaguas, enxagua, enxaguamos, enxaguais, enxaguam.
— enxague, enxagues, enxague, enxaguemos, enxagueis, enxaguem.
— enxagua tu.

MAGOAR

Assim se conjuga:

— magoo, magoas, magoa, magoamos, magoais, magoam.
— magoava, magoavas, magoava, magoávamos, magoáveis, magoavam.
— magoei, magoaste, magoou, magoamos, magoastes, magoaram.
— magoe, magoes, magoe, magoemos, magoeis, magoem.

PUGNAR, IMPUGNAR, DIGNAR-SE, INDIGNAR-SE

Atente-se para a pronúncia das seguintes pessoas, cujas sílabas tônicas vão grifadas:

— *pug*no, *pug*nas, *pug*na, pug*na*mos, pug*nais*, *pug*nam.
— *pug*ne, *pug*nes, *pug*ne, pug*ne*mos, pug*nais*, *pug*nem.
— *pug*na tu, *pug*ne você, pug*nai* vós, *pug*nem vocês.

— im*pug*no, im*pug*nas, im*pug*na, impug*na*mos, impug*nais*, im*pug*nam.
— im*pug*ne, im*pug*nes, im*pug*ne, impug*ne*mos, impug*nais*, im*pug*nem.
— im*pug*na tu, im*pug*ne você, impug*nai* vós, im*pug*nem vocês.

— *di*gno-me, *di*gnas-te, *di*gna-se, dig*n*amo-nos, dig*nai*s-vos, *di*gnam-se.
— *di*gne-me, *di*gnes-te, *di*gne-se, dig*n*emo-nos, dig*nei*s-vos, *di*gnem-se.
— *di*gna-te tu, *di*gne-se você, dig*nai*-vos vós, *di*gnem-se vocês.

— in*di*gno-me, in*di*gnas-te, in*di*gna-se, indig*n*amo-nos, indig*nai*s-vos, in*di*gnam-se.
— in*di*gne-me, in*di*gnes-te, in*di*gne-se, indig*n*emo-nos, indig*nei*s-vos, in*di*gnem-se.
— in*di*gna-te tu, in*di*gne-se você, indig*nai*-vos vós, in*di*gnem-se vocês.

Optar, Obstar, Ritmar

Atente-se igualmente para a pronúncia das seguintes pessoas, cujas sílabas tônicas vão grifadas:

— *op*to, *op*tas, *op*ta, op*t*amos, op*tai*s, *op*tam.
— *op*te, *op*tes, *op*te, op*t*emos, op*tei*s, *op*tem.
— *op*ta tu, *op*te você, op*tai* vós, *op*tem vocês.

— *obs*to, *obs*tas, *obs*ta, obs*t*amos, obs*tai*s, *obs*tam.
— *obs*te, *obs*tes, *obs*te, obs*t*emos, obs*tei*s, *obs*tem.
— *obs*ta tu, *obs*te você, obs*tai* vós, *obs*tem vocês.

— *rit*mo, *rit*mas, *rit*ma, rit*m*amos, rit*mai*s, *rit*mam.
— *rit*me, *rit*mes, *rit*me, rit*m*emos, rit*mei*s, *rit*mem.
— *rit*ma tu, *rit*me você, rit*mai* vós, *rit*mem vocês.

Obviar

— ob*v*io, ob*v*ias, ob*v*ia, obvi*a*mos, obvi*ai*s, ob*v*iam.
— ob*vi*e, ob*vi*es, ob*vi*e, obviemos, obvi*ei*s, ob*vi*em.
— ob*v*ia tu, ob*vi*e você, obvi*ai* vós, ob*vi*em vocês.

Afrouxar, Estourar, Roubar; Inteirar, Peneirar

Verbos que possuem *ditongo* no radical têm mantido tal ditongo em toda a conjugação:

— afrouxo, afrouxas, afrouxa, afrouxamos, afrouxais, afrouxam.
— estouro, estouras, estoura, estouramos, estourais, estouram.

— roube, roubes, roube, roubemos, roubeis, roubem.
— inteiro, inteiras, inteira, inteiramos, inteirais, inteiram.
— peneire, peneires, peneire, peneiremos, peneireis, peneirem.

2ª CONJUGAÇÃO

CABER

Presente do indicativo: caibo, cabes, cabe, cabemos, cabeis, cabem.
Pretérito perfeito: coube, coubeste, coube, coubemos, coubestes, couberam.
Pretérito mais-que-perfeito: coubera, couberas, coubera, coubéramos coubéreis, couberam.
Presente do subjuntivo: caiba, caibas, caiba, caibamos, caibais, caibam.
Pretérito imperfeito: coubesse, coubesses, coubesse, coubéssemos, coubésseis, coubessem.
Futuro: couber, couberes, couber, coubermos, couberdes, couberem.
Não se usa o imperativo deste verbo.

CRER

Presente do indicativo: creio, crês, crê, cremos, credes, creem.
Imperativo afirmativo: crê tu, creia você, crede vós, creiam vocês.
Presente do subjuntivo: creia, creias, creia, creiamos, creiais, creiam.

DIZER

Presente do indicativo: digo, dizes, diz, dizemos, dizeis, dizem.
Pretérito perfeito: disse, disseste, disse, dissemos, dissestes, disseram.
Pretérito mais-que-perfeito: dissera, disseras, dissera, disséramos, disséreis, disseram.
Futuro do presente: direi, dirás, dirá, diremos, direis, dirão.
Futuro do pretérito: diria, dirias, diria, diríamos, diríeis, diriam.
Imperativo afirmativo: dize tu, diga você, dizei vós, digam vocês.
Presente do subjuntivo: diga, digas, diga, digamos, digais, digam.

Pretérito imperfeito: dissesse, dissesses, dissesse, disséssemos, dissésseis, dissessem.
Futuro: disser, disseres, disser, dissermos, disserdes, disserem.
Particípio: dito.

FAZER

Presente do indicativo: faço, fazes, faz, fazemos, fazeis, fazem.
Pretérito perfeito: fiz, fizeste, fez, fizemos, fizestes, fizeram.
Pretérito mais-que-perfeito: fizera, fizeras, fizera, fizéramos, fizéreis, fizeram.
Futuro do presente: farei, farás, fará, faremos, fareis, farão.
Futuro do pretérito: faria, farias, faria, faríamos, faríeis, fariam.
Imperativo afirmativo: faze tu, faça você, fazei vós, façam vocês.
Presente do subjuntivo: faça, faças, faça, façamos, façais, façam.
Pretérito imperfeito: fizesse, fizesses, fizesse, fizéssemos, fizésseis, fizessem.
Futuro: fizer, fizeres, fizer, fizermos, fizerdes, fizerem.

LER

Presente do indicativo: leio, lês, lê, lemos, ledes, leem.
Imperativo afirmativo: lê tu, leia você, lede vós, leiam vocês.
Presente do subjuntivo: leia, leias, leia, leiamos, leiais, leiam.

PERDER

Presente do indicativo: perco (com *e* fechado), perdes, perde, perdemos, perdeis, perdem.
Presente do subjuntivo: perca, percas, perca, percamos, percais, percam.

PODER

Presente do indicativo: posso, podes, pode, podemos, podeis, podem.
Pretérito perfeito: pude, pudeste, pôde, pudemos, pudestes, puderam.

GRAMÁTICA NORMATIVA DA LÍNGUA PORTUGUESA 215

Pretérito mais-que-perfeito: pudera, puderas, pudera, pudéramos, pudéreis, puderam.
Presente do subjuntivo: possa, possas, possa, possamos, possais, possam.
Pretérito imperfeito: pudesse, pudesses, pudesse, pudéssemos, pudésseis, pudessem.
Futuro: puder, puderes, puder, pudermos, puderdes, puderem
Não se usa atualmente o imperativo.

QUERER

Presente do indicativo: quero, queres, quer, queremos, quereis, querem.
Pretérito perfeito: quis, quiseste, quis, quisemos, quisestes, quiseram.
Pretérito mais-que-perfeito: quisera, quiseras, quisera, quiséramos, quiséreis, quiseram.
Presente do subjuntivo: queira, queiras, queira, queiramos, queirais, queiram.
Pretérito imperfeito: quisesse, quisesses, quisesse, quiséssemos, quisésseis, quisessem.
Futuro: quiser, quiseres, quiser, quisermos, quiserdes, quiserem.
No sentido próprio, não se usa atualmente o imperativo afirmativo.

SABER

Presente do indicativo: sei, sabes, sabe, sabemos, sabeis, sabem.
Pretérito perfeito: soube, soubeste, soube, soubemos, soubestes, souberam.
Pretérito mais-que-perfeito: soubera, souberas, soubera, soubéramos, soubéreis, souberam.
Presente do subjuntivo: saiba, saibas, saiba, saibamos, saibais, saibam.
Pretérito imperfeito: soubesse, soubesses, soubesse, soubéssemos, soubésseis, soubessem.
Futuro: souber, souberes, souber, soubermos, souberdes, souberem.

TRAZER

Presente do indicativo: trago, trazes, traz, trazemos, trazeis, trazem.
Pretérito perfeito: trouxe, trouxeste, trouxe, trouxemos, trouxestes, trouxeram.
Pretérito mais-que-perfeito: trouxera, trouxeras, trouxera, trouxéramos, trouxéreis, trouxeram.
Futuro do presente: trarei, trarás, trará, traremos, trareis, trarão.
Futuro do pretérito: traria, trarias, traria, traríamos, traríeis, trariam.
Imperativo afirmativo: traze tu, traga você, trazei vós, tragam vocês.
Presente do subjuntivo: traga, tragas, traga, tragamos, tragais, tragam.
Pretérito imperfeito: trouxesse, trouxesses, trouxesse, trouxéssemos, trouxésseis, trouxessem.
Futuro: trouxer, trouxeres, trouxer, trouxermos, trouxerdes, trouxerem.

VALER

Presente do indicativo: valho, vales, vale, valemos, valeis, valem.
Pretérito perfeito: vali, valeste, valeu, valemos, valestes, valeram.
Pretérito-mais-que-perfeito: valera, valeras, valera, valêramos, valêreis, valeram.
Presente do subjuntivo: valha, valhas, valha, valhamos, valhais, valham.
Pretérito imperfeito: valesse, valesses, valesse, valêssemos, valêsseis, valessem.
Futuro: valer, valeres, valer, valermos, valerdes, valerem

VER

Presente do indicativo: vejo, vês, vê, vemos, vedes, veem.
Pretérito perfeito: vi, viste, viu, vimos, vistes, viram.
Pretérito mais-que-perfeito: vira, viras, vira, víramos, víreis, viram.
Imperativo afirmativo: vê tu, veja você, vede vós, vejam vocês.
Presente do subjuntivo: veja, vejas, veja, vejamos, vejais, vejam.
Pretérito imperfeito: visse, visses, visse, víssemos, vísseis, vissem.

GRAMÁTICA NORMATIVA DA LÍNGUA PORTUGUESA 217

Futuro: vir, vires, vir, virmos, virdes, virem.
Particípio: visto.
Por ele se conjugam os derivados: *antever*, *entrever*, *prever* e *rever*.

3ª CONJUGAÇÃO

MEDIR, PEDIR E OUVIR

Apresentam modificação do radical na primeira pessoa do singular do presente do indicativo; no presente do subjuntivo; e nas pessoas do imperativo que são tiradas do presente do subjuntivo.

Os radicais *med-*, *ped-* e *ouv-* se mudam, respectivamente, em *meç-*, *peç-* e *ouç-*:

Presente do indicativo: meço, medes, mede, medimos, medis, medem; peço, pedes, pede, pedimos, pedis, pedem; ouço, ouves, ouve, ouvimos, ouvis, ouvem.

Presente do subjuntivo: meça, meças, meça, meçamos, meçais, meçam; peça, peças, peça, peçamos, peçais, peçam; ouça, ouças, ouça, ouçamos, ouçais, ouçam.

Imperativo negativo: não meças tu, não meça você, não meçais vós, não meçam vocês; não peças tu, não peça você, não peçais vós, não peçam vocês; não ouças tu, não ouça você, não ouçais vós, não ouçam vocês.

Por *pedir*, embora não sejam dele derivados, conjugam-se *despedir*, *expedir*, *impedir*.

IR E VIR

Um e outro possuem violenta irregularidade.
Eis como se conjugam nos tempos simples:

Ir

Presente do indicativo: vou, vais, vai, vamos, ides, vão.
Pretérito imperfeito: ia, ias, ia, íamos, íeis, iam.
Pretérito perfeito: fui, foste, foi, fomos, fostes, foram.

Pretérito mais-que-perfeito: fora, foras, fora, fôramos, fôreis, foram.
Futuro do presente: irei, irás, irá, iremos, ireis, irão.
Futuro do pretérito: iria, irias, iria, iríamos, iríeis, iriam.
Presente do subjuntivo: vá, vás, vá, vamos, vades, vão.
Pretérito imperfeito: fosse, fosses, fosse, fôssemos, fôsseis fossem.
Futuro: for, fores, for, formos, fordes, forem.
Imperativo afirmativo: vai tu, vá você, ide vós, vão vocês.
Imperativo negativo: não vás tu, não vá você, não vades vós, não vão vocês.
Infinitivo pessoal: ir, ires, ir, irmos, irdes, irem.
Gerúndio: indo.
Particípio: ido.

Vir

Presente do indicativo: venho, vens, vem, vimos, vindes, vêm.
Pretérito imperfeito: vinha, vinhas, vinha, vínhamos, vínheis, vinham.
Pretérito perfeito: vim, vieste, veio, viemos, viestes, vieram.
Pretérito mais-que-perfeito: viera, vieras, viera, viéramos, viéreis, vieram.
Futuro do presente: virei, virás, virá, viremos, vireis, virão.
Futuro do pretérito: viria, virias, viria, viríamos, viríeis, viriam.
Presente do subjuntivo: venha, venhas, venha, venhamos, venhais, venham.
Pretérito imperfeito: viesse, viesses, viesse, viéssemos, viésseis, viessem.
Futuro: vier, vieres, vier, viermos, vierdes, vierem.
Imperativo afirmativo: vem tu, venha você, vinde vós, venham vocês.
Imperativo negativo: não venhas tu, não venha você, não venhais vós, não venham vocês.
Infinitivo pessoal: vir, vires, vir, virmos, virdes, virem.
Gerúndio: vindo.
Particípio: vindo.
Seguem o modelo de *vir* os seus derivados: *convir, intervir, provir. sobrevir*, etc.

GRAMÁTICA NORMATIVA DA LÍNGUA PORTUGUESA

RIR

Presente do indicativo: rio, ris, ri, rimos, rides, riem.

Pretérito imperfeito: ria, rias, ria, ríamos, ríeis, riam.

Pretérito perfeito: ri, riste, riu, rimos, ristes, riram.

Pretérito mais-que-perfeito: rira, riras, rira, ríramos, ríreis, riram.

Futuro do presente: rirei, rirás, rirá, riremos, rireis, rirão.

Futuro do pretérito: riria, ririas, riria, riríamos, riríeis, ririam.

Presente do subjuntivo: ria, rias, ria, riamos, riais, riam.

Pretérito imperfeito: risse, risses, risse, ríssemos, rísseis, rissem.

Futuro: rir, rires, rir, rirmos, rirdes, rirem.

Imperativo afirmativo: ri tu, ria você, ride vós, riam vocês.

Imperativo negativo: não rias tu, não ria você, não riais vós, não riam vocês.

Infinitivo pessoal: rir, rires, rir, rirmos, rirdes, rirem.

Gerúndio: rindo.

Particípio: rido.

Por este se conjuga *sorrir*. Note-se, porém, que a segunda pessoa do plural do presente do indicativo é (*vós*) *sorris*.

VERBOS DEFECTIVOS

São verbos que não têm a conjugação completa.

Podemos distribuí-los em três grandes grupos:

a) O dos IMPESSOAIS, que, por figurarem em orações sem sujeito, só aparecem na terceira pessoa do singular — a exemplo de *chover*, *nevar*, *trovejar*, etc.

b) O dos UNIPESSOAIS, que indicam vozes ou ruídos peculiares a determinados animais, empregando-se, portanto, apenas na terceira pessoa do singular e do plural — tais como *cacarejar*, *coaxar*, *miar*, etc.

c) O daqueles que carecem de algumas formas, por motivos variados e difíceis de fixar, entre os quais sobressaem a EUFONIA e a possibilidade de CONFUSÃO com formas de outro verbo. De *abolir*, por exemplo, não se usam a primeira pessoa do singular do presente do indicativo e, consequentemente, todas as pessoas do presente do subjuntivo — e isto, decerto, por não serem elas agradáveis ao ouvido; à homonímia com *falar* atribui-se a falta das formas rizotônicas de *falir*. Entretanto, a defectividade verbal, na maioria das vezes, não assenta em razões outras senão que o simples desuso de alguns tempos, modos, ou pessoas.

Vejamos os principais tipos deste último grupo:

PESAR

Na acepção de *causar mágoa, desgosto, sofrimento*, só é usado na 3ª pessoa do singular (e tem fechado o *e*):

Pesa-me, Senhor, de vos haver ofendido.

Anote-se a expressão, invariável de forma, *em que pese a* (com *e* fechado), ainda que custe, desagrade, cause pesar a (alguém); apesar de, não obstante:

Este projeto de lei será derrotado, *em que pese a* certos políticos.
*Em que pese a*os teus esforços, o doente morreu.

REAVER

Derivado de *haver*, conjuga-se exclusivamente nas formas em que o verbo primitivo mantém a letra *v*:

Presente do indicativo: reavemos, reaveis.
Imperativo afirmativo: reavei (vós).
Pretérito imperfeito: reavia, reavias, reavia, reavíamos, reavíeis, reaviam.

GRAMÁTICA NORMATIVA DA LÍNGUA PORTUGUESA 221

Pretérito perfeito: reouve, reouveste, reouve, reouvemos, reouvestes, reouveram.

E assim por diante.

Mas falta-lhe, é claro, o presente do subjuntivo, o imperativo negativo e a segunda pessoa do singular do imperativo afirmativo.

PRECAVER-SE

Não deriva de *ver*, nem tem qualquer afinidade com *vir*.

São bárbaras, por conseguinte, formas como "eu me precavejo", ou "eu me precavenho", as quais, infelizmente, se ouvem e até se leem em círculos de deficiente educação idiomática.

No presente do indicativo, somente se usam a primeira e a segunda pessoas do plural: *nós nos precavemos*, *vós vos precaveis*. E no imperativo afirmativo: *precavei-vos*.

Conjuga-se, nos demais tempos e modos, como qualquer verbo regular da segunda conjugação:

Pretérito imperfeito: eu me precavia, tu te precavias, ele se precavia, nós nos precavíamos, vós vos precavíeis, eles se precaviam.

Pretérito perfeito: eu me precavi, tu te precaveste, ele se precaveu, nós nos precavemos, vós vos precavestes, eles se precaveram.

Pretérito mais-que-perfeito: eu me precavera, tu te precaveras, ele se precavera, nós nos precavêramos, vós vos precavêreis, eles se precaveram.

Não existe, naturalmente, o presente do subjuntivo, o imperativo negativo e a segunda pessoa do singular do imperativo afirmativo.

ABOLIR

Não possui a primeira pessoa do singular do presente do indicativo e, pois, todo o presente do subjuntivo e as pessoas do imperativo que se formam do presente do subjuntivo.

Eis como se conjuga:

Presente do indicativo: aboles, abole, abolimos, abolis, abolem.
Imperativo afirmativo: abole tu, aboli vós.
Nas outras formas, é totalmente regular:
Pretérito imperfeito: abolia, abolias, abolia, abolíamos, abolíeis, aboliam.
Pretérito perfeito: aboli, aboliste, aboliu, abolimos, abolistes, aboliram.
Futuro do presente: abolirei, abolirás, abolirá, aboliremos, abolireis, abolirão.
Imperfeito do subjuntivo: abolisse, abolisses, abolisse, abolíssemos, abolísseis, abolissem.

Seguem o modelo de *abolir* os seguintes verbos, entre outros:

carpir	*delinquir*	*explodir*
colorir	*delir*	*extorquir*
compelir	*demolir*	*impelir*
competir	*discernir*	*retorquir*

Observação

Paralelamente a *colorir*, da 3ª conjugação, há o verbo *colorar*, de conjugação integral. Daí ser correto dizer "eu coloro" (de *colorar*), porém com a vogal tônica aberta (ó), como a de *adorar*.

REMIR

No presente do indicativo, só admite a primeira e a segunda pessoas do plural: *remimos, remis*. E no imperativo afirmativo, a segunda do plural: *remi vós*.

Escusado acrescentar que também lhe falta todo o presente do subjuntivo e as pessoas do imperativo derivadas do presente do subjuntivo. Nos demais modos e tempos, tem conjugação completa e regular.

As formas inexistentes podem ser supridas pelas do verbo *redimir*, seu sinônimo, de conjugação inteiramente normal.

GRAMÁTICA NORMATIVA DA LÍNGUA PORTUGUESA

Pautam-se por *remir* os seguintes verbos, entre outros:

aguerrir	*falir*
combalir	*florir*
comedir-se	*foragir-se*
embair	*renhir*

VERBOS ABUNDANTES NO PARTICÍPIO

Há muitos verbos que possuem duas formas de particípio: uma em *ado*, ou *ido* — regular, portanto; e outra reduzida, irregular.

Eis os principais:

1ª CONJUGAÇÃO

aceitar	— aceitado e aceito
entregar	— entregado e entregue
expressar	— expressado e expresso
expulsar	— expulsado e expulso
matar	— matado e morto
salvar	— salvado e salvo
soltar	— soltado e solto

2ª CONJUGAÇÃO

acender	— acendido e aceso
benzer	— benzido e bento
eleger	— elegido e eleito
morrer	— morrido e morto
prender	— prendido e preso
romper	— rompido e roto
suspender	— suspendido e suspenso

3ª CONJUGAÇÃO

emergir	— emergido e emerso
exprimir	— exprimido e expresso
extinguir	— extinguido e extinto
frigir	— frigido e frito
imergir	— imergido e imerso
imprimir	— imprimido e impresso
inserir	— inserido e inserto
submergir	— submergido e submerso
tingir	— tingido e tinto.

O particípio regular de alguns destes verbos (*aceitar, frigir, eleger, matar, salvar*, etc.) emprega-se junto do verbo *ter*; e o particípio irregular, não só ao lado de *ter*, mas também de *ser*.
Exemplos:

Tenho *aceitado* (ou *aceito*) trabalhos demais este ano.
O candidato não foi *aceito* por motivo de saúde.

Com outros verbos (*acender, entregar, expressar, expulsar, prender, suspender, imprimir*, etc.), o particípio regular somente se usa com o verbo *ter*; e o irregular, ou com valor adjetivo isolado, ou com o verbo *ser*.
Exemplos:

Ainda não *tínhamos acendido* a vela, quando a luz voltou.
Fósforo *aceso*.
Foram acesas todas as lâmpadas do palácio.

Na linguagem contemporânea, quer com o auxiliar *ter*, quer com *ser*, só se usam os particípios irregulares *ganho, gasto* e *pago*, dos verbos *ganhar, gastar* e *pagar*.
De *pegar*, o particípio literário é *pegado*, com qualquer auxiliar:

O ladrão *foi pegado* pela Polícia.
Jamais *tinha pegado* um passarinho na arapuca.

VERBOS DE UM ÚNICO PARTICÍPIO IRREGULAR

Existe um grupo de verbos que somente têm um particípio, porém irregular.

abrir	— aberto	fazer	— feito
cobrir	— coberto	pôr	— posto
dizer	— dito	ver	— visto
escrever	— escrito	vir	— vindo

Estes verbos (e os respectivos derivados) não conheceram nunca particípio em *-ido*.

Capítulo 11

ADVÉRBIO

CONCEITO DE ADVÉRBIO

Advérbios são palavras modificadoras do verbo. Servem para expressar as várias *circunstâncias* que cercam a significação verbal.

Alguns advérbios, chamados de *intensidade*, podem também prender-se a adjetivos, ou a outros advérbios, para indicar-lhes o grau: *muito* belo (= belíssimo), vender *muito barato* (= baratíssimo).

Alguns há, até, que não acompanham a verbos, mas somente a adjetivos e advérbios — tais como *tão*, *quão*, *que*, em frases assim:

Nunca vi olhos *tão* LINDOS!

Quão BELA estás!

Que BRILHANTE exame fez você!

Porque chegaste *tão* CEDO?

Quão NOBREMENTE procedeste!

Atente-se especialmente para o advérbio de intensidade QUE, figurante em *frases exclamativas*[1] como estas:

Que generoso coração!

Que lua maravilhosa!

---

[1] "*Qué y cual* son adverbios como exclamativos" (Amado Alonso e Pedro Henriquez Ureña, op. cit., vol. 2, p. 164).

GRAMÁTICA NORMATIVA DA LÍNGUA PORTUGUESA

A força emocional dessas frases pode ser tão poderosa, que se chegue a dispensar a presença de qualquer adjetivo — concentrando-se então no QUE a ideia global qualificativa e intensificadora:[2]

Que coração o daquele sacerdote!
Que lua, meu Deus!

CLASSIFICAÇÃO DOS ADVÉRBIOS

Distribuem-se os advérbios pelas seguintes espécies:

1. DE DÚVIDA

talvez, quiçá, acaso, porventura, provavelmente, eventualmente, etc.

2. DE INTENSIDADE

muito, pouco, assaz, bastante, demais, excessivamente, demasiadamente, etc.

3. DE LUGAR

abaixo, acima, além, aí, ali, aqui, cá, dentro, lá, avante, atrás, fora, longe, perto, etc.

4. DE MODO

bem, mal, assim, adrede, etc. (e muitos adjetivos adverbializados com o sufixo *mente* ou sem ele):

"... Ela fugia com os olhos, ou falava *áspero*" (em lugar de *asperamente*).

---

[2] Cf. Ebeling, *Problema der romanischen syntax*, p. 40 e ss.; Brunot, *La pensée et la langue*, p. 691; J. Dunn, *A grammar of the portuguese language*, p. 298.

5. DE TEMPO

ainda, agora, amanhã, ontem, logo, já, tarde, cedo, outrora, então, antes, depois, imediatamente, anteriormente, diariamente, etc.

LOCUÇÃO ADVERBIAL

Duas ou mais palavras que funcionem como um advérbio constituem uma *locução adverbial*:

às vezes, às cegas, às claras, às escondidas, às pressas, às tontas, de propósito, de frente, de repente, de um golpe, de viva voz, em mão,[3] por atacado, por milagre, etc.

ADVÉRBIOS RELATIVOS

São os advérbios *onde, quando, como* —, empregados com "antecedente", em orações adjetivas.
Exemplos:

Fica ali a encruzilhada/*onde* ergueram uma cruz de pedra.
Era no tempo/*quando* os bichos falavam...
Merece elogios o modo/*como* tratas os mais velhos.

ADVÉRBIOS INTERROGATIVOS

São as palavras *onde, quando, como, porque*, denotando respectivamente *lugar, tempo, modo, causa* — nas perguntas diretas e nas indiretas.

---

[3] E não "em mãos", como se lê, algumas vezes, no sobrescrito de cartas, convites, etc.

GRAMÁTICA NORMATIVA DA LÍNGUA PORTUGUESA 229

Exemplos:

Onde dormirão os hóspedes?	Indagam *onde* dormirão os hóspedes.
Quando se realizou o concurso?	Não me disseste *quando* se realizou o concurso.
Como se vai a essa rua?	Quero saber *como* se vai a essa rua.
Porque não falaste verdade?	Perguntei-te *porque* não falaste verdade.

Observação

Palavras e locuções que indicam *afirmação* (sim, certamente, com efeito), *negação* (não, qual nada!), *exclusão* (só, apenas, exclusive), *inclusão* (também, mesmo), *avaliação* (quase, mais ou menos), *designação* (eis), *explicação* (como, a saber), *retificação* (aliás, ou melhor), etc., não exprimem nenhuma CIRCUNSTÂNCIA, razão pela qual não se podem considerar advérbios.

Especialmente quanto à partícula *não*, cabe observar que ela incide sobre *quaisquer* palavras que queiramos marcar negativamente: Não viajarei amanhã. A não observância da lei. O eu e o não eu, etc.

Algumas destas palavras e locuções antes modificam a frase em sua totalidade do que ao verbo em particular, manifestando-se, por meio delas, uma *apreciação* da pessoa que fala. Exemplos:

Felizmente não choveu.
Decerto, ele ajudará o irmão.

Chamam-se palavras DENOTATIVAS.

GRAUS DO ADVÉRBIO

Alguns advérbios, principalmente os de modo,[4] são suscetíveis de gradação. Podem empregar-se assim no *comparativo* (de superioridade, de inferioridade, de igualdade) como no *superlativo* (relativo, ou absoluto):

---

[4]A razão é porque o advérbio de modo (ou de qualidade) está para o verbo assim como o adjetivo está para o substantivo.

Proceder *mais* nobremente *do que* um rei.

Esgotaram-se os recursos *menos* rapidamente *do que* esperávamos.

Falar *tão* eloquentemente *como* Cícero.

Cumprir *muito* fielmente (ou *fidelissimamente*) os compromissos.

Para a expressão do superlativo relativo usa-se a fórmula: *o mais* (ou *o menos*)... *possível*:

Cumprir *o mais* fielmente *possível* os compromissos.

Também a forma do diminutivo pode aplicar-se, com o valor de superlativo absoluto, a certos advérbios de lugar e de tempo:

Morava *pertinho* de nós.

Viajaremos *cedinho*.

Capítulo 12

PREPOSIÇÃO

CONCEITO DE PREPOSIÇÃO

Preposições são palavras que subordinam um termo da frase a outro — o que vale dizer que tornam o segundo dependente do primeiro.

"Em *livro de Pedro, obediente a seus pais, moro em São Paulo*, as palavras *de, a, em* ligam entre si os dois termos da frase, que vêm respectivamente antes e depois delas. Essas palavras se denominam *preposição*. Os termos que precedem as preposições (*livro, obediente, moro*) chamam-se *antecedentes*; os que as seguem (*Pedro, seus pais, São Paulo*) chamam-se *consequentes*. Como se vê, a preposição mostra que entre o antecedente e o consequente há uma relação, de tal modo que o sentido do primeiro é explicado ou completado pelo segundo."[1]

PREPOSIÇÕES ESSENCIAIS E ACIDENTAIS

As preposições *essenciais* de nossa língua são as seguintes:

a, ante, até, após, com, contra, de, desde, em, entre, para, por, perante, sem, sob, sobre.

---

[1] Mário Pereira de Sousa Lima, *Gramática portuguesa*, 2ª ed., Rio de Janeiro: José Olympio, 1945, p. 38-9.

Há outras palavras, de outras espécies, que podem figurar como preposições. Neste caso, dizem-se *acidentais*:

exceto, durante, consoante, mediante, fora, afora, segundo, tirante, senão, visto.

LOCUÇÃO PREPOSITIVA

Locuções prepositivas são duas ou mais palavras que desempenham o papel de uma preposição. Nessas locuções, a última palavra é sempre preposição.

Exemplos:

ao lado de	através de
antes de	de acordo com
além de	com respeito a
adiante de	por causa de
a despeito de	quanto a
acima de	respeito a
abaixo de	junto a
depois de	em atenção a
em torno de	graças a
a par de	etc.
apesar de	

As preposições *a* e *de* se juntam ao artigo definido e a alguns pronomes, constituindo-se os seguintes tipos:

a + o = ao	de + o = do
a + os = aos	de + este = deste
a + a = à	de + esse = desse
a + as = às	de + isto = disto
a + aquele = àquele	de + aquele = daquele
a + aquela = àquela	etc.

GRAMÁTICA NORMATIVA DA LÍNGUA PORTUGUESA

a + aqueles = àqueles
a + aquelas = àquelas
a + aquilo = àquilo
etc.

Também se adicionam ao artigo as preposições *em* e *por*, mas aí os tipos resultantes apresentam aspectos menos esperáveis:

no, na, nos, nas; pelo, pela, pelos, pelas.

Assim se explicam estes tipos:

no — combinação da antiga preposição *en* com a antiga forma do artigo definido *lo*, por assimilação do *l* ao *n* e queda do *e* inicial:

en + lo — enlo — enno — (e)no — no.

pelo — combinação da antiga preposição *per* com a antiga forma do artigo definido *lo*, por assimilação do *r* ao *l*:

per + lo — perlo — pello — pelo.

Com o artigo indefinido *um* (*uma, uns, umas*) podem, outrossim, formar corpo as preposições *de* e *em*:

de + um = dum (duma, duns, dumas)
em + um = num (numa, nuns, numas).

Diz-se, pois, igualmente bem:

de um ou *dum*
em um ou *num*.

Recorde-se, a propósito, o título de um dos mais formosos romances de Camilo: *A queda dum anjo*.

Capítulo 13

CONJUNÇÃO

CONCEITO DE CONJUNÇÃO

Conjunções são palavras que relacionam entre si:

a) Dois elementos da mesma natureza (substantivo + substantivo, adjetivo + adjetivo, advérbio + advérbio, oração + oração, etc.)

b) Duas orações de natureza diversa, das quais a que começa pela conjunção completa a outra ou lhe junta uma determinação.

CLASSIFICAÇÃO DAS CONJUNÇÕES

As conjunções do primeiro tipo chamam-se *coordenativas*; as do segundo, *subordinativas*.

COORDENATIVAS

As conjunções *coordenativas* se distribuem por cinco classes:

Aditivas
Adversativas
Alternativas
Conclusivas
Explicativas

GRAMÁTICA NORMATIVA DA LÍNGUA PORTUGUESA

1. ADITIVAS

Relacionam pensamentos similares. São duas: *e* e *nem*. A primeira une duas afirmações; a segunda (equivalente a *e não*), duas negações
Exemplos:

O médico veio *e* telefonou mais tarde.
O médico não veio, *nem* telefonou.

2. ADVERSATIVAS

Relacionam pensamentos contrastantes. A conjunção adversativa por excelência é *mas*. Há outras palavras com força adversativa, tais como: *porém*, *todavia*, *contudo*, *entretanto*, *no entanto*, que acentuam, não propriamente um contraste de ideias, mas uma espécie de concessão atenuada.
Exemplos:

Gosto de navio, *mas* prefiro avião.
Ele falou bem; *todavia*, não foi como eu esperava.

Ao contrário de *mas*, que se usa unicamente em começo de oração, as demais conjunções adversativas podem figurar ou no rosto da oração, ou depois de um dos termos dela:

Gosto de navio, *porém* prefiro avião.
Gosto de navio; prefiro, *porém*, avião.

Observe-se a diferença de pontuação.

3. ALTERNATIVAS

Relacionam pensamentos que se excluem. O tipo é *ou*, que pode repetir-se, ou não, antes de todos os elementos coordenados. Além dela, indicam alternação: *ora... ora*; *quer... quer*; *já... já*; *seja... seja*.

4. Conclusivas

Relacionam pensamentos tais, que o segundo encerra a conclusão do enunciado no primeiro. São: *logo, pois, portanto, consequentemente, por conseguinte*, etc.

Exemplos:

Teu carro já está velho; *logo*, não pode subir serra.
Foste injusto com teu amigo; deves, *pois*, desculpar-te.

A conjunção *pois*, conclusiva, não se emprega em começo de oração, mas sim depois de um dos seus termos — como se vê no último dos exemplos.

5. Explicativas

Relacionam pensamentos em sequência justificativa, de tal forma que a segunda frase explica a razão de ser da primeira.
São: *que, pois, porque, porquanto*.
Exemplo:

Espere um pouco, *porque* ele não demora.

SUBORDINATIVAS

As conjunções *subordinativas* são as seguintes:

Causais	*Consecutivas*
Concessivas	*Finais*
Condicionais	*Proporcionais*
Conformativas	*Temporais*
Comparativas	*Integrantes*

1. CAUSAIS

Que, porque, porquanto, como, já que, desde que, pois que, visto como, uma vez que, etc.
Exemplos:

Ele foi-se embora, [*porque* não podia pagar a pensão.]
[*Como* ficaste rico de repente,] estás a gastar sem medida!

2. CONCESSIVAS

Embora, conquanto, ainda que, posto que, se bem que, etc.
Exemplos:

Comprarei o livro, [*embora* o ache caríssimo.]
[*Posto que* estivéssemos cansados,] prosseguimos a viagem.

3. CONDICIONAIS

Se, caso, contanto que, sem que, uma vez que, dado que, desde que, etc.
Exemplos:

Irei a casa, [*se* puder.]
Contar-lhe-ei o caso, [*contanto que* você guarde segredo.]

4. CONFORMATIVAS

Como, conforme, consoante, segundo, etc.
Exemplos:

[*Como* disse Rui Barbosa,] "A pátria não é ninguém: são todos."
Resolvi o problema [*conforme* o professor me ensinou.]

5. COMPARATIVAS

Que, do que (relacionados a *mais, menos, maior, menor, melhor, pior*); *qual* (relacionado a *tal*); *como* (relacionado a *tal, tão, tanto*); *como se,* etc

Este dicionário é *mais* completo [*que* o meu.]
A prata vale *menos* [*do que* o ouro.]
Nada é *tão* importante [*como* a verdade.]

6. CONSECUTIVAS

Que (relacionado com *tal, tão, tanto, tamanho*); *de modo que, de maneira que, de sorte que, de forma que*:

Tio Cosme era *tão* gordo, [*que* a besta quase não o aguentava.]
Quase ninguém frequenta teatro; [*de sorte que* os artistas estão em crise.]

7. FINAIS

Para que, a fim de que, porque, que, etc.
Exemplos:

Ele mentiu [*para que* o deixassem sair.]
Insisto [*porque* me devolvas os documentos.]

8. PROPORCIONAIS

À medida que, ao passo que, à proporção que, etc.
Exemplos:

[*À medida que* remávamos], eu lhe ia contando a história da minha vida.
O ruído aumentava [*à proporção que* penetrávamos na selva.]

9. TEMPORAIS

Apenas, mal, quando, até que, assim que, antes que, depois que, logo que, tanto que, etc.
Exemplos:

[*Apenas* a vi,] marejaram-me as lágrimas.
Restituir-lhe-ei os livros, [*tanto que* você deles precise.]

GRAMÁTICA NORMATIVA DA LINGUA PORTUGUESA

10. INTEGRANTES

Que (para a afirmação certa) e *se* (para a incerta).

Percebi [*que* alguém entrou na sala.]
Não vi [*se* os alunos já chegaram.]

Observação

Vimos que as conjunções *coordenativas*, além de ligarem orações, relacionam quaisquer termos da mesma natureza gramatical.

Nem todas, porém, se prestam a esse ofício — o que acontece especialmente com as aditivas, as adversativas e as alternativas.
Exemplos:

João e Maria foram à floresta. (subst. + subst.)
Dois e dois são quatro. (numeral + numeral)
Falou pouco, *mas* bem. (advérbio + advérbio)
Chuva *ou* sol não impedirão a festa. (subst. + subst.)

Capítulo 14

INTERJEIÇÃO

CONCEITO E CLASSIFICAÇÃO DAS INTERJEIÇÕES

Interjeição é a palavra que exprime *emoção*.

As interjeições são *elementos afetivos* da linguagem, e valem por frases[1] inteiras, cujo sentido, às vezes, pode variar segundo a entoação que as acompanhe.

Eis algumas interjeições, classificadas de acordo com o *sentimento* que exprimem:

— De alegria: *ah!, oh!, olá!*
— De desejo: *oxalá!, tomara!*
— De dor: *ai!, ui!*
— De chamamento: *ó!, alto!, psiu!*
— De silêncio: *psiu!, caluda!*
— De advertência: *cuidado!, alerta!*
— De incredulidade: *qual!, ora!, adeus!*

---

[1]Cf. J. Vendryes, *Le langage*, Paris, 1950, p. 136 e Rodolfo Lenz, op. cit., p. 64 e 85.

CAPÍTULO 15

ESTRUTURA DAS PALAVRAS

OS MORFEMAS — SEU CONCEITO

A análise da *forma* das palavras nos revela a existência de vários elementos que lhe integram a estrutura.

Chamam-se MORFEMAS:

Raiz
Radical
Desinência
Vogal temática
Tema
Afixo (*prefixo* e *sufixo*)

Cada um desses morfemas representa a menor unidade de significação que pode figurar numa palavra.

Em *sol*, por exemplo, existe um só morfema, uma vez que esse nome não admite decomposição em formas menores. Já, por exemplo, *menina* e *meninice* permitem-nos, respectivamente, os seguintes desdobramentos: *menin+a* e *menin+ice*.

Vemos, então, que o morfema *menin-* encerra a significação básica da palavra, enquanto ao morfema *a* (de menin-a) cabe o papel de indicar a noção gramatical de gênero feminino, e ao morfema *ice* (de menin-ice) o ofício de formar uma palavra nova.

Ao morfema *menin-* denomina-se RADICAL (ou, em outras terminologias, *semantema*, *lexema*, ou *morfema lexical*); àquele *a* denotador de gênero feminino, DESINÊNCIA (ou, em outra terminologia, *sufixo flexional*);

àquele *ice* criador de uma nova palavra, SUFIXO (ou, em outra terminologia, *sufixo derivacional*).

Examinemos, agora, a conceituação de cada um desses elementos:

RAIZ

Raiz é o morfema originário e irredutível que contém o núcleo significativo comum a uma *família linguística*.

A pesquisa das raízes requer conhecimentos especializados e profun-
dos, em razão das alterações por elas muita vez sofridas na evolução
milenar das línguas indo-europeias, onde entroncam, em última análise,
as raízes das palavras portuguesas. Aliás, é relativamente muito reduzido
o número das raízes indo-europeias já rigorosamente identificadas.

"Quem poderia" — pergunta José Oiticica — "ver semelhança entre
zo de *azoto* e *vi* de *viver?* Pois ambos derivam da raiz indo-europeia *gwye*."[1]

Para o efeito de análise elementar da estrutura das palavras em português, não se busca ascender à determinação de raízes; geralmente, toma-se
como ponto de partida o *radical*.

RADICAL

Radical é o morfema que funciona como o segmento lexical da palavra, opondo-se ao segmento que lhe assinala (por meio de outros
morfemas) as flexões e a derivação.

De sorte que, numa série como:

pedr-inha, pedr-ada, pedr-eiro, pedr-ento, a-pedr-ejar, etc.;

pur-a, pur-íssimo, pur-eza, pur-a-mente, im-pur-a, de-pur-ar, etc.,

os radicais são, respectivamente, *pedr-* e *pur-*, onde se concentra a significação comum a cada uma dessas séries.

---

[1]José Oiticica, *Manual de análise*, 5ª ed., refundida, Rio de Janeiro/São Paulo/Belo Horizonte:
Francisco Alves, 1940, p. 72.

GRAMÁTICA NORMATIVA DA LÍNGUA PORTUGUESA

Nem sempre o radical se mantém intacto, a exemplo dos citados *pedr-* e *pur-*; pelo contrário, frequentemente ocorrem alterações, processadas no curso de sua evolução fonética.

É o que sucede, por exemplo, com o radical *faz* (de *faz-e-r*), que pode revestir formas variadas — como se vê nas palavras seguintes:

fác-il, in-fec-to, di-fíc-il, per-fei-to.

Palavras assim agrupadas em torno de um radical único (invariável, ou não) compõem *uma família de palavras.*

DESINÊNCIA

Desinência é o morfema indicativo das flexões das palavras, isto é, das variações por que elas passam para expressar as categorias gramaticais de *gênero* e *número* (nos nomes) e de *pessoa, número, modo* e *tempo* (nos verbos).

São desinências típicas do *nome*:

1) DE GÊNERO: *a* (marca o feminino: gat-*a*, mestr-*a*, doutor-*a*);

2) DE NÚMERO: *s* (com uma variante *es*, depois de consoante: gata-*s*, mar-*es*).

Observação

O masculino se caracteriza por ausência de marca de gênero, ou seja, por uma desinência "zero". Em palavras como *gato*, ou *lobo*, ou *magro*, o *o* não é índice do masculino (e sim vogal temática), do mesmo modo que o *e* é vogal temática em palavras como *mestre*, ou *parente*.

Note-se que, sem embargo da identidade de oposições (*gato/gata* e *mestre/mestra*), a ninguém ocorreria interpretar o *e* de *mestre* como desinência do masculino. O mesmo ocorre com os pares *elefante/elefanta*, *monge/monja*, etc.

As desinências próprias do *verbo* compreendem dois grupos: há um conjunto de desinências que indicam, a um só tempo (cumulativamente, portanto), o número e a pessoa: desinências *número-pessoais*. Outro conjunto, por igual cumulativo, expressa as flexões de modo e tempo: desinências *modo-temporais*.

1) NÚMERO-PESSOAIS:

a) Do presente do indicativo:

o, s, zero, *mos, is* (*des*), *m*.

b) Do pretérito perfeito:

i, ste, u, mos, stes, ram.

c) Do infinitivo pessoal (e futuro do subjuntivo):

zero, *es*, zero, *mos, des, em*.

Exemplos:

a) cant-*o*, canta-*s*, canta-(desinência zero), canta-*mos*, canta-*is*, canta-*m*.

Observações

1) Somente em alguns poucos verbos irregulares aparece *des* na segunda pessoa do plural do presente do indicativo: i-*des*, vin-*des*.

2) A rigor, o *m* não é propriamente a desinência da 3ª pessoa do plural nas terminações — *am* e *em*; mas, sim, mero sinal de nasalização. Porque aquelas formas são apenas as representações gráficas dos ditongos nasais átonos /ãu/ e /ẽi/, existentes em palavras como, respectivamente, *órfão* e *pajem*. Na 3ª pessoa do plural do futuro do presente, o ditongo /ãu/, por ser tônico, escreve-se — *ão*.

---

b) cante-*i*, *canta-ste*, canto-*u*, canta-*mos*, canta-*stes*, canta-*ram*.

c) cantar- (desinência zero), cantar-*es*, cantar- (desinência zero), cantar-*mos*, cantar-*des*, cantar-*em*.

GRAMÁTICA NORMATIVA DA LÍNGUA PORTUGUESA

245

2) MODO-TEMPORAIS:

va (*ve*): imperfeito do indicativo da 1ª conjugação:
canta-*va*, cantá-*ve*-is.

a (*e*): imperfeito do indicativo da 2ª e 3ª conjugações:
vendi-*a*, vendí-*e*-is; parti-*a*, partí-*e*-is.

ra (*re*): mais-que-perfeito do indicativo:
parti-*ra*, partí-*re*-is.

sse: imperfeito do subjuntivo:
parti-*sse*, parti-*sse*-s, etc.

rá (*re*): futuro do presente:
canta-*re*-i, canta-*rá*-s, etc.

ria (*rie*): futuro do pretérito:
canta-*ria*, canta-*ríe*-is.

e: presente do subjuntivo da 1ª conjugação:
cant-*e*.

a: presente do subjuntivo da 2ª e 3ª conjugações:
vend-*a*, part-*a*.

Observações

1) As desinências terminadas em *a* apresentam uma variante em *e*, o que ocorre sistematicamente na 2ª pessoa do plural em razão do contato com a desinência número-pessoal *is*, o que provoca a ditongação *ei* (*s*):

cantava — cantáveis; devia — devíeis; partira — partíreis.

De maneira isolada, o mesmo fato se nota no futuro do presente: a desinência *rá* tem a variante *re* nas formas: cantarei e cantaremos.

2) Para assinalar as *formas nominais* dispõe a língua destas desinências:

r: para o infinitivo (canta-*r*, deve-*r*, parti-*r*);
ndo: para o gerúndio (canta-*ndo*, deve-*ndo*, parti-*ndo*);
d, t, s: para o particípio (canta-*d*-o, pos-*t*-o, confes-*s*-o).

VOGAL TEMÁTICA

Vogal temática é o morfema que caracteriza nomes e verbos portugueses, reunindo-os em classes morfológicas estanques.

Os *nomes* distribuem-se por três classes, cada uma das quais terminada por uma vogal identificadora, sempre átona:

a: cas*a*, poet*a*, naut*a*, ros*a*.
o: corp*o*, livr*o*, lob*o*, ric*o*.
e: dent*e*, lent*e*, pont*e*, trist*e*.

Não possuem vogal temática os nomes acabados em consoante (ma*r*, azu*l*), ou em vogal tônica (caj*á*, bamb*u*) — e por isso se dizem *atemáticos*.

Os *verbos* (como já vimos) se agrupam em três conjugações, caracterizadas respectivamente pelas vogais *a* (para a primeira), *e* (para a segunda) e *i* (para a terceira).

Estas vogais aparecem, quase sistematicamente, entre o radical e as desinências:

louv	A	ste
chor	A	ra
fal	A	sse

vend	E	ste
entend	E	ra
receb	E	sse

part	I	ste
sorr	I	ra
abr	I	sse

GRAMÁTICA NORMATIVA DA LÍNGUA PORTUGUESA

Observações

1) Nem todas as formas verbais possuem a vogal temática. Na 1ª pessoa do singular do presente do indicativo e no presente do subjuntivo, a desinência adere imediatamente ao radical:

cant-O (este *o* é desinência número-pessoal);
cant-E, vend-A, part-A (o *e* e o *a* são desinências modo-temporais).

2) Algumas vezes, a vogal temática sofre alteração:

cant-A-ste, cant-A-mos, cant-A-stes, cant-A-ram, porém:
cant-E-i, cant-O-u.

3) Em português, apenas um verbo da *segunda* conjugação — pôr —, por ser muito irregular, não traz a vogal temática respectiva — *e* — na terminação do infinitivo; mas apresentava-a na língua de outros tempos (po-E-r) e mantém-na em diversas outras formas atuais.

pus	E	ste
		ra
		sse
		r

TEMA

Tema é, portanto, o radical ampliado por uma vogal temática.

Assim, do radical *ros*- obter-se-á, pela adjunção da vogal temática nominal *a*, o tema *rosa*-; identicamente, o radical *trabalh*-, acrescido da vogal temática da 1ª conjugação, dar-nos-á o tema *trabalha*-.

Ao tema assim constituído agregam-se-lhe desinências e sufixos, para assinalar as flexões da palavra ou para a formação de termos derivados. Exemplos:

rosa-s (juntou-se ao tema a desinência de plural)

ros(a)-eira (criou-se um derivado, suprimida, porém, a vogal temática)

trabalhá-ra-mos (adicionaram-se ao tema a desinência do mais-que--perfeito do indicativo — *ra* —, e a da 1ª pessoa do plural — *mos*).

AFIXOS

Afixos são morfemas destinados à formação de derivados:

a) Prefixos.
b) Sufixos.

Além dos morfemas estudados, podem oferecer as palavras outros elementos (insignificativos, isto é, não morfemas), que nelas surgem para facilitar a pronúncia, ou por motivos analógicos.

São *vogais e consoantes de ligação*, que se veem, por exemplo, em palavras como estas:

plen-*i*-tude, carn-*í*-voro, cha-*l*-eira, pau-*l*-ada.

MODELOS DE ANÁLISE MÓRFICA

1) *mar*

morfema indivisível, atemático.

2) *lob-o*

lob: radical
o: vogal temática.

3) *lob-a-s*

lob: radical
a: desinência do feminino
s: desinência do plural

4) *lob-inho*

lob: radical
lob(o): tema (já aprendemos que a vogal temática se elide antes de sufixo)
inho: sufixo indicador de diminutivo.

GRAMÁTICA NORMATIVA DA LÍNGUA PORTUGUESA

5) *chor-á-sse-mos*

chor: radical
chora: tema (o *a* é a vogal temática da 1ª conjugação)
sse: desinência do imperfeito do subjuntivo
mos: desinência da 1ª pessoa do plural.

6) *vend-e-re-i*

vend: radical
vende: tema (o *e* é a vogal temática da 2ª conjugação)
re: variante da desinência *rá*, do futuro do presente
i: desinência da 1ª pessoa do singular.

7) *plant-a-ção*

plant: radical
planta: tema (o *a* é a vogal temática da 1ª conjugação)
ção: sufixo formador de substantivos abstratos, derivados de verbos.

8) *pau-l-ada*

pau: radical
l: consoante de ligação
ada: sufixo formador de substantivos, derivados de substantivos.

Capítulo 16

FORMAÇÃO DE PALAVRAS

DERIVAÇÃO E COMPOSIÇÃO

Derivação é o processo pelo qual de uma palavra se formam outras, por meio da agregação de certos elementos que lhe alteram o sentido — referido sempre, contudo, à significação da palavra primitiva.

Tais elementos se chamam *prefixos* ou *sufixos*, segundo se coloquem antes ou depois da palavra derivante.

Composição é o processo pelo qual se cria uma palavra pela reunião de dois ou mais elementos vocabulares de significação própria, de tal sorte que o conjunto deles passe a formar um todo com significação nova.

> "Mas os prefixos são, na maior parte, preposições e advérbios, isto é, vocábulos de existência independente, combináveis com outras palavras. Equivale isto a dizer que não está bem demarcada a fronteira entre a derivação prefixal e a composição."[1]

Muitos autores (Bourciez, Garcia de Diego, José Joaquim Nunes, Ribeiro de Vasconcelos, J. Matoso Câmara Jr., etc.) consideram a prefixação caso de composição. Outros (Meyer-Lübke, Brunot, Dauzat, Nyrop, Grandgeant, Sweet, Said Ali, Antenor Nascentes, etc.) a incluem entre os processos normais de derivação.

Adotamos este último critério.

---

[1] Said Ali, *Gramática histórica da língua portuguesa*, 3ª ed., São Paulo: Melhoramentos, 1964, p. 229.

GRAMÁTICA NORMATIVA DA LÍNGUA PORTUGUESA 251

De acordo com ele, assim se pode organizar o quadro geral dos tipos de formação de palavras:

Derivação
{
prefixal
sufixal
parassintética
regressiva ou deverbal
}

Composição
{
por justaposição
por aglutinação
}

DERIVAÇÃO PREFIXAL

Os *prefixos*, porque correspondam, em regra, a preposições ou a advérbios (extintos, ou vivos), têm um *sentido* mais ou menos preciso, com o qual modificam o sentido da palavra primitiva:

pôr — transpor; *feliz — infeliz*; *leal — desleal.*

Tal norma se verifica na maioria dos casos, mas isto não quer dizer que ocorra universal e obrigatoriamente. Em *exceder, preceder, proceder* (para citar somente um exemplo), não entra, rigorosa e nítida, a ideia de *ceder*, nem se sente com clareza a significação dos prefixos *ex, pre* e *pro*.

Por outro lado, nem sempre palavras derivadas se relacionam com palavras primitivas que tenham existência autônoma em português; muitas vezes, a um elemento vocabular herdado do latim ou do grego se apõe uma série de prefixos com os quais se formam numerosos derivados:

*a*duzir, *de*duzir, *in*duzir, *pro*duzir, *re*duzir (do radical de *ducere*); *a*fonia, *eu*fonia, *apo*fonia, *meta*fonia, *proto*fonia (do radical de *phoné*).

Eis os principais prefixos que figuram em palavras portuguesas:

PREFIXOS LATINOS

ABS, AB (afastamento):
abster, abstrair; abdicar, aberrar, abjurar, abuso.

AD (movimento para, aproximação):
adjacente, adjunto, adorar, adventício, advogado.
Precedente palavra começada por *c, f, g, l, n, p, r, s, t*, o *d* deste prefixo assimila-se a tais consoantes, dando-se posteriormente a simplificação das geminadas, exceto quanto ao *r* e ao *s*:
acrescentar, afirmar, aparecer; arrendar, arrogar; assimilar, assinar.
Este prefixo apresenta a forma vernácula *a*:
abraçar (de *braço*), *amadurecer* (de *maduro*), *avivar* (de *vivo*).

AMBI (duplicidade):
ambidestro, ambiente, ambiguidade, ambivalente.

ANTE (anterioridade, precedência):
antebraço, anteceder, antedatar, anteontem, antepor, antessala.
Tem a forma *ant* na palavra *antolhos.*

BIS (repetição):
bisavô, biscoito, bisneto.
Aparece também com a forma *bi*: *biênio, bifronte, bimestre.*

CIRCUM (movimento em torno):
circunferência, circunlóquio, circumpolar, circunscrito, circunvagar.
Assume a forma *circu* em *circuito* (*circu + itum*, supino de *ire*).

CIS (posição aquém):
cisatlântico, cisandino, cisplatino.

CONTRA (oposição):
contradizer, contrapeso, contraprova, contraveneno.

CUM (concomitância, reunião):
A forma latina *cum* figura em raras palavras portuguesas (*cúmplice, cumprir*), em que, aliás, já se perdeu o sentimento da derivação

GRAMÁTICA NORMATIVA DA LÍNGUA PORTUGUESA   253

A produtiva é a forma vernácula *com*, que se apresenta como *con* antes de consoante que não seja *b* ou *p*; *co* antes de vogal; *cor* antes de *r*. Seguindo-se-lhe *m* ou *l*, dá-se uma assimilação, simplificando-se depois as geminadas.

Exemplos:

combater, combinar, compor, comprimir; condensar, confundir, conjurar, consoante; correligionário, corroborar; coexistir, coirmão; comover, colaborar, colégio.

DE (movimento de cima para baixo):
decapitar, decrescer, deformar, demolir, depenar, depender, depor.

DES (separação, privação, ação contrária, negação):
desfazer, desfolhar, desleal, desmascarar, desonesto, desprotegido, destravar, desumano.

DIS (movimento para diversos lados, ação contrária):
discordar, discutir, disseminar, disjungir, distender.
Antes de palavra encetada por *g, l, m, n, r* e *v*, reduz-se a *di*:
digerir, dilacerar, diminuir, divagar.
Antes de *f*, dá-se a assimilação do *s* de *dis*, com posterior simplificação das geminadas:
difícil (*dis* + *fácil*), outrora grafado *diffícil*.

EX (movimento para fora, estado anterior):
excêntrico, expatriar, expectorar, expelir, expor, exportação, exprimir, expulsar; ex-diretor.
Apresenta as formas vernáculas *es* e *e*:
esburacar, escorrer, espernear, espraiar, estender; efusão, emigrar, eleger, evadir, erudito.
Às vezes substitui-se *es* por *des*: *esfarelar* ou *desfarelar, estripar* ou *destripar, escampado* ou *descampado.*

EXTRA (posição exterior, excesso):
extralinguístico, extramuros, extranumerário, extraordinário, extraviar.

IN (há dois prefixos *in*, de origens diversas):
Um indica *movimento para dentro*; é o contrário de *ex*:
incrustar, incorrer, induzir, ingerir, importar, imprimir.
Com esta significação, assume a forma vernácula *en*:
enraizar, enterrar, entroncar.
O outro expressa *negação, privação*:
incapaz, incômodo, indecente, inútil, impuro.
Em ambos os casos, escreve-se *ir* antes de *r*, e *i* antes de *l* e *m*, em
consequência da assimilação do *n* de *in* às referidas consoantes,
posteriormente simplificadas:
irromper, irrigar, iludir, iluminar, imigrar; ilícito, imutável.

INTER (posição no meio):
*interamericano, internacional, interplanetário, interromper,
intervir*.
A forma vernácula é *entre*:
entreabrir, entreato, entrelaçar, entrelinha, entretela, entrever.

INTRA (posição dentro de alguma coisa):
intramuscular, intraverbal, intravenoso.

INTRO (movimento para dentro):
introduzir, intrometer, introspectivo.

OB (posição em frente):
obstáculo, obstar, obstruir, obter, obviar.
Antes de c, *f*, *p* e *m*, toma a forma *o*, em razão de o *b* de *ob* se
assimilar às mencionadas consoantes, simplificando-se depois as
geminações:
ocorrer, ocupar; ofício, ofuscar; opor, oportuno; omissão.

PER (movimento através):
percorrer, perdurar, perjurar, perplexo, permeável.

PRE (anterioridade):
preceder, precipitar, prefácio, prefixo, preliminar, prepor.

GRAMÁTICA NORMATIVA DA LÍNGUA PORTUGUESA

PRO (movimento para a frente):

progresso, promover, prometer, propelir, prorromper, prosseguir.

RE (movimento para trás; repetição):

refluir, refrear, regredir; reatar, reaver, reconstruir, redizer, renascer.

RETRO (movimento mais para trás):

retroagir, retrocesso, retrógrado, retrospectivo.

SEMI (metade):

semicírculo, semideus, semidemente, semimorto.

SUPER (posição em cima):

supercílio, supérfluo, supersensível, superpor, superprodução.

Tem a forma vernácula *sobre*:

sobrescrito, sobreviver, sobrepor.

SUPRA (também posição em cima):

supracitado, supradito, suprarrenal.

SUB (movimento de baixo para cima; posição inferior):

subir, subjugar, submeter, subverter; subdiretor, suboficial, sub-raça, subsolo.

Apresenta a forma *sus*, por *subs* (como *ab* por *abs*):

suscitar, suspender, sustentar, suster.

Assimila-se o *b* de *sub* à consoante inicial de palavra começada por *c, f, g* e *p*, criando-se geminadas que depois se simplificam:

suceder, sufocar, sugerir, supor.

Reduz-se a *su* antes de *sp*:

suspeitar, suspirar.

Assume as formas vernáculas *sob* e *so*:

sobestar, sobpor; sobraçar, soerguer, soterrar.

Em *sorrir* deu-se a assimilação do *b* ao *r* (sob + *rir*).

TRANS (passar além de):

transalpino, transbordar, transluzir, transmontar, transpor.

Apresenta-se também com as formas *tras, tres* e *tra*:

trasladar, trasmudar; tresmalhar, tresnoitado; tradição, traduzir.

Em certas palavras alternam-se estes prefixos; exemplos:
transmudar ou *trasmudar*; *transpassar, traspassar* ou *trespassar.*

ULTRA (posição além do limite):
ultraliberal, ultramarino, ultrapassar, ultrarrealista.

VICE (em lugar de):
vice-cônsul, vice-diretor, vice-rei.
Altera-se em *vis* na palavra *visconde.*

PREFIXOS GREGOS

A, AN (usa-se *an* antes de vogal, *a* antes de consoante; privação, negação):
anarquia, anômalo, anônimo; acéfalo, afonia, ateu.

AMPHÍ (de um e outro lado):
anfíbio, anfibologia, anfiteatro, ânfora.

ANÁ (movimento de baixo para cima, inversão; repetição):
anagrama, análise, analogia, anástrofe; anabatista.

ANTÍ (oposição):
antagonista, antídoto, antipatia, antípoda, antítese; antiaéreo, anti--integralista.

APÓ (afastamento):
apogeu, apóstata, apóstolo, apoteose.

ÁRKHI (posição em cima):
arcanjo, arcebispo, arquétipo, arquipélago, arquiteto.

DIÁ (movimento através):
diâmetro, diáfano, diafragma, diagnóstico, diagonal.

DYS (dificuldade):
dispneia, dispepsia, disenteria.

GRAMÁTICA NORMATIVA DA LÍNGUA PORTUGUESA

EK, EX (usa-se *ec* antes de consoante, *ex* antes de vogal; movimento para fora):
eclipse, écloga (ou *égloga*); *exegese, êxodo, exorcismo.*

EN (posição interna, movimento para dentro):
encéfalo, energia, entusiasmo, embrião.

EPI (posição superior; movimento para):
epiderme, epidemia, epitáfio, epíteto; *epílogo, epístola.*

EU (bom; tem a forma *ev* na palavra *Evangelho* e derivados):
eucaristia, eufemismo, eufonia, eugenia.
Figura em muitos nomes de pessoa:
Eulália, Eudócia, Eusébio, Eugênio.

HÊMI (meio):
hemiciclo, hemiplégico, hemisfério, hemistíquio.

HYPÉR (sobre, além de):
hipérbole, hipertrofia, hipercrítico.

HYPÓ (embaixo de):
hipodérmico, hipocrisia, hipogástrico, hipoglosso, hipótese.

KATÁ (movimento de cima para baixo):
cataclismo, catacumba, catadupa, cataplasma, catapulta, catarro, catástrofe.

METÁ (mudança):
metáfora, metamorfose, metonímia, metátese.

PARÁ (ao lado de):
paradigma, paradoxo, paralelo, parasita, paródia, parônimo.

PERÍ (em torno de):
perianto, periferia, perífrase, perímetro, período, peripécia.

PRÓ (posição em frente; movimento para a frente):
problema, pródromo, prognóstico, programa, prólogo.

SYN (simultaneidade, reunião):
sincronismo, sinfonia, sílaba, silepse, simpatia, simetria, sintaxe, síntese, sistema.

CORRESPONDÊNCIA DE PREFIXOS GREGOS E LATINOS

GREGOS	LATINOS
A, AN (*acéfalo, anônimo*)	DES, IN (*desleal, incapaz*)
AMPHÍ (*anfíbio, anfiteatro*)	AMBI (*ambidestro, ambíguo*)
ANTÍ (*antagonista, antídoto*)	CONTRA (*contraveneno, contradizer*)
APÓ (*apóstolo, apóstata*)	AB (*abuso, aberrar*)
DI (*dígrafo, ditongo*)	BI-S (*bípede, bisneto*)
DIÁ (*diáfano, diagnóstico*)	TRANS (*translúcido, transpassar*)
EK, EX (*êxodo, exorcismo*)	EX (*excêntrico, expatriar*)
EN (*encéfalo, energia*)	IN (*ingerir, incrustar*)
ÉNDON (*endocárdio, endocarpo*)	INTRA (*intravenoso, intramuscular*)
EPÍ (*epiderme, epitáfio*)	SUPER (*superpor, supercílio*)
EU (*eufonia, evangelho*)	BENE (*benefício, benévolo*)
HÊMI (*hemiciclo, hemistíquio*)	SEMI (*semicírculo, semimorto*)
HYPÓ (*hipoglosso, hipótese*)	SUB (*subsolo, subterrâneo*)
KATÁ (*cataclismo, catástrofe*)	DE (*decapitar, demolir*)
PARÁ (*paradigma, paralelo*)	AD (*advogado, adjacente*)
PERÍ (*perianto, perífrase*)	CIRCUM (*circumpolar, circunlóquio*)
SYN (*simpatia, sincronia*)	CUM (*cúmplice, colega*)

GRAMÁTICA NORMATIVA DA LÍNGUA PORTUGUESA

DERIVAÇÃO SUFIXAL

Ao contrário dos prefixos, que, como vimos, guardam certo *sentido*, com o qual modificam, de maneira mais ou menos clara, o sentido da palavra primitiva, os *sufixos*, vazios de significação, têm por finalidade formar séries de palavras da mesma classe gramatical.

Assim, por exemplo, o único papel do sufixo *ez* é criar substantivos abstratos, tirados de adjetivos: *altivo — altivez*; *estúpido — estupidez*; *malvado — malvadez*; *surdo — surdez*, etc.

Eis os principais sufixos que figuram em palavras portuguesas:

SUFIXOS LATINOS

ADA (forma substantivos de substantivos):
boiada, colherada, facada, laranjada, marmelada, meninada, noitada, pedrada, pincelada, risada.

AGEM (forma substantivos de substantivos):
aprendizagem, estiagem, ferragem, folhagem, malandragem, vadiagem.

AL (forma adjetivos e substantivos de substantivos):
genial, mortal, pessoal; areal, arrozal, bananal, pantanal, rosal.

ANO, ÃO (forma adjetivos de substantivos):
americano, mundano, republicano, romano, serrano; beirão, comarcão, cristão, vilão.

ÃO (ampliado em *alhão, arrão, eirão, zarrão*, figura na formação do aumentativo):
casarão, chapeirão, grandalhão, homenzarrão, toleirão, santarrão.

ARIA, ERIA (forma substantivos de substantivos):
alfaiataria, cavalaria, drogaria, feitiçaria, luvaria, maquinaria, pedraria, pirataria, rouparia.
Na linguagem brasileira de nossos dias, têm *eria* as seguintes palavras: *bateria* (importada do francês), *correria, galeria, leiteria, loteria* (importada do italiano), *parceria, sorveteria.*

ROCHA LIMA

ÁRIO, EIRO, A (forma substantivos de substantivos):
boticário, campanário, estatuário; barbeiro, cajueiro, galinheiro, nevoeiro, toureiro; cabeleira, cigarreira, pedreira, pulseira.

ATO, ADO (forma substantivos de substantivos):
baronato, sindicato, tribunato; arcebispado, apostolado, bacharelado, condado, consulado, principado.
Ado é o representante vernáculo de *ato.*

DADE (forma substantivos de adjetivos):
bondade, castidade, cristandade, crueldade, dignidade, divindade, facilidade, falsidade, maldade, ruindade.

DOR, TOR, SOR (forma substantivos de verbos):
acusador, armador, carregador, comprador, corredor, pescador, roedor, salvador; instrutor, tradutor; ascensor, confessor.

DURA, TURA, SURA (forma substantivos de verbos):
assadura, atadura, ditadura, fechadura, urdidura; assinatura, abertura, cobertura, escritura; clausura, mensura.

EAR (forma verbos de substantivos):
barbear, cartear, golpear, guerrear, pastorear, rodear, vozear.

ECER (forma verbos de substantivos):
amanhecer, amarelecer, anoitecer, entardecer, escurecer, favorecer.

EDO (forma substantivos de substantivos):
arvoredo, lajedo, olivedo, passaredo, rochedo, vinhedo.

EJAR (forma verbos de substantivos):
cortejar, gotejar, lacrimejar, manejar, velejar, voejar.

ENSE, ÊS (forma adjetivos de substantivos):
ateniense, cearense, paraense, parisiense, vassourense, vienense; cortês, montanhês, montês, português.

EZ, EZA (forma substantivos de adjetivos):
altivez, estupidez, malvadez, sensatez, surdez; beleza, certeza, moleza, rudeza, tristeza.

GRAMÁTICA NORMATIVA DA LÍNGUA PORTUGUESA 261

FICAR (forma verbos de substantivos e adjetivos):
exemplificar, petrificar; dignificar, falsificar, purificar.[2]

CIE, ICE (forma substantivos de adjetivos):
calvície, planície; criancice, doidice, meninice, tolice, velhice.

IO (forma substantivos de substantivos):
mulherio, poderio, rapazio, senhorio.

ITAR e INHAR (formam verbos de substantivos):
saltitar, cuspinhar.

IVO (forma adjetivos de verbos):
afirmativo, comparativo, fugitivo, lucrativo, pensativo.

MENTO (forma substantivos de verbos):
casamento, cerceamento, conhecimento, esquecimento, fingimento, impedimento, pensamento.

OSO (forma adjetivos de substantivos):
cheiroso, famoso, garboso, gostoso, montanhoso, orgulhoso, teimoso, volumoso.

TÓRIO, DOURO (forma substantivos de verbos):
dormitório, laboratório, oratório, purgatório; ancoradouro, bebedouro, matadouro, sorvedouro.
O sufixo erudito *tório* ainda forma adjetivos:
divinatório, notório, satisfatório, transitório.

TUDE, DÃO (forma substantivos de adjetivos):
altitude, amplitude, latitude, longitude; certidão, escuridão, frouxidão, lassidão, mansidão, vastidão.

UDO (forma adjetivos de substantivos):
beiçudo, bicudo, cabeçudo, carnudo, narigudo, peludo, sisudo.

---

[2] Said Ali relaciona *ficar* (ou *ificar*) entre os sufixos portugueses de origem erudita (*Gramática histórica da língua portuguesa*, op. cit., p. 247). Não se tratará, mais propriamente, da raiz apofônica de *facere*, ligada à terminação *ar*?

URA (forma substantivos de adjetivos):
amargura, brancura, doçura, frescura, loucura, ternura.

VEL, BIL (forma adjetivos de verbos):
amável, desejável, discutível, louvável, removível, solúvel, suportável; flébil, ignóbil.

Formas literárias em *bil* (*terríbil, implacábil, incansábil, invisíbil, imóbil, volúbil,* etc.) foram muito usadas por escritores de outras épocas, como, por exemplo, Camões:

"A lei tenho daquele, a cujo império
Obedece o *visíbil*, e *invisíbil*,
Aquele que criou todo o Hemisfério,
Tudo o que sente, e todo o *insensíbil*,
Que padeceu desonra, e vitupério,
Sofrendo morte injusta, e *insofríbil*:
E que do céu à terra enfim deceu,
Por subir os mortais da terra ao céu." (*Os Lusíadas*, I, 65)

"Mas África dirá ser *impossíbil*
Poder ninguém vencer o Rei *terríbil*." (*Os Lusíadas*, IV, 54)

"E as mães que o som *terríbil* escuitaram
Aos peitos os filhinhos apertaram." (*Os Lusíadas*, IV, 28)

Ainda hoje figuram tais formas nos superlativos eruditos (*amabilíssimo, terribilíssimo*) e nos substantivos abstratos derivados de muitos adjetivos (*amabilidade, volubilidade*).

SUFIXOS GREGOS

IA:
astronomia, filosofia, geometria, energia, eufonia, profecia.

ISMO:
aforismo, cataclismo, catolicismo, comunismo, jornalismo.

GRAMÁTICA NORMATIVA DA LÍNGUA PORTUGUESA

ISTA:

catequista, evangelista, modernista, nortista, socialista.

ITA:

eremita, jesuíta, ismaelita, selenita.

ITE:

bronquite, colite, dinamite, rinite.

IZ(AR):

batizar, catequizar, realizar, rivalizar, suavizar.

Não confundir com os verbos cujo radical termina em *iz* (*ajuizar,* de *juiz; enraizar,* de *raiz*), ou em *is* (*avisar,* de *aviso; alisar,* de *liso; encamisar,* de *camisa*).

OSE:

esclerose, osteose, tuberculose.

TÉRIO:

batistério, cemitério, necrotério.

SUFIXOS DE OUTRAS PROCEDÊNCIAS

1) IBÉRICOS

EGO:

borrego, labrego, pelego.

EJO:

andejo, animalejo, lugarejo, quintalejo.

ITO, A:

cabrita, casita, Anita.

ORRA:

cabeçorra, machorra, manzorra.

2) ITALIANO
ESCO:

dantesco, gigantesco, parentesco.

3) GERMÂNICOS
ARDO:

felizardo, moscardo.

Aparece em alguns nomes próprios: **Bernardo, Leonardo,** *Ricardo.*

ENGO:

mulherengo, realengo, solarengo, verdoengo.

Com a forma *engue* figura em *perrengue.*

4) TUPI
RANA:

caferana, sagarana.

5) DE ORIGEM DESCONHECIDA
AMA:

dinheirama, mourama.

ANCO, A:

barranco, pelanca, potranca.

ASCO, A:

pardavasco, verdasca.

EBRE:

casebre.

ECO, A:

jornaleco, livreco, padreco, soneca.

ICO:

burrico.

OTE:

filhote, pequenote, serrote, velhote.

DERIVAÇÃO PARASSINTÉTICA

Consiste a derivação parassintética na criação de palavras com o auxílio simultâneo de prefixo e sufixo:

enforcar (en + forca + ar)
entristecer (en + triste + ecer).

Por este processo se formam essencialmente verbos, já de base substantiva (como no primeiro dos exemplos citados — *forca*), já de base adjetiva (é o caso do segundo exemplo — *triste*).

Parassintéticos verbais de base substantiva:

acorrentar, afadigar, ajoelhar, alistar, amaldiçoar, amanhecer, associar, embarcar, enclausurar, engavetar, enraizar, esburacar, esfarelar, espernear, despedaçar.

Parassintéticos verbais de base adjetiva:

afear, afrancesar, amolecer, emudecer, enegrecer, endireitar, enfraquecer, engordar, enlouquecer, enrijar, ensandecer, enternecer, esclarecer, esfriar, esvaziar.

Parassintéticos de outras classes, como, por exemplo, *subterrâneo, desnaturado*, etc., não se formam com igual facilidade dentro dos domínios da língua portuguesa.

Fato diferente é a existência de palavras como: *deslealdade, viscondado, espreguiçamento, injustiça*, etc., nas quais a análise descobre prefixo e sufixo. Aqui, cada uma das palavras já possuía ou o prefixo ou o sufixo quando se lhe juntou o outro elemento formativo. Assim, a palavra *deslealdade* não se *criou*, em português, pela adição concomitante de prefixo e sufixo ao adjetivo *leal*, senão que pelo acréscimo do prefixo *des* ao substantivo preexistente *lealdade*, ou pela soma do sufixo *dade* à forma, já prefixada, *desleal*.[3]

DERIVAÇÃO REGRESSIVA

Segundo o que até agora se tem visto, consiste a derivação em se formarem novas palavras acrescentando-se a um radical ora um prefixo (*derivação prefixal*), ora um sufixo (*derivação sufixal*), ora um prefixo e um sufixo ao mesmo tempo (*derivação parassintética*).

O termo derivado resulta, pois, da *ampliação* do termo derivante.

Na derivação regressiva ocorre exatamente o oposto: o termo derivado resulta da *redução* do derivante, por isso que a este se lhe subtrai um segmento terminal.

É o caso, por exemplo, de palavras como *frango* (de *frangão*), *gajo* (de *gajão*), *rosmano* (de *rosmaninho*), *sarampo* (de *sarampão*); e, na gíria plebeia, o de formações como estas: *comuna* (= *comunista*), *delega* (= *delegado*), *estranja* (= *estrangeiro*), *granfa* (= *grã-fino*), *flagra* (= *flagrante*), etc.

Tem grande produtividade este processo na criação de substantivos tirados a verbos, donde o chamar-se também *derivação deverbal*.

Said Ali[4] distribuiu os deverbais por quatro grupos, segundo a sua forma feminina ou masculina:

1) Masculinos em *o*:

amparo, arranjo, bloqueio, castigo, choro, custeio, embargo, erro, passeio, recuo, reparo, repouso, rodeio, voo, vozeio, etc.

---

[3]Ramón Menéndez Pidal, *Manual de gramática histórica española*, 4ª ed., Madri, 1918, p. 183: "Los compuestos de prefijo y sufijo a la vez se llaman parasintéticos, de *pará*, que indica la yustaposición, y *syntheticós*, la síntesis de varios elementos que forman un término nuevo, como *desalmado*, donde, sin que exista un sustantivo *desalma*, ni un adjetivo *almado*, la reunión de los tres elementos forma un compuesto claro y expresivo."

[4]Said Ali, *Gramática histórica da língua portuguesa*, op. cit., p. 256.

GRAMÁTICA NORMATIVA DA LÍNGUA PORTUGUESA

2) Masculinos em *e*:

combate, corte, debate, desembarque, destaque, embarque, levante, rebate, toque, etc.

3) Femininos em *a*:

apanha, conserva, denúncia, desova, disputa, dúvida, escolha, fala, lavra, leva, muda, perda, pesca, réplica, visita, etc.

4) Masculinos e femininos:

achego e *achega, ameaço* e *ameaça, grito* e *grita, pago* e *paga*, etc.

É preciso não esquecer que os substantivos deverbais denotam "ação": assim, *o vozeio, o embarque, a disputa* significam, respectivamente, a ação de *vozear*, a de *embarcar*, a de *disputar*. Já os substantivos que nomeiam "objetos", ou "substâncias" — estes é que são os primitivos, como *escudo* e *azeite*, que deram origem aos verbos *escudar* e *azeitar*.

FAMÍLIAS DE PALAVRAS

Pertencem à mesma *família* as palavras que possuem o mesmo radical, que, às vezes, coincide com a raiz. A elas também se dá o nome de *corradicais*.

ALGUNS CORRADICAIS DE PROCEDÊNCIA LATINA

AEQUUS, A, UM (direito, justo):
adequar, equação, equidade, igual, iníquo.

AGER, AGRI (campo):
agrário, agricultor, agrícola, peregrino.

AGO, AGIS, EGI, ACTUM, AGERE (impelir, fazer):
ágil, ator, coagir, exigir, indagar, pródigo.

ALTER, ALTERA, ALTERUM (outro):
alterar, alternância, altruísmo, outro.

ANGO, ANGIS, ANXI, ANGERE (apertar):
angina, ângulo, angústia, ânsia.

CADO, CADIS, CECIDI, CASUM, CADERE (cair):
acidente, cadente, esquecer, incidir, ocaso.

CAEDO, CAEDIS, CECIDI, CAESUM, CAEDERE (cortar):
cesariana, cesura, conciso, incisão, precisar.
Deste radical há numerosos derivados em *cida, cídio*, cuja significação é *matar: fratricida, homicida, infanticida, matricida, parricida, regicida, uxoricida, suicida*; *fratricídio, homicídio, suicídio*, etc.

CAPIO, CAPIS, CEPI, CAPTUM, CAPERE (tomar):
antecipar, cativo, emancipar, incipiente, mancebo.

CAPUT, CAPITIS (cabeça):
cabeça, capitão, capital, decapitar, precipício.

CAVEO, CAVES, CAVI, CAUTUM, CAVERE (ter cuidado):
caução, cautela, incauto, precaver-se.

COLO, COLIS, COLUI, CULTUM, COLERE (habitar, cultivar):
agrícola, colônia, culto, íncola, inquilino; *cultura (agri-, avi-, horti-, pisci-, triti-, ovino-,* etc.).

COR, CORDIS (coração):
acordo, cordial, discórdia, misericórdia, recordar.

DICO, DICIS, DIXI, DICTUM, DICERE (dizer):
abdicar, bendito, dicionário, ditador, fatídico, maledicência.

GRAMÁTICA NORMATIVA DA LÍNGUA PORTUGUESA

DO, DAS, DEDI, DATUM, DARE (dar):
data, doação, editar, perdoar, recôndito.

DOCEO, DOCES, DOCUI, DOCTUM, DOCERE (ensinar):
docente, documento, doutor, doutrina, indócil.

DUO, DUAE, DUO (dois):
dobro, dual, duelo, duplicata, dúvida.

DUCO, DUCIS, DUXI, DUCTUM, DUCERE (levar, dirigir):
conduto, duque, educação, dútil, produzir, tradução, viaduto.
Deste radical há numerosos derivados em *duzir (a-, con-, de-, in-, intro-, pro-, re-, se-, tra-, etc.).*

EO, IS, IVI, ITUM, IRE (ir):
comício, circuito, itinerário, transitivo, subir.

FACIO, FACIS, FECI, FACTUM, FACERE (fazer):
afeto, difícil, edificar, facínora, infecto, malefício, perfeito, suficiente.
Há numerosos derivados em *ficar: clari-, falsi-, grati-, puri-, testi-,* etc.

FERO, FERS, TULI, LATUM, FERRE (levar, conter):
ablativo, aferir, conferência, fértil, oferecer, prelado, relação.

FRANGO, FRANGIS, FREGI, FRACTUM, FRANGERE (quebrar):
fração, frágil, infringir, naufrágio, refratário.

FUNDO, FUNDIS, FUDI, FUSUM, FUNDERE (derreter):
fútil, funil, fundir (con-, di-, in-, re-), confuso, difuso, profuso.

GERO, GERIS, GESSI, GESTUM, GERERE (gerar):
beligerância, exagero, famigerado, gerúndio, registo.

JACIO, JACIS, JECI, JACTUM, JACERE (lançar):
abjecto, jacto, jeito, injeção, sujeito.

LAC, LACTIS (leite).
lácteo, lactante, lactente, leiteria, laticínio.

LEGO, LEGIS, LEGI, LECTUM, LEGERE (ler):
florilégio, legível, leitura, lente.

LOQUOR, LOQUERIS, LOCUTUS SUM, LOQUI (falar):
colóquio, eloquência, locução, prolóquio.

MITTO, MITTIS, MISI, MISSUM, MITTERE (mandar):
demitir, emissão, missionário, remeter, promessa.

MOVEO, MOVES, MOVI, MOTUM, MOVERE (mover):
motorista, motriz, demover, comoção, móvel.

NASCOR, NASCERIS, NATUS SUM, NASCI (nascer):
natal, nativo, nascituro, renascimento.

NOSCO, NOSCIS, NOVI, NOTUM, NOSCERE (conhecer):
incógnita, noção, notável.

OPUS, OPERIS (obra):
obra, cooperar, operário, opereta, opúsculo.

PATIOR, PATERIS, PASSUS SUM, PATI (sofrer):
compatível, paciente, paixão, passional, passivo.

PLICO, PLICAS, PLICAVI ou PLICUI, PLICATUM ou PLICITUM,
PLICARE (pregar):
aplicar, chegar, cúmplice, explicar, implícito, réplica.

PONO, PONIS, POSUI, POSITUM, PONERE (colocar):
aposto, dispositivo, disponível, posição, posto.

QUAERO, QUAERIS, QUAESIVI ou QUAESII, QUAESITUM,
QUAERERE (procurar):
adquirir, inquirir, quesito, questão, questor.

REGO, REGIS, REXI, RECTUM, REGERE (dirigir):
correto, reitor, regência, regime, reto.

RUMPO, RUMPIS, RUPI, RUPTUM, RUMPERE (romper):
corrupção, corruptela, roto, rotura, erupção.

GRAMÁTICA NORMATIVA DA LÍNGUA PORTUGUESA

SECO, SECAS, SECUI, SECTUM, SECARE (cortar):
bissetriz, inseto, secante, seção, segador, segmento.

SOLVO, SOLVIS, SOLVI, SOLUTUM, SOLVERE (desunir):
absolver, dissoluto, resolver, solução, solúvel.

SPECIO, SPECIS, SPEXI, SPECTUM, SPECERE (ver):
aspecto, espetáculo, perspectiva, prospecto, respeito.

STO, STAS, STETI, STATUM, STARE (estar):
estado, distância, estante, obstáculo, substância.

STERNO, STERNIS, STRAVI, STRATUM, STERNERE (estender por cima):
consternar, estrada, estratificar, prostrar.

SUMO, SUMIS, SUMPSI, SUMPTUM, SUMERE (tomar, apoderar-se):
assumir, consumir, sumidade, sumário.

TANGO, TANGIS, TETIGI, TACTUM, TANGERE (tocar):
contagioso, contingência, contacto, atingir.

TENDO, TENDIS, TETENDI, TENSUM, TENDERE (estender):
atender, contenda, extenso, pretensão.

TENEO, TENES, TENUI, TENTUM, TENERE (ter):
contentar, abstinência, tenaz, sustentar, tenor.

TORQUEO, TORQUES, TORSI, TORTUM, TORQUERE (torcer):
extorsão, tortura, retorquir, tortuoso, distorção.

VIDEO, VIDES, VIDI, VISUM, VIDERE (ver):
evidência, próvido, vidente, visionário.

VOLVO, VOLVIS, VOLVI, VOLUTUM, VOLVERE (enrolar):
devolver, envolto, revolução, voluta.

ALGUNS CORRADICAIS DE PROCEDÊNCIA GREGA

AÉR, AÉROS (ar):
aéreo, aeródromo, aeronauta, aeróstato.

ÁGO (conduzo):
demagogo, pedagogia, sinagoga.

AGÓN (luta):
agonia, antagonista, protagonista.

ÁNGELOS (mensageiro):
anjo, angelical, evangelista.

ÁNTHOS (flor):
antologia, crisântemo, perianto.

ÁNTHROPOS (homem):
antropófago, antropologia, filantropo, misantropia.

ARITHMÓS (número):
aritmética, logaritmo.

ÁRKTOS (urso):
ártico, antártico.

ASTÉR (astro):
asteroide, astrólogo, astronomia.

AUTÓS (próprio):
autocrata, autógrafo, automático, autômato, autonomia.

BÁROS (peso):
barômetro, barítono.

BIBLÍON (livro):
bibliófilo, bibliografia, biblioteca.

BÍOS (vida):
anfíbio, biografia, biologia, macróbio.

GRAMÁTICA NORMATIVA DA LÍNGUA PORTUGUESA

DÁKTYLOS (dedo):
datilógrafa, datiloscopia.

DÊMOS (povo):
demagogo, democracia, epidemia.

DÉRMA (pele):
endoderme, epiderme, paquiderme.

DÓXA (opinião):
heterodoxo, ortodoxia, paradoxo.

DÝNAMIS (força):
dinâmica, dinamite, dinamômetro.

ÊIDOS (forma):
calidoscópio, elipsoide.

ÉNTERON (intestino):
enterite, disenteria.

ÉRGON (força, trabalho):
energia, dramaturgo, metalurgia, ergonomia.

ÉTHNOS (raça):
étnica, etnografia, etnólogo.

ÉTYMOS (verdadeiro):
étimo, etimologia.

PHAGÊIN (comer):
antropofagia, fagocitose, sarcófago.

PHÍLOS (amigo):
bibliófilo, filologia, filósofo, filantropo.

PHÓBOS (medo):
fotofobia, germanófobo, hidrófobo.

PHONÉ (voz):
eufonia, fonologia, telefone.

PHÓS, PHOTÓS (luz):
fósforo, fotofobia, fotógrafo.

GÁMOS (casamento):
bígamo, gamopétalo, poligamia.

GASTÉR (estômago):
gastralgia, gastrite, gastrônomo.

GÊ (terra):
apogeu, geografia, geodésia, geólogo.

GLÔSSA ou GLÔTTA (língua):
glossário, glotologia, poliglota.

GONÍA (ângulo):
diagonal, polígono.

GRÁPHO (escrevo):
grafologia, ortografia, polígrafo, telégrafo.

HÁIMA, HÁIMATOS (sangue):
anemia, hematologia, hemoptise, hemorragia.

HÉLIOS (sol):
afélio, helioscópio, heliotrópio.

HEMÉRA (dia):
efêmero, efeméride.

HEPTÁ (sete):
heptaedro, heptágono, heptassílabo.

HÉX (seis):
hexágono, hexâmetro, hexassílabo.

GRAMÁTICA NORMATIVA DA LÍNGUA PORTUGUESA

HÍPPOS (cavalo):
Filipe, hipódromo, hipopótamo.

HÝDOR (água):
hidráulica, hidrogênio, hidrografia.

HODÓS (caminho):
êxodo, método, período.

ÍDIOS (particular, próprio):
idioma, idiossincrasia, idiotismo.

IKHTHÝS (peixe):
ictiófago, ictiol, ictiologia.

KÁLLOS (beleza):
calidoscópio, caligrafia.

KAKÓS (mau):
cacofonia, cacografia.

KHÉIR (mão):
cirurgia, quiromancia.

KHORÉIA (dança):
coreografia, Terpsícore.

KHRÓNOS (tempo):
cronologia, cronômetro, diacrônico, isócrono.

KHRYSÓS (ouro):
crisálida, crisântemo.

KÓSMOS (mundo):
cosmopolita, microcosmo.

KÝKLOS (círculo):
bicicleta, hemiciclo

LÍTHOS (pedra):
lítico, litografia, monolito.

LÓGOS (discurso, tratado):
apólogo, biologia, diálogo, filologia, logorreia.

MAKRÓS (grande):
macróbio, macrocéfalo, macrocosmo.

MANTÉIA (adivinhação):
cartomante, quiromancia.

MÉGAS, MEGÁLE (grande):
megalomania, megatério.

MÉLOS (canto):
melodia, melodrama, melopeia.

MIKRÓS (pequeno):
micróbio, microcéfalo, microscópio.

MÓNOS (um só):
monarca, monólogo, monoteísmo, monótono.

MORPHÉ (forma):
amorfo, metamorfose, morfologia

NEKRÓS (morto):
necrófago, necrópole, necrotério

NÉOS (novo):
neófito, neolatino, neologismo.

OCTÓ (oito):
octaedro, octógono

ODÚS, ODÓNTOS (dente)
mastodonte, odontologia

GRAMÁTICA NORMATIVA DA LÍNGUA PORTUGUESA

ÓNYMA ou ÓNOMA (nome):
anônimo, antonomásia, onomatopeia, pseudônimo.

OPHTHALMÓS (olho):
oftalmia, oftalmologista.

ÓROS (montanha):
oréade, orografia.

PÁS, PAN (todos):
diapasão, panaceia, panorama.

PÂIS, PAIDÓS (criança):
pedagogo, pedologia.

PALAIÓS (antigo):
paleografia, paleontologia.

PÉNTE (cinco):
pentágono, pentâmetro, pentacórdio.

PÓLIS (cidade):
acrópole, cosmopolita, metrópole.

POLÝS (muito):
policromia, poliglota, polígono.

POTAMÓS (rio):
hipopótamo, potamografia.

PSÊUDOS (mentira):
pseudônimo, pseudopatriota.

PSYKHÉ (alma):
metempsicose, psicologia, psicoterapia.

PÚS, PODÓS (pé):
antípoda, pólipo.

STRATÓS (exército):
estratagema, estratégia.

SKOPÉO (vejo):
calidoscópio, periscópio, telescópio.

SOPHÓS (sábio):
filósofo, sofisma, teosofia.

STÍKHOS (verso):
acróstico, dístico, hemistíquio.

STÓMA (boca):
estomatite, anastomose.

TÁPHOS (túmulo):
epitáfio.

TÁXIS (ordem):
ataxia, sintaxe.

TÊLE (longe):
telefone, telégrafo, telescópio.

THEÓS (deus):
entusiasmo, monoteísta, teocracia, teólogo.

THERMÓS (calor):
isotérmico, termômetro.

TÓPOS (lugar):
tópico, topografia, topologia.

TREPHO (alimento):
atrofia, hipertrofia.

ZÔON (animal):
zodíaco, zoófito, zoologia.

HIBRIDISMOS

São palavras compostas, ou derivadas, constituídas por elementos de procedências diferentes.
Exemplos:

grego e latim: *automóvel, monóculo*
latim e grego: *bígamo, sociologia, bicicleta*
árabe e grego: *alcaloide, alcoômetro*
francês e grego: *burocracia*
alemão e grego: *zincografia*
latim e germânico: *moscardo*
árabe e tupi: *caferana*
tupi e grego: *caiporismo*
africano e latim: *bananal*
tupi e português: *goiabeira, capim-melado*

A título de curiosidade, mencione-se a mais acumulada das formações híbridas, MACADAMIZAÇÃO, onde se soldam elementos de quatro procedências: *mac* (radical celta); *adam* (radical hebraico); *iz* (sufixo grego); *a* (vogal temática da primeira conjugação portuguesa); *ção* (sufixo latino).

COMPOSIÇÃO

Dá-se a *composição*, já o sabemos, quando se juntam dois ou mais elementos vocabulares de significação própria, para darem a ideia de um novo ser ou objeto. O que caracteriza, em última análise, a *composição* é, além da *unidade de significação*, a existência de *mais de um radical*.

Os elementos de uma palavra composta podem apenas justapor-se, conservando cada qual sua integridade de forma e sua acentuação (*fidalgo-aprendiz, pontapé, varapau*), ou aglutinar-se mais ou menos intimamente, subordinados a um acento único, perdendo-se, então, por via de regra, alguns elementos morfológicos (*aguardente, pernilongo*).

Daí dois tipos de compostos: por *justaposição* e por *aglutinação*
A *justaposição* pode ocorrer com:

1) Substantivo + substantivo:

porco-espinho, peixe-espada, urubu-rei, tamanduá-bandeira, manga-rosa, parede-cega, mestre-sala, arco-íris, pombo-correio, etc.

2) Substantivo + preposição + substantivo:

pai de família, mãe-d'água, baba-de-moça, pé de vento, pé-de-cabra (planta), pé de cabra (alavanca metálica), *pé-de-meia*, etc.

3) Substantivo + adjetivo:

— Adjetivo depois: *água-forte, amor-perfeito, vitória-régia, fogo-fátuo, mão-morta, cabra-cega, amor-próprio*, etc.
— Adjetivo antes: *gentil-homem, preamar, baixa-mar, belas-artes, livre-pensador, meio-dia, cara-metade*, etc.

4) Adjetivo + adjetivo:

surdo-mudo, claro-escuro, luso-brasileiro, anglo-saxônico, russo-japonês, tragicômico, azul-marinho, verde-escuro, etc.

5) Pronome + substantivo:

Nosso Senhor, Vossa Excelência, Vossa Paternidade, meu bem, etc.

6) Numeral + substantivo:

segunda-feira, terça-feira, etc., *mil-folhas, três-marias*, etc.

7) Verbo + substantivo:

saca-rolhas, beija-flor, quebra-nozes, ganha-pão, tira-teimas, limpa-trilho, mata-fome, mandachuva, pica-pau, etc.

GRAMÁTICA NORMATIVA DA LÍNGUA PORTUGUESA

8) Advérbio + adjetivo:

sempre-viva.

9) Verbo + verbo:

vaivém, corre-corre, perde-ganha.

10) *Bem* e *mal* + outras palavras:

bem-aventurado, mal-aventurado, bem-amada, bem-estar, mal--encarado, bem-me-quer, bem-te-vi.

Eis alguns compostos por *aglutinação*:

boquiaberto, plenilúnio, planalto, pernalta, pernilongo, aguardente, agridoce, pontiagudo.[5]

Não serve de critério para a identificação de justapostos e aglutinados a presença ou a ausência do hífen, não só por não haver grafia uniforme para as palavras compostas, mas principalmente porque — como já acentuara Bréal — o sentimento da composição "tem seu critério no espírito".

OUTROS TIPOS DE FORMAÇÃO DE PALAVRAS

Além dos dois grandes processos de formação de palavras (composição e derivação) podem considerar-se, como tipos subsidiários, os seguintes:

a) ABREVIAÇÃO: *auto* (por *automóvel*), *moto* (por *motocicleta*), *foto* (por *fotografia*), *ônibus* (por *auto-ônibus*), *tevê* (por *televisão*).

---

[5] "Quando se estuda o fenômeno da composição dentro do domínio de certo idioma, deve-se atender principalmente ao que esse idioma tem produzido com seus próprios recursos. Não servem de prova para os fatos palavras compostas preexistentes à formação do dito idioma, ou importadas de outra língua, dando a impressão de palavras simples. Pela criação do vocábulo VINAGRE, fr. VINAIGRE, it. VINAGRO não é responsável a língua portuguesa, e este exemplo não atestaria a possibilidade de formarmos um vocábulo novo, combinando um substantivo com um adjetivo" (Said Ali, *Gramática histórica da língua portuguesa*, op. cit., p. 260).

b) ONOMATOPEIA (reprodução imitativa, *lato sensu*, de certos ruídos): *tique-taque*, *zum-zum*, *zinzilular* (da cigarra).

c) SIGLA (redução de títulos longos às suas letras iniciais): *ONU* (Organização das Nações Unidas), *OEA* (Organização dos Estados Americanos), *PDT*(Partido Democrático Trabalhista), *PSD* (Partido Social Democrático), etc. Muita vez, a sigla passa a criar derivados: pedetista, pessedista, etc.

d) HIPOCORÍSTICOS (alteração, nascida em âmbito familiar, do prenome ou nome próprio individual): *Fafá* (Fabiana), *Filó* (Filomena), *Gegê* (Getúlio), *Nanda* (Fernanda), *Zé* (José), *Mundinho* (Raimundo), *Zezé* (Maria José), *Betinho* (Roberto), *Quincas* (Joaquim), etc.

e) BRAQUISSEMIA (resultante de próclise de prenome antes de nome de família): *Fernão* (Fernando), *Martim* (Martinho), etc.

SINTAXE

CAPÍTULO 17

TEORIA GERAL DA FRASE
E SUA ANÁLISE

CONCEITO DE FRASE

Frase é uma unidade verbal com *sentido completo* e caracterizada por *entoação*[1] típica: um todo significativo, por intermédio do qual o homem exprime seu pensamento e/ou sentimento. Pode ser brevíssima, constituída às vezes por uma só palavra, ou longa e acidentada, englobando vários e complexos elementos.

Exemplos:

a) Fora!

b) "Do teu Príncipe ali te respondiam
   As lembranças que na alma lhe moravam,
   Que sempre ante seus olhos te traziam
   Quando dos teus fermosos se apartavam:
   De noite, em doces sonhos que mentiam;
   De dia, em pensamentos que voavam;
   E quanto enfim cuidava e quanto via
   Eram tudo memórias de alegria."

(CAMÕES, *Os Lusíadas*, III, 121)

---

[1] A entoação, traço essencial para a conceituação de frase, é o que lhe dá, a esta, unidade de sentido, demarcando-lhe começo e fim, e apontando-lhe o propósito (declarativo, interrogativo, etc.).

TIPOS DE FRASE

Às vezes, a simples situação em que é proferido um vocábulo faz que ele se torne uma frase. É o caso, por exemplo, da exclamação — *Fogo!*, pronunciada diante de um prédio em chamas; ou da advertência — *Silêncio!*, feita a alguém num corredor de hospital.

Há cinco tipos de frase:

a) Declarativa — com a qual enunciamos um juízo a respeito de alguma coisa, ou pessoa:

Por fim, o sol escondeu-se.
Iracema saiu do banho.
Deus é perfeito.

b) Interrogativa — com a qual perguntamos alguma coisa:

Como?
Porque fugiste de mim?
Quanto lhe devo?

c) Imperativa — com a qual exortamos alguém a praticar ou deixar de praticar um ato:

Meia volta!
Não saia daqui.
Honrarás pai e mãe.

d) Exclamativa[2] — com a qual exteriorizamos principalmente o nosso estado de alma (admiração, repulsa, irritação, desprezo, etc.):

Ah! senhor, que grande médico!
Que raio de escuro!
Bem feito!

---

[2] A rigor, as frases exclamativas não deveriam constituir um tipo à parte, senão que "el modo predominantemente emocional de cualquiera de ellas". (Amado Alonso e Pedro Henríquez Ureña, op. cit., p. 24)

GRAMÁTICA NORMATIVA DA LÍNGUA PORTUGUESA

e) Indicativa — com a qual traduzimos sumariamente um pensamento que se entende em sua plenitude por força da *situação* em que proferimos a frase.

É o que sucede em casos como os dos exemplos citados (*Fogo! Silêncio!*), ou nos anúncios, ou títulos de casas comerciais, ou pregões de vendedores ambulantes, etc.

Exemplos:

Vende-se (afixado num terreno, numa casa, num objeto qualquer).

Peixeiro! (pregão de vendedor).

À direita (para orientar o movimento de veículos na rua).

A frase será, ainda, *afirmativa*, ou *negativa*, conforme nela se afirme ou negue alguma coisa.

CONCEITO DE ORAÇÃO

Oração é a frase — ou membro de frase — que se biparte normalmente em *sujeito* e *predicado*.

Em certo tipo de oração, pode, todavia (como se verá pouco adiante), faltar o sujeito.

Serve de modelo a frase declarativa, manifestação de um juízo, sem qualquer traço dominante de natureza emotiva, capaz de perturbar-lhe a organização gramatical.

Comparem-se as duas frases:

— *A sala está suja.* —,

expressão de uma opinião refletida sobre o estado da sala,

e

— *Que sala suja!* —,

frase interpretadora, principalmente, de nosso sentimento de repulsa diante da sujice da sala.

Por aí se vê que a diferença entre frase e oração reside na *forma*: o grito *"socorro!"* é uma frase, já que expressa um sentido completo; todavia, não é uma oração, pois para isso carece dos elementos de estrutura característicos da oração: não está partida em *sujeito* e *predicado*. Por outro lado, em *"Quero que você leia este livro"*, o conjunto *"que você leia este livro"* é uma oração quanto ao critério formal, porque possui os termos lógicos fundamentais; não é, porém, por seu conteúdo, uma frase, uma vez que não tem sentido unitário e completo.

TERMOS BÁSICOS DA ORAÇÃO

Em sua estrutura básica, a oração consta de dois termos:

— *Sujeito*: o ser de quem se diz algo;
— *Predicado*: aquilo que se diz do sujeito.

1. O SUJEITO

O *sujeito* é expresso por substantivo, ou equivalente de substantivo. Às vezes, um substantivo sozinho exprime o sujeito da oração:

Deus é perfeito!

Casos há, no entanto, em que sentimos necessidade de precisar ou restringir a significação do substantivo:

Brancas pombas castíssimas voavam.

Neste exemplo, o sujeito não se compõe apenas de um substantivo, mas, ao contrário, de um substantivo acompanhado de outros elementos que lhe precisam ou limitam o sentido fundamental. Diz-se, então, que o substantivo é o *núcleo* do sujeito.

Quando apresentar um só núcleo, o sujeito é *simples*; havendo mais de um núcleo, chama-se *composto*.

GRAMÁTICA NORMATIVA DA LÍNGUA PORTUGUESA

Exemplos:

A *cegueira* lhe torturava os últimos dias de vida (sujeito simples).
A *cegueira* e a *pobreza* lhe torturavam os últimos dias de vida (sujeito composto).

O sujeito ainda pode ser *determinado*, ou *indeterminado*.
É *determinado*, se identificável na oração — explícita ou implicitamente; *indeterminado*, se não pudermos ou não quisermos especificá-lo.

Para indeterminar o sujeito, vale-se a língua de um dos dois expedientes:

1) Empregar o verbo na 3ª pessoa do plural, sem referência anterior ao pronome *eles* ou *elas*, e a substantivo no plural;

2) Usá-lo na 3ª pessoa do singular acompanhado da partícula *se*, desde que o verbo seja intransitivo, ou traga complemento preposicional.
Exemplos:

Falam mal daquela moça.   *Vive-se bem aqui.*
Mataram um guarda.   *Precisa-se de professores.*

Oração sem sujeito

Pode dar-se o caso de a oração ser destituída de sujeito: com ela, referimo-nos ao processo verbal em si mesmo, sem o atribuirmos a nenhum ser. Nem há o propósito de esconder o sujeito, atitude psicológica orientadora das construções indeterminadas.

São orações sem sujeito — entre outras — as que denotam fenômenos da natureza (*chove, trovejou ontem, anoitece tarde durante o verão*) e as que têm os verbos *haver, fazer, ser*, empregados impessoalmente em construções como as seguintes:[3]

Há grandes poetas no Brasil.
Fazia muito frio naquele mês.

---

[3] O arrolamento das construções impessoais foi feito por Epifânio Dias, *Sintaxe histórica portuguesa*, op. cit., p. 15 a 22.

Fez ontem três anos que ele se doutorou.

Era ao anoitecer de um dia de novembro...

Seriam talvez duas horas da tarde.

Hoje *são* 22 de outubro.

Note-se que a impessoalidade de tais verbos se estende aos auxiliares que com eles formam perífrases, como se vê nos exemplos abaixo:

Não *podia haver* notícias mais tristes.

Costuma haver reuniões às terças-feiras.

Vai fazer cinco anos que você se casou.

COLOCAÇÃO DO SUJEITO NA ORAÇÃO

Considera-se *ordem direta* aquela em que o sujeito vem no rosto da oração, seguindo-se-lhe o verbo acompanhado dos seus complementos, com o primeiro lugar entre estes reservado para o objeto direto.
Exemplo:

Sua presença inspira confiança aos jovens.

A língua portuguesa, entretanto, oferece grande liberdade de movimentos neste particular, permitindo-nos, com frequência, adotar a *ordem inversa.*

Há mesmo certas inversões, especialmente do sujeito em relação ao verbo, já consagradas pelo uso tradicional da linguagem culta.

INVERSÃO NORMAL DO SUJEITO

Nas condições a seguir enumeradas, a índole do idioma inclina, de maneira notória, para a inversão *verbo + sujeito*·

a) Nas orações interrogativas, iniciadas por *que, onde, quanto, como, quando* e *porque*:

GRAMÁTICA NORMATIVA DA LÍNGUA PORTUGUESA 291

Que desejam *vocês?* Onde estão *as crianças?* Quanto custou *o livro?* Como fugiu *o ladrão?* Quando chegará *o navio?* Porque foi embora *a empregada?*

Intercalando-se a locução *é que*, deixa de prevalecer tal preferência:

Que É QUE *vocês* desejam? Quando É QUE *o navio* chegará?

Do mesmo modo, quando a interrogação não começar pelos referidos pronomes ou advérbios, o comum é a colocação do sujeito antes do verbo, indicando-se o valor interrogativo apenas pela pronúncia ascendente:

Seu filho passou no exame? *O navio* chegará ainda hoje?

b) Nas orações da voz passiva, construídas com a partícula *se:*

Vendem-se *carros usados.* Não se aceitam *reclamações posteriores.*

c) Nas orações que contêm uma forma verbal do imperativo — sempre que, para efeito de realce, for enunciado o pronome pessoal sujeito:

Eu não cumprirei essas ordens absurdas; cumpre-as *tu*, se quiseres.

d) Com os verbos *dizer, perguntar, responder,* etc., nas orações que aparecem como elemento adicional em que se acrescenta a pessoa que proferiu a oração anterior:

Renunciarei ao cargo!, disse *o ministro.*
— Que sabe a respeito do ponto sorteado? — perguntou *o examinador.*

Tais orações podem vir intercaladas:

Mas isso — exclamou *o sacerdote* — é um sacrilégio!

e) Quando a oração se inicia por advérbio fortemente enfático:

LÁ vão *eles*, lá vão...
AQUI está *o seu dinheiro!*

Uma inversão que requer cuidado

É habitual, ainda que não sistemática, a inversão do sujeito a VERBOS INTRANSITIVOS como *aparecer, chegar, correr, restar, surgir*, etc. — o que pode levar o leitor a interpretar como objeto direto o sujeito posposto. Convirá, então, lembrar-lhe que, ao analisar uma oração, a primeira coisa que se faz é examinar a natureza do verbo (se ele é intransitivo, ou transitivo) e, logo após, procurar o seu sujeito.

Exemplos:

Apareceu, enfim, *o cortejo real.*
Chegaram *boas notícias!*
Correm, pela cidade, *os boatos mais contraditórios.*
Restam, ainda, *algumas esperanças.*
Meia-noite: surgiu *o Ano Novo!*

2. O PREDICADO

O predicado pode ser:

Nominal
Verbal
Verbo-nominal ou misto

PREDICADO NOMINAL

O *predicado nominal* tem por núcleo um *nome* (substantivo, adjetivo, ou pronome).

Consideremos as seguintes frases:

Pedro   é   doente
  "   está   "
  "   anda   "
  "   permanece   "
  "   continua   "
  "   ficou   "
  "   parece   "

Em todas, a declaração feita relativamente ao sujeito *Pedro* contém-se no adjetivo *doente*.

Este adjetivo é, na realidade, o predicado; mas, pelos seus caracteres de forma e posição, recebe particularmente o título de *nome predicativo*, ou, apenas — *predicativo*. Os verbos que aí figuram (*ser, estar, andar, permanecer, continuar, ficar, parecer*) são elementos indicativos dos diversos aspectos sob os quais se considera a condição de *doente* em relação a *Pedro*. Chamam-se *verbos de ligação*.

PREDICADO VERBAL

O *predicado verbal*, que exprime um fato, um acontecimento, ou uma ação, tem por núcleo um *verbo*, acompanhado ou não, de outros elementos.

Da natureza desse verbo é que decorrem os mais termos do predicado. Verbos há que são suficientes para, sozinhos, representar a noção predicativa. Chamam-se *intransitivos*.

Exemplos:

Neva.   O soldado morreu.   Todos fugiram.

Outros, ao contrário, requerem, para a cabal integridade do predicado, a presença de um ou mais termos que lhes completem a compreensão. São os verbos *transitivos*.

Exemplos:

$$\left.\begin{array}{l}\text{A criança encontrou} \\ \text{A criança comprou}\end{array}\right\} \text{(o quê?)} \quad \left.\begin{array}{l}\text{A criança acudiu} \\ \text{O professor aludiu}\end{array}\right\} \begin{array}{l}\text{(a quem?)} \\ \text{(a quê?)}\end{array}$$

$$\left.\begin{array}{l}\text{A criança deu} \\ \text{Os alunos pediram}\end{array}\right\} \text{(o quê?)} \quad \text{(a quem?)}$$

Em função do tipo de complemento que exigem para formar uma expressão compreensiva, os verbos classificam-se, pois, em dois grandes grupos:

— *Intransitivos*: ou de predicação completa.

— *Transitivos*: ou de predicação incompleta.

PREDICADO VERBO-NOMINAL OU MISTO

O *predicado verbo-nominal* ou *misto* tem dois *núcleos*: um, expresso por um *verbo*, intransitivo ou transitivo; outro, indicado por um *nome*, chamado, também, *predicativo*.

A razão é que o predicado misto representa a fusão de um predicado verbal com um predicado nominal. Exprimindo um fato, encerra a definição de um ser.

Cumpre distinguir dois casos:

1) O predicativo se refere ao sujeito da oração:

O trem chegou *atrasado*,[4]

---

[4]"Nada mais claro nem mais conciso do que esses dizeres em que dois vocábulos valem, associados, por duas proposições distintas. *Partiu doente* resulta dos pensamentos *partiu* e *estava doente quando partiu*. Daí o uso, em latim e outros idiomas, do caso nominativo para o anexo em tais frases. À análise do gramático ou linguista não compete, claro é, volver a essa operação psicológica nem decompor em muitas palavras o que a linguagem se limita a expressar em dois vocábulos." (Said Ali, *Gramática histórica da língua portuguesa*, op. cit., p. 157, *nota*.)

GRAMÁTICA NORMATIVA DA LÍNGUA PORTUGUESA 295

onde os elementos resultantes da decomposição seriam:

O trem chegou.

e

(O trem estava) atrasado.

2) O predicativo se refere ao objeto direto e, mais raramente, ao indireto, exprimindo, às vezes, a *consequência* do fato indicado no predicado verbal:

A Bahia elegeu Rui Barbosa *senador,*

como que cruzamento das orações:

A Bahia elegeu Rui Barbosa.

e

(Rui Barbosa ficou) senador.

Exemplo de predicativo do objeto indireto:

Todos lhe chamavam *ladrão!*

O predicativo *ladrão* se refere ao objeto indireto *lhe.*
O predicativo pode vir precedido de uma das preposições *de, em, para, por,* da palavra *como,* ou de locução prepositiva.
Exemplos:

Ele graduou-se *de doutor.*
Davi foi ungido *em rei.*
Todos o consideravam *como um aventureiro.*
Sempre o tiveram *por sábio* (ou *na conta de sábio*).

TERMOS INTEGRANTES DA ORAÇÃO

Subordinados respectivamente ao núcleo substantivo e ao núcleo verbal, distinguem-se na oração duas espécies de termos integrantes ou *complementos*:

— O *complemento nominal*
— Os *complementos verbais*
— O *agente da passiva*

1. COMPLEMENTO NOMINAL

Complemento nominal é o termo que integra a significação transitiva do núcleo substantivo (e, às vezes, do adjetivo e do advérbio, os quais, então, se equiparam ao substantivo na sintaxe de regência).

Tais complementos têm recebido várias denominações: *objeto nominal* (Maximino Maciel), *adjunto restritivo* (Alfredo Gomes), *complemento restritivo* (Carlos Góis), *complemento terminativo* (Eduardo Carlos Pereira, Sousa Lima).

Exemplos:

A invenção *da imprensa* foi um grande acontecimento.

Sua resposta *ao examinador* provocou palmas.

Foi transferida nossa viagem *a São Paulo*.

A sentença foi favorável *ao réu*.

O Senado votou contrariamente *à pena de morte*.

Para facilitar-lhe a identificação, convém ter presentes as seguintes regras práticas:

1) Tratando-se de *adjetivo*, ou *advérbio*, não há a menor dúvida: o termo que a eles se liga por preposição é, SEMPRE, complemento nominal:

GRAMÁTICA NORMATIVA DA LÍNGUA PORTUGUESA 297

a) Ofensivo *à honra*, prejudicial *à saúde*, útil *à coletividade*, igual *a mim*; responsável *pelo desastre*; confiante *no futuro*; desejoso *de glória*; tolerante *com os amigos*, etc.

b) Independentemente *de minha vontade*; desfavoravelmente *a nós*; contrariamente *aos nossos desejos*, etc.

2) Tratando-se, porém, de *substantivo*, é preciso cuidado para não confundir o complemento nominal com o "adjunto adnominal", que, quando expresso por locução adjetiva, se apresenta com a mesma forma daquele: preposição + substantivo.
Comparem-se:

copo *de vinho* (adjunto)   invasão *da cidade* (complemento)
rosa *com espinhos* (adjunto)   conversa *com o pai* (complemento)

Como, pois, fazer a distinção?
A diferença consiste em que os substantivos do primeiro grupo (copo, rosa) são *intransitivos*; ao passo que os do segundo (invasão, conversa) admitem emprego como *transitivos* — o que somente pode acontecer:

a) Com o *substantivo abstrato de ação*, correspondente a verbo da mesma família que exija objeto (direto, ou indireto), ou complemento circunstancial:
inversão *da ordem* (cf. inverter *a ordem* — objeto direto);
obediência *aos pais* (cf. obedecer *aos pais* — objeto indireto);
ida *a Roma* (cf. ir *a Roma* — complemento circunstancial).

b) Com o *substantivo abstrato de qualidade*, derivado de adjetivo que possa usar-se transitivamente:
certeza *da vitória* (cf. certo *da vitória*);
fidelidade *aos amigos* (cf. fiel *aos amigos*).

Observação

Esta tentativa de sistematização didática parece-me satisfatória para orientar os estudantes.

Se bem que, do ponto de vista do ensino elementar, a distinção entre "complemento nominal" e "adjunto adnominal" se afigure algo perturbadora e, até, supérflua — o certo é que esteia em conceitos linguísticos que não podem deixar de levar-se em conta numa descrição fiel da estrutura da frase.

O cerne da questão mergulha raízes no conceito (por excelência complexo) de transitividade e intransitividade; e ainda se prende, em certa medida, ao problema (não menos complexo) de emprego concreto ou abstrato do substantivo.

Ora, apenas substantivos abstratos de ação, relacionados a verbos transitivos ou amarrados a complemento circunstancial por preposição determinada, podem, por definição, ser "transitivos"; o mesmo passa com substantivos abstratos de qualidade, derivados de adjetivos transitivos. Desde que se concretizem, ou a ação ou a qualidade por eles expressa não transborde para um "objeto" — tornar-se-ão intransitivos.

Eis por que, muita vez, ao mesmo núcleo substantivo se junta variavelmente complemento nominal ou adjunto adnominal, conforme o termo preposicionado represente, ou não, o "objeto" da ação. Acrescente-se que esses casos à primeira vista ambíguos ocorrem tão só com a preposição *de*, em razão, porventura, de ser ela a mais *vazia* das preposições.

Cotejem-se os seguintes exemplos:

a) A invenção *de palavras* caracteriza o estilo de Guimarães Rosa.
(Complemento nominal: "palavras" é o objeto, a coisa inventada, o paciente da ação contida no substantivo "invenção" — aqui usado, portanto, transitivamente).

b) A invenção *de Santos Dumont* abriu caminho à era interplanetária.
(Adjunto adnominal: "Santos Dumont" não é o objeto da ação, o paciente, a coisa inventada; e sim o seu agente. A ação expressa pelo substantivo não vai além dele — o que lhe dá o caráter de palavra intransitiva).

Basta que o substantivo, ainda que abstrato de ação, venha empregado como concreto, para que desaceite complemento nominal.

Ponham-se lado a lado estas frases:

a) A plantação *de cana* enriqueceu, outrora, a economia do país.
(Complemento nominal: "plantação" tem, aqui, valor abstrato — a ação de plantar, cujo objeto é "cana").

b) Em poucas horas, o fogo destruiu toda a plantação *de cana*.
(Adjunto adnominal: já agora, "plantação" é nome concreto, e, portanto, intransitivo).

De tudo decorre, por outro lado, que ao mesmo núcleo substantivo se possam subordinar, ao mesmo tempo, adjuntos e complementos nominais — a exemplo de construções como estas:

a) O amor de Jesus às criancinhas...
(Adjunto adnominal: "de Jesus"; compl. nominal: "às criancinhas").

b) A derrota de Napoleão em Waterloo...
(Ambos são complementos nominais: "de Napoleão" e "em Waterloo").

2. COMPLEMENTOS VERBAIS

São os seguintes:

Objeto direto
Objeto indireto[5]
Complemento relativo
Complemento circunstancial

OBJETO DIRETO

Objeto direto é o complemento que, na voz ativa, representa o paciente da ação verbal. Identifica-se facilmente:

a) porque pode ser o sujeito da voz passiva;
b) porque corresponde, na 3ª pessoa, às formas pronominais átonas *o, a, os, as.*

O objeto direto indica:

a) o ser sobre o qual recai a ação:

Castigar o *filho.*
Louvar *os bons.*

b) o resultado da ação:

Construir *uma casa.*
Criar *um poema.*

c) o conteúdo da ação:

Prever *a morte do ditador.*
Discutir *política.*

---

[5]Nem sempre (como adiante veremos) o objeto indireto é "complemento verbal", mas sim "termo integrante do predicado — verbal, nominal, ou verbo-nominal" —, independentemente da natureza do verbo.

Objeto Direto Preposicional

Ordinariamente não é o objeto direto precedido de preposição; todavia, casos há em que ela figura em caráter facultativo, e outros, até, em que a sua presença se faz de rigor.

O complemento chamar-se-á, então, *objeto direto preposicional*.

É OBRIGATÓRIO, na linguagem moderna, o emprego da preposição:[6]

1) Com as formas tônicas dos pronomes pessoais:

"Júlio César conquistou
O mundo com fortaleza;
Vós *a mim* com gentileza." (CAMÕES)

"Rubião viu em duas rosas vulgares uma festa imperial, e esqueceu a sala, a mulher e *a si*." (MACHADO DE ASSIS)

"Quem sabe se o destino marcara justamente *a ela* como a eleita?"
(MONTEIRO LOBATO)

2) Com o pronome *quem*, de antecedente expresso:

"(...) perdi meu pai e senhor *a quem* muito amava..."
(RODRIGUES LOBO)

"Eu sou Daniel, aquele eremita, *a quem* tal ano, e dia hospedaste em tua casa..." (MANUEL BERNARDES)

3) Com o nome *Deus*:

"Que muito fazes em louvar *a Deus*, quando vives em prosperidade, quando em abundância, quando sem vexação nem injúria de alguém?" (MANUEL BERNARDES)

"Só há uma coisa necessária: possuir *a Deus*." (RUI BARBOSA)

---

[6] O objeto direto preposicional com *a*, largamente desenvolvido em espanhol, é também frequente no galego. O francês e o italiano literário não o empregam. Ele aparece, ainda, de modo esporádico, no catalão, no sardo e em alguns dialetos provençais e da Itália meridional. Fato paralelo ocorre no romeno, porém com a preposição *pe* (latim *per*).

GRAMÁTICA NORMATIVA DA LÍNGUA PORTUGUESA 301

4) Quando se coordenam pronome átono e substantivo:

"(...) o reitor *o* esperava e *aos seus respeitáveis hóspedes...*"

(ALEXANDRE HERCULANO)

"Foi a comadre do Rubião, que *o* agasalhou *e mais ao cachorro*, vendo-os passar defronte da porta." (MACHADO DE ASSIS)

5) Quando um verbo transitivo direto se usa impessoalmente, acompanhado da partícula *se*:

Aos pais ama-se com fervor.

"Evita-se, assim, muitas vezes, a confusão de ser atribuído ao verbo um valor reflexivo, em vez do seu verdadeiro valor. Com efeito, uma frase como

Amam-se os pais com fervor

significaria, à primeira vista, quando não esclarecida pelas precedentes ou seguintes, que:

Os pais se amam um ao outro

e não que:

Os filhos os amam

ou

Eles são amados pelos filhos".[7]

"Cuando la sentencia < a 3ª pessoa do singular com *se* > toma el carácter de impersonal, se coloca el verbo en el singular, y lo que es objeto de su acción va regido de la preposición *á*, verbi gratia: *se atropella á los desvalidos; se detesta á los malvados*."[8]

Diz-se, pois, corretamente:

Louva-se aos deuses.

Adora-se aos ídolos.

---

[7] J. Matoso Câmara Jr., *Elementos da língua pátria*, 3ª série, Rio de Janeiro: F. Briguiet, 1938, p. 175.
[8] Salvá, *Grammatica*, apud M. Said Ali, *Dificuldades da língua portuguesa*, 5ª ed., Rio de Janeiro: Acadêmica, 1957, p. 98.

É FACULTATIVO o emprego da preposição:

1) Com pronomes referentes a pessoas (*ninguém, alguém, todos, outro*, etc.):

> "Diz Cristo universalmente, sem excluir *a ninguém*, que ninguém pode servir a dous Senhores..." (ANTÔNIO VIEIRA)

> "juro pela fé, que devo a Balduíno meu predecessor, que vos hei de cozer vivo, em ũa caldeira, como ele cozeu *a outro*, que roubou ũa viúva pobre." (MANUEL BERNARDES)

> "*A todos* encanta
> Tua parvoíce..." (CAMÕES)

A mesma arbitrariedade se nota com os pronomes de tratamento (V. Ex.ª, V. S.ª, etc.):

> "(...) colocaram *a V. Ex.ª* na desgraçada situação de desmentir na sua carta a narrativa dos Atos dos Apóstolos." (ALEXANDRE HERCULANO)

> "Eu já tive a honra de cumprimentar *a V. Ex.ª*..." (CAMILO)

2) Com nomes próprios ou comuns — para evitar a ambiguidade, ou por fatores outros (não bem caracterizados) que se condicionam ao sentimento de certas épocas ou de certos escritores.

a) por necessidade de clareza:

> "Dai-me igual canto aos feitos da famosa
> Gente vossa, que *a Marte* tanto ajuda..." (CAMÕES)

> "A mãe *ao próprio filho* não conheça." (CAMÕES)

> "Vence o mal *ao remédio*." (ANTÔNIO FERREIRA)

> "De alguns animais de menos força e indústria se conta que vão seguindo *aos leões* na caça; para se sustentarem do que a eles sobeja." (ANTÔNIO VIEIRA)

GRAMÁTICA NORMATIVA DA LÍNGUA PORTUGUESA

"Tal havia que *ao meu consertador* julgava digno de um hábito de Cristo." (FRANCISCO MANUEL DE MELO)

"Rasteira grama exposta ao sol, à chuva,
Lá murcha e pende:
Somente *ao tronco* que devassa os ares
O raio ofende!" (GONÇALVES DIAS)

b) por fatores não bem caracterizados:

"Benza Deus *aos teus cordeiros*." (RODRIGUES LOBO)

"(...) o verdadeiro conselho é calar, e imitar *a santo Antônio*."
(ANTÔNIO VIEIRA)

"Não culpo *ao homem*; para ele, a cousa mais importante do momento era o filho." (MACHADO DE ASSIS)

"Apenas excetuo exíguo número, e pode ser que, unicamente, *a Péricles*, teu tutor; porque tem cursado os filósofos." (RUI BARBOSA)

3) Com o pronome *quem*, sem antecedente:

"Não me tenha amor ninguém
Para obrigar meu querer.
Que aborreço *a quem* me quer." (RODRIGUES LOBO)

"Nos brutos para doutrina dos homens parece que imprimiu o Autor da Natureza particular instinto de amarem *a quem* os ama."
(MANUEL BERNARDES)

4) Com nomes antecedidos de partícula comparativa (*como, que, do que*):

"É o que há poucos meses a teus pés e de joelhos, este pobre velho, que te ama *como a filho*, te pediu em nome de Deus: perdão! perdão!" (ALEXANDRE HERCULANO)

"Isto causou estranheza e cuidados ao amorável Sarmento, que prezava Calisto *como a filho*." (CAMILO)

"Mas nada me entusiasma.
Olho-te *como a um fantasma*." (ALBERTO DE OLIVEIRA)

"Acusam-no de haver beneficiado mais a sua família *que ao povo romano*." (CAMILO)

"Eu antes o queria *que ao doutor*..." (CAMILO)

"Tal é a construção" — anota Mário Barreto — "pontualmente observada pelos nossos escritores-modelos. Valem-se de *como* para o referir ao nominativo, e dão-lhe a partícula *a* se o referem a dativo ou acusativo." (*Novíssimos*, 84; cf., também, *Fatos*, 184-185).

Não perigando a clareza, pode ir o complemento com preposição ou sem ela. No seguinte trecho de Camilo, dispensou-se o *a* depois do segundo *como* por não haver nenhum risco de anfibologia:

"— Maridos dignos são unicamente aqueles que afagam *como a filhas* as mulheres; são aqueles que as mulheres estremecem *como pais*..."

Ou não terá Camilo, que possuía como poucos o sentimento da língua, buscado aí uma leve matização de sentido, ao pôr em contraste as duas construções?

Com efeito, houve quem estabelecesse sutil diferença entre frases dos tipos "tratavam-no *como pai*" e "tratavam-no *como a pai*". Na primeira, *pai* figuraria à guisa de um predicado, um modo de ser atribuído a *o* (*no*); assim se diria de alguma pessoa a quem se olhasse como se fora pai, sem que de fato o fosse. Na segunda, ao contrário, *pai* denotaria um "ente" com todas as qualidades de pai.[9]

---

[9]A observação, que tem mais de um século, é de Andrés Bello-Rufino J. Cuervo, (*Gramática de la lengua castellana*, Buenos Aires: Sopena Argentina, 1945, p. 373), aceita e desenvolvida por Cuervo (*Diccionario de construccion y régimen de la lengua castellana*, tomo I, A-B, Paris, 1886, v/a, p. 13).

Os seguintes exemplos parece confirmarem a observação:

"(...) e nós habituamo-nos a tê-la em conta de segunda mãe: também ela nos amava *como filhos*." (ALEXANDRE HERCULANO)

"Não ando gente estes dias; porém nem por isso deixam os desgostos de me tratar muito *como a gente*." (FRANCISCO MANUEL DE MELO)

5) Quando o objeto direto precede o verbo:

"*aos ministros* todos os adoram, mas ninguém os crê."
(FRANCISCO MANUEL DE MELO)

"Não façais caso disso, que *a relógios* do chão ninguém os escuta..." (FRANCISCO MANUEL DE MELO)

"(...) enfim, ainda *ao pobre defunto* o não comeu a terra, e já o tem comido toda a terra." (ANTÔNIO VIEIRA)

6) Quando a preposição se apresenta com valor de um verdadeiro partitivo:

"Ouvirás *dos contos*, comerás *do leite* e partirás quando quiseres."
(RODRIGUES LOBO)

"*Do pano* mais velho usava,
Do pão mais velho comia." (CECÍLIA MEIRELES)

7) Em certas construções idiomáticas:

cumprir o dever, ou *cumprir com o dever*;
puxar a faca, ou *puxar da faca*.

"Arrancam *das espadas* de aço fino
Os que por bom tal feito ali apregoam." (CAMÕES)

Objeto Direto Interno

Verbos intransitivos podem trazer complemento representado por substantivo do mesmo radical, contanto que este venha acompanhado de adjunto:

> morrer morte gloriosa
> dançar danças malditas
> sonhar sonhos ruins

> "... morrerás morte vil da mão de um forte."
> (GONÇALVES DIAS)

Igualmente ocorre em outras línguas:

Beatam vitam vivere. (latim)
Viver uma vida feliz.

Morir una santa muerte. (espanhol)
Morrer morte santa.

Estes complementos se chamam *objetos diretos internos* e, também, às vezes, são expressos por palavras que, não sendo corradicais dos verbos respectivos, pertencem, todavia, ao mesmo grupo de ideias:

Dormir um sono tranquilo.
Chorar lágrimas de sangue.

OBJETO INDIRETO

O *objeto indireto* representa o SER ANIMADO[10] a que se dirige ou destina a ação ou estado que o processo verbal expressa.

---

[10]Quando substantivos referentes a "coisas" (*lato sensu*) se usam como objeto indireto, devem considerar-se — ensina Hayward Keniston — como se fossem capazes de receber tratamento igual ao de pessoas (cf. *The syntax of castilian prose: the sixteenth century*, Chicago: University of Chicago, 1937, p. 8). Antonio Tovar, *Gramática histórica latina: sintaxis*, Madri: Espasa--Calpe, 1946, p. 45.

GRAMÁTICA NORMATIVA DA LÍNGUA PORTUGUESA

Complemento da oração

O objeto indireto pode figurar em qualquer tipo de predicado (verbal, nominal, verbo-nominal), perfilando-se, até, ao lado de verbos intransitivos e de verbos na voz passiva. Situa-se, portanto, menos como um complemento do *verbo* (de cujo regime, na maioria das vezes, independe) do que como um complemento da *oração* —, da qual é, aliás, facilmente dispensável em muitas situações.

Morfologicamente, caracteriza-se por vir encabeçado pela preposição *a* (às vezes, *para*) e corresponder, na terceira pessoa, às formas pronominais átonas *lhe, lhes*.

Sintaticamente, desaceita — salvo exceções raríssimas — passagem para a função de sujeito na voz passiva. E por implicar o traço + PESSOA, não lhe é possível, evidentemente, apresentar-se sob a forma de oração subordinada. (Ver p. 325.)

Eis os esquemas de construção em que se integra (ou pode integrar-se) esse termo oracional:

1) Dar esmola *a um mendigo*. (Dar-*lhe* esmola)
   Escrever *a um amigo*. (Escrever-*lhe*)
   Mandei flores *para a noiva*. (Mandei-*lhe* flores)

2) Beijar o anel *ao cardeal*. (Beijar-*lhe* o anel)

3) Ter respeito *aos mais velhos*. (Ter-*lhes* respeito)
   Sílvia servia de olhos *ao marido*. (Servia-*lhe* de olhos)
   Madre Calcutá foi mãe *a muitos desgraçados*. (Foi-*lhes* mãe)
   Ouvi essa história *aos meus avós*. (Ouvi-*lhes* essa história)

4) O ancião fez saber *aos herdeiros* a sua última vontade. (Fez-*lhes* saber)

5) A prova pareceu difícil *aos estudantes*. (Pareceu-*lhes* difícil)
   Dói *a um pai* a ingratidão dos filhos. (Dói-*lhe* a ingratidão...)

6) Obedecer *aos superiores*. (Obedecer-*lhes*)
Querer *às crianças*. (Querer-*lhes*)

7) O documento foi entregue *ao ministro* por mim. (Foi-*lhe* entregue)

São estes os casos incontroversos de objeto indireto:

1) Serve de complemento a verbos acompanhados de objeto direto, representando o elemento onde termina a ação. É o caso comum dos chamados verbos *bitransitivos*, como *dar, oferecer, entregar, doar, dedicar, negar, recusar, dizer, perguntar, contar, narrar, pedir, rogar, pagar, dever*, etc. Em suma: os verbos "dandi", "dicendi", "rogandi", seus correlatos e reversos.
Exemplo:

> "Iracema, depois que ofereceu *aos chefes* o licor de Tupã, saiu do bosque." (JOSÉ DE ALENCAR)

2) Junta-se à unidade formada de *verbo* + *objeto direto*, indicando o possuidor de alguma coisa.
Exemplos:

> "(...) mandou cortar a cabeça *a Adonias*." (ANTÔNIO VIEIRA)

> "Ouço um grito: o Dr. Soero acabou de extrair um dente *a uma senhora*." (ANÍBAL A. MACHADO)

> "Beijou a mão *a el-rei* e saiu." (ALEXANDRE HERCULANO)

3) Acompanha certos conglomerados constituídos de *verbo* + *objeto direto*, dos quais depende o indireto.
Tais conglomerados, que em latim regiam dativo, equivalem muitas vezes a verbos simples:

ter medo a (= *temer*), *ter amor a* (= *amar*), *fazer guerra a* (= *guerrear*), *pôr freio a* (= *refrear*), etc.

GRAMÁTICA NORMATIVA DA LÍNGUA PORTUGUESA

Exemplo:

"Não tenho medo *ao tormento*." (CAMÕES)

Ainda se podem incluir neste grupo conglomerados do tipo dos seguintes:

servir + (*lhe*) + *de* + *predicativo*;
ser + (*lhe*) + *predicativo*;
ouvir algo a alguém;
merecer algo a alguém.

Exemplos:

"(...) servi de olhos *a um cego*." (FREI LUÍS DE SOUSA)

"sê mãe, conforto, providência, filha
ao velho mártir que não tem ventura." (TOMÁS RIBEIRO)

"os cantares que ouvira *aos bisavós incultos*
torne-os a ouvir de nós..." (ANTÔNIO FELICIANO DE CASTILHO)

4) Figura num tipo especial de construção, na qual os verbos *fazer*, *deixar*, *mandar*, *ouvir* e *ver* se combinam a infinitivo acompanhado de objeto direto, ou a verbo de ligação seguido de predicativo.[11]
Exemplos:

"Este *a mais nobres* faz fazer vilezas..." (CAMÕES)

"Assim é (disse Solino) que até óculos, que se inventaram para remediar defeitos da natureza, vi eu já trazer *a alguns* por galantaria."

(RODRIGUES LOBO)

---

[11]Trata-se da controvertida estrutura *"faire faire quelque chose à qualqu'un"*, em cuja exegese se têm afadigado muitos mestres da filologia românica.

Notícia das várias teorias existentes em torno dessa construção pode ter-se nas seguintes fontes: *Romania*, n° 42, 1913, p. 629; *Estudos de linguística românica na Europa e na América desde 1939 a 1948* (suplemento bibliográfico da *Revista portuguesa de filologia*. Coimbra, 1951, p. 24); Juan Bastardas Parera, *Particularidades sintácticas del latín medieval*, Barcelona, 1953, p. 173.

"Três cousas acho que fazem
ao doudo ser sandeu..." (GIL VICENTE)

5) Liga-se a verbos intransitivos unipessoais, designando a pessoa em quem se manifesta a ação.

Exemplos:

"Pareceu *a el-rei e aos seus* que lhes acudia o Céu com socorro."
(FREI LUÍS DE SOUSA)

"Capitu propôs metê-lo em um colégio, donde só viesse aos sábados; custou muito *ao menino* aceitar esta situação."
(MACHADO DE ASSIS)

6) Une-se a alguns verbos pessoais (de regências variadas), quando empregados em determinado sentido. Estão no caso, por exemplo:

querer (com o sentido de *amar, estimar*)
valer (com o sentido de *socorrer*).

Ainda outros há cuja regência tem variado através dos séculos, como *obedecer, resistir* e *agradar,* que hoje só se empregam com objeto indireto, mas possuíam dupla sintaxe (*obedecer-lhe* e *obedecê-lo, resistir-lhe* e *resisti-lo, agradar-lhe* e *agradá-lo*) na linguagem dos séculos XVI e XVII.

Nota

Verbos como *gostar de, depender de, precisar de, carecer de, lembrar-se de, fugir de, consentir em, assistir a (uma festa), proceder a,* etc., não têm objeto indireto. O complemento deles, que será estudado a seguir, se filia ora no ablativo, ora no genitivo, e se denomina *complemento relativo.*

GRAMÁTICA NORMATIVA DA LÍNGUA PORTUGUESA

COMPLEMENTO RELATIVO

Complemento relativo[12] é o complemento que, ligado ao verbo por uma preposição determinada (*a, com, de, em*, etc.), integra, *com o valor de objeto direto*, a predicação de um verbo de significação relativa.

Distingue-se nitidamente do objeto indireto pelas seguintes circunstâncias:

a) Não representa a pessoa ou coisa a que se destina a ação, ou em cujo proveito ou prejuízo ela se realiza. Antes denota, como o objeto direto, o ser sobre o qual recai a ação.

b) Não corresponde, na 3ª pessoa, às formas pronominais átonas *lhe, lhes*, mas às formas tônicas *ele, ela, eles, elas*, precedidas de preposição:

assistir a um baile — assistir *a ele*

depender de despacho — depender *dele*

precisar de conselhos — precisar *deles*

anuir a uma proposta — anuir *a ela*

gostar de uvas — gostar *delas*

reparar nos outros — reparar *neles*.

COMPLEMENTO CIRCUNSTANCIAL

É um complemento de natureza adverbial — tão indispensável à construção do verbo quanto, em outros casos, os demais complementos verbais.

Se compararmos frases como:

Irei a Roma e Jantarei em Roma —,

---

[12]A denominação "complemento relativo" inspira-se na generalização do conceito de *régime relatif*, proposto por Meyer Lübke para regências fronteiriças dessa nossa. (*Grammaire des langues romanes*, tradução francesa, 2ª ed., 3 vols., Viena: Stechert, 1923, vol. 3, p. 349.)

verificaremos que, na segunda, o liame entre a preposição e o substantivo se nos mostra muito mais íntimo do que na primeira, onde, pelo contrário, a preposição como que forma bloco com o verbo.[13] Temos, aí, com efeito, dois sintagmas:

Por seu valor de verbo de direção, *ir* exige, por assim dizer, a preposição *a* para ligá-lo ao termo locativo.

Outros exemplos:

Morar em Paquetá.
Estar à janela.
Ter alguém ao colo.

Este complemento pode construir-se, também, sem preposição:

A guerra durou *cem anos.*
Distar *muitos quilômetros.*

É expresso:

a) Por um nome regido das preposições *a* ou *para*, indicativas de *direção*:

Ir *a Roma.*

> **Nota**
>
> É o acusativo de direção do latim: *Romam proficisci* (ir *a Roma*); *Lesbum se conferre* (trasladar-se *para Lesbos*).

---

[13]Cf. C. de Boer, *Syntaxe du français moderne*, 2ª ed., Leiden: Universitaire pers Leiden, 1954, p. 31.

GRAMÁTICA NORMATIVA DA LÍNGUA PORTUGUESA

b) Por um nome sem preposição, ou com ela, que exprima *tempo*, *ocasião*:

Viver *muitos anos*.
Trabalhar *toda a vida*.
"E o meu suplício durará *por meses*." (ALEXANDRE HERCULANO)

Nota

É o acusativo de tempo do latim: *Triginta annos vixit* (viveu *trinta anos*).

---

c) Por um nome sem preposição, que indique *peso*; *preço*; *distância* no espaço e no tempo:

Pesar *dois quilos*.
Valer *uma fortuna*.
Custar *mil cruzeiros*.
Recuar *três léguas*.
Envelhecer *vinte anos*.

Nota

Este último é o acusativo de espaço do latim: *Ager latus pedes trecentos* (um campo *com a largura de 300 pés*; ou *com 300 pés de largura*).

---

3. AGENTE DA PASSIVA

É o complemento que, na voz passiva com auxiliar (também chamada voz passiva *analítica*), representa o ser que praticou a ação verbal. Exemplo:

Nossa casa foi construída *por este engenheiro*.

Sendo este complemento o verdadeiro agente, ou seja, aquele que exerce a ação, podemos transformar a construção passiva em ativa, e, neste caso, ele figurará como sujeito:

Este engenheiro construiu nossa casa.

O agente pode declinar de importância a ponto de ser omitido:

Nossa casa foi construída há muitos anos.
(*Por quem? Não sei, ou não interessa dizer.*)

Introduz-se o agente da passiva pela preposição *por* e, às vezes, *de*:

Os cartagineses foram vencidos *pelos romanos.*
Nosso chefe era muito estimado *de superiores e subalternos.*

"O quarto foi invadido *de gente,* repórteres, fotógrafos."
(FERNANDO SABINO)

TERMOS ACESSÓRIOS DA ORAÇÃO

Além dos termos integrantes que acabamos de estudar, podem figurar na oração outros elementos, tais como:

Adjunto adnominal
Aposto
Adjunto adverbial

1. ADJUNTO ADNOMINAL

Ao núcleo substantivo, qualquer que seja a função deste, pode juntar-se um termo de VALOR ADJETIVO, para acrescentar-lhe um dado novo à significação.

O adjunto adnominal é expresso por:

GRAMÁTICA NORMATIVA DA LÍNGUA PORTUGUESA

a) Adjetivo:

Lar *feliz*.
Verdes mares *bravios*.

b) Locução adjetiva:

Cavalo *de raça*.
Rosa *sem espinhos*.

c) Artigo (definido, ou indefinido):

O professor.
Um professor.

d) Pronome adjetivo, ou numeral adjetivo:

Minhas filhas. *Aquele* dicionário. *Algumas* palavras. Pessoas *cujos* exemplos devemos seguir. *Que* profissão desejas abraçar? *Dois* irmãos. *Terceiro* lugar.

A um só e mesmo núcleo substantivo é lícito subordinar, ao mesmo tempo, adjuntos adnominais em formas variadas.
Exemplos:

Viúva *rica* e *sem filhos*.
Meu bom amigo *de infância*.
Um varão *piedoso* e *de invulgar saber*.

2. APOSTO

Um substantivo (ou pronome) pode-se fazer acompanhar imediatamente de outro termo de caráter nominal, a título de individualização ou esclarecimento.

Exemplos:

Durante sete anos, Jacó serviu Labão, *pai de Raquel*.

Hermes Fontes, *grande poeta brasileiro*, estreou com um formoso livro: *Apoteoses*.

Eu, *Brás Cubas*, escrevi este romance com a pena da galhofa e a tinta da melancolia.

É importante acentuar que o substantivo fundamental e o aposto que se lhe junta designam sempre *o mesmo ser*.

Geralmente, entre um e outro desses termos há ligeira pausa, assinalada na escrita por vírgula.

Mas há um tipo de aposto em que não se usa vírgula: aquele com o qual se dá a *denominação* do ser, individualizando-o dentro do seu gênero. Exemplo:

O padre *Anchieta* foi o primeiro professor do Brasil.[14]

Do mesmo modo:

O poeta *Olavo Bilac*...   O romance *Dom Casmurro*...
O marechal *Rondon*...   A lagoa *Rodrigo de Freitas*...
O maestro *Carlos Gomes*...   O rio *Tejo*...

Neste último caso, pode o aposto prender-se ao fundamental pela preposição *de*:[15]

A cidade *de Londres*...   O nome *de Maria*...
A serra *da Mantiqueira*...   O mês *de março*...

---

[14]*A Grammaire Larousse du XXᵉ siècle* (Paris: Larousse, 1950, p. 71) e Maurice Grevisse, *Le bon usage* (7ª ed., Paris: Gembloux, J. Duculot/Paul Geuthner, 1959, p. 153), ensinam que, em construções que tais, o aposto vem *antecipado*. De tal sorte que, em *maître Corbeau, le maréchal Foch, le philosophe Platon*, os substantivos apostos seriam, respectivamente, *maître, maréchal* e *philosophe*.

Não entendemos assim; todavia, aí fica a informação.

[15]Repare-se em que, na construção "A cidade de Londres", os dois termos (*cidade e Londres*) se identificam, pois que ambos designam o mesmo ser. Não se confunda, portanto, com estruturas do tipo de "A neblina de Londres", "A população de Londres", etc., em que *de Londres* tem valor adjetivo, funcionando como adjunto adnominal.

GRAMÁTICA NORMATIVA DA LÍNGUA PORTUGUESA

Também especialmente digno de nota é o aposto de que nos servimos para fazer uma *enumeração*. Assim:

O império romano possuía numerosas províncias: *Hispânia, Gália, Itália, Dácia,* etc.

Várias línguas — *francês, italiano, alemão e rético* — se falam na Suíça.

Eis três mulheres bíblicas: *Sara, Rebeca* e *Lia.*

Neste último exemplo, os apostos *Sara, Rebeca* e *Lia* representam como que desdobramentos do núcleo — *mulheres.*

Entre o fundamental e o aposto aparece, às vezes, uma das locuções explicativas *isto é, a saber, por exemplo,* e outras de igual teor:

Perderam todos os bens, *a saber:* dois apartamentos, uma fazenda e um automóvel.

Casos há em que o aposto, expresso por um dos pronomes indefinidos *tudo, nada, algo, alguém, ninguém, outrem, quem?* ou, ainda, por *o mais, o restante,* etc. — sintetiza vários substantivos ou pronomes fundamentais:

As cidades, os campos, os vales, os montes, *tudo* era mar.

Os colegas de trabalho, os velhos amigos de infância e até os parentes mais chegados, *ninguém* lhe trouxe uma palavra de conforto.

Filhos, netos, bisnetos, *quem* o socorrerá na velhice?

Sobrevivente do naufrágio, ele conseguiu salvar algum dinheiro; porém joias, roupas, documentos, *o mais* submergiu com o navio.

Observação

Se a ordem dos termos da oração fosse esta: "...*porém o mais — joias, roupas, documentos — submergiu com o navio."* —, os três substantivos passariam a funcionar como apostos a "o mais" que, então, seria o sujeito. O mesmo cabe dizer a respeito dos outros exemplos acima citados.

Mencione-se, por fim,[16] aquele tipo de aposto que se refere ao sentido global de uma oração:

Suas palavras foram muito injustas, *fato* que me desgostou profundamente.

Os alunos estavam reunidos no pátio, *o* que facilitou a chamada.

3. ADJUNTO ADVERBIAL

É o termo que acompanha o verbo, exprimindo as particularidades que cercam ou precisam o fato por este indicado.

É expresso:

a) Por um advérbio:

Visito-o *diariamente*.
Cometeu o crime *premeditadamente*.
O navio passou *longe*.
Dar-lhe-ei o livro *amanhã*.
Outrora, éramos felizes.

b) Por uma expressão adverbial:

Partiremos *de madrugada*.
Lerei seu romance *na próxima semana*.

A classificação do adjunto adverbial, mormente quando constituído por expressão adverbial (preposição + substantivo), nem sempre se alcança fazer com facilidade. E isto porque ela depende das relações, muita vez sutis, estabelecidas pela preposição introdutória.

---

[16]Minuciosa classificação dos vários tipos de aposto pode ler-se em José Oiticica, op. cit., p. 241. Sobre casos como *Colégio Pedro II, Teatro Carlos Gomes, rua Gonçalves Dias*, etc., que outrora se diziam, vernaculamente, *Colégio de Pedro II, Teatro de Carlos Gomes, rua de Gonçalves Dias*, tendo havido, portanto, mudança de construção, consulte-se especialmente a Mário Barreto, *De gramática e de linguagem*, 2 vols., Rio de Janeiro: O Norte, 1922, vol. 2, p. 180 e 221. Acreditamos que para essa evolução tenha concorrido mais a analogia (confusão de construções) do que a costumeiramente alegada influência francesa.

GRAMÁTICA NORMATIVA DA LÍNGUA PORTUGUESA 319

Como sabemos, uma só preposição pode estabelecer diferentes relações, como é o caso, por exemplo, da preposição *de* (o que concorre para dificultar a interpretação):

Assunto: Falar *da vida alheia*.
Causa: Morreu *de sede*.
Meio: Vive *do trabalho*.
Modo: Olhou-me *de esguelha*.

Eis outros exemplos de adjuntos adverbiais, encabeçados por variadas preposições, ou locuções prepositivas:

Assunto: O conferencista dissertou *sobre febre amarela*. Conversamos *a respeito de literatura*.
Causa: O sertanejo ficara arruinado *com a seca*. Desistiu do concurso, *por moléstia*.
Companhia: Saiu *com amigos*.
Concessão: *Apesar do mau tempo*, o avião levantou voo.
Concomitância: Acordei *ao estampido da explosão*.
Condição: Ninguém cruzará a fronteira, *sem passaporte*.
Conformidade: Deus criou o homem à *sua imagem e semelhança*.
Favor: Morrer *pela pátria* (em favor de, em prol de, em benefício de, etc.)
Fim: Pararam todos à *escuta*. O sino tocava à *missa*.
Instrumento: Quebravam a pedreira *a picareta*. Escreveu-me rapidamente, *a lápis*.
Meio: Sempre fora amigo de viajar *a cavalo*. No fim da vida, morava e comia *de esmola*.
Modo: Costumava falar *a altas vozes*. Cuidado para não pisar *em falso*.
Oposição: Bater-se *com o adversário*. Remava *contra a maré*. Esta sentença foi lavrada *ao arrepio da lei*.
Preço: Passava os dias vendendo jornais velhos, *a vintém*.
Quantidade: Escreveu versos *aos milhares*.
Tempo: O frade jejuava *às segundas* e *quintas-feiras*. A velhinha chorou desesperadamente à *partida do navio*. Houve um silêncio constrangedor: ninguém ousou falar *por alguns minutos*.

Apreciemos à parte a circunstância adverbial de lugar (uma das mais frequentes), por oferecer subclassificações de que convém tomar conhecimento:

Lugar onde: Sempre trabalhou *em São Paulo*. *Onde* estás morando?
Lugar aonde: Escolha a cidade *a que* deseja ir. *Aonde* vais, com tanta pressa?
Lugar por onde: Esta é a selva *através da qual* alcançaremos o rio.
Lugar para onde: Mudar-nos-emos *para Brasília*.
Lugar donde: Partimos *de Lisboa* num sábado, à noite.

VOCATIVO

É um termo de natureza exclamativa, empregado quando chamamos por alguém, ou dirigimos a fala a pessoa ou ente personificado.

Não pertence propriamente à estrutura da frase, devendo ser considerado à parte.

Exemplos:

"*Senhor!* Porque nos deste uma língua tão pobre na gratidão?"
(RUI BARBOSA)

"*Eh! tia Maria... Olá, rapariga!*" (EÇA DE QUEIRÓS)

"*Ó seu Pilar!* — bradou o mestre com voz de trovão."
(MACHADO DE ASSIS)

O vocativo pode ser precedido de algumas interjeições (*eh!, olé, olá!*), especialmente *ó*, bem aberto, como no último dos exemplos citados.

Observação

Na fala corrente do Rio de Janeiro, esta interjeição se pronuncia frequentemente /ô/, embora se escreva ó.

GRAMÁTICA NORMATIVA DA LÍNGUA PORTUGUESA

Em regra, é o vocativo separado por vírgula (quando vem no início ou no fim da frase), ou figura entre vírgulas (quando intercalado).

Filho meu, onde estás?
E agora, *José?*
Fuja, *fidalgo*, que me perco!... Fuja que o mato e me perco!

Observação

"Desse último aspecto é a palavra *senhor* que normalmente se segue a uma afirmação ou negação. Exs.: *Vou, sim, senhor! — Não, senhor!* A vírgula que se coloca neste caso para frisar melhor o vocativo não corresponde a uma pausa propriamente dita na fala, pois enuncia-se a palavra *senhor* sem solução de continuidade com as partículas *sim* ou *não*."[17]

CONSTITUIÇÃO DO PERÍODO

Período é a frase formada de duas ou mais orações.

De acordo com o modo como se dispõem e relacionam nele, apresenta o período duas estruturas típicas:

— *Coordenação*
— *Subordinação*

COORDENAÇÃO

A comunicação de um pensamento em sua integridade, pela sucessão de orações *gramaticalmente* independentes — eis o que constitui o período composto por coordenação.

Exemplo:

As senhoras casadas eram bonitas; porém Sofia primava entre todas.

---

[17]Rocha Lima e J. Matoso Câmara Jr., *Curso da língua pátria*, 6ª ed., 4 vols., Rio de Janeiro: F. Briguiet, 1959, vol. 2 (Gramática, 1ª e 2ª séries ginasiais), p. 10.

Se eu quisesse transmitir a alguém este meu juízo, e lhe dissesse apenas:

As senhoras casadas eram bonitas —,

ou tão somente:

Sofia primava entre todas. —,

não teria, decerto, comunicado o que pretendia: minha declaração, num caso e noutro, estaria truncada, ou incompleta.

É que, para transmitir aquele pensamento, necessito das duas orações em conjunto — não obstante poder cada qual delas existir por si só.

Outro exemplo:

Cheguei, vi, venci.

Neste período, as orações se sucedem naturalmente, apenas realçadas na pronúncia por leve pausa, que se marcou pelo sinal gráfico *vírgula*.

Poderia, porém, haver entre elas, principalmente entre as duas últimas, uma *conjunção coordenativa*.

Quando não há esta partícula, a coordenação diz-se ASSINDÉTICA; em caso contrário, SINDÉTICA.

As orações coordenadas sindéticas recebem o nome das conjunções que as iniciam, classificando-se, portanto, em: *aditivas, adversativas, alternativas, conclusivas, explicativas.*

ORDEM DAS ORAÇÕES COORDENADAS

Conquanto tenham o mesmo valor sintático, nem sempre é indiferente a *ordem* das orações no período composto por coordenação. Elas se hão de dispor conforme o sentido e a sucessão lógica dos fatos. Por isso, à oração que vem em primeiro lugar — ponto de partida do pensamento — é costume chamar *coordenada culminante*.

Atentemos para esta observação de João Ribeiro, um dos mais inteligentes dos nossos gramáticos:

GRAMÁTICA NORMATIVA DA LÍNGUA PORTUGUESA

"— *Deus fez a luz; depois criou a natureza; e finalmente formou o homem. Entrou em combate, lutou heroicamente e morreu.*

A ideia obriga a colocação em circunstâncias como estas, de sorte que seria impossível dizer: *morreu, entrou em combate e lutou heroicamente*. Não menos absurdo seria inverter a ordem do primeiro exemplo, dizendo: *Deus finalmente formou o homem, depois criou a natureza*, etc. Assim, todas as vezes que os fatos têm ordem histórica, a narração deve também seguir em lugares sucessivos os momentos sucessivos do tempo. A conclusão de uma premissa deve ir também em último lugar. *Penso; logo, existo* — é a frase que não se pode inverter.

A inversão tem, todavia, lugar, quando, sem ofensa da ordem verídica e histórica dos fatos, a coordenação é feita por conjunções disjuntivas (alternativas):

Quer venha, quer não venha...
Quer não venha, quer venha...

Neste caso existe exclusão de um dos dois fatos, e a ordem histórica não sofre injúria alguma."[18]

Para dar mais vigor à coordenação, valemo-nos de uma fórmula correlativa (*não só... mas também; não só... mas ainda; não só... senão também; não só... senão que*):

Não só o roubaram, *mas também* o feriram.
Não só trabalha de dia, *senão que* estuda à noite.

SUBORDINAÇÃO

No período composto por subordinação, há uma oração *principal*, que traz presa a si, como *dependente*, outra ou outras. Dependentes, porque cada uma tem seu papel como um dos termos da oração principal.

---

[18]João Ribeiro, *Gramática portuguesa*, curso superior, 15ª ed., Rio de Janeiro: Francisco Alves, 1909, p. 227-8.

As diferentes funções sintáticas são exercidas pelo substantivo, pelo adjetivo e pelo advérbio, conforme a seguinte distribuição:

1) Funções desempenhadas pelo *substantivo* (e pelo *pronome*):

sujeito, objeto direto, objeto indireto, complemento relativo, complemento nominal, aposto, e, às vezes, predicativo.

2) Funções desempenhadas pelo *adjetivo*:

adjunto adnominal e *predicativo.*

3) Função desempenhada pelo *advérbio*:

adjunto adverbial.

Se as orações subordinadas representam desdobramentos dos vários termos da oração principal, é evidente que figurarão ora com funções próprias do substantivo, ora com funções próprias do adjetivo, ora com funções próprias do advérbio.

Classificam-se as orações subordinadas consoante dois critérios conjugados:

A) Quanto à *função* que desempenham na oração principal:

SUBSTANTIVAS

ADJETIVAS

ADVERBIAIS

B) Quanto *à forma* e ao modo como se articulam com a oração principal:

DESENVOLVIDAS

REDUZIDAS

JUSTAPOSTAS

1) As orações *desenvolvidas* (ou, noutra nomenclatura — *explícitas*) trazem o verbo em forma finita e são encabeçadas por conjunção, pronome relativo, ou, no caso da interrogação indireta, por pronome ou advérbio interrogativos.

2) As orações *reduzidas* (ou, noutra terminologia — *implícitas*) têm o verbo numa das formas infinitas ou nominais: o infinitivo, o gerúndio, ou o particípio.

3) As orações *justapostas*, sem prejuízo da "função" que desempenhem na principal, aditam-se a esta sem a mediação de conectivo e têm "forma" de oração independente — isto é, estão isentas de servidão gramatical.

Mediante processo puramente sintático não influenciado por valores estilísticos, é possível, de maneira geral, converter orações de forma desenvolvida em orações de forma reduzida (e vice-versa) — bem como pôr-lhes lado a lado os termos não oracionais correspondentes.

Assim, a função, por exemplo, de adjunto adverbial de *tempo* pode expressar-se:

a) Por termo não oracional (advérbio, ou locução adverbial):

Durante o verão, as cigarras ficam zonzas de alegria.

b) Por oração subordinada de forma desenvolvida:

Quando chega o verão...

c) Por oração subordinada de forma reduzida:

Ao chegar o verão... (com o infinitivo).
Chegando o verão... (com o gerúndio).
Chegado o verão... (com o particípio).

Nem sempre, porém, encontramos tal riqueza de equivalência sintática: o *objeto indireto*, por exemplo, por sua natureza mesma, não se apresenta senão sob forma não oracional (substantivo precedido de *a* ou *para*, ou pronome *lhe*); o adjunto adverbial de *modo* somente aparece sob a forma de advérbio, locução adverbial, ou oração reduzida (de infinitivo, ou de gerúndio): não reveste a forma de oração desenvolvida.

Nem sempre (insistimos) equivalências que seriam teoricamente válidas atinam com a índole da língua; e, por isso, carentes de sabor idiomático, nela não encontram quartel.

Se, por um lado, podemos operar uma conversão como esta:

É certo / *que o trem já partiu.* (oração desenvolvida)
É certo / *já haver o trem partido.* (oração reduzida)

por outro lado, somente se pode dizer assim:

Coube-me / *repartir os pães.*

Ser-nos-ia impossível transformar a oração reduzida de infinitivo (*repartir os pães*) na oração desenvolvida que lhe corresponde teoricamente — o que nos levaria a perpetrar um dislate, repelido pela sintaxe portuguesa:

Coube-me / *que eu repartisse os pães.*

Também algumas orações adverbiais (as de *modo, meio* e *exceção*) desaceitam a forma desenvolvida, construindo-se tão só como reduzidas:

Os estudantes receberam-no / *cantando hinos patrióticos.* (modo)
Vivia / *de guardar alheio gado.* (meio)
Nada fazia / *exceto dormir.* (exceção)

Isto posto, passemos a examinar os vários tipos de oração subordinada:

1. Orações Substantivas

Estas orações valem por substantivos.

Assim como, dentro da oração, o substantivo pode servir de *sujeito, objeto direto, objeto indireto, complemento relativo, complemento*

GRAMÁTICA NORMATIVA DA LÍNGUA PORTUGUESA

nominal, aposto e *predicativo* — assim também, dentro do período, às orações substantivas cabe desempenhar os mesmos ofícios.

Classificam-se, portanto, quanto à *função*, em:

Subjetiva   *Completiva nominal*
Objetiva direta   *Apositiva*
Completiva relativa   *Predicativa*

O objeto indireto (já o dissemos) não se pode apresentar sob forma oracional.

DESENVOLVIDAS

Quanto à maneira de se articularem com a oração principal, distinguem-se dois grupos de orações substantivas de forma desenvolvida:

— As que são introduzidas pela conjunção integrante *que.*

— As *interrogativas indiretas,* que começam por pronome ou advérbio interrogativos, ou, ainda, pela partícula dubitativa *se.*

a) A *conjunção integrante,* simples elo entre as orações, não tem nenhum valor sintático, ou significativo: vem assim à feição de mera partícula anunciadora de oração substantiva, podendo, até, em certos casos, ser omitida:

Rogo a V. Ex.ª (*que*) não retarde a assinatura do convênio.

As orações substantivas encabeçadas por conjunção integrante distribuem-se em:

1) Subjetiva:

"Parecia / *que o morro se tinha distanciado muito.*"
(GRACILIANO RAMOS)

2) Objetiva direta:

"Descobri então / *que o meu tamanho não era fixo...*"
(ANÍBAL M. MACHADO)

3) Completiva relativa:

"Lembro-me / *de que saímos, de madrugada, de um restaurante...*"

(DINAH SILVEIRA DE QUEIRÓS)

4) Completiva nominal:

"(...) mas ficava-me a certeza / *de que havia ali vários trabalhos, feitos por muitos indivíduos.*" (GRACILIANO RAMOS)

5) Apositiva:

"Um temor o perseguia: / *que a velhice lhe enfraquecesse a fibra de guerreiro.*" (ÉRICO VERÍSSIMO)

6) Predicativa:

"O terrível é / *que esta moléstia destrói a vontade...*"

(CYRO DOS ANJOS)

Observação

Costuma haver certa vacilação no pronto reconhecimento das orações substantivas *subjetivas*. Atente-se, pois, para os principais esquemas de construção em que elas figuram — observando-se particularmente os verbos da oração principal.

"São os seguintes, quando em terceira pessoa e seguidos de *que*, ou *se*:

a) De conveniência: *convém, cumpre, importa, releva, urge*, etc.

b) De dúvida: *consta, corre, parece*, etc.

c) De ocorrência: *acontece, ocorre, sucede*, etc.

d) De efeito moral: *agrada, apraz, admira, dói, espanta, punge, satisfaz*, etc.

e) Na passiva: *conta-se, sabe-se, dir-se-ia, é sabido, foi anunciado, ficou provado*, etc.

f) Nas expressões dos verbos *ser, estar, ficar*, com substantivo, ou adjetivo: *é bom, é verdade, está patente, ficou claro*, etc."[19]

---

[19]José Oiticica, op. cit., p. 241.

GRAMÁTICA NORMATIVA DA LÍNGUA PORTUGUESA

(cont.)

Exemplos:

Convém / que não faltes a essa reunião.
Sucedeu / que todos se retiraram ao mesmo tempo.
Parece / que choverá logo mais.
Dói-me / que o maltratem tanto.
Conta-se / que ele já esteve preso.
Está claro / que ninguém acreditará nessa história.
Não se sabe / se haverá aula amanhã.

b) As *interrogativas indiretas* se anexam à oração principal por intermédio de um pronome ou advérbio interrogativo: *que* (= *que coisa?*), *quem* (= *que pessoa?*), *qual? (quais), quanto? (quanta, quantos, quantas); onde?, quando?, como?* e *porque?*

Exemplos:

Não sei / *que* pensas a meu respeito.

Perguntam / *quem* os acompanhará.

Diga-me / *onde* se vende esse livro.

Ainda não explicaste / *porque* abandonaste a carreira diplomática.

Observações

a) A palavra *quem*, pronome interrogativo, equivalente a *que pessoa*, inicia orações *substantivas*. Ao contrário, enceta orações *adjetivas* (como veremos adiante) quando for pronome relativo indefinido, isto é, empregado sem antecedente, e com a significação de *a pessoa que* ou *aquele que*.[20]

b) As orações "dubitativas" encetadas pela partícula *se* devem considerar-se, preferivelmente, como uma forma das interrogativas indiretas:

Pergunto a mim mesmo / *se* vale a pena continuar.

A pergunta direta seria:

— Vale a pena continuar?

---

[20]Consulte-se, a respeito, a seguinte bibliografia: Alfred Ernout — François Thomas, *Syntaxe latine*, Paris: Klincksieck, 1951, p. 267 e 281; Antonio Tovar, *Gramática histórica latina: sintaxis*, Madri: Espasa-Calpe, 1946, p. 191 e 228; Wartburg e Zumthor, *Précis de syntaxe du français contemporain*, Paris, 1948, p. 38-92; Giacinto Manuppela, *A língua italiana*, 2 vols., Lisboa: Sociedade Progresso Industrial, 1953, vol. I, p. 160; Alain Guillermou, *Manuel de langue roumaine*, Paris: Klincksieck, 1953, p. 86; Pompeu Fabra, *Grammaire catalane*, Paris: Les Belles Letres, 1946, p. 51; Maria Pereira de Sousa Lima, *Gramática portuguesa*, 2ª ed., Rio de Janeiro: José Olympio, 1945, p. 315.

Quase sempre a oração substantiva deste tipo exerce a função de *objeto direto* — o que acontece com todos os exemplos citados. Analisa-se, portanto, como: subordinada substantiva objetiva direta.

Neste papel, não é raro vir acompanhada de preposição — já que esta rege o pronome ou advérbio interrogativos, e não a oração substantiva:

Ignoro / *de quem* são esses versos.
Não me informaram / *de onde* partiram os gritos.

Cabe, também, à oração substantiva, na interrogação indireta, desempenhar o ofício de *sujeito*, ou o de *aposto*:

Não se sabe / *quem* será o novo ministro. (subordinada substantiva subjetiva)
Perguntei-lhe o seguinte: *quando* pretendia aposentar-se. (subordinada substantiva apositiva)

Reduzidas

Somente em reduzidas de *infinitivo* podem transformar-se as orações substantivas.

Exemplos:

1) Subjetiva:

"Não me agrada / *lembrar o passado*." (Aníbal M. Machado)

2) Objetiva direta:

"Pela minha parte, acredito *não ter nunca transposto o limite das minhas quatro ou cinco primeiras impressões*." (Joaquim Nabuco)

3) Completiva relativa:

"Ele gostava / *de se olhar nos espelhos*." (Érico Veríssimo)

GRAMÁTICA NORMATIVA DA LÍNGUA PORTUGUESA

4) Completiva nominal:

"Tive vontade / *de ir-me embora.*" (LIMA BARRETO)

5) Apositiva:

"Só uma coisa Marina ainda achava superior ao trem: / *ter dor de dente.*" (MÁRIO DE ANDRADE)

6) Predicativa:

"O melhor remédio (...) era / *conversar.*" (AUTRAN DOURADO)

Há orações substantivas de forma reduzida "fixa" — isto é, que não admitem conversão em desenvolvidas.
Exemplo:

Resta-me / *desistir de meu intento.* (e não: *que desista...*)
É-me penoso / *falar sobre este assunto.* (e não: *que eu fale...*)

JUSTAPOSTAS

Suas funções restringem-se a estas duas.

1) Objetiva direta (no discurso direto):

Aristóteles costumava dizer aos seus amigos: "*Não há amigos.*"

Observação

A oração sublinhada desempenha a *função* de objeto direto de "dizer"; é, pois, parte da oração principal. Então, há de classificar-se como: subordinada substantiva objetiva direta.

Quanto à *forma*, não se apresenta nem como desenvolvida, nem como reduzida — e, sim, como justaposta.

Se transpuséssemos este período para o discurso indireto, teríamos uma oração igualmente subordinada substantiva objetiva direta — porém de forma *desenvolvida*:

Aristóteles costumava dizer aos seus amigos / *que não havia amigos.*

Exemplificação literária:

"Mas quando a terra diz: '*Ele não morre*',
Responde o desgraçado: '*Eu não vivi!...*'"

(CASTRO ALVES)

Orações subordinadas deste gênero podem colocar-se antes da principal, ou intercalar-se nela:[21]

Este casamento é uma imprudência, ponderou o velho.

Este casamento — ponderou o velho — *é uma imprudência*.

Exemplificação literária:

"'*Você costuma ler os jornais?*' — perguntei-lhe."

(CECÍLIA MEIRELES)

"*Pois então*, retorquiu o mineiro, *deite-se um pouco* [...]"

(TAUNAY)

2) Apositiva:

Dei-lhe tudo: *ofereci-lhe o meu nome; tornei-a dona de todo o meu dinheiro; elevei-a à minha posição social*.

Neste exemplo, as orações *ofereci-lhe o meu nome, tornei-a dona de todo o meu dinheiro* e *elevei-a à minha posição social* são apostos do pronome indefinido *tudo*, objeto direto da oração *dei-lhe tudo*.

Com efeito, se tivéssemos a frase: — *Dei-lhe tudo: nome, dinheiro, posição* —, as palavras *nome, dinheiro, posição* seriam apostos de *tudo*.

Tratando-se de orações, persiste o valor apositivo.

Temos aí orações, subordinadas substantivas apositivas — de forma justaposta.

---

[21]Sobre a natureza da oração intercalada em períodos assim, leia-se Boor, op. cit., p. 25. Para ele, bem como para M. M. Le Bidois, trata-se de oração que tem caráter nitidamente de *principal*.

2. Orações Adjetivas

Estas orações, que valem por adjetivos, funcionam como adjunto adnominal. Na trama do período, subordinam-se, portanto, a qualquer termo da oração anterior cujo núcleo seja substantivo, ou equivalente de substantivo.

Assim, no período:

A *água é um líquido* / *que não tem cor.* —,

a oração *que não tem cor* está acrescentando ao substantivo "água", na qualidade de adjunto adnominal oracional, a mesma ideia que poderia ser expressa pelo adjetivo *incolor*.

O emprego de orações adjetivas permite que juntemos ao substantivo características mais complexas, para as quais, muita vez, não existem na língua adjetivos léxicos.

Vimos que, na frase acima citada, à oração *que não tem cor* corresponde, com justeza, o adjetivo *incolor*. Debalde, porém, procuraríamos um adjetivo isolado, capaz de traduzir exatamente a ideia global contida na oração *que no vosso espelho caiu*, de um período como este, de Ribeiro Couto:

> "Dizei-me, águas mansas do rio,
> Para onde levais essa flor
> *Que no vosso espelho caiu?*"

As orações adjetivas, quando *desenvolvidas*, são encetadas pelos pronomes relativos *que, o qual* (com suas flexões), *quem, cujo* (com suas flexões), *quanto* (com suas flexões); ou pelos advérbios relativos *onde, quando* e *como* — por intermédio dos quais se prendem a um substantivo, ou pronome, da oração anterior.

Tal substantivo, ou pronome, cuja significação o relativo reproduz, chama-se — *antecedente*.

Além de servirem de ligação oracional, os relativos desempenham uma função sintática no corpo da oração a que pertencem.

Examinemos este período de Rachel de Queiroz:

"Era uma vez, já faz muito tempo, havia um homem / *que era ateu*."

O sujeito da oração adjetiva "que era ateu" está representado nela pelo pronome relativo *que*, cujo antecedente é — *um homem*.

Cumpre assinalar que a função sintática do relativo nada tem que ver com a função sintática do seu antecedente. Embora o relativo, como sabemos, *reproduza a significação do antecedente*, o que importa é o papel que ele, relativo, exerce na oração em que figura.

No período citado, esta verdade se nos mostra de maneira claríssima: na oração principal, o termo *um homem* serve de objeto direto a "havia"; contudo, o pronome relativo (que, na oração adjetiva, está posto em lugar de *um homem*) funciona como sujeito de "era".

DESENVOLVIDAS

Eis alguns exemplos de orações adjetivas desenvolvidas, apontadas as variadas funções dos pronomes relativos introdutórios:

1) Sujeito:

"Ele fitava a noite / *que* cobria o cais." (JORGE AMADO)
(*que*: sujeito de *cobria*)

"Sou tudo / *quanto* te convém." (MANUEL BANDEIRA)
(*quanto*: sujeito de *convém*)

2) Objeto direto:

"As ideias, / *que* tanto amavas, / já não são tuas companheiras de toda hora?" (CARLOS DRUMMOND DE ANDRADE)
(*que*: objeto direto de *amavas*)

"... trair, como eu, a pessoa / *a quem* amamos / é miserável fraqueza."
(CYRO DOS ANJOS)
(*a quem*: objeto direto preposicional de *amamos*)

GRAMÁTICA NORMATIVA DA LÍNGUA PORTUGUESA

3) Objeto indireto:

"Pálidas crianças
/A *quem* ninguém diz:/
— Anjos, debandai!..." (MANUEL BANDEIRA)
(*a quem*: objeto indireto de *diz*)

4) Complemento relativo:

"E as buscas / *a que* eu procedia, / sempre baldadas..."
(GODOFREDO RANGEL)
(*a que*: complemento relativo de *procedia*).
Proceder a buscas = proceder a elas.

5) Predicativo:

"Vai pioneiro e solitário o Arcebispo, como santo e desacom-
panhado / *que* ele é, neste mundo vazio..." (AUGUSTO MEYER)
(*que*: predicativo)

6) Adjunto adnominal:

"As terras / *de que* era dono /
valiam mais que um ducado." (CECÍLIA MEIRELES)
(*de que*: adjunto adnominal de *dono*)

7) Agente da passiva:

"Bendito e louvado seja
Deus, *por quem* foste criada!..." (CECÍLIA MEIRELES)
(*por quem*: agente da passiva)

8) Adjunto adverbial:

"Esses eram momentos / *em que* ela sofria / mas amava seu sofrimento." (CLARICE LISPECTOR)
(*em que*: adjunto adverbial de *sofria*)

"Sei rezas/ *com que* venço a qualquer mau olhado..."

(MENOTTI DEL PICCHIA)

(*com que*: adjunto adverbial de *venço*).

Ao contrário dos demais, os relativos *cujo, onde, quando, como* têm funções privativas:

— *cujo* (com suas flexões) é sempre *adjunto adnominal*; *onde, quando* e *como* funcionam exclusivamente como *adjunto adverbial*, respectivamente de — *lugar, tempo* e *modo*.

Exemplo:

"Belmira entra com a bandeja / *onde* se enfileiram as taças de doce."

(ÉRICO VERÍSSIMO)

(*onde*: adjunto adverbial de lugar de *enfileiram*).

Restritivas e explicativas

As orações adjetivas ainda podem subclassificar-se em: *restritivas* e *explicativas*.

a) A oração RESTRITIVA tem por ofício delimitar o antecedente, com o qual forma um todo significativo; em razão disso, não pode ser suprimida, sob pena de a oração principal ficar prejudicada em sua compreensão:

Os pecadores / *que se arrependem* / alcançam o perdão de Deus.

Não se quer dizer aí que "todos e quaisquer pecadores alcançam o perdão de Deus"; a afirmação se restringe aos pecadores arrependidos (*que se arrependem*). Portanto, essa oração adjetiva se faz necessária, *juntamente com o seu antecedente*, para a justa expressão do nosso pensamento.

GRAMÁTICA NORMATIVA DA LÍNGUA PORTUGUESA

b) A oração EXPLICATIVA é termo adicional, que encerra simples esclarecimento ou pormenor do antecedente — não indispensável para a compreensão do conjunto:

"Vozes d' África", / *que é um poemeto épico,* / representa um alto momento da poesia brasileira.

A oração *que é um poemeto épico* dá-nos uma informação suplementar acerca do antecedente, não apresentando nenhuma interferência no entendimento da declaração principal — que subsiste sozinha.

É de regra separar por vírgulas (ou travessões) a oração explicativa.

Há línguas, como o inglês, que empregam relativos diferentes para um e outro caso: *that* caracteriza a restritiva, e *who* (*whom*) a explicativa.

Relativos condensados

Os relativos *que, quem, quanto, onde* e *como* podem usar-se sem antecedente, ou melhor — podem condensar em si duas funções: uma de um termo da oração principal, e outra de um termo da oração adjetiva.

Assim que, num período como este:

Não há quem dele se apiede —,

o *quem* encerra e implica dois elementos (*ninguém* / *que*), o primeiro dos quais é o objeto direto da oração principal, e o segundo o sujeito da oração adjetiva:

Não há *ninguém* / *que* dele se apiede.

Outros exemplos:

Diante disso, ele não teve *que* dizer. (nada / que)
Procuro justamente a *quem* procuras. (aquele / a quem)
Perdera no mar *quanto* trazia. (tudo / quanto)

O carro enguiçou *onde* não havia socorro. (num lugar / em que)
Veja *como* fala! (o modo / como).

Para efeito de análise, é conveniente restaurar o antecedente omitido
— com o que se tornará mais nítida a estrutura de cada uma das orações.
A tal tipo pertencem também as frases assim construídas:

"*Quem* nasceu ao pé do mar talvez não perceba essas coisas."
(CARLOS DRUMMOND DE ANDRADE)

Quem tem boca, vai a Roma.
Quem te avisa, teu amigo é. —,

que se analisam conforme o seguinte modelo:

Aquele / que tem boca / vai a Roma.
Oração principal: Aquele vai a Roma.
Oração subordinada adjetiva restritiva: que tem boca.

Observação

"Puede faltar, [en latín], lo mismo que en griego, el antecedente, y el relativo
basta para indicar la relación: Pl. Epid, 594: *Quod credidisti reddo* por *tibi reddo
id, quod...*; también puede esto suceder aun cuando el antecedente fuera en
caso oblicuo diferente del relativo. Cic. Tusc. V, 20: *Xerxes praemium proposuit,
qui inuenisset nouam uoluptatem*, esto es: *praemium proposuit ei, qui...*"
(Antonio Tovar, *Gramática histórica latina*, Madri, 1946, p. 228).

Ernout-Thomas, que dão este último exemplo, comentam: "l'absence de
corrélatif souligne l'indétermination." (*Syntaxe latine*, Paris, 1951, p. 282).

Há condensações bastante complexas, como a de frases semelhantes à
seguinte passagem de Camões (*Lírica*, edição de José Maria Rodrigues e
Afonso Lopes Vieira, Coimbra, 1932, p. 232):

"Ao vento estou palavras espalhando;
A *quem* as digo, corre mais que o vento:" —,

na qual o *quem* (= aquela / a quem) engloba o sujeito da oração principal
e o objeto indireto da oração adjetiva.

As diferentes possibilidades dessas condensações em português foram
estudadas por Mário Barreto, *Novíssimos estudos da língua portuguesa*, 2ª
ed., Rio de Janeiro: Francisco Alves, 1924, p. 131-137; e Sousa da Silveira,
Trechos seletos, 6ª ed., Rio de Janeiro: F. Briguiet, 1961, p. 306, nota 3.

REDUZIDAS

Orações adjetivas podem converter-se em reduzidas de *particípio presente*, de *particípio passado*, de *gerúndio* (num caso particular) e de *infinitivo*.

1) *Reduzida de particípio presente*
Neste tipo de construção — cultismo sintático de emprego raro na linguagem contemporânea —, o particípio presente mantém o seu originário valor verbal:

Este é o caminho / *conducente à glória.* —,

equivalente a:

Este é o caminho / que conduz à glória.

Eis um exemplo quinhentista:

"Ali o rio / *corrente*
De meus olhos / foi manado;" (CAMÕES)

(o rio corrente de meus olhos = o rio que corre de meus olhos).

Ao lado do exemplo de Camões, leia-se este — do atualíssimo Carlos Drummond de Andrade:

"Quando me acontecer alguma pecúnia, / *passante de um milhão de cruzeiros,* / compro uma ilha;"

2) *Reduzida de particípio passado*
Hospedaram-se em minha casa uns parentes / *chegados ontem do interior.* —,

equivalente a:

Hospedaram-se em minha casa uns parentes / que chegaram ontem do interior.

3) *Reduzida de gerúndio*

Somente ocorre com o chamado *gerúndio progressivo*, o qual, preso a um substantivo, ou pronome, da oração principal (e não a um *verbo*), expressa uma ação em desenvolvimento, um fato que se está passando momentaneamente com o ser representado por esse substantivo, ou pronome.

Vale o gerúndio, em construções assim, por uma expressão formada de *a + infinitivo*.

Exemplos:

> "Vede Jesus / *despejando os vendilhões do templo*..." (RUI BARBOSA)

E, com idêntica interpretação, vejam-se estes exemplos colhidos na prosa de exemplar escritor de nossos dias:

> "... é fácil encontrar *defunto / apodrecendo* pelos caminhos..."
> "Surge ao longe *um bananal / oscilando* suas folhas tostadas de vento frio." (ANÍBAL M. MACHADO)

4) *Reduzida de infinitivo*

Se, no exemplo de Rui Barbosa mencionado no item anterior, trocássemos o gerúndio pelo *infinitivo precedido da preposição "a"*, passaríamos a ter uma oração adjetiva, reduzida de infinitivo:

Vede Jesus / *a despejar os vendilhões do templo*.

Eis uma bela passagem de Aluísio Azevedo, onde se sucedem orações dessa espécie:

> "Aqueles homens gotejantes de suor, bêbedos de calor, desvairados de insolação, / *a quebrarem*, / *a espicaçarem*, / *a torturarem a pedra*, / pareciam um punhado de demônios revoltados na sua impotência contra o impassível gigante."

GRAMÁTICA NORMATIVA DA LÍNGUA PORTUGUESA

3. Orações Adverbiais

Assim se denominam porque, equivalentes a um *advérbio*, figuram como adjunto adverbial da oração a que se subordinam.

Quando *desenvolvidas*, começam por conjunção subordinativa (exceto por conjunção integrante, que, como sabemos, é índice das orações substantivas); quando *reduzidas*, aceitam — muitas delas — as formas infinitiva, gerundial e participial.

Repassemos, a seguir, as principais peculiaridades dessas orações.

1) Causais

A oração causal indica o fato determinante da realização, ou não realização, do que se declara na principal.

Quando reveste a forma DESENVOLVIDA, vem encabeçada pela conjunção típica *porque* — ou, com leves matizes de emprego, por um sucedâneo desta: *como, desde que, já que, pois, pois que, porquanto, que, uma vez que, visto como, visto que*.

As orações de *porque* enunciam-se mais comumente depois da principal, não sendo, todavia, rígido, esse uso:

A formiga não receia o inverno, / *porque* economiza no verão.
Porque economiza (ou economize) no verão, / a formiga não receia o inverno.

"As conjunções *pois, pois que, porquanto*, servem para mostrar que a causa é um acontecimento evidente:
Os maus não têm juízo, *pois* deixam a Deus pelo mundo."[22]

Estas orações vêm sempre pospostas.

Ao contrário, oração introduzida por *como* fica obrigatoriamente antes da principal:

Como o pobre rapaz errou uma vez, perderam a confiança nele.

---

[22]Said Ali, *Gramática secundária*, op. cit., p. 148.

As demais (*desde que, já que, uma vez que, visto como* e *visto que*) colocam-se facultativamente antes ou depois da principal, mas a anteposição, ao que parece, lhes comunica certa coloração enfática — o que decerto há de ter concorrido para tornar-se esta a posição geralmente preferida:

Desde que saiu sem permissão, / despedi-lo-ei.

Já que cumpres teu dever, / não dês importância a críticas de invejosos.

Uma vez que não me querem aqui, / jamais pisarei nesta cidade.

Visto que assim o desejas, / assim o farei.

Observação

As conjunções *que* e *porque* ora têm valor coordenativo (conjunções explicativas), ora valor subordinativo (conjunções causais). Em certas línguas, distinguem-se estes dois papéis pela diversidade de partícula: no primeiro caso, equiparam-se ao francês *car*, ao inglês *for* e ao alemão *denn*; no outro, valem, respectivamente, por *parce que, because* e *weil*.

Nem sempre é fácil, por sem dúvida, diferençá-las com nitidez. Todavia, atente-se para os seguintes traços caracterizados de uma e outra:

a) Valor coordenativo:

A oração coordenada de *que* e *porque*, como, aliás, qualquer oração coordenada, é feita para introduzir uma ideia nova, dentro de uma sequência do tipo A + A. Por encerrar a justificação do que se disse na oração anterior, tem, forçosamente, de seguir-se a esta. Por outro lado, separa-a da oração antecedente uma pausa de certa duração — pausa que, com frequência, se assinala por ponto e vírgula e, até, por ponto simples, além de se marcar, naturalmente, por vírgula:

"Não é oração aceitável a do ocioso; *porque* a ociosidade o dessagra."

"Os 'maus' só lhe inspiram tristeza e piedade. Só o 'mal' é o que o inflama em ódio. *Porque* o ódio ao mal é o amor do bem, e a ira contra o mal, entusiasmo divino."

(ambos os exemplos são de Rui Barbosa, na célebre *Oração aos moços*).

b) Valor subordinativo:

A oração subordinada de *que* e *porque* é parte de outra oração, na qual funciona como adjunto adverbial — dentro de um esquema do tipo *determinado + determinante*, ou por outras palavras: *principal + dependente*. E entre elas existe, necessariamente, uma relação de "causa" e "consequência".

GRAMÁTICA NORMATIVA DA LÍNGUA PORTUGUESA   343

(cont.)

Eis aí a verdadeira pedra de toque: a oração principal encerra sempre a consequência do que se declarou na subordinada, e nesta, por sua vez, se apresenta a razão sem a qual não haveria aquela consequência. Em suma: são partes correlativas do mesmo todo.

Além disso, a subordinada causal pode antepor-se à principal,[23] caso em que dela se separa por pausa menor, marcada por vírgula; pospondo-se-lhe, pode também isolar-se por vírgula, ou, até, dispensar sinal de pontuação. Comparem-se os exemplos:

Espere-me um instante, que (porque) não demorarei.

(Evidentemente, não existe, aí, nenhuma relação de causa e consequência; com a segunda oração, faz-se tão só uma justificação do que se recomendara na primeira.)
Já na frase:

O capitalista se matou / porque estava arruinado. —,

a oração "porque estava arruinado" nos informa sobre a condição determinante, a razão eficiente da morte do capitalista. Se ele não estivesse arruinado, não se teria matado; portanto, o estar arruinado (causa) foi o que acarretou o ter-se matado (consequência).

Como REDUZIDA, a oração causal exprime-se:

a) Pelo *gerúndio*:

Conhecendo o seu passado, / confio no seu futuro.

b) Pelo *infinitivo* regido das preposições *por* e *visto*, assim como pelas locuções *em razão de, em virtude de, em vista de, por motivo de*:

Deus te ajuda {
    por praticares o bem.
    visto praticares o bem.
    em razão de praticares o bem.
    em virtude de praticares o bem.
    em vista de praticares o bem.
    por motivo de praticares o bem.

---

[23]Em francês, passa o mesmo entre *car* e *parce que*: "On dit: *Parce qu'il est malade, il ne viendra pas*, en renversant les termes, et rien n'est plus naturel si ces deux termes sont les parties corrélatives d'un tout. Mais on ne dit pas: *Car il est malade, il ne viendra pas*, et cela est tout à fait caractéristique de la coordination; *car* est fait pour introduire une nouvelle idée." (Albert Sechehaye, *Essai sur la structure logique de la phrase*, Paris: Champion, 1950, p. 183).

2) Concessivas (ou de Oposição)

A oração concessiva expressa um fato — real, ou suposto — que poderia opor-se à realização de outro fato principal, porém não frustrará o cumprimento deste.

Com efeito, num período como:

Irei vê-la, / *ainda que chova.* —,

entende-se que a hipótese apresentada na segunda oração (*ainda que chova*) não impedirá o propósito manifestado na oração precedente (*Irei vê-la*) — embora pudesse constituir obstáculo à sua consumação.

Do ponto de vista da forma, o pensamento concessivo pode representar-se por meio de oração DESENVOLVIDA, ou de oração REDUZIDA.

Como DESENVOLVIDA, vem começada:

a) Por uma das conjunções *ainda que, ainda quando, apesar de que, conquanto, embora, mesmo que, se bem que, sem que* — sempre com verbo no subjuntivo:

Ainda que eu vivesse mil anos, / jamais esqueceria aquela mágoa.
Embora se esforce muito, / não progride na vida.
Não progride na vida, / *se bem que* se esforce muito.

Como se vê, a oração concessiva pode colocar-se antes ou depois da principal. A anteposição parece que lhe dá maior relevo, e permite o uso, na oração principal, de uma palavra ou expressão que realce o contraste de ideias, tais como: *ainda assim, mesmo assim, contudo, entretanto, sempre, todavia* e outras:

Embora se esforce muito, / (*ainda assim, mesmo assim, entretanto*) não progride na vida.
Posto que se tivesse rebelado contra o comandante, / (*sempre, todavia*) acabou por acatar-lhe as ordens.
Sem que seja estudante excelente, / faz-se (*contudo*) respeitar de mestres e colegas.

GRAMÁTICA NORMATIVA DA LÍNGUA PORTUGUESA 345

A conjunção *que*, empregada como concessiva, oferece, na linguagem moderna, a particularidade de não iniciar a oração em que figura, a qual começará, então, por um predicativo, ou complemento:

Poderosos *que* sejam, / não me curvarei à vontade deles.
Mil anos *que* eu vivesse, / jamais esqueceria aquela mágoa.

b) Por uma das locuções *por mais... que, por muito... que, por pouco... que*, etc.; ou simplesmente *por... que*:

Por mais forte *que* ela seja, / não resistirá a dor tamanha!
Por muito depressa *que* andes, / dificilmente o alcançarás.
Por verdadeiras *que* sejam tuas palavras, / ninguém acreditará nelas.

Estas mesmas locuções — sem interposição de adjetivos, ou advérbios — modificam diretamente o verbo que vem depois:

Por mais que argumentes com talento, / o júri recusará tuas razões.
Por pouco que ajudes, / sempre será precioso o teu auxílio.

Apresentando-se sob a forma de REDUZIDA, a concessão enuncia-se:

a) Pelo *gerúndio*:
Não *sendo* médico, / ele faz, todavia, curas milagrosas.

b) Pelo *infinitivo* regido de uma das locuções *apesar de, não obstante sem embargo de, a despeito de*:

Condenaram Dreyfus, {
   apesar de ele ser inocente.
   não obstante ele ser inocente.
   sem embargo de ele ser inocente.
   a despeito de ele ser inocente.

3) Condicionais (e Hipotéticas)

A oração condicional apresenta a circunstância de que depende a realização do fato contido na principal.

Nas mais comuns de suas formas, tais orações podem expressar:

a) Um fato de realização impossível (hipótese irrealizável):

> *Se* eu tivesse vinte anos, / casar-me-ia com você.

b) Um fato cuja realização é possível, provável, ou desejável:

> *Se* eu algum dia ficar rico, / não me esquecerei de meus amigos.

c) "Desejo, esperança, pesar (geralmente em frase exclamativa e reticenciosa, em que a oração principal, quase sempre subentendida, traduz um complexo de situações mais ou menos indefinível ou não claramente mentado):

> Ah! — *se* eu soubesse!...
> *Se* ele deixasse!...
> *Se* a gente não envelhecesse!..."[24]

A conjunção condicional característica é *se*, que requer o verbo no subjuntivo (pretérito imperfeito, pretérito mais-que-perfeito, futuro); mas é lícito trazê-lo no indicativo, quando denota fato real, ou admitido como real, em contradição com outro acontecimento:

> Como queres progredir, / *se* não te esforças no trabalho?

Ainda sob a forma DESENVOLVIDA, a oração condicional pode ser encetada pelas conjunções *caso, contanto que, dado que, desde que, sem que, uma vez que, a menos que:*

---

[24]Othon M. Garcia, *Comunicação em prosa moderna*, 7ª ed., Rio de Janeiro: Fundação Getulio Vargas, 1978, p. 75.

GRAMÁTICA NORMATIVA DA LÍNGUA PORTUGUESA 347

Caso desapareça a causa, / cessará o efeito.
Dado que desapareça a causa, / cessará o efeito.
Desde que desapareça a causa, / cessará o efeito.
Uma vez que desapareça a causa, / cessará o efeito.

A conjunção *contanto que* parece transmitir à condição valor mais impositivo:

Emprestar-te-ei o livro, / *contanto que* mo restituas amanhã.

Com a mesma força imperativa, também se usa *sem que, a menos que, salvo se*:

Não dê conselhos, / *sem que* lhe sejam pedidos.
Não dê conselhos, / *a menos que* lhe sejam pedidos.
Não dê conselhos, / *salvo se* (*exceto se*) lhe forem pedidos.

Observe-se a correlação dos modos e tempos verbais exigidos pelas diversas conjunções.

Para comunicar à construção maior leveza, pode-se prescindir de conjunção — caso em que a oração condicional costuma anteceder a condicionante e ter o verbo antes do sujeito:

Não *estivesse eu* ausente do Rio, / teria comparecido ao seu casamento.

Como REDUZIDA, a oração condicional se converte:

Ao *gerúndio*:

Desaparecendo (em desaparecendo) a causa, / cessará o efeito.

Ao *particípio*:

Desaparecida a causa, / cessará o efeito.

Ao *infinitivo*:

A desaparecer a causa, / cessará o efeito.

Na última dessas construções, de teor por excelência literário, o infinitivo vem regido pela preposição *a* e equivale à oração desenvolvida de verbo no pretérito ou no futuro do subjuntivo:

> "(...) mas tudo tão caro que, *a não haver inconveniência*, ousarei dizer que a comedela foi a maior fraude que se tem feito com santos em Braga". (CAMILO CASTELO BRANCO)

> "Contava muita vez uma viagem que fizera à Europa, e confessava que, *a não sermos nós*, já teria voltado para lá..."
>
> (MACHADO DE ASSIS)

4) CONFORMATIVAS

A oração conformativa traduz a conformidade de um pensamento com o pensamento contido na oração principal.

Inicia-se por uma das conjunções *conforme, consoante, segundo* e *como* (com o sentido de *conforme*) — e só aceita a forma de oração desenvolvida.

Exemplos:

Os fatos se passaram / *conforme* a cigana os previra.
Como disse Buda, / tudo é dor.

5) COMPARATIVAS

A comparação se realiza, no plano do período composto por subordinação, mediante uma construção de dois membros em que um é posto em cotejo com o outro.

Sua expressão formal é sempre a de oração DESENVOLVIDA.

GRAMÁTICA NORMATIVA DA LÍNGUA PORTUGUESA

Há dois tipos fundamentais de oração comparativa:

a) Assimilativas — cuja apresentação se faz com a conjunção *como*, equivalente a "do mesmo modo que":

"*Como* uma cascavel que se enroscava,/
A cidade dos lázaros dormia..." (AUGUSTO DOS ANJOS)

Abrindo o período, a partícula *como* pode vir simples, ou reforçada por expressões intensivas deste tipo: *como... assim*; *assim como... assim* (ou *assim também*):

Como linhas paralelas que não se encontram, / *assim* caminham nossas vidas.
Assim como o condor tem por pátria a imensidade, / *assim também* o homem nasceu para ser livre.

b) Quantitativas — em que se estabelece um confronto entre fatos semelhantes (comparação de igualdade), ou fatos dissemelhantes (comparação de superioridade, ou de inferioridade).
Este confronto se concretiza por meio de fórmulas correlativas, assim discrimináveis:

que ou *do que* (relacionados a *mais, menos, maior, menor, melhor, pior*);
qual (relacionado a *tal, como*);
quanto (relacionado a *tanto*);
como (relacionado a *tal, tão* e *tanto*).

Exemplos:

O silêncio é *mais* precioso / *que* (*do que*) o ouro.
Você procedeu *tal/qual* (*como*) eu esperava.
O cirurgião fez *tanto* / *quanto* seria possível.
Nada o pungia *tanto,* / *quanto* (*como*) o sorriso triste daquela criança.

Frequentemente, dá-se, na oração comparativa, a elipse de termos da oração principal, os quais a inteligência supre com facilidade:

Não penso / *como* você [pensa].
A Vida é mais bela / *do que* a Arte [é bela].

Nas construções com a conjunção *como*, é comum omitir-se o antecedente correlativo:

A cidade estava (*tão*) silenciosa / *como* um cemitério.
Você fala (*tanto*) / *como* um papagaio!

Para a comparação referida a fato inexistente emprega-se o conglomerado comparativo-hipotético *como se*, com o verbo no imperfeito do subjuntivo:

"O velho fidalgo estremeceu / *como se* acordasse sobressaltado..."

(REBELO DA SILVA)

6) CONSECUTIVAS

A oração consecutiva exprime o resultado que a declaração feita na principal vem desencadear.

Em seu tipo mais característico, quando de forma DESENVOLVIDA, apresenta-se encabeçada pela conjunção *que* e posposta à oração subordinante, onde se encontram as partículas de intensidade *tão*, *tal*, *tanto* e *tamanho*:

Ele foi *tão* generoso, / *que* me deixou pasmado!
Fizeram-me *tais* promessas, / *que* não vacilei em acompanhá-los.
A rã inchou *tanto*, / *que* estourou.
Foram *tamanhas* as suas provações, / *que* o pobre homem sucumbiu de tristeza.

Às vezes, a partícula de intensidade fica subentendida:

Chovia / *que* era um horror!
(Isto é: Chovia *tanto* que era um horror!)

Casos há em que a identificação dessa partícula se torna menos fácil, em razão de estar ela implícita numa situação gerada pelo contexto. É o que se vê nos três exemplos seguintes:

"Deus! ó Deus! onde estás *que* não respondes?" (CASTRO ALVES)
(A força intensiva está concentrada no *onde* = em que lugar *tal?*)

"Eu tinha umas asas brancas,
Asas que um anjo me deu,
Que, em me eu cansando da terra,
Batia-as, voava ao céu." (ALMEIDA GARRETT)
(Deve entender-se: asas *[tais]*, que...)

"São as afeições como as vidas, *que* não há mais certo sinal de haverem de durar pouco, que terem durado muito."
(ANTÔNIO VIEIRA)
(Eis a boa interpretação: São as afeições como as vidas, *[tais]* que...)

É também consecutivo o *que* seguido de *não*, quando se liga a outra oração também negativa, em estruturas assim:

Não discute religião, / *que não* se exalte logo.
Não abre a boca uma vez, / *que não* diga tolices.

A fim de dar mais ênfase à construção, recorre-se às locuções *de (tal) modo que*; *de (tal) sorte que*; *de (tal) forma que* — e outras do mesmo gênero:

Esconderam *de tal modo* o dinheiro, *que* não sabem onde ele está.

Omitida a palavra *tal*, algumas dessas locuções passam a pertencer, em bloco, à segunda oração (*de modo que, de maneira que, de sorte que, de forma que*) e valem por conjunções consecutivas em exemplos como o seguinte, nos quais a oração principal deve estar completa:

Dei-lhe todas as explicações; / *de sorte que* já não há motivo para ressentimentos.

Porém, nas frases abaixo, a conjunção consecutiva é apenas o *que*, pois *de maneira* e *de modo* funcionam como adjuntos adverbiais nas respectivas orações:

Procedeste de maneira / *que* não mereces perdão.
Explicarei a lição de modo / *que* todos me entendam.

O pensamento consecutivo pode ser enunciado por oração REDUZIDA de infinitivo, sendo o verbo regido das preposições *de* e *sem*, ou da locução *a ponto de*:

O corcunda de Notre-Dame era feio / *de meter medo*.
Não abre a boca uma vez / *sem dizer tolices*.
O poleá dissecou a mosca azul / *a ponto de fazê-la sucumbir*.

"A história do pai do primo de Lula era triste / *de* cortar o coração." (JOSÉ LINS DO REGO)

7) FINAIS

De forma DESENVOLVIDA, trazem no rosto uma das conjunções *para que*, *a fim de que* e *que* (com o sentido de *para que*), e verbo no subjuntivo:

Simulou doença, / *para que* o deixassem sair.
Trabalha muito, / *a fim de que* nada falte à família.
Insisto / *que* me digas a verdade.

Menos usual é a conjunção *porque* (= *para que*):

Porque venças esse teu orgulho, / é preciso muita humildade.

Como REDUZIDA, vai para o infinitivo precedido de *para*, *a fim de* e *por*:

Reze com fervor, { *para* alcançar perdão.
{ *a fim de* alcançar perdão.

Esforça-te / *por* seres o primeiro.

GRAMÁTICA NORMATIVA DA LÍNGUA PORTUGUESA 353

8) MODAIS

O *modo* (juntamente com o *tempo* e o *lugar*) é a mais fundamental das circunstâncias. Mas em português, assim como não existem conjunções locativas, assim também não existem conjunções modais; de sorte que, no plano do período composto por subordinação, a circunstância de modo somente aparece sob a forma de oração REDUZIDA (de gerúndio):

"A disciplina militar prestante
Não se aprende, Senhor, na fantasia,
Sonhando, imaginando, ou *estudando,*
Senão *vendo, tratando* e *pelejando.*" (CAMÕES)

9) PROPORCIONAIS

Denotam "aumento ou diminuição que se faz paralelamente no mesmo sentido ou em sentido contrário a outro aumento ou diminuição".[25]
Usam-se para isso as seguintes expressões correlativas:

quanto mais... (*tanto*) *mais*;
quanto menos... (*tanto*) *menos*;
quanto mais... (*tanto*) *menos*;
quanto menos... (*tanto*) *mais*;
quanto maior... (*tanto*) *maior*;
quanto melhor... (*tanto*) *pior*;
quanto maior... (*tanto*) *menor*, etc.

Exemplos:

Quanto mais convivo com ele, / (*tanto*) *mais* o aprecio.
Quanto maior a altura, / (*tanto*) *maior* o tombo!

Outra apresentação das orações proporcionais consiste em fazerem-se introduzir por locuções como *à medida que* e *à proporção que*:

---

[25]Said Ali, *Gramática secundária da língua portuguesa*, op. cit., p. 146.

A inundação aumentava / *à medida que* subiam as águas do rio.
Ganhamos experiência / *à proporção que* envelhecemos.

10) Temporais

É papel da oração temporal trazer à cena um acontecimento ocorrido *antes* de outro, *depois* de outro, ou *ao mesmo tempo* que outro.

Para cada um desses aspectos possui a oração temporal, quando DESENVOLVIDA, conjunções apropriadas.

A mais geral das partículas é *quando*, com a qual se exprime, de maneira mais ou menos vaga, a ocasião em que passa um fato:

Quando a morte chegou, / encontrou-o em paz com Deus.

Para assinalar fato imediatamente anterior a outro, dispõe a língua das conjunções *assim que, logo que, tanto que, mal que, mal, apenas*:

Assim que o professor entrou, / os alunos se levantaram.
Tanto que pôs os pés na Lua, / o astronauta se comunicou com a Terra.
O rapaz, / *apenas* viu a ex-noiva, / ficou pálido e trêmulo.

Fato posterior a outro aponta-se por *antes que, primeiro que*:

Você deve estudar um pouco mais, / *antes que* comece a ensinar.

A duração de um fato ou a simultaneidade de acontecimentos exprime-se por *enquanto*:

Enquanto morou aqui, / procedeu com muita correção.
Malha-se o ferro / *enquanto* está quente.

A iteração, ou repetição periódica, marca-se pelas locuções *sempre que, cada vez que, todas as vezes que*:

Sempre que a vejo, / sinto-me inibido.

GRAMÁTICA NORMATIVA DA LÍNGUA PORTUGUESA

A conjunção *desde que* diz o mesmo que "a partir do momento em que", fixando, portanto, o início de um ato duradouro — cujo termo ou limite se indica por *até que*:

O homem sofre / *desde que* nasce / *até que* morre.

Para dar à circunstância de tempo forma de oração REDUZIDA, servimo-nos:

a) Do *gerúndio*:

Chegando (*em chegando*) o inverno, / a cigarra bateu à porta da formiga.
Tendo chegado (*sendo chegado*) o inverno, / ...

b) Do *infinitivo* precedido de *ao*, ou *até*, ou *antes de*, ou *depois de*, etc.:

Ao amanhecer, / os galos cantam com alegria.
Entre por essa estrada, / *até encontrar* uma cruz de pedra.
Estude bem esta lição, / *antes de passarmos* a outra.

c) Do *particípio*:

Terminado o exame oral, / o inspetor leu as notas dos aprovados.

Às vezes, empregamos o particípio seguido de *que* e do verbo *ser*:

Terminado que foi o exame oral, / ...

A circunstância de tempo ainda pode assumir forma de oração JUSTA-POSTA. Isto acontece unicamente em casos assim:

Não o vejo / *há duas semanas.*
Faz quase meio século, / deixávamos o nosso país.

DA ORAÇÃO PRINCIPAL

Se tomássemos a oração:

À chegada do padre, todos lhe pediram a bênção,

e ampliássemos o adjunto adverbial (*à chegada do padre*) e o objeto direto (*a bênção*), apresentando estes dois termos sob a forma de orações subordinadas, constituiríamos um *período*:

[Logo que o padre chegou], [todos lhe pediram] [que ele os abençoasse].

Deste período extrairíamos as subordinadas (*logo que o padre chegou* — subordinada adverbial temporal) e (*que ele os abençoasse* — subordinada substantiva objetiva direta) e diríamos, então, que a oração principal é: *todos lhe pediram.*

Pode dar-se que de uma oração principal se origine uma subordinada, que, por sua vez, tenha um de seus termos ampliado em outra subordinada:

Peço-lhe / que não retarde a leitura do livro / que lhe emprestei.

Em casos assim, alguns autores consideram a segunda oração, simultaneamente, *subordinada em relação à primeira* e *principal em relação à terceira.*

Entendendo nós que o período composto por subordinação se arma assim à guisa de uma "constelação sintática" em torno da oração principal, ratificamos estas palavras do professor Celso Cunha:

"Em verdade, a *oração principal* (ou um de seus termos) serve sempre de suporte a uma *oração subordinada*. Mas não é esta a sua característica essencial; e, sim, o fato de *não exercer nenhuma função sintática em outra oração do período*. Ora, no *período composto por subordinação* só há

GRAMÁTICA NORMATIVA DA LÍNGUA PORTUGUESA   357

uma que preenche tal condição. A esta, pois, se deve reservar, com exclusividade, o nome de *principal*."[26]

Caso diferente é aquele em que o período se divide em dois (ou mais) blocos coordenados:

mas { [Alguém me disse] [que ela voltou],
       [vi logo] [que era mentira].

Aí, há duas orações principais: *Alguém me disse* (a que se subordina *que ela voltou*) e *vi logo* (de que depende *que era mentira*); mas essas orações principais figuram num período misto e estão coordenadas.

Da mesma forma, podem ligar-se por coordenação duas (ou mais) orações subordinadas:

Seu pai deseja { que você estude
                  que se forme. } e

Neste período, as orações *que você estude* e *que se forme* (ambas subordinadas a *seu pai deseja*) vêm coordenadas entre si.

CONSTELAÇÃO SINTÁTICA

Ao explicarmos o conceito de oração principal (p. 356), usamos do expediente, *meramente didático*, de pôr entre colchetes as três orações que figuram no exemplo citado.

Todavia, armando-se o período composto por subordinação assim a modo (como já o dissemos) de uma "constelação sintática" —, a verdade é que a dita ORAÇÃO PRINCIPAL, JUNTAMENTE COM AS DEMAIS, forma um bloco sintático-semântico de tal ordem uno e coeso, que não pode ter separadas as partes que o integram.

---

[26]Celso Cunha, *Gramática do português contemporâneo*, Belo Horizonte: Bernardo Alvares, 1970, p. 401.

Se considerarmos o período atrás mencionado:

Logo que o padre chegou, todos lhe pediram que ele os abençoasse.

logo entenderemos que, para a transmissão do pensamento nele expresso, necessitamos das três orações em conjunto —, tanto é certo que, em caso contrário, esse pensamento ficaria mutilado, ou desconexo, o mesmo acontecendo com cada qual das orações, porque, em verdade, elas são interdependentes.[27]

---

[27]O mesmo passa, *"mutatis mudandi"* com o período composto por coordenação. (Cf. p. 321-322.)

CAPÍTULO 18

EMPREGO DO SUBSTANTIVO

FUNÇÕES DO SUBSTANTIVO

O substantivo figura na frase como NÚCLEO das seguintes funções:

a) Sujeito:

"O *viúvo* sumiu-se." (MACHADO DE ASSIS)

b) Objeto direto:

"Por fim Peri fez um *esforço* supremo..." (JOSÉ DE ALENCAR)

c) Objeto direto preposicional:

"Judas abraçou *a Cristo*, mas outros o prenderam..." (ANTÔNIO VIEIRA)

d) Objeto indireto:

"Talvez eu exponha *ao leitor*, em algum canto deste livro, a minha teoria das edições humanas." (MACHADO DE ASSIS)

e) Complemento relativo:

"Minha alma, ó Deus! *a* outros *céus* aspira..." (ANTERO DE QUENTAL)

f) Complemento nominal:

"São rudes, severos, sedentos *de glória*..." (GONÇALVES DIAS)

360 ROCHA LIMA

g) Aposto:

"Matias, *cônego* honorário e *pregador* efetivo, estava compondo um sermão.. " (MACHADO DE ASSIS)

h) Vocativo:

"Fuja, *fidalgo*, que me perco!... Fuja que o mato e me perco!"
(EÇA DE QUEIRÓS)

i) Complemento circunstancial.

"E o meu suplício durará *por meses*." (ALEXANDRE HERCULANO)

j) Predicativo de orações nominais:

A terra é um *planeta*.

k) Anexo predicativo do sujeito, em orações mistas:

O professor foi nomeado *reitor*.

l) Anexo predicativo do objeto direto, em orações mistas.

Os fidalgos sagraram o mancebo *cavaleiro*.

m) Agente da voz passiva:

Napoleão foi derrotado *pelos ingleses*.
(...) batido *das tribulações*, devorado *dos pesares*.

NÚCLEO DE EXPRESSÕES ADJETIVAS

Precedido de preposição, pode o substantivo formar *expressões adjetivas*, que funcionam como adjunto adnominal:

GRAMÁTICA NORMATIVA DA LÍNGUA PORTUGUESA   361

anel *de ouro* (= áureo)
perfil *de águia* (= aquilino)
amor *de mãe* (= materno)
escritor *de talento* (= talentoso).

NÚCLEO DE EXPRESSÕES ADVERBIAIS

Também com um substantivo preposicionado se obtêm as *expressões adverbiais*, cujo sentido decorre da relação que a preposição expresse:

a) Companhia: sair *com o irmão*.
b) Concessão: partiu *apesar da chuva*.
c) Concomitância: dormiu *durante a cerimônia*.
d) Condição: não ir *sem seu irmão*.
e) Limite: ficarei aqui *até outubro*.
f) Posição: estar *entre a cruz e a caldeirinha*.

Curioso emprego é o que tem com as preposições *desde* e *em* para designar os diferentes períodos da vida:

"(...) não gosta, como rei, que lhe lembrem que estudou pouco *em príncipe*." (REBELO DA SILVA)

SUBSTANTIVAÇÃO

Qualquer palavra, expressão ou oração pode ser substantivada:

"O '*não*' que desengana, o '*nunca*' que alucina..." (OLAVO BILAC)

"Somente em Cruz e Sousa, há subidas tão vertiginosas e tão amplas. Falta-lhe, porém, a consciência do universo, a noção do *para-onde*, a certeza do *para-quê*, tão claras no entendimento de Augusto dos Anjos..." (JOSÉ OITICICA)

"O *amai-vos uns aos outros* é a maior virtude." (LAUDELINO FREIRE)

LOCATIVOS E PERSONATIVOS

1) Os nomes próprios locativos que têm forma de plural (Montes Claros, Buenos Aires) exigem o verbo no singular, desde que não sejam precedidos de artigo:

Buenos Aires *é* uma grande capital americana.

"Montes Claros *fica* na planície." (JOÃO RIBEIRO)

Se tais nomes são precedidos de artigo, faz-se a concordância normal:

Os Alpes *ficam* na Suíça.
Os Estados Unidos *declararam* guerra ao Japão.

2) Os nomes próprios personativos vão para o plural quando representam:

a) Mais de uma pessoa:

"Os dois Sênecas, os três Andradas, os dois Plínios, os Albuquerques e os Catões." (FREIRE)
"Correias de Sá..." (CAMILO CASTELO BRANCO)

b) Uma pessoa de grande fama, tomada assim como um símbolo:

"Devemos isto aos Gonçalves Dias, aos Alencares, aos Penas, aos Macedos, aos Álvares de Azevedo, aos Agrários." (SÍLVIO ROMERO)

c) Uma pessoa de uma classe (metonímia):

"Por isso, e não por falta de Natura,
Não há também Virgílios, nem Homeros;
Nem haverá, se este costume dura,
Pios Eneias, nem Aquiles feros." (CAMÕES)

GRAMÁTICA NORMATIVA DA LÍNGUA PORTUGUESA   363

Neste exemplo, os nomes *Virgílios* e *Homeros* estão em lugar de "grandes poetas"; *Eneias* e *Aquiles* são modelos de heróis, nas epopeias daqueles gênios. *Eneias* é, ainda, um exemplo de piedade filial.

d) As obras de um autor ou artista:

Há, na exposição, dois Goyas, dois Murilos...

É como se disséssemos: quadros de Goya, de Murilo.

SUBSTANTIVO EMPREGADO COMO ADJETIVO

O substantivo

"aparece às vezes empregado como adjetivo, e disto nos dão exemplo as seguintes expressões: É muito *verdade* o que lhe estou dizendo; 'palavras-*ouriços*' (Alexandre Herculano, *Lendas e narr.*, II, 295); 'tempo *bonança*' (F. Mendes Pinto, *Peregr.*, I, 9 e 38); 'ventos *bonanças*' (*id. ibid.*, 15); '... é meu desejo Tê-lo [o céu fluminense] sereno assim, todo estrelado, ou todo *sol*, aberto sobre mim'." (Alberto de Oliveira, *Poesias*, 4ª série, 1928, p. 42.)[1]

SINGULAR E PLURAL

1) Costuma-se empregar no singular o substantivo, quando acompanhado de certos pronomes indefinidos de sentido quantitativo (*muito, quanto*), ou em algumas expressões (*de pé descalço, de braço dado*):

"(...) *quanta vez*, rodando aos ventos maus,
O primeiro pegão, como a baixéis, quebrava!" (OLAVO BILAC)

---

[1] Sousa da Silveira, *Lições de português*, 8ª ed., Rio de Janeiro: Livros de Portugal, 1972, p. 138.

"'Ora (direis) ouvir estrelas! Certo
Perdeste o senso!' E eu vos direi, no entanto,
Que, para ouvi-las, *muita vez* desperto
E abro as janelas, pálido de espanto..." (OLAVO BILAC)

"Dessas rosas *muita rosa*
Terá morrido em botão..."(MANUEL BANDEIRA)

Tal concordância é, porém, facultativa. O mesmo Bilac, autor dos versos dos dois primeiros exemplos, escreveu, adiante, no próprio poema — "O caçador de esmeraldas":

"*Quantas vezes* Fernão, do cabeço de um monte,
Via lenta subir do fundo do horizonte
A clara procissão dessas bandeiras de ouro!"

2) Falando-se de uma coisa que pertence singularmente a cada um de vários indivíduos, é obrigatório que o substantivo fique no singular:

Eles puseram o *chapéu na cabeça* (e não: *os chapéus nas cabeças*)

3) Ao contrário, vai para o plural o substantivo que se refere a *datas, horas* e *páginas de livros*. Tal construção tem origem no uso dos numerais cardinais em vez dos ordinais.

O dizer-se, por exemplo, *Luís XV, Pio XI* (*Luís quinze, Pio onze* por *Luís décimo quinto* ou *Pio décimo primeiro*) deu margem a que se estendesse este emprego a outras expressões comuns:

A ou *aos 10 dias de setembro* (= no décimo dia de setembro).
A *folhas 17* (= na décima sétima folha).
A *páginas 25* (= na vigésima quinta página).

4) Vai para o plural o substantivo modificado por vários adjetivos que expressam as diversas espécies contidas no gênero geral indicado pelo substantivo:

As *línguas* portuguesa, espanhola e francesa.

"Gloriava-se este de mui versado nas *línguas* grega, hebraica, siríaca, caldaica e muitas outras." (MANUEL BERNARDES)

"O quarto e quinto *Afonsos* e o terceiro." (CAMÕES)

"(...) as *autoridades* civil e eclesiástica..."
(CAMILO CASTELO BRANCO)

Nota

É também correto usar o substantivo no singular (precedido de artigo), *antes do primeiro adjetivo*, e omitir este substantivo antes dos outros adjetivos, repetindo-se, contudo, o artigo:

A *língua* portuguesa, *a* espanhola e *a* francesa.

SUJEITO PRECEDIDO DE PREPOSIÇÃO

Desempenhando função de *sujeito*, pode a oração de valor substantivo ser, em certos casos, precedida de preposição.

Exemplos:

"Por isso sam, e a isso vim;
mas em fim
cumpre-vos *de me ajudar*
a resistir." (GIL VICENTE)

"— A noite passa. Horas são estas
Impróprias de ir buscar outra pousada.
Se vos não peja *de aceitar a minha*,
Vinde." (ALMEIDA GARRETT)

"O conde, olhando então para o topo da mesa, deu de rosto com o licenciado e custou-lhe igualmente *a comer-se*."
(ALEXANDRE HERCULANO)

"— Que novos males
Nos resta *de sofrer?*" (GONÇALVES DIAS)

O reger de preposição o sujeito, quando expresso por oração infinitiva, é expediente que, conquanto contrarie a gramática ortodoxa, vem dos tempos mais antigos do idioma.

Já no *Livro de Esopo*, o fabulário português medieval descoberto por Leite de Vasconcelos na Biblioteca Palatina de Viena e publicado na *Revista Lusitana* (vols. VIII e IX) — separata em 1906 — lê-se o seguinte:

"A mym praz mais *de comer trijguo...* que galinhas."

O mesmo fato existe, aliás, em francês, espanhol, italiano e romeno.

CAPÍTULO 19

EMPREGO DO ARTIGO

PAPEL DO ARTIGO

Os artigos denotam a determinação, ou a indeterminação dos nomes, dando-lhes, assim:

a) Indicação precisa (definido):
O trem chegou atrasado.

b) Indicação imprecisa (indefinido):
Quebrou-se o eixo de *um* carro.

1) O artigo, individuando o nome, caracteriza-lhe o gênero e o número:

o mapa, o telefonema, a faringe, os pires, os ônus, etc.

2) O artigo substantiva qualquer palavra ou frase:

Um *sim*, ou um *não*. O *não posso* dos indolentes. Entoaram um *Te-Deum-laudamus*.

OMISSÃO E REPETIÇÃO DO ARTIGO

Nem sempre os nomes aceitam a determinação articular:

Deus. Maria Santíssima. Minerva. Vulcano.

1) Muitos são os locativos que rejeitam o artigo:

Portugal, Minas Gerais, São Paulo, Belo Horizonte, Copacabana, Icaraí, Cascadura.

2) Nomes de cidades geralmente o desaceitam:

Bucareste, Cabul, Éfeso, Genebra, Niterói, Florianópolis.

Quando procedem de nomes comuns, admitem-no:

o Rio de Janeiro, o Porto.

Diz-se: o Cairo, o Havre, Recife ou o Recife.

3) Nomes de continentes, países, regiões, montes, rios, mares, constelações, etc., usam-se com o artigo:

a América, a Normandia, o Brasil, os Andes, o São Francisco, o Adriático, a Via-Láctea, etc.

Podem, porém, dispensá-los:

"Já aqui tínhamos dado um grão rodeio
À costa negra *de* África..." (*Os Lusíadas*, V. 65)

"Eis aqui se descobre a nobre Espanha,
Como cabeça ali *de* Europa toda..." (*Os Lusíadas*, III, 17)

os reis *de* França, os grandes *de* Espanha,
fio *de* Escócia, rendas *de* Holanda.

4) Quando ampliados, locativos que não aceitam o artigo, admitem-no:

A Roma imperial. O Portugal do século de Quinhentos.

5) Dizemos: o Sol, a Terra, a Lua.

Mas: Saturno, Marte, Netuno, etc.

GRAMATICA NORMATIVA DA LINGUA PORTUGUESA 369

6) Quanto a bairros e arrabaldes do Rio de Janeiro, há o mesmo arbítrio:

a Tijuca, Copacabana, a Penha, Cascadura, Catumbi, o Leme, o Andaraí.

7) *Casa*, significando lar, não sofre determinação, como se vê nas frases seguintes:

Fique *em* casa. Não saio *de* casa.
Passe *por* casa. Volto *a* casa.

8) Quanto aos antropônimos (nomes personativos), a presença do artigo exprime, talvez, maior aproximação afetiva, íntima, familiar:

O Rodolfo está fora. Encontrei o Macedo.

9) O emprego do acento da crase, nos casos de regência, dependerá do conhecimento do emprego do artigo:

Vou a Copacabana e à Tijuca. Iriam à Penha, a Cascadura.

Caso idêntico ao da contração *ao*:

Ao Pará, a Pernambuco, a Mato-Grosso, ao Paraná.

10) Não se usa o artigo antes de nomes ou expressões de sentido generalizado:

Amor é sacrifício. Avareza não é economia.

11) *Outro*, em sentido determinado, é precedido de artigo; não, quando indeterminado:

Fiquem dois aqui; *os outros* podem ir.
Uns estavam atentos; *outros* conversavam.

12) Não se repete o artigo em construções como esta:

Os planos (os) mais elevados.

Pode-se, porém, variar em:

Planos os mais elevados.
Os mais elevados planos.

13) Repete-se o artigo:

— Nas oposições entre pessoas e coisas:
o rico e o pobre, o médico e o cliente, a alegria e a tristeza.
— Na qualificação antonímica do mesmo substantivo:
o bom e o mau ladrão, o homem antigo e o moderno, o Novo e o
Velho Testamento.
— Na distinção de gênero e número:
o patrão e os operários, o genro e a nora.

14) Diga-se sempre *Os Lusíadas*: "o artigo também pertence ao título, do qual nunca se deve desligar" — ensina o mestre camonista dr. José Maria Rodrigues. Assim também *O paraíso perdido, A Eneida, As sabichonas*, etc.

15) Não se repete o artigo:

— Quando há sinonímia, indicada pela explicativa *ou*:
A botânica ou fitologia.
— Quando adjetivos qualificam o mesmo substantivo:
A clara, persuasiva e discreta exposição dos fatos.

A menos que, por ênfase, se prefira a repetição:

A alta, *a* nobre, *a* luminosa palavra de Vieira.

GRAMÁTICA NORMATIVA DA LÍNGUA PORTUGUESA

16) Usa-se o artigo antes dos nomes de letra (*o* a, *o* b e *o* c); de algarismos (*o* dois, *o* cinco, *os* zeros); das notas musicais (*o* dó, *o* ré, *o* fá); dos dias de semana (*a* terça-feira, *o* sábado); das estações (*a* primavera, *o* outono); de embarcações (*o* Humaitá, *o* Serra Nevada); de clubes e agremiações (*o* "América", *os* "Democráticos"), etc.

Não o aceitam os nomes dos meses: janeiro — dezembro, etc.

Capítulo 20

EMPREGO DO ADJETIVO

FUNÇÕES DO ADJETIVO

O adjetivo figura na frase como·

a) Adjunto adnominal:

"Milkau foi conduzido ao escritório, onde um homem *taurino* e *barbado* o recebeu." (Graça Aranha)

Também o mesmo papel é desempenhado pela *expressão adjetiva*:

"(...) um homem *de talento* como você precisa de dinheiro."
(Coelho Neto)

Vindo o adjetivo anteposto ao substantivo, pode usar-se entre eles a preposição *de*:

a boa velha ou *a boa da velha*.

"(...) *uma excomungada de uma velha*". (Alexandre Herculano)

b) Predicativo de orações nominais:

"Mas você é *orgulhosa*." (Machado de Assis)

c) Anexo predicativo do sujeito, em orações mistas:

"Os alunos entravam *fardados*." (Raul Pompéia)

GRAMÁTICA NORMATIVA DA LÍNGUA PORTUGUESA

d) Anexo predicativo do objeto direto, e mais raramente do indireto, em orações mistas:

"Por trás das sebes, carregadas de amoras, as macieiras estendidas ofereciam as suas maçãs *verdes*, porque as não tinham *maduras*."
(EÇA DE QUEIRÓS)

"(...) *bárbaro e pestilento* (assim lhe chamavam as proclamações imperiais)". (RUI BARBOSA)

Como qualquer palavra, pode o adjetivo ser substantivado:

"(...) pesavam mudos o *temerário* e o *impossível* da empresa."
(ANTÔNIO FELICIANO DE CASTILHO)

"O *íngreme*, o *desigual*, o *mal calçado* da ladeira mortificavam os pés às duas pobres donas." (MACHADO DE ASSIS)

ADJETIVO COM VALOR ADVERBIAL

No masculino e no singular, aparece também com valor adverbial. Fica, frequentemente, invariável; mas às vezes deixa-se arrastar pelas flexões do substantivo a que se refere.
É um caso de *atração sintática*.
Exemplos (adjetivo usado adverbialmente e, pois, *invariável*):

"A águia... voa mais *alto* que todas elas..." (HEITOR PINTO)

"Os cães de fila custam *caro*: e comem! comem!"
(ANTÔNIO FELICIANO DE CASTILHO)

"Sobre a enxerga estavam dois rapazinhos *meio* nus."
(CAMILO CASTELO BRANCO)

Exemplos de adjetivos usados adverbialmente, mas *variáveis*.

"(...) finalmente paguei *cara* a curiosidade."
(CAMILO CASTELO BRANCO)

"Os monumentos custam *caros*." (REBELO DA SILVA)

"Uns caem *meios* mortos..." (LUÍS DE CAMÕES)

"Estes homens rudes combatiam *meios* nus..."
(ALEXANDRE HERCULANO)

"Estas letras que estão abaixo do barrete e punhais, *meias* gastadas do longo uso..." (HEITOR PINTO)[1]

Mais comum é empregarem-se adverbialmente os adjetivos com o fito de se evitar o estirado final em *mente*, tão prolixo e desagradável:

"O burro... quis também fazer-lhe festa
e discorreu *profundo*..." (por *profundamente*) (FILINTO ELÍSIO)

"Ela fugia com os olhos, ou falava *áspero*." (por *asperamente*)
(MACHADO DE ASSIS)

COLOCAÇÃO DO ADJETIVO EM GRUPOS NOMINAIS

Quanto à ORDEM do adjetivo nos *grupos nominais* (os formados de *substantivo + adjetivo*, ou *vice-versa*), a língua portuguesa apresenta relativa liberdade. A escolha individual, condicionada a fatores de ênfase ou de entoação, é variável dentro de certos limites; mas, em alguns casos, há uma norma tradicional e fixa, que cumpre respeitar.

Eis os princípios gerais de colocação:

a) O adjetivo meramente descritivo pospõe-se ao substantivo:

homem gordo, livro grosso, água suja.

A anteposição ocorre, ao revés, quando se pretende realçar o substantivo por meio de uma qualidade sobre a qual se quer chamar a atenção.

---

[1]Exemplos citados por Mário Barreto, *Novos estudos da língua portuguesa*, Rio de Janeiro: Francisco Alves, 1911, p. 259-65.

GRAMÁTICA NORMATIVA DA LÍNGUA PORTUGUESA   375

"É preferida com adjetivos que exprimem qualidades morais ou físicas, dignas de admiração ou desprezo (*belo, bom*, etc.), mormente em frases exclamativas: *Pedro é um bom menino. Que bela paisagem! Que mesquinha vingança!*"[2]

Há expressões em que o uso fixou a colocação, de modo que elas — consagradas — ficariam violadas em sua estrutura e entendimento se fossem invertidas: *mão direita, deputado federal, código civil, Ilustríssimo Senhor, Santíssimo Sacramento, governo republicano*, etc.

Na linguagem literária, sobretudo em poesia, podem ser usadas, como recurso de estilo, colocações intencionalmente exorbitantes das normas habituais.

b) Pronomes adjetivos (possessivos, demonstrativos, indefinidos) antepõem-se normalmente aos substantivos:

meu livro, este livro, nenhum livro.

A posposição dos possessivos dá-se quando o substantivo está inde terminado, precedido do artigo indefinido:

Apresento-lhe *um meu amigo*

ou

Apresento-lhe *um amigo meu.*

No segundo exemplo, há maior realce do possessivo, porque ele se torna partícula tônica. Daí o valor estilístico dessa construção. Comparem-se, por exemplo, o *nosso pão* e o *pão nosso; minha filha* e *filha minha.*

"— Filho *meu*, onde estás?" (GONÇALVES DIAS)

No seguinte exemplo do padre Antônio Vieira, nota-se o efeito conseguido com essa dualidade:

"Um príncipe estrangeiro... bem pudera ser nosso rei, mas vai grande diferença de ser *nosso rei* a ser *rei nosso.*"

---

[2]J. Matoso Câmara Jr., *Elementos da língua pátria*, op. cit., p. 201.

Opera-se a posposição dos demonstrativos *este* e *esse* junto de um substantivo, em certo tipo de aposto: quando o substantivo, antecedente do pronome relativo *que*, exprime referência e acréscimo a assunto já tratado:

"(...) ideia *esta* que me deu ao corpo a mais completa imobilidade..." (MACHADO DE ASSIS)

CONCORDÂNCIA DO ADJETIVO COM O SUBSTANTIVO

A CONCORDÂNCIA do adjetivo com o substantivo faz-se consoante os seguintes preceitos gerais:

a) Se o adjetivo modificar um só substantivo, tomará o gênero e o número deste: *homem alto, mulher alta, homens altos, mulheres altas.*

b) Se houver vários substantivos, de gêneros diferentes e do singular, o adjetivo pode ir para o *masculino do plural*, ou concordar apenas com o substantivo *mais próximo*.
A escolha está sujeita às exigências da eufonia e da clareza, e subordina-se principalmente à intenção do escritor.
Dir-se-á, portanto:

O pai e a mãe *extremosos* ou *extremosa,*

conforme o adjetivo se refira a ambas as pessoas (*pai* e *mãe*), ou especialmente à *mãe*.
No caso de o adjetivo preceder os substantivos, far-se-á a concordância com o primeiro destes:

Boa hora e local escolheste!

GRAMÁTICA NORMATIVA DA LÍNGUA PORTUGUESA   377

c) Ainda as mesmas condições são seguidas, quando os substantivos são de gêneros e números variados:

agastamentos e ameaças *fingidos* ou *fingidas*
prantos, lamentações e mágoas *dolorosos* ou *dolorosas*
propósitos e tentativas *malogradas*.

Desde que haja mais de um substantivo, a regra estritamente lógica é a concordância do adjetivo com todos os substantivos, observando-se a primazia do masculino sobre o feminino, e a do plural sobre o singular. Mas os princípios supremos da eufonia e da clareza não raro impõem a concordância com o substantivo mais próximo.

Paralelamente a — *Os poemas camoniano e virgiliano* — diremos: *O poema camoniano, e o virgiliano.* E assim: *A indagação histórica, e a geográfica,* etc.

EMPREGO DO COMPARATIVO E SUPERLATIVO SINTÉTICOS

As formas do comparativo sintético (*maior, menor, pior, melhor, interior, inferior, superior*) e as do superlativo sintético (*máximo, mínimo, péssimo, ótimo, ínfimo, supremo, sumo, belíssimo, acérrimo, facílimo,* etc.) dispensam qualquer partícula intensiva, própria das formações analíticas.

Também alguns adjetivos, já de si enfáticos (*principal, imenso, total,* etc.), repelem gradação.

> "Entretanto, os grandes escritores, para beleza, vivacidade ou ênfase do estilo, não se pejam de infringir o ditame da lógica, e adotam expressões como as seguintes:
>
> 'o lugar *mais interior e inferior.*' (ANTÔNIO VIEIRA, *Sermões,* V. 226)
>
> 'a enfermidade *mais universal.*' (*Idem, ibidem,* 266)

'um tão bom Deus, *tão imenso e infinito*.' (HEITOR PINTO, *Imagem*, II, p. 58)

'*a mais principal* de suas obras.' (ARRAIS, *Diálogos*, 1846, p. 146)

'o menor gesto me afligia, *a mais ínfima palavra*, uma insistência qualquer.' (MACHADO DE ASSIS, D. *Casmurro*, p. 318)

'O rei não dormia, desesperado. Parecia-lhe humilhação infamante *tão tenacíssima* resistência.' (COELHO NETO, *Apólogos*, 1910, p. 31)"[3]

Notem-se outras formas de intensificar os adjetivos:

"*ultraepiléticos* esforços..." (AUGUSTO DOS ANJOS)

"*superexcitadíssimos* os dois..." (*Idem, ibidem*)

EMPREGO DO SUPERLATIVO SINTÉTICO EM LUGAR DO RELATIVO

É *latinismo sintático* o emprego do superlativo sintético em lugar do relativo: *o poderosíssimo dos homens* (por *o mais poderoso dos homens*); *a formosíssima das mulheres* (por *a mais formosa das mulheres*). Todavia, algumas formas sintéticas são usadas, em certos casos, como expressões do superlativo relativo: *a mínima razão, o máximo divisor, a suprema afronta*, etc.

Semanticamente, as formas sintéticas valem tresdobradamente as analíticas: Salvá observa que, em espanhol, *doutíssimo* diz mais que *muito douto*. Comenta João Ribeiro:

"Isto explica a preferência das formas sintéticas consagradas nos títulos: *ilustríssimo, reverendíssimo*, etc. Talvez por essa razão, em vez de *mais sublime*, empregou Vieira *sublimíssimo* na frase:

'As quais (coisas) se não podiam entender e penetrar só com a agudeza dos entendimentos, por sublimes e *sublimíssimos* que fossem.'"[4]

---

[3]Sousa da Silveira, *Lições de português*, op. cit., p. 143.
[4]João Ribeiro, op. cit., p. 163.

GRAMÁTICA NORMATIVA DA LÍNGUA PORTUGUESA 379

Há, porventura, mais intensidade em — *frigidíssimo*, *paupérrimo*, *agílimo*, do que em *muito frito*, *muito pobre*, *muito ágil*.

REPETIÇÃO E OMISSÃO DA PARTÍCULA INTENSIVA NO SUPERLATIVO

Se concorrerem dois ou mais adjetivos, todos no superlativo analítico, permite-se repetir ou não as partículas intensivas, conforme a clareza ou a eufonia o exigir, parecendo mais enfática a repetição.

São, pois, corretas ambas as construções:

Ela é *a mais amorosa e devotada* das mães.

ou

Ela é *a mais amorosa* e *a mais devotada* das mães.

Exemplos:

"(...) ela é *a mais nobre, a mais excelente e perfeita* obra do Senhor!" (MANUEL BERNARDES)

"São *os mais raros* e *os mais fascinantes* olhos que há."
(ALMEIDA GARRETT)

"*O maior* e *mais verdadeiro* servidor." (ANTÔNIO VIEIRA)

Capítulo 21

EMPREGO DO NUMERAL

POSIÇÃO DOS CARDINAIS

Os numerais cardinais precedem sempre o substantivo:

catorze dias, duas casas, cinquenta anos, cem anos.

Exemplos contrários, em poesia, não constituem exceção:

"Tal no pleito c'o Oceano o Amazonas
Para sorvê-lo a larga foz medonha
Léguas abre *setenta!*" (Gonçalves de Magalhães)

A palavra *cento*, da qual resultou, em virtude da próclise, o numeral *cem*, que a substituiu (como *são* < *santo*, *tão* < *tanto*), só se usa hoje na designação dos números entre *cem* e *duzentos*, em escala simples ou multiplicada, e é invariável:

cento e dezesseis livros, cento e oito palavras, cento e trinta mil homens.

No português anteclássico aparecia até no feminino e no plural:

"E non est ũa velha nem som duas,
Mais som vel *centas.*" (*Apud* Júlio Moreira)[1]

---

[1]Júlio Moreira, *Estudos da língua portuguesa*, 1ª série, 2ª ed., 2 vols., Lisboa: Clássica, 1922 p. 105 (adições no 1º vol.).

GRAMÁTICA NORMATIVA DA LÍNGUA PORTUGUESA   381

"jrmandade de *cemto* homées..."
"os quaes *çento* irmaãos..." (*Apud* LEITE DE VASCONCELOS)[2]

Ao tempo do Classicismo, ainda se empregava isoladamente. Em Camões aparece em quatro lugares apenas:[3]

"Que pera um cavaleiro houvesse *cento*." (III, 43)

"Pelos arcos reais, que *cento e cento*
Nos ares se alevantam nobremente." (III, 63)

"Nela vê, como tinha por costume,
Cursos do Sol *catorze vezes cento*." (V, 2)

"Mas porém de pequenos animais
Do mar, todos cobertos [os membros] *cento e cento*." (VI, 18)

A expressão *cento e cento* quer dizer *aos centos, às centenas*.

POSIÇÃO DOS ORDINAIS

Os ordinais colocam-se antes ou depois do substantivo; preferentemente *antes*, quando se quer designar as partes antes do todo:

No *quinto mês* do ano.
O *segundo canto* de Os Lusíadas.
O *primeiro século* depois de Cristo.

Mas também se diz

O *canto segundo* de Os Lusíadas.
A invasão dos árabes foi no *século oitavo*.

---

[2]J. Leite de Vasconcelos, *Lições de filologia portuguesa*, Lisboa: Clássica, 1911, p. 297, nota 2.
[3]Cf. Afrânio Peixoto e Pedro Pinto, *Dicionário de "Os Lusíadas"*. Rio de Janeiro: Francisco Alves, 1924, s. v. "Cento".

Antepõem-se, outrossim, os ordinais, em expressões fossilizadas, como as referentes aos dias da semana:

terça-feira, quinta-feira

Na nomenclatura dos Papas, reis, e na designação dos séculos, capítulos, etc., usam-se os ordinais até *décimo*, e, daí por diante, as formas cardinais, quando houver posposição:

Capítulo terceiro
D. João *I* (primeiro)
Pio *IX* (nono)
Pedro *II* (segundo),

mas:

Capítulo *XIII* (treze)
Pio *XI* (onze)
Luís *XV* (quinze)
Século *XX* (vinte)

Antepostos, é de rigor a forma própria ordinal: o trigésimo capítulo — o décimo quinto século.

A partir de *décimo*, são os ordinais desconhecidos da linguagem popular, e, mesmo na literária, o seu emprego tende, cada vez mais, a restringir-se, principalmente o dos que derivam de números designativos das centenas: *ducentésimo, trecentésimo, quadringentésimo, quingentésimo, sexcentésimo, setingentésimo, octingentésimo* e *nongentésimo*. Empregam-se, em lugar deles, as formas cardinais.

Os ordinais formados pelo sufixo *-eno* já não são usados: *noveno, dezeno, onzeno, dozeno, trezeno*:

"Foi Joane segundo e rei *trezeno*." (*Os Lusíadas*, IV, 60)

Com nomes subsistem: *novena, dezena, onzena, vintena, centena*.

GRAMÁTICA NORMATIVA DA LÍNGUA PORTUGUESA 383

VALOR DE NÚMERO INDETERMINADO

É corrente dar-se a certos numerais valor de número indeterminado. Sobretudo a palavra *mil* muito tem sido usada nesse emprego:

"Os olhos tinha prontos e direitos
O Catual na história bem distinta:
Mil vezes perguntava e *mil* ouvia,
As gostosas batalhas que ali via." (*Os Lusíadas*, VIII, 43)

"*Mil* árvores estão ao céu subindo,
Com pomos odoríferos e belos..." (*Os Lusíadas*, IX, 56)

"Matar pôde a pitônica serpente,
Que mortes *mil* havia produzido." (CAMÕES — Soneto)

"Soa o rumor fatídico dos ventos,
Anunciando desmoronamentos
De *mil* lajedos sobre *mil* lajedos..." (AUGUSTO DOS ANJOS)

Junqueira Freire deu-lhe emprego prefixal:

"Polifemos cruéis, *milformes* hidras."

Também se usa *mil e um*:

Histórias das Mil e uma noites.
Fizeram-lhe *mil e uma perguntas.*

Cruz e Sousa apresenta-nos belo exemplo dessa linguagem hiperbolicamente indefinida:

"(...) e eu baterei, por tardos luares mortos, baterei, baterei sem cessar, cheio de uma convulsa, aflitiva ansiedade, a essas sete mil portas — portas de mármore, portas de bronze, portas de pedra, portas de chumbo, portas de aço, portas de ferro, portas de chama e portas de agonia — e as sete mil portas, sete mil vezes tremendamente fechadas a sete mil profundas chaves, nunca se abrirão, e as sete mil misteriosas portas não cederão nunca, nunca, nunca."

Outros números têm sido também utilizados com o mesmo fim:

Com *seiscentos* diabos!

"(...) outras *seiscentas* artes mais."[4]

(*Apud* LEITE DE VASCONCELOS, op. cit., p. 298)

"Aceso o charuto, fincou os cotovelos na mesa e falou a D. Severina de *trinta mil coisas* que não interessavam nada ao nosso Inácio."

(MACHADO DE ASSIS)

EMPREGO DE AMBOS

O numeral *ambos*, que é o único *dual* em português, pode ser reforçado em:

ambos os dois, ambos de dois, ambos e dois, ambos a dois, a dois ambos:

"O certo é que *ambos os dois* monges caminhavam juntos."

(ALEXANDRE HERCULANO)

"*Ambos estes dois* instrumentos." (ANTÔNIO VIEIRA)

"Nós viemos praticando *ambos de dous*." (ANTÔNIO PRESTES)

"De *ambos de dois* a fronte coroada
Ramos não conhecidos e ervas tinha." (CAMÕES)

---

[4]"Quando um número de coisas já existe consagrado pelo uso, não é de bom conselho alterá-lo sob qualquer fundamento. No 1º manuscrito (o de Faria e Sousa) de *Os Lusíadas*, I, 12, estava:
Os *onze* de Inglaterra e o seu Magriço.
O grande poeta emendou, excelentemente, na edição impressa:
Os *doze* de Inglaterra e o seu Magriço.
Por onde se conserva a expressão *doze de Inglaterra* e inclui-se, sem somar a estes, o Magriço" (João Ribeiro, op. cit., p. 162, nota 1).

GRAMATICA NORMATIVA DA LÍNGUA PORTUGUESA   385

Modernamente, porém, vem-se evitando o emprego pleonástico de *ambos os dois*, etc., embora sejam corretas aquelas expressões.

Têm flexão feminina, dentre os cardinais, apenas *um*, *dois* — e os de *centenas*: *duzentos*, *trezentos*, etc.:

> trinta e uma folhas — duzentas páginas.

O NUMERAL "UMA"

Nas construções com o numeral *uma*, designativo da hora, figura o artigo:

> Fomos à sessão *da uma* hora (13 horas), no Metro.
> *À uma hora* batíamos à porta do médico.

Indicando-se decurso de tempo, não haverá artigo:

> Estivemos lá, à noite, *de uma* a duas horas.
> Isso corresponde a *uma hora* de trabalho

Na locução adverbial — *à uma* — emprega-se o acento de crase.
Na designação das *horas*, diz-se:

> *meio-dia e meia* [hora],
> como *uma e meia*, *três e meia*, etc.

E não, como se ouve, às vezes:

> *meio-dia e meio*.

CAPÍTULO 22

EMPREGO DO PRONOME

PRONOMES PESSOAIS

FORMAS RETAS

1) São formas *retas* ou *subjetivas*, isto é, empregam-se como sujeito:

1ª PESSOA	2ª PESSOA	3ª PESSOA
eu	*tu, você*	*ele, ela*
nós	*vós, vocês*	*eles, elas*

O pronome *você* pertence realmente à 2ª pessoa, isto é, àquela *com quem se fala*, posto que o verbo com ele concorde na forma da 3ª pessoa. Tal ocorre em virtude da origem remota do pronome (*vossa mercê*). A concordância faz-se com o substantivo *mercê*, como nos tratamentos de reverência (*Vossa Majestade, Vossa Excelência, Vossa Senhoria*, etc.); é com os substantivos e não com o possessivo (*vossa*) que se estabelece a concordância.

Saiba V. Ex.ª... V. S.ª resolverá.

2) Estas mesmas formas empregam-se como predicativo:

"Nas minhas terras, o rei sou *eu*." (ALEXANDRE HERCULANO)

"Quem me dera ser *tu*." (ALEXANDRE HERCULANO)

3) *Tu* e *vós* podem ser vocativos:

"Ó *tu*, que vens de longe! ó *tu*, que vens cansada!" (ALCEU WAMOSY)

GRAMÁTICA NORMATIVA DA LÍNGUA PORTUGUESA 387

"Deixai, ó *vós* que entrais, toda esperança." (DANTE — Trad. do barão de Vila da Barra)

FORMAS OBLÍQUAS

4) São formas *oblíquas* (*objetivas diretas*):

1ª PESSOA	2ª PESSOA	3ª PESSOA
me	*te*	*o, a*
nos	*você, o, a*	*os, as*
	vos	*se* (singular e plural,
	se (singular e plural,	exclusivamente refle-
	exclusivamente	xivo)
	reflexivo)	

Exemplificação:

Chamaram-*me*. Convidaram-*nos*. (1ª pessoa).

Estimo-*te*. Respeito-*vos*. (2ª pessoa).

Acompanho *você*(s): acompanho-*o*(s). Você(s) *se* contradiz(em). (2ª pessoa).

Diga-lhe que irei visitá-*lo*(s). Eles *se* enganam. (3ª pessoa).

5) São formas *oblíquas* (*objetivas indiretas*):

a) Átonas:

me	*te*	*lhe* (*a ele, a ela*)
nos	*lhe* (*a você*)	*lhes* (*a eles, a elas*)
	vos	*se* (singular e plural, exclusi-
	lhes (*a vocês*)	vamente reflexivo)[1]
	se (singular e plural,	
	exclusivamente reflexivo)	

---

[1] *"SE" com função de dativo* — "O emprego do reflexivo *se* com função de dativo, isto é, como complemento indireto, raro nos clássicos, já se vai generalizando, apesar das censuras e dos reparos dos gramáticos. Segue destarte o reflexivo *se* a tendência dos outros pronomes oblíquos átonos — *me* — *te* — *nos* — *vos*, que têm em português, além da função de objeto direto, como acusativos, a de objeto indireto; arrogou-*se* o direito — arrogou *a si* o direito." (Clóvis Monteiro, *Nova antologia brasileira*, 12ª ed., Rio de Janeiro: F. Briguiet, 1957, p. 265).

Exemplificação:

— Quer falar-*me*? Mandara-*nos* as cópias. (1ª pessoa).
Obedeço-*te*. Recomendo-*vos* silêncio. (2ª pessoa).
Fique sossegado; aconselho-*lhe* que não responda. (2ª pessoa).
Você *se* deu pressa em rever as provas. (2ª pessoa).
Mande-*lhe* recado. Ele(s) *se* reserva(m) o direito de intervir.
(3ª pessoa).

b) Tônicas (sempre regidas de preposição):

mim	*ti, você*
nós	*vós, vocês*

Exemplificação:

Venham *a mim*. Venham *a nós*.
Irei *a ti*. A *vós* irei.
Tudo direi *a vocês*.

Na linguagem arcaica, era frequente o uso das formas tônicas do objeto indireto em função objetiva direta:

"Manda o teu messegeiro
do céu alto, Sprito Santo,
que esclareça e alumee
mim que non mereço tanto,
e dos imigos me livre
por non receber quebranto." (DOM DUARTE)

Na evolução da língua foi-se abandonando o emprego das formas tônicas como objeto direto, a não ser quando regidas da preposição *a*, como no vulgarizado verso de Camões:

"Nem ele entende *a nós*, nem nós *a ele*."

GRAMÁTICA NORMATIVA DA LÍNGUA PORTUGUESA   389

CONOSCO E COM NÓS (PRÓPRIOS, ETC.)

6) Aglutinadas à preposição *com*, apresentam-se num vocábulo único: *comigo, contigo, conosco, convosco, consigo* (este exclusivamente reflexivo).

Se estes pronomes forem ampliados por determinativos — *outros, todos, mesmos, próprios*, dir-se-á *com nós, com vós*, e não *conosco, convosco*:

> *com nós mesmos, com vós próprios, com nós outros.*

7) São erros comuns dar forma oblíqua ao pronome sujeito de verbo no infinitivo e dar forma reta aos pronomes *mim* e *ti* depois de preposição:

> ... para *mim* fazer... (em vez de: para *eu* fazer)
>
> *Tudo ficou resolvido entre mim e ti* — devemos dizer.[2]

Já no exemplo:

> Entre *eu* ir agora e voltar amanhã...

o caso é diverso: não é o pronome que está regido pela preposição, mas a frase toda — *ir agora eu.*

SI E CONSIGO

8) Cumpre ter sempre em vista o caráter reflexivo dos pronomes *si* e *consigo* para evitar erros muito generalizados, aliás tolerados, se não defendidos por gramáticos lusitanos. É condenável o emprego de *si* e *consigo* em construções como estas:

---

[2]Fatos da linguagem coloquial menos cuidada, as construções do tipo "para mim fazer" e "entre eu e tu" não se fixaram, contudo, na língua culta.

Quero falar *consigo*. Trouxemos um presente para *si*. Isso não depende de *si*. Ele irá entender-se *consigo*.

Tais pronomes — reflexivos — são de legítimo emprego quando se referirem ao próprio sujeito da oração:

É criatura egoísta; só pensa em *si*. Leve *consigo* quanto é seu. Pense em *si*; pense nos seus. Vive lá *consigo*, sem ninguém que dele cuide.

SUJEITO DE INFINITIVO

9) Podem os pronomes oblíquos *o* (*a, os, as*), *me, te, se, nos, vos* desempenhar a função de sujeito de um infinitivo, em conexão com um dos verbos *fazer, deixar, mandar, ouvir* e *ver*, aos quais servem cumulativamente de objeto direto:

Mandei-*o* entrar.

No exemplo, o pronome *o* acumula a função de sujeito de *entrar* com a de objeto direto de *mandei*.

Do mesmo modo:

Fez-*me* sentar. Deixe-*nos* pensar.

É o que os latinos chamavam *accusativus cum infinitivo*, ou seja, uma palavra em acusativo (caso do objeto direto), servindo de sujeito a um infinitivo.

"Esta sintaxe é latina, e, com frase progressiva, pode estar o verbo em gerúndio ou infinito precedido de *a*. Exemplos: *a*) Deixe-as *dormindo*, ou *a dormir*; *b*) Quero-as *dançando*, ou *a dançar*; *c*) Ouvi-a *cantando*, ou *a cantar*; *d*) Via-a *querendo chorar*."[3]

---

[3]José Oiticica, op. cit., p. 222.

GRAMÁTICA NORMATIVA DA LINGUA PORTUGUESA 391

REFLEXIVIDADE, APASSIVAÇÃO, RECIPROCIDADE

10) São *reflexivos* os pronomes pessoais átonos (objeto direto e indireto) quando pertencem à mesma pessoa do sujeito da oração: o agente e o paciente são um só, porque o sujeito executa um ato reversivo sobre si mesmo:

> Os empregados *se* despediram.
> Eles *se* arrogam o direito de vetar.

11) Quando, porém, o ato não emana do sujeito, que é apenas o paciente, temos, no pronome que o representa, a *partícula apassivadora*:

> Despediram-*se* os empregados faltosos e admitiram-*se* alguns dos antigos candidatos.

12) São *recíprocos* os pronomes que exprimem fato ou ação mútua, recíproca:

> Eles *se* abraçaram.

É óbvio que são sempre do plural:

> Nós *nos* compreendemos. Vós *vos* compreendeis Eles se compreendem.

13) Há verbos a que se ligam pronomes átonos, inseparáveis, que se tornam partes integrantes deles, como *suicidar-se*, *condoer-se*, *apiedar-se*, *ufanar-se*, *queixar-se*, *vangloriar-se*, etc. São pronomes sem função, *fossilizados*

14) Para prevenir possível falta de clareza quanto à compreensão da reflexividade, ou da reciprocidade, pode-se juntar certos apostos esclarecedores:

a) *Reflexividade*: a si mesmo — a si próprio.
b) *Reciprocidade*: um ao outro ‿ reciprocamente — mutuamente.

Comparem-se:

Como penitência, os monges *se* açoitaram *a si próprios*.
Como penitência, os monges *se* açoitaram *um ao outro*.

EMPREGO ENFÁTICO

15) De emprego enfático, anote-se a duplicação dos pronomes nos seguintes e interessantes casos:

a) Na construção anacolútica "*eu me* parece", ou "*eu* parece-*me*", que é um idiotismo românico:

"*Eu me* parece que viverei pouco." (JOÃO RIBEIRO)

b) Quando os possessivos *seu*(s), *sua*(s) são seguidos dos genitivos *dele*(s), *dela*(s):

"Sara aceitava com opressivo silêncio estas deliberações, e não ousava perguntar a Jorge qual seria depois o *seu* destino *dela*."

(CAMILO CASTELO BRANCO)

E coisa análoga encontra-se no *Graal* — o possessivo reforçado por oração adjetiva:

"(...) falou dos *seus* pecados *que fez*..."

"Aquela sintaxe é clássica e pura. Nesse uso não há pleonasmo. É um recurso com que a língua portuguesa supre a falta do pronome românico *loro*, no francês *leur*: *leurs enfants, os seus filhos deles*. No castelhano antigo existiu a forma *lures*".[4]

---

[4]João Ribeiro, op. cit., p. 175.

GRAMÁTICA NORMATIVA DA LÍNGUA PORTUGUESA

c) Quando uma forma átona se revigora com a correspondente tônica, regida esta de preposição:

"Que *me* importa *a mim* a glória?" (ALEXANDRE HERCULANO)

"(...) é necessário que nos demos a Ele, se *te* quisermos seguir *a ti*."
(FREI HEITOR PINTO)

16) Como segundo termo de uma *comparação*, o pronome pessoal assume a forma subjetiva:

Ele é mais alto do que *tu*. Falaste menos do que *eu*.

Entre os quinhentistas e seiscentistas não rareiam, todavia, exemplos em que os pronomes se apresentam na forma oblíqua, tônica, à maneira do francês moderno:

"(...) tinha mais experiência que *ti*." (SÁ DE MIRANDA)

"Porque sois maior que *mim*." (CAMÕES)

COMBINAÇÃO DE CASOS PRONOMINAIS

17) Dá-se a *combinação dos casos pronominais* segundo as normas seguintes:[5]

a) As formas *me*, *te*, *nos*, *vos*, quando são dativos, e, ainda, *lhe(s)*, que sempre o é, associam-se a *o(s)*, *a(s)*, que são sempre acusativos:

mo(s), *ma(s)*, *to(s)*, *ta(s)*, *no-lo(s)*, *no-la(s)*, *vo-lo(s)*, *vo-la(s)*, *lho(s)*, *lha(s)* = *lhe* + *o(s)*, *lhe* + *a(s)*, *lhes* + *o(s)*, *lhes* + *a(s)*.

Neste último caso — *lho(s)* = *lhes* + *o(s)* — observa-se a atrofia da desinência do plural no pronome *lhes*: vestígio da língua antiga, onde este pronome podia ser invariável em número.

---

[5]Tais combinações têm pouco uso no Brasil.

A tais associações correspondem outras, com o objeto indireto expresso pelas formas tônicas preposicionais. Pode-se, pois, dizer:

"Ninguém *mo* disse", ou "Ninguém *o* disse *a mim*", ou "Ninguém *a mim o* disse".

Não se pode empregar, na mesma frase, os pronomes *se* e *o* (*a, os, as*), como neste exemplo:

"Não *se o* pôde ouvir."
Emende-se: "Não *se* pôde ouvir" — ou: "Não pudemos ouvi-*lo*."

b) Estes mesmos pronomes (com exceção de *lhe, lhes*) quando são acusativos, excluem outra enclítica: o objeto indireto toma então a forma tônica correspondente: *a mim, a ti, a nós, a vós, a ele, a ela, a eles, a elas.*

Funda-se esta regra na conveniência de evitar-se a ambiguidade, "que facilmente se produz na combinação de casos indistintos, como *me-te, te-me, vos-me*, formas destituídas de diferenciação flexional".[6]

Não se devem, portanto, imitar exemplos como este do padre Manuel Bernardes, citado por Mário Barreto:

"Hoje, Astião caríssimo, se cumprem dezassete anos que Deus te trouxe a mim, e *te-me* entregou, para que a Ele te entregasse; guardei-te com a Sua ajuda santo e imaculado; e queres que em um ponto exponha a risco de perder-se o trabalho de tantos anos?" (*Nova floresta*, Lisboa, 1711, vol. 3, p. 423).

O primoroso estilista quis, decerto, fugir à repetição... Deus *te* trouxe a mim, e *te* entregou a mim...
Não se dizem frases assim:

Recomendaram-*te-me*, e sim: Recomendaram-*te a mim*.
Apresentaram-*me-vos*, mas: Apresentaram-*me a vós*.

---

[6]Mário Barreto, *Novos estudos da língua portuguesa*, op. cit., p. 135.

ELIPSE DO SUJEITO PRONOMINAL

18) Por serem explícitas nossas desinências verbais, é comum ı elipse do sujeito pronominal:

"— Queres talvez que vá acordar Carlos, para que me faça o favor de aceitar minhas prendas?" (JÚLIO DINIS)

Quando o sentido não distingue, evite-se a ambiguidade, pela expressão do sujeito; tal se dá entre as formas da 1ª e 3ª pessoas do singular do imperfeito, e do mais-que-perfeito do indicativo; futuro do pretérito; presente, imperfeito e futuro do subjuntivo, e infinitivo pessoal: *lia, lera, leria, leia, lesse, ler.*

A ênfase, o vigor da expressão, frequentemente querem o sujeito expresso:

"Religião divina, misteriosa e encantadora, *tu*, que dirigiste meus passos na vereda escabrosa da eloquência, *tu*, a quem devo todas as minhas aspirações, *tu*, minha estrela, minha consolação, meu único refúgio, toma esta coroa..." (MONT'ALVERNE)

VALOR SINGULAR DE "NÓS"

19) *Nós* — pronome plural — emprega-se no singular:

a) Na expressão de autoridade soberana, ou de poder majestático (reis, papas, bispos):

Nós, el-rei, fazemos saber...
Nós, durante o nosso Pontificado...

b) Por expressão de modéstia, ou quando não se deva declarar a pessoa (redatores, profissionais da imprensa), e, ainda, na linguagem de vendedores comerciais:

Queremos deixar bem clara a nossa opinião.

Procuramos ouvir o diretor do departamento.

Não temos este artigo...

PRECEDÊNCIA ELEGANTE

20) Quanto à colocação ou precedência dos pronomes da frase, é de boa norma, não propriamente gramatical, mas de distinção e elegância, dar prioridade à primeira (eu), quando se trate de alguma coisa menos agradável, ou que importe responsabilidade, ou, ainda, nas manifestações de autoridade e hierarquia; em caso contrário, por modéstia e delicadeza, a primeira pessoa, *a que fala*, coloca-se em último lugar:

Eu, o Roberto e outros demos causa a esse lamentável incidente.

Gustavo, seu primo e *eu* estamos bem classificados.

PRONOMES POSSESSIVOS

1) Os pronomes possessivos relacionam-se com as pessoas gramaticais:

eu	*meu(s)*	*— minha(s)*
tu	*teu(s)*	*— tua(s)*
ele (você)	*seu(s)*	*— sua(s)*
nós	*nossos(s)*	*— nossa(s)*
vós	*vosso(s)*	*— vossa(s)*
eles (vocês)	*seu(s)*	*— sua(s)*

2) Concordam os possessivos, em gênero e número, com a coisa possuída; e em pessoa, com o possuidor:

Nossos trabalhos.

Vossa delicadeza.

GRAMÁTICA NORMATIVA DA LÍNGUA PORTUGUESA

3) Os possessivos, quando ao lado de substantivo, podem vir precedidos, ou não, de artigo:

"O som que *tua* voz límpida exala,
Grato feitiço mágico resume:
A frase mais vulgar, *na tua* fala,
Colorido matiz, brilhando, assume.' (TEÓFILO DIAS)

"Busca asilo a teus pés *teu* pobre filho.
Mostra-me o redentor e obscuro trilho
Que leva as almas *ao teu* seio amado." (B. LOPES)

Ficando subentendido o substantivo, não se dispensará o artigo em frases como esta:

"E viu um rosto que era *o seu*." (MACHADO DE ASSIS)

É um verso de "A mosca azul", o delírio do poleá, que a si mesmo se via rei de Caxemira...

Em frases de construção paralela, a supressão do artigo dá-lhes significação diversa:

Entrou na casa que era *a sua*.
Entrou na casa que era *sua*.

No primeiro exemplo, o possessivo indica, entre a pluralidade das casas, a que lhe pertencia; no segundo, afirma-se, apenas, a propriedade.

"Ó noite, como que raivando, levas,
Com *o teu, meu* coração por essas trevas:
O *teu* — cólera, o *meu* — doce reclamo." (ALBERTO DE OLIVEIRA)

POSIÇÃO DOS POSSESSIVOS

4) Os possessivos, em regra, se antepõem aos nomes; em poesia, por imposição de rima e ritmo, e em frases enfáticas, ou de linguagem de características próprias, é frequente encontrá-los pospostos:

"Mas vem! Os hinos *meus*, as canções *minhas*,
Toda a minh'alma em versos te festeja." (ALBERTO DE OLIVEIRA)

"A pena não acode ao gesto *seu*." (MACHADO DE ASSIS)

"Tinha um filho e Deus levou-lho. Altos juízos *seus!*"
(REBELO DA SILVA)

Exemplos, em vocativos:

"— Filho *meu*, onde estás?" (GONÇALVES DIAS)

"E vós, Tágides *minhas*..." (*Os Lusíadas*, I, 4)

UM CASO DE CONCORDÂNCIA

5) Um só possessivo pode determinar vários substantivos, em concordância com o que lhe esteja mais próximo:

Nossa culpa e arrependimento.
Teus anseios e esperanças.

AMBIGUIDADE POSSÍVEL

6) Recomenda-se o emprego moderado dos possessivos, tanta vez desnecessários, se não prejudiciais à clareza da frase. Suprimir possessivos dispensáveis é dar concisão e elegância ao que se expressa:

Pedrinho vai à escola com o (seu) irmão. Leva sempre os (seus) livros e a (sua) merenda.

Substituem-nos, excelentemente, os pronomes oblíquos — quando na função de "objeto indireto de posse".

"Pois essa criatura está em toda a obra:
Cresta o seio da flor e corrompe-*lhe* o fruto;
E é nesse destruir que as suas forças dobra." (MACHADO DE ASSIS)

"Morre! morrem-*te* às mãos as pedras desejadas." (OLAVO BILAC)

GRAMÁTICA NORMATIVA DA LÍNGUA PORTUGUESA

7) O possessivo *seu* (*seus*, *sua*, *suas*) pode dar causa a ambiguidade:

Vi Maria com o seu pai, à porta de sua casa.

Evitando a construção viciosa:

Vi Maria com o pai, à porta da casa deles.

8) *Sua*, *Vossa*, assumem feição estereotipada em expressões de tratamento: *Vossa Excelência* (em tratamento direto), *Sua Excelência* (em referência):

A Vossa Excelência remeto, nesta data, os dados que recolhi, etc.
Estive com Sua Senhoria em seu escritório, etc.

NOSSA SENHORA

9) *Nossa Senhora* é nome; por isso determina-se a expressão:

Minha Nossa Senhora!
Ganhei *uma* Nossa Senhora igual à sua.

PRONOMES DEMONSTRATIVOS

1) O emprego dos pronomes demonstrativos *este*, *esse*, *aquele*, *isto*, *isso*, *aquilo*, condiciona-se ao lugar em que estão os seres ou coisas cujos nomes tais demonstrativos determinam.

Este, *isto*, para o que está próximo da pessoa que fala (*eu*):

Tire *estes* livros daqui. Leia *isto* que acabo de receber.

Esse, *isso*, para o que está mais afastado; frequentemente próximo da pessoa com quem se fala (*tu*, *você*, etc.):

Lendo os autores:

"Pesa-me *esta* brilhante auréola de nume...
Enfara-me *esta* azul e desmedida umbela..." (MACHADO DE ASSIS)

"— Mosca, *esse* refulgir, que mais parece um sonho,
Dize, quem foi que to ensinou?" (MACHADO DE ASSIS)

"Quis transportar ao verso doce e ameno
As sensações de sua idade antiga,
Naquela mesma velha noite amiga,"

....

"Só lhe saiu *este* pequeno verso:
'Mudaria o Natal, ou mudei eu?'" (MACHADO DE ASSIS)

"O coração que bate *neste* peito,
E que bate por ti unicamente..." (LUÍS GUIMARÃES)

"*Nesse* louco vagar, *nessa* marcha perdida,
Tu foste, como o sol, uma fonte de vida." (OLAVO BILAC)

"Eu sou como *áquela* fonte
Que vai, tão triste, a chorar." (VICENTE DE CARVALHO)

"Mas, senhores, se é *isso* o que eles veem (os maus políticos), será
isto, realmente, o que nós somos? O Brasil não é *isso*. É *isto*. O
Brasil, senhores, sois vós." (RUI BARBOSA)

Não há, entretanto, muito rigor na distinção de *este* e *esse*, em virtude
da predominância dos seus valores estilísticos sobre os seus valores
gramaticais.

2) Estas noções se aplicam também à distância no tempo, e a referên-
cias ao que se mencionou na extensão de um trecho, de uma obra:

Naquele tempo, dizia Jesus a seus apóstolos...
Nessas observações, que há pouco lemos...

GRAMÁTICA NORMATIVA DA LÍNGUA PORTUGUESA

"E *nessa* hora em que a glória se obumbrava..."

(GONÇALVES DE MAGALHÃES)

DÊITICOS E ANAFÓRICOS

Observando os exemplos citados, verificaremos que os demonstrativos têm aplicação dupla:

a) Indicam proximidade, ou afastamento, no espaço e/ou no tempo, em relação às pessoas do colóquio (*emprego dêitico*), como em:

"O coração que bate *neste* peito,
E que bate por ti unicamente..." (1ª pessoa)

"— Mosca, *esse* refulgir, que mais parece um sonho, / Dize, quem foi que to ensinou?" (2ª pessoa)

b) Referem-se ao que ainda vai ser enunciado, bem como ao que já foi mencionado no texto (*emprego anafórico*):

"Só lhe saiu *este* pequeno verso:
'Mudaria o Natal, ou mudei eu?'"

Depois de haver descrito a famosa batalha do Salado, em que o rei Afonso IV, de Portugal, desbaratou os mouros de Granada, Camões inicia assim a estrofe 118 do Canto III de Os *Lusíadas*:

"Passada *esta* tão próspera vitória," (isto é, a vitória de Salado, à qual acabava de referir-se — acontecimento, portanto, já constante no texto).

POSPOSIÇÃO DOS DEMONSTRATIVOS

3) Pospostos aos substantivos, os demonstrativos comunicam ênfase à frase, ou ampliam a ideia de recapitulação que o substantivo encerra:

Foram momentos de elevada inspiração, de sentimento e beleza, um oásis para o espírito fatigado: momentos *esses* que não se esquecem.

São constantes, na prova, as falhas, os enganos, as omissões — vícios *estes* que a desfiguram e afeiam.

4) As formas compostas, de emprego reforçativo, não são de nossa preferência brasileira:

estoutro, essoutro, aqueloutro.

TAL

5) *Tal* é demonstrativo quando em significação análoga a de *este, isto, esse, isso, aquele, aquilo*:

Tais expressões não parecem vernáculas. Não disse *tal*. O *tal* competidor.

"*Tal* soldado sopesa a clava de madeira;
Tal, que a custo sofreia a cólera guerreira,
Maneja a bipenata e rude machadinha,
Este, à ilharga pendente, a rútila bainha
Leva do gládio. *Aquele* a poderosa maça
Carrega..." (OLAVO BILAC)

MESMO E PRÓPRIO

6) *Mesmo, próprio*, são demonstrativos de identidade e reforço:

Eu *próprio* (ou *própria*) falei à *mesma* pessoa que nos tem procurado.

"E a natureza assiste,
Na *mesma* solidão e na *mesma* hora triste,
À agonia do herói e à agonia da tarde." (OLAVO BILAC)

DEMONSTRATIVOS "O(S)", "A(S)"

7) *O(s)* — pronome demonstrativo — representa:

a) *Aquele(s)*:

Os que aqui se congregam...

b) *Aquilo*:

"Tudo o que punge, tudo o que devora
O coração..." (RAIMUNDO CORREIA)

Vós bem o sabeis.

A — pronome demonstrativo — representa *aquela*:

Inês, *a* "que depois de ser morta foi rainha".

8) Ainda sob o feitio neutro, o exerce a função de predicativo e de objeto direto:

Capazes e enérgicos eles o são.
Poderiam castigá-los, mas não o quiseram.

PRONOMES RELATIVOS

FUNÇÕES DO "QUE"

1) *Que* é pronome de referência a pessoas, ou coisas, e corresponde, quanto ao sentido, a *o qual, a qual, os quais, as quais*, embora nem sempre estes possam substituir aqueles, e vice-versa.

Além de elemento de ligação oracional, exerce função no corpo da oração adjetiva:

"Zagais do monte, (*que* um lindo
Rebanho estais a guardar,)
Essa empós da qual vou indo,
Acaso a vistes passar?" (RAIMUNDO CORREIA)

Que (*vós*) tem função subjetiva.

"Essa felicidade (*que* supomos,)
Árvore milagrosa, (*que* sonhamos
Toda arreada de dourados pomos,)

....

Existe, sim:..." (VICENTE DE CARVALHO)

Que (*felicidade*): objeto direto.
Que (*árvore milagrosa*): objeto direto.

2) A variedade das funções sintáticas de *que* (relativo) impõe correspondente multiplicidade de preposições:

A casa *a que* vou. Os elementos *com que* conto. Os recursos *de que* disponho. Não há *por que* desistir do intento. As razões *em que* se estribam.

3) Nas orações adjetivas em que o pronome *que* se refere ao sujeito da principal, o verbo fica na pessoa do antecedente:

Não fui *eu que o chamei*. Foi *você que o convidou*. Sereis *vós que o recebereis*.

4) Se não for para efeitos literários, de ênfase, reforço, métrica, ritmo, etc., não se repita o relativo em orações adjetivas que se coordenam.

"Um sino, um rio, um pontilhão e um carro
De três juntas bovinas *que ia e vinha*
Rinchando alegre, carregando barro.
Havia a escola *que era azul e tinha*
Um mestre mau, de assustador pigarro..." (B. LOPES)

"Eu nada mais sonhava nem queria
Que de ti não viesse, ou não falasse..." (ADELINO FONTOURA)

GRAMÁTICA NORMATIVA DA LÍNGUA PORTUGUESA

5) *Que* refere-se a nome ou pronome.

As boas palavras *que* me disse.
Aquilo *que* lhe disseste.
O *que* nos afirma.
Os *que* estiveram contigo.

6) Em certas frases, de sentido aposto explicativo, o *que* equivale a *e isto*:

Todos estavam na sala, o *que* facilitou a chamada.

7) É de melhor estilo a preferência de *que* a *qual*, que trai a preocupação popular de clareza, às vezes deselegante:

As sessões a *que* (às *quais*) assisti. Os motivos por *que* (pelos *quais*) me afasto. Os dados de *que* (dos *quais*) dispunha.

Entenda-se, porém, que nem sempre a substituição é recomendável, ou mesmo possível:

Muitos dos candidatos, alguns dos *quais* adolescentes, não tiveram forças para realizar a prova. As disposições segundo as *quais* se regem os concursos...

8) Pode omitir-se o antecedente de *que*:

Não vejo (*nada*) que reclamar. Não teve (*coisa*) que dizer

9) Há de se distinguir *por que* e *porque*.

Por que (*pelo qual*, *pela qual*, etc.) é pronome preposicionado:

São estes os motivos *por que* (*pelos quais*) não compareceu.

Porque é conjunção causal, advérbio relativo, ou interrogativo.

10) Construções há em que o relativo, obliterada a sua função própria, aparece *fossilizado*:

Tenho *que* sair imediatamente.

11) Na expressão idiomática — *é que* — temos exemplo, entre outros, do emprego da partícula *que* sem função lógica, a serviço da ênfase:

Nós (*é que*) erramos. Vocês (*é que*) acertaram.

12) O *qual, a qual, os quais, as quais*, são formas mais explícitas, sempre a serviço do nome:

Estas divergências para *as quais* peço a sua atenção...

FUNÇÕES DE "QUEM"

13) *Quem* — embora tenha por antecedente, no português atual, propriamente a pessoas, podia também referir-se a coisas. Exemplos de Camões:

"Cidade nobre e antiga, a *quem* cercando
O Tejo em torno vai, suave e ledo." (IV, 10)

"Ó glória de mandar, ó vã cobiça
Desta vaidade a *quem* chamamos Fama!" (IV, 95)

"Nomes com *quem* se o povo néscio engana." (IV, 96)

14) Representa antecedente no singular ou no plural, quer claro, quer subentendido:

"Daqueles de *quem* sois senhor supremo." (*Os Lusíadas*, I, 10)

"E outros em *quem* poder não teve a morte." (I, 14)

"Mestre querido! Viverás enquanto
Houver *quem* pulse o mágico instrumento,
E preze a língua que prezavas tanto!" (OLAVO BILAC)

GRAMÁTICA NORMATIVA DA LÍNGUA PORTUGUESA   407

15) *Quem* pode equivaler a *ninguém que*:

"Zombam. Não há *quem* dele se condoa!" (RAIMUNDO CORREIA)

Em tal caso, vem precedido de negação.

16) *Quem*, conforme a função que exerça, pode ser acompanhado de qualquer das preposições:

A quem — *Com* quem — *De* quem — *Por* quem — etc.

Evite-se, entretanto, o emprego de *sem quem*, desagradável ao ouvido; *sem o (a) qual* — é a expressão conveniente. Encontraremos exemplos contrários:

"Ó Verbo, por quem tudo foi feito, *sem quem* nada foi feito!" (*Solilóquios* de santo Agostinho, trad. do padre Sena Freitas, Porto, 1944, p. 31).

FUNÇÕES DE "CUJO"

17) *Cujo (a, os, as)* é pronome adjetivo analiticamente desenvolvido em *do qual, da qual, dos quais, das quais, de quem, de que*:

"(...) e *cuja* agreste ramaria
Não atravessa nunca a luz do dia." (OLAVO BILAC)
(... e a ramaria *da qual* [floresta] não atravessa nunca a luz do dia).

"Essa em *cujo* encalço eu ando,
Não na vistes vós passar?" (RAIMUNDO CORREIA)
(Essa no encalço *de quem* eu ando).

18) Concorda em gênero e número com o substantivo subsequente, embora se refira a um substantivo antecedente:

Esse rapaz, *cuja* inteligência tanto gabas...
(... a inteligência *do qual*...).

19) Não há crase no regime preposicional de *cuja* (*s*), por isso que o relativo não pode ser determinado:

Homens *a cuja* probidade tudo confiamos.
Tribunal *a cujas* decisões devemos respeito.

FUNÇÕES DE "ONDE"

20) *Onde* é pronome-advérbio, geralmente locativo; tem sentido equivalente a *lugar em que, no qual*, etc.:

"Leva-me contigo até mais longe, a essa
Fímbria do horizonte *onde* te vais sumindo
E *onde* acaba o mar e de *onde* o céu começa..."
(VICENTE DE CARVALHO)

"Existe sim [a felicidade]: mas nós não a alcançamos
Porque está sempre apenas *onde* a pomos
E nunca a pomos *onde* nós estamos." (VICENTE DE CARVALHO)

Pode empregar-se com o valor de simples relativo:

As deduções *por onde* (*pelas quais*) chegamos a esses resultados...

21) Não distinguiram os clássicos entre *onde* e *aonde*:

"Se lá no assento etéreo *onde* subiste." (CAMÕES)

"Nize? Nize? *Onde* estás? *Aonde? Aonde?*"
(CLÁUDIO MANUEL DA COSTA)

A linguagem culta moderna insiste em distingui-los: *Onde* exprime estabilidade; o *lugar em que*:

"Quem sabe? Estão próximas plagas
Onde aportar por uma vez." (AUGUSTO DE LIMA)

"Ninguém saiba *onde* eu moro, *onde* tu moras." (LUÍS DELFINO)

GRAMÁTICA NORMATIVA DA LÍNGUA PORTUGUESA   409

"Lá *onde* nasce o tomilho,
onde há fontes de cristal;
lá *onde* viceja a rosa,
onde a leve mariposa
espaneja à luz do sol." (JOÃO DE LEMOS)

Aonde indica movimento, *lugar a que*:

"Que os leve *aonde* sejam destruídos,
Desbaratados, mortos ou perdidos." (CAMÕES)

Pode, ainda, ser precedido das preposições *de*, *para*, *por*:

"Quem me mandou a esta viagem?
Donde parti? Quando embarquei?" (AUGUSTO DE LIMA)

"Escada de Jacó serão teus raios
Por onde asinha subirá minh'alma." (FAGUNDES VARELA)

PRONOMES INTERROGATIVOS

1) São interrogativos os pronomes que dão expressão às frases de pergunta direta, ou indireta:

"— Quem te ensinou, guerreiro branco, a linguagem de meus ir-mãos?" (JOSÉ DE ALENCAR)

"*Que* gente será esta? em si diziam;
Que costumes, *que* lei, *que* rei teriam?" (CAMÕES)

Perguntam *quem* os acompanhará. Quer saber *quantos* ficarão. Indagaram *que* motivos há para desistir.

2) Que — em função substantiva — corresponde a *que coisa*:

Que há? *Que* dizes?

410 ROCHA LIMA

3) São invariáveis *que, quem*; flexionam-se *qual* (*quais*), *quanto* (*quant-os, a, as*).

4) *Que, qual* — interrogativos — não são precedidos de artigo:

Qual preferes? *Que* novas trazeis?

5) Acentue-se *quê*, quando tônico:

— Voltar aqui, para *quê*?
— Fale com clareza, sem o *quê* ninguém o entenderá.

6) *Quem* é de referência a pessoas, ou a coisas personificadas; corresponde a *que pessoa*(*s*):

"*Quem* o molde achará para a expressão de tudo?" (OLAVO BILAC)

"*Quem* eram? de que terra? que buscavam?" (CAMÕES)

7) Há interrogativos adverbiais:

Quando voltarão? *Onde* encontrá-los? *Como* transcorreram os debates? *Porque* está tão triste?

PRONOMES INDEFINIDOS

ALGUM — NENHUM

1) O primeiro, de sentido afirmativo, corresponde, quando posposto ao substantivo, ao sentido negativo do segundo:

Alguma coisa (afirmativo).
Coisa *alguma*. Coisa *nenhuma*. *Nenhuma* coisa (negativos).

GRAMÁTICA NORMATIVA DA LÍNGUA PORTUGUESA   411

Em sentido negativo, em posposição, *algum* e *nenhum* não costumam pluralizar-se:

Alguns empreendimentos. *Nenhuns* obstáculos. (E só por exceção: Empreendimentos *alguns*. Obstáculos *nenhuns*.)

"Quando, porém, não figuram na frase elementos negativos, os escritores mais bem apontados no dizer empregam não raro o adjetivo *algum* depois do substantivo em sentenças ou frases assertivas" (Carneiro Ribeiro, *Serões gramaticais*, Bahia, 1919, p. 329).

E cita o mestre baiano dois exemplos de Os *Lusíadas*:

"Desta gente refresco *algum* tomamos
E do rio fresca água..." (V, 69)

"Palavra *alguma*[7] Arábia se conhece
Entre a linguagem sua que falavam." (V, 76)

Assim não se entende na língua de hoje: muitos lerão mal estes versos camonianos.

2) *Alguma coisa grandiosa, alguma coisa de grandioso*, ou: *algo de grandioso*, como propôs Laudelino Freire, que viu na expressão *alguma coisa de* a influência francesa de *quelque chose de*, com o adjetivo sempre no masculino.

3) Nem sempre é fácil distinguir entre *nenhum* e *nem um*. *Nenhum* é de sentido menos preciso, não individua, antes generaliza a negativa; *nem um* define por unidade:

Não tenho *nenhum* amigo (não tenho amigos).
De tantos que tive *nem um* só me ficou.

---

[7] *Algumas* palavras; uma ou outra palavra: reconhecem os portugueses *algumas* palavras árabes no idioma daqueles africanos.

ALGO

Algo significa alguma coisa:

Algo de novo.

"Vossas Mercês em que se ocupam: jogam ou fazem *algo?*"
(JORGE FERREIRA DE VASCONCELOS)

"Homem de algo: rico, de haveres, poderoso, cujos filhos andavam na corte." (FREI DOMINGOS VIEIRA)

Daí *fidalgo* (*filho d'algo*).

É advérbio, na acepção de *algum tanto, um pouco*:

"Perdeu um estribo, e fez um revés *algo* desairoso."
(FRANCISCO DE MORAIS)

ALGUÉM — NINGUÉM — OUTREM

1) São indefinidos invariáveis, de referência a pessoas:

alguém: alguma pessoa;
ninguém: nenhuma pessoa;
outrem: outra pessoa (sem determinação):

"Não faças a *outrem* o que não queres que te façam a ti."

Quando seguidos de adjetivos, podem estes, por concordância siléptica, mental, ter flexão feminina:

"*Alguém* andava então bem *saudosa*." (JOÃO DE BARROS)

"Não havia ali *ninguém* que destas coisas estivesse *isenta*." (*Idem*)

"*Outrem* mais bem *prendada*."
(*Apud* CARNEIRO RIBEIRO, *Serões*, p. 549)

2) *Homem* — Contrariando a opinião de Carneiro Ribeiro, entende Rui Barbosa (*Réplica*, 485) que não se deve perder esta elegante expressão de indefinido, antiga, é certo, mas usada por Castilho, Camilo e outros, dentre os modernos:

"Tediosa e impolida coisa é falar *homem* de si mesmo."
(ANTÔNIO FELICIANO DE CASTILHO)

"Dês que *homem* nasce té que morre, não trata coisa de mor peso que a do seu casamento." (SÁ DE MIRANDA)

"*Homem* tem a acepção indeterminada e vaga do *on* no francês, e da partícula apassivadora *se* em nossa língua, onde tem ainda os sucedâneos de *um homem, uma pessoa*, ou simplesmente *um*."

TODO E TODO O

1) Pode-se distinguir *todo* (com o sentido de *cada, qualquer, todos*) e *todo o* (com a significação de *inteiro*):

Todo homem tem direito ao trabalho.
Corri *toda* a cidade...

Esta distinção, entretanto, não é rígida, nem assenta na tradição do idioma.[8] Não se há de esquecer, por exemplo, que "no tempo de Camões as expressões do tipo *toda parte* e *toda a parte* usavam-se sem diferença de sentido".

"Entres a barra, tu com *toda armada*." (*Os Lusíadas*, II, 3)
(JOSÉ MARIA RODRIGUES, notas a *Os Lusíadas*,
ed. Nacional, 1931, p. LVII).

Se neste caso o português moderno quer a presença do artigo, não se há de estranhar que, na outra construção, não se tenha tão à justa o exemplo clássico.

---

[8] Said Ali. *Dificuldades da língua portuguesa*, op. cit., p. 105-16

No plural é de rigor o emprego do artigo; mas não era esta a construção antiga, em que ele não figurava.

Posposto ao substantivo, *todo* é qualificativo (*inteiro*, *integral*):

O céu, o mar, a terra *toda*.

2) Em vez de *todos* os dois, *todos* os três, *todos* os oito... deve-se dizer: *os dois* ou *ambos*, *os três*, *os oito*:

Mande *os oito* aqui.

Em formas adjetivas compostas, *todo* não varia: senhores *todo-poderosos* — vontade *todo-poderosa*.

3) Desde *todo o sempre*... Para *todo o sempre*.

Ainda que se leia em bons escritores: *todo sempre*.

TUDO — NADA

1) *Tudo* corresponde a *todas as coisas*; *nada*, a *coisa nenhuma*. São pronomes sintéticos, do gênero neutro:

"E quanto enfim cuidava e quanto via,
Eram *tudo* memórias de alegria." (*Os Lusíadas*, III — 121)

E vós *nada* dizeis?

2) Emprega-se indiferentemente *tudo o que* e *tudo que*; mais usada, hoje, a primeira forma:

"*Tudo* o que punge, *tudo* o que devora
O coração..." (RAIMUNDO CORREIA)

GRAMÁTICA NORMATIVA DA LÍNGUA PORTUGUESA

3) Por seu sentido sintético, quando resumem os elementos de composição do sujeito, *tudo* e *nada* querem o verbo no singular:

Leituras, conversas, passeios, *nada* o *distrai*.
Leituras, conversas, passeios, *tudo* o *aborrece*.

CAPÍTULO 23

VERBO E SEUS COMPLEMENTOS

CLASSIFICAÇÃO DO VERBO QUANTO AOS COMPLEMENTOS

Sendo o verbo a palavra regente por excelência, cumpre proceder sempre à verificação da natureza dos complementos por ele exigidos.

O complemento forma com o verbo uma *expressão semântica*, de tal sorte que a sua supressão torna o predicado incompreensível, por omisso ou incompleto.

Em função do tipo de complemento que requerem para formar uma *expressão semântica*, assim se podem classificar os verbos:

a) *Intransitivos*, que, encerrando em si a noção predicativa, dispensam quaisquer complementos.

b) *Transitivos diretos*, que exigem a presença de um *objeto direto*.

c) *Transitivos indiretos*, que pedem a presença de um *objeto indireto* —, complemento este, aliás, que o mais das vezes independe da regência verbal.[1]

d) *Transitivos relativos*, que apresentam um complemento preposicional, chamado *relativo*.

e) *Transitivos circunstanciais*, que requerem um complemento, preposicional ou não, chamado *circunstancial*.

f) *Bitransitivos*, que têm concomitantemente um objeto direto e um indireto, ou um objeto direto e um complemento relativo.

---

[1] Cf. o título OBJETO INDIRETO (p. 306).

GRAMÁTICA NORMATIVA DA LÍNGUA PORTUGUESA   417

Nos predicados *mistos* ou *verbo-nominais*, constituídos por um *verbo* e por um *nome*, há um complemento chamado *anexo predicativo*, que pode referir-se ao sujeito ou ao objeto.
Exemplos:

O guerreiro voltou *ferido* (*ferido* — anexo predicativo que se refere ao sujeito *o guerreiro*).
O sofrimento torna os homens *humanos* (*humanos* — anexo predicativo do objeto direto *os homens*).

VERBOS QUE TÊM ANEXO PREDICATIVO

Têm anexo predicativo (ou, simplesmente — *predicativo*):

a) Os verbos *crer, julgar, saber, considerar, imaginar, reputar*, etc., que exprimem opinião, modo de ver:

Não o julgava tão sábio; nunca o imaginei meu inimigo; não o sabia doente; era considerado o melhor de todos.

b) Os verbos *chamar, apelidar, cognominar, alcunhar, denominar* e outros de significação semelhante:

Dona Isabel foi cognominada a Redentora; Rui Barbosa foi apelidado a Águia de Haia.

c) Os verbos *fazer, tornar, constituir, instituir, eleger, criar, nomear, proclamar* e outros, que denotam a efetivação em alguém, ou alguma coisa, de uma certa situação:

O sofrimento torna os homens mais humanos; Joaquim Nabuco foi nomeado embaixador nos Estados Unidos.

Verbos como os do primeiro exemplo (o guerreiro *voltou* ferido) se enquadram no caso geral dos *intransitivos*, por isso que o anexo predicativo não lhes serve, a eles, de complemento; figura com a função de definir O SUJEITO.

Já em frases como — *o sofrimento torna os homens humanos* —, o anexo predicativo *humanos*, conquanto também funcione como definidor do OBJETO DIRETO, não deixa de ser exigido pelo sentido da *expressão semântica* formada pelo verbo + objeto direto: o sofrimento *torna os homens* (*o quê? — humanos*). Neste caso, o verbo se chama particularmente *transobjetivo*, porque a compreensão do fato verbal *vai além* do objeto direto.

Nos predicados *nominais* do tipo — *o livro é excelente* — não há complemento, porque a função predicativa não é exercida pelo verbo, e sim pelo próprio nome *excelente*. O verbo aí serve apenas de relacionar o predicado com o sujeito, exprimindo os vários *aspectos* sob os quais se considera essa relação: Pedro é doente (aspecto *permanente*); Pedro está doente (aspecto *transitório*), etc. Chamam-se *de ligação* estes verbos.

Eis, em esquema, a classificação geral dos verbos quanto à predicação:

intransitivo	*transitivo circunstancial*
transitivo direto	*bitransitivo*
transitivo indireto	*transobjetivo*
transitivo relativo	*de ligação*

O caráter de cada qual destes tipos se denuncia *na frase*. Verbos normalmente intransitivos podem empregar-se transitivamente, e vice-versa, de acordo com o sentido especial de determinadas frases. Exemplo: *Quem não ouve, é surdo* (*ouvir — intransitivo*). *Ouvi um ruído* (*ouvir — transitivo direto*).

Verbos como *arrepender-se, abster-se, ater-se, atrever-se, dignar-se, esforçar-se, queixar-se, ufanar-se*, etc. trazem preso a si um pronome reflexivo *fossilizado*.

Tais verbos, ainda que pronominais, não têm objeto direto, nem indireto.

Aliás, *ninguém pode arrepender outrem, nem a si* —, devendo, então, ter surgido o pronome por ANALOGIA com outros verbos, tais como: *aborrecer-se, magoar-se, ferir-se,* nos quais o pronome é realmente o objeto direto.

SOBRE VERBOS TRANSITIVOS

Quando um verbo transitivo se pronominaliza, o seu objeto direto se faz reger de preposição, tomando a FORMA de *complemento relativo*:

{ admirar o talento de alguém
  admirar-se do talento de alguém

{ aproveitar as circunstâncias
  aproveitar-se das circunstâncias

{ semelhar um anjo
  semelhar-se a um anjo

Verbos há que, sem mudarem de significação, podem usar-se indistintamente com objeto direto ou complemento preposicional, admitindo, por vezes, duas, três ou mais preposições. Assim: *chamar alguém* ou *por alguém*; *crer algo* ou *em algo*; *usar meios legais* ou *de meios legais*; *atuar em* ou *sobre algo*; *apressar-se a dizer* ou *em dizer*; *encorporar uma coisa a outra, em outra* ou *com outra*; *esperar alguém* ou *por alguém*; *fugir o perigo, ao perigo* ou *do perigo*; *eximir-se a fazer* ou *de fazer algo*; *filiar-se ao partido* ou *no partido*; *limitar-se a sorrir* ou *em sorrir*; *contentar-se de ser, em ser* ou *com ser alguma coisa*; *pegar a pena, na pena* ou *da pena*; *puxar a espada* ou *da espada*; *bradar socorro* ou *por socorro*; *atirar o livro* ou *com o livro no chão*; *continuar o negócio* ou *com o negócio*; *investir o inimigo* ou *com o inimigo*; *cumprir a lei* ou *com a lei*; *fazer que aconteça* ou *com que aconteça*.

VERBOS DE FORMA ATIVA ABSOLUTA
OU DE FORMA REFLEXA

Bom número de verbos aparecem, também sem alteração de sentido, ora com a forma ativa absoluta, ora com pronome reflexo, sendo certo que, "se para alguns se poderá admitir como anterior a forma ativa, para outros esta é a posterior e resulta da conjugação reflexa à qual se tirou, como um trambolho, o pronome átono".[2]

Estão no caso: *estribar* ou *estribar-se*, *aferrar* ou *aferrar-se*, *vestir* ou *vestir-se*, *enfileirar* ou *enfileirar-se*, *casar* ou *casar-se*, *passar* ou *passar-se*, *inclinar* ou *inclinar-se*, *recolher* ou *recolher-se*, *levantar* ou *levantar-se*, *multiplicar* ou *multiplicar-se*, *retirar* ou *retirar-se*, *findar* ou *findar-se*, *embarcar* ou *embarcar-se*, etc.

Eis alguns exemplos, em que os verbos vêm desacompanhados de pronome:

"(...) eis aqui o que Deus mostrou a Ezequiel, e o que *passa* no mundo."
(ANTÔNIO VIEIRA)

"Veja-se o que *tem passado* na América do Norte..."
(RUI BARBOSA)

"De cada exclusão dei os meus motivos. E nenhum deles *estribava* no culto da invariabilidade clássica." (RUI BARBOSA)

"Eva *inclinou* à parte do demônio..." (ANTÔNIO VIEIRA)

"Depois da *Vulgata*, busca o dr. Carneiro *aferrar* ao *Corpus Iuris*."
(RUI BARBOSA)

"— Diga-me uma coisa: sua irmã?
— Está em Coimbra, *casou*." (EÇA DE QUEIRÓS)

Rui, ao trabalhar os artigos do *Diário de Notícias* (1889) para a publicação, em 1921, da *Queda do Império*, extirpou os pronomes aos verbos *retirar* e *recolher*, nesta bela passagem:

---

[2]Sousa da Silveira, *Fonética sintática*, op. cit., p. 141.

GRAMATICA NORMATIVA DA LINGUA PORTUGUESA

"Ao cabo de anos e anos dessa cultura de extermínio, a seiva da opinião nacional, depois de procurar debalde respiráculo em todos os pontos da crosta enrugada e ressequida, *retira* da casca para o cerne, reflui do cerne para a medula, refoge da medula para as raízes, *recolhe* das raízes à terra mãe, até se despedir de todo, para ir aviventar outras estirpes, animar outras plantas, florescer noutros ramos" (artigo "Nossa coerência", Q. I., tomo 1, p. 256-7, nº 23).

HAJA VISTA

Notem-se as peculiaridades da construção de HAJA VISTA, que oferece quatro opções:

a) Invariabilidade da expressão:

Haja vista os últimos acontecimentos.
Haja vista aos últimos acontecimentos. (preposição "a")
Haja vista dos últimos acontecimentos. (preposição "de")

b) Concordância com o termo seguinte:

Hajam vista os últimos acontecimentos.

Proscreva-se o errôneo "haja visto".

Capítulo 24

EMPREGO DO ADVÉRBIO

FUNÇÃO DO ADVÉRBIO

1) É função do advérbio acompanhar o verbo, exprimindo as circunstâncias que cercam, ou precisam, ou intensificam a significação deste.

"*Assim* morre o forte!" (GONÇALVES DIAS)

"*Jamais, jamais* mortal subiu tão alto!" (GONÇALVES DE MAGALHÃES)

"Esse monstro... Que vem *cá* buscar?" (GONÇALVES DIAS)

"— Vibrai *rijo* o chicote, marinheiros!
Fazei-os *mais* dançar..." (CASTRO ALVES)

"Sete anos!... E ei-lo volta, *enfim*, com o seu tesouro!"
(OLAVO BILAC)

"Habita *juntamente* os vales e as montanhas..."
(MACHADO DE ASSIS)

2) Os advérbios de intensidade (*muito, pouco, bastante, mais, menos, assaz, quão, tão*, etc.) podem concorrer para exprimir flexão de grau de adjetivos e advérbios:

"*Tão* forte contra os homens, *tão* sem força
Contra coisa *tão* fraca." (GONÇALVES DIAS)

GRAMÁTICA NORMATIVA DA LÍNGUA PORTUGUESA 423

"O porvir é *assaz* vasto, para comportar esta grande esperança."

(RUI BARBOSA)

"É tarde! É *muito* tarde!..." (MONT'ALVERNE)

"Alma minha gentil que te partiste
Tão cedo desta vida descontente..." (CAMÕES)

Há formas sintéticas para os graus de advérbios:

pertíssimo, cedinho, agorinha, etc.

ADVÉRBIOS EM "MENTE"

Concorrendo na frase vários advérbios dos terminados em *-mente*, é usual o emprego do sufixo apenas no último; a menos que, por ênfase, se prefira a repetição:

Estávamos calma, *tranquilamente*, aguardando a solução do caso.
Falava-me doce, suave, *suavissimamente*.

"Que brilhe a correção dos alabastros
sonoramente, luminosamente." (CRUZ E SOUSA)

Adjetivos, ainda que flexionados, podem ser empregados como advérbios:

"A vida e a morte combatiam *surdas*
No silêncio e nas trevas do sepulcro." (FAGUNDES VARELA)

Cabe aí também a interpretação de considerá-los *anexo predicativo*.

USO DE "MELHOR" E "PIOR" E OUTROS ADVÉRBIOS

1) *Melhor, pior* são comparativos de *bem* e *mal* (como são dos adjetivos *bom* e *mau*), e, portanto, invariáveis:

Os meninos vão *melhor*, já sem febre (advérbio).
São as quatro *melhores* alunas da classe (adjetivo).
Achei-os *pior*, mais aflitos (advérbio).
São os *piores* resultados (adjetivo).

Em vez de *melhor* e *pior* empregam-se os comparativos *mais bem* e *mais mal* antes de adjetivos-particípios:

Trabalhos *mais bem* cuidados. Planos dos *mais mal* urdidos.

Mas diz-se também:

Obra *melhor* talhada.
Coisas *mal* ouvidas e *pior* entendidas.

2) Muitos advérbios oferecem exemplos de homonímia, isto é, têm formas idênticas à de palavras de outras classificações gramaticais.

ora (agora)

"No centro da taba se estende um terreiro,
Onde *ora* se aduna o concílio guerreiro..." (GONÇALVES DIAS)

muito

"Tereis notado que outras coisas canto
Muito diversas das que outrora ouvistes." (OLAVO BILAC)

tanto

"Silêncio, Musa... Chora e chora *tanto*..." (CASTRO ALVES)

bem

"Olha-me *bem*, que sou eu!" (GONÇALVES DIAS)

pouco

"Falai verdade. Não aporfieis. Perguntai *pouco*."
(DOM FRANCISCO MANUEL DE MELO)

3) Há três advérbios-pronominais de lugar, que vão caindo em desuso: *algures, alhures, nenhures*: em algum, em outro, em nenhum lugar.

Li, *algures*, descrição minuciosa desse aparelho.

"Tornou ao piano, era a vez de Mozart, pegou de um trecho, e executou-o do mesmo modo, com a alma *alhures*."
(MACHADO DE ASSIS)

"O nosso índio errante vaga;
Mas, por onde quer que vá,
Os ossos dos seus carrega...

....

Nenhures está melhor
Do que na urna grosseira." (GONÇALVES DIAS)

4) *Debalde* ou *embalde* (em vão, inutilmente) é o único advérbio de origem não latina; deriva-se do árabe.

"Há dois mil anos te mandei meu grito,
Que *embalde*, desde então, corre o infinito..." (CASTRO ALVES)

5) *Incontinenti* — latinismo — significa imediatamente; sem demora, intervalo ou interrupção:

"Reconhecemo-nos *incontinenti*, com ıgual espanto."
(MONTEIRO LOBATO)

6) Pode-se usar *propositadamente*, ou *de propósito* (esta é a expressão clássica), e, ainda, *propositalmente*, cujo emprego tem sido condenado, sem razão.

HÁ E A

7) *Há* dois dias estiveram aqui. De hoje *a* dois dias teremos novas partidas.

A ideia verbal de *há* (no primeiro exemplo) está obliterada: forma expressão adverbial, como a segunda.

Para circunstâncias passadas, emprega-se a forma verbal:

"*Há* dois mil anos te mandei meu grito..." (CASTRO ALVES)

Para a indicação de tempo futuro, ou decurso do tempo, entre datas, a preposição *a*:

De 2 de janeiro *a* 30 de setembro... De hoje *à* quinta-feira próxima...

A boa lição documenta-se, à maravilha, nesta frase de Drummond:

"Hoje, amanhã, daqui *a* cem anos, como *há* cem anos atrás, uma realidade física, uma realidade moral se cristalizam em Itabira."

De há muito é expressão adverbial equivalente a *há muito tempo*:

De há muito vem ele queixando-se...

8) *Já, mais* — *já* é advérbio de tempo, de mais de um sentido:

Venha *já*.
Já o conhecia.
Eles *já* estão no Rio de Janeiro.
Já não vou a São Paulo.

GRAMÁTICA NORMATIVA DA LÍNGUA PORTUGUESA   427

"Com respeito ao advérbio *mais*, uso é vulgar entre os escritores brasileiros dar-lhe às vezes o valor significativo do advérbio *já*, em certas frases negativas, onde intervém como elemento de reforço. Assim que se diz:

> O doente não fala *mais*, não se move *mais* — ao lado de: o doente *já* não fala, *já* se não move.

Este emprego do advérbio *mais*, correntio no Brasil, não traz o selo dos escritores portugueses de renome, que com tais modos de dizer o substituem pelo advérbio português *já*." (CARNEIRO RIBEIRO, *Serões*, p. 666)

— "Arquiteto do mosteiro de Santa Maria já o não sou."

(ALEXANDRE HERCULANO)

Porém a verdade é que não dizem a mesma coisa: *Já* não irei a São Paulo — e — Não irei *mais* a São Paulo.

9) Certos advérbios correspondem a expressões adverbiais:

nunca — em tempo nenhum;
sempre — em todos os tempos, em todos os momentos;
hoje — neste dia;
agora — nesta hora;
aqui — neste lugar;
adrede — para esse fim; de propósito, etc.

ADVÉRBIOS INTERROGATIVOS

Os *advérbios interrogativos* iniciam orações independentes (*interrogativas diretas*), e também introduzem orações subordinadas (*interrogativas indiretas*):

quando (de tempo), *onde* (de lugar), *como* (de modo), *porque* (de causa).

Exemplos:

a) Em interrogações diretas:

Quando voltarão os soldados?
Como vão as crianças?
Onde compraste esse livro?
Porque não ajudaste teu irmão?

b) Em interrogações indiretas:

Não sabemos *quando* voltarão os soldados.
Indagaram *como* vão as crianças.
Perguntei-te *onde* compraste esse livro.
Ainda não me explicaste *porque* não ajudaste teu irmão.

OBSERVAÇÃO SOBRE A GRAFIA DO ADVÉRBIO INTERROGATIVO "PORQUE"

Alguns autores preferem grafar *por que*, em duas palavras, e então ter-se-ia de subentender, depois do *que*, um nome como *razão, motivo,* etc.: *Por que (razão) não vens? Dize-me por que (motivo) não vens.* Esta é também a lição do *Pequeno vocabulário ortográfico da língua portuguesa,* de 1943.

Não há, todavia, amparo para esta recomendação.

O nosso advérbio interrogativo *porque* encontra paralelo em francês (*pourquoi?*), em italiano (*perchè?*), e funciona como adjunto adverbial da oração interrogativa, designando a causa ignorada, isto é, precisamente o que nós desejamos saber ao formularmos a pergunta.

Exemplo:

— *Porque* fugiste de casa?
Sujeito: tu (indicado pela desinência verbal).
Verbo: fugiste (intransitivo).
Adjunto adverbial de lugar: de casa.
Adjunto adverbial de causa: porque?

GRAMÁTICA NORMATIVA DA LÍNGUA PORTUGUESA

Na resposta a esta pergunta, se quisermos declarar a *causa*, tê-lo-emos de fazer por meio de uma oração subordinada, encetada pela conjunção *porque*.

Em algumas línguas, essa distinção de funções se marca por palavras diferentes, como, por exemplo, *pourquoi* e *parce que* em francês e *why* e *because* em inglês.

Em português, escrever *porque* em circunstâncias que tais é manter longa tradição literária, firmada em três séculos de classicismo, e continuada, na linguagem de nossos dias, por escritores de nota. Exemplo:

" — *Porque* virá o conde quase de luto à festa?"

(Assim está no volume 15 — *Contos e lendas* — da monumental e filologicamente primorosa edição das obras completas de Rebelo da Silva, publicadas em 41 volumes pela Empresa da História de Portugal, em 1907, sob a responsabilidade de Henrique Marques, o competente estudioso do estilista de "A última corrida de toiros em Salvaterra".)

Na edição *princeps* das *Várias histórias* (Rio de Janeiro, 1896, publicada sob as vistas do autor), também o que se lê, em "Um apólogo", é o seguinte:

"*Porque* está você com esse ar, toda cheia de si, toda enrolada, para fingir que vale alguma cousa neste mundo?
— Deixe-me, senhora.
— Que a deixe? Que a deixe, *porquê*?
Porque lhe digo que está com um ar insuportável?"

Poucas linhas adiante, continua o triste burilador de Brás Cubas:

"— Mas você é orgulhosa.
— Decerto que sou.
— Mas *porquê*?
— É boa. Porque coso."

Somente se escreve *por que* em dois casos:

a) Quando se tratar do *pronome relativo* QUE, ocasionalmente precedido da preposição *por* (ele poderia, em outras condições sintáticas, vir antecedido de outras preposições):

Fatos *a que* assisti...
Dinheiro *com que* não contava...
Palavras *de que* me envergonho...
Papel *em que* escrevo...
Assuntos *por que* me interesso...

b) Quando se tratar do *pronome interrogativo* QUE, ocasionalmente precedido da preposição *por* (ele poderia, em outras condições sintáticas, vir antecedido de outras preposições):

A *que* te dedicas presentemente?
Com que estás a contar para a viagem?
De que te envergonhas?
Em que pensas?
Por que te interessas no momento? [*que* = que coisa? que assunto?, etc.]

Trata-se, pois, de um caso de regência: *interessar-se por*. A preposição (*por*) está a reger o pronome interrogativo *que*, funcionalmente como *pronome substantivo*.

Repare-se na diferença, por sem dúvida sutil, entre a última das frases citadas e estoutra:

— *Porque* te interessas *por mim* no momento?

Já aí o complemento de *interessar-se é por mim*.

É óbvio que, funcionando como *pronome adjetivo*, o *que* não se poderá ligar à preposição *por*:

— *Por que* assuntos te interessas no momento?

GRAMÁTICA NORMATIVA DA LÍNGUA PORTUGUESA

431

Observação

— Cremos que grafar *porque* (quando advérbio interrogativo, ou advérbio relativo) ultrapassa matéria puramente ortográfica, para situar-se como problema de morfossintaxe portuguesa — quiçá românica —, sobre ancorar no uso de escritores modelares de uma e outra banda do Atlântico (cf. o que escrevemos no prefácio do *Discurso no Colégio Anchieta* de Rui Barbosa, edição de 1981, publicada pela Fundação Casa de Rui Barbosa, Ministério da Cultura, p. XI, em cuja nota de rodapé oferecemos boa bibliografia).

Capítulo 25

EMPREGO DA PREPOSIÇÃO

PAPEL DA PREPOSIÇÃO

É ofício das preposições *subordinar* um elemento da frase a outro, apresentando o segundo como *complemento* do primeiro:

livro *de versos,* rosa *sem espinhos,* digno *de memória,* cheio *de graça,* casa *para repouso,* estar *no campo.*

A palavra que serve de núcleo à construção, aquela cujo sentido vai ser restringido pelo complemento, chama-se *antecedente*; recebe o nome de *consequente* a que se segue à preposição.

O antecedente pode ser um substantivo, um adjetivo, um verbo, um advérbio e algumas interjeições; mas o consequente há de ser sempre um *conceito substantivo* (expresso por substantivo, pronome, infinitivo, oração substantiva, ou palavra substantivada).

Casos como *castigou-o por fraco,* em que o consequente é um adjetivo, explicam-se pela omissão do verbo *ser* (*castigou-o por ser fraco*) ou por cruzamento mental com outra construção do tipo desta: *castigou-o por sua fraqueza.*[1]

Adjetivos designativos de nomes de cores (*vestir-se de branco*) e advérbios de tempo e de lugar (*vou até lá, ficarei por hoje*) têm o valor de *substantivos* quando vierem depois de preposição.

---

[1] "La verdadera calidad expresada por adjetivo no admite el régimen de una preposición; el término normal es siempre un concepto sustantivo" (Rodolfo Lenz, op. cit., p. 508).

GRAMÁTICA NORMATIVA DA LÍNGUA PORTUGUESA

Construídas com pronomes pessoais, as preposições *essenciais* pedem as formas oblíquas tônicas *mim, ti, si,* etc. —, exceto *com,* que dá as combinações *comigo, contigo, consigo,* etc.

Assim, *a mim, ante mim, contra mim, de ti, sem mim, lutar por si, perante mim, entre mim e ti,* etc.

REGIME DE "*EXCETO*", "*SALVO*", "*FORA*" E "*AFORA*"

Já as preposições *acidentais,* isto é, palavras de outras categorias que podem funcionar como preposições, não aceitam as formas oblíquas tônicas dos pronomes pessoais. Delas, *exceto, salvo, fora, afora* empregam-se com o pronome pessoal em forma reta:

Saíram todos, *exceto eu* (ou *salvo eu, fora eu, afora eu*).
Mereceríamos castigo, *exceto tu* (ou *salvo tu, fora tu, afora tu*).

REGIME DE "*SEGUNDO*", "*CONFORME*", "*MEDIANTE*" E "*DURANTE*"

Segundo, conforme, mediante, consoante, não obstante recusam consequente pronominal, quer em forma oblíqua, quer em forma reta. Dar-se-á outra construção à frase, por exemplo:

Segundo a minha opinião.
Conforme teu modo de ver.
Mediante a minha ajuda.
Consoante o teu pensamento a respeito.
Não obstante a minha oposição.

Finalmente, *durante* não se combina também à 1ª e à 2ª pessoa; "mas deve entender-se que nas locuções *durante ela, durante ele,* falando de tempo, o pronome está na forma reta".[2]

---

[2]M. Said Ali, *Gramática secundária da língua portuguesa,* op. cit., p. 102.

PREPOSIÇÕES FRACAS E FORTES

Dividem-se as preposições em *fortes e fracas*.[3] As primeiras (*contra, entre, sobre*) guardam certa significação em si mesmas; as outras (*a, com, de*) não têm sentido nenhum, expressando tão somente, em estado potencial e de forma indeterminada, um *sentimento* de relação. No contexto é que se concretiza o valor significativo das várias relações que elas têm aptidão para exprimir.

Meyer-Lübke,[4] depois de declarar expressamente que sua sistematização era, até certo ponto, arbitrária, esboça uma classificação das relações fundamentais que as preposições podem denotar, grupando-as em cinco classes: preposições de *lugar*, de *tempo*, de *modo*, de *instrumento*, de *causa* e *fim*.

O emprego abstrato e metafórico terá resultado de um desenvolvimento posterior.

Passemos a estudar isoladamente o uso e o significado das várias preposições portuguesas:

VALORES DA PREPOSIÇÃO "A"

1) Introduz os vários tipos de objeto indireto, correspondendo, portanto, o seu emprego ao emprego normal do dativo latino:

"Iracema, depois que ofereceu *aos* chefes o licor de Tupã, saiu do bosque." (JOSÉ DE ALENCAR)

"Gonçalo Lourenço entendeu-o. Beijou a mão *a* el-rei e saiu."

(ALEXANDRE HERCULANO)

---

[3] Alberto Sechehaye, op. cit., p. 77.
[4] Meyer-Lübke, op. cit., vol. 3, p. 485-530.

GRAMÁTICA NORMATIVA DA LÍNGUA PORTUGUESA

2) Inicia o objeto direto preposicional:

"A noite, mãe caritativa, encarregava-se de velar *a* todos."
(MACHADO DE ASSIS)

"Benza Deus *aos* teus cordeiros." (RODRIGUES LOBO)

3) Rege o complemento de muitos adjetivos, especialmente os que significam:

a) Disposição de ânimo em relação a um objeto:

aceito, agradável, caro, grato, favorável, benigno, fiel, dócil, propício, leal, amigo, contrário, hostil, traidor, avesso, adverso, rebelde, odioso, refratário, útil, nocivo, prejudicial, pernicioso, sensível, duro, surdo, cego, mudo, atento, alheio.

b) Aproximação:

próximo, propínquo, vizinho, adstrito, comum.

c) Semelhança:

semelhante, análogo, igual, idêntico, equivalente, conforme, paralelo.

d) Concomitância:

coevo, coetâneo, contemporâneo.

Além desses:

e) Os adjetivos em *nte*, derivados de verbos que se constroem com *a* (*sobrevivente, correspondente*).

f) Os particípios passivos de verbos reflexos que se constroem com *a* (*afeiçoado, acostumado, parecido*).

g) Os comparativos formais *anterior, posterior, superior* e *inferior.*
Exemplos:

"Pois eu digo que este é o templo *aceito a* Deus..." (RUI BARBOSA)

"E foi *fiel ao* juramento santo..." (FILINTO ELÍSIO)

"És *surdo a* seus lamentos?" (ALEXANDRE HERCULANO)

"Seu cepticismo não o fazia *duro aos* males alheios..."
(MACHADO DE ASSIS)

"Que motivo tão forte a obriga a exigir desse moço um sacrifício *superior a* suas posses?" (MACHADO DE ASSIS)

4) Enceta o complemento de alguns substantivos verbais, que conservam o regime dos verbos correspondentes: *obediência, submissão, adaptação, adesão, alusão, assistência,* etc.
Exemplos:

"(...) não podia tanto comigo a consciência da *sujeição ao* dever, que..." (CAMILO)

"Não conhecem a *obediência aos* superiores e a reverência aos mestres." (RUI BARBOSA)

De ordinário, o substantivo (como objeto direto) forma corpo com o verbo, e o complemento se prende mais propriamente ao conjunto (*fazer guerra a, ter horror a*).

Terá sido por aparecerem com frequência em locuções desse tipo que muitos substantivos abstratos, quando empregados isoladamente, se passaram a construir com *a*:

"Impediam-no o natural acanhamento de provinciano, e o *afeto* entranhado *aos* seus clássicos..." (CAMILO)

GRAMÁTICA NORMATIVA DA LÍNGUA PORTUGUESA

"Eis aqui a razão do *ódio* de Calisto *à* raça do mau português."
(CAMILO)

"(...) nestas cegas agitações de *ódio a* outros povos..."
(RUI BARBOSA)

5) Encabeçando complementos circunstanciais, exprime um sem-número de relações:

a) Termo de um movimento, de uma extensão ou de um transcurso de tempo:

"Os homens tinham entranhas para deitar Jonas *ao* mar..."
(ANTÔNIO VIEIRA)

"Recolhiam-se *a* casa os lavradores." (GUERRA JUNQUEIRO)

"(...) a infinita diferença que vai da arte *à* natureza..."
(MANUEL BERNARDES)

"(...) era mancebo de vinte e dous *a* vinte e cinco anos..."
(ALEXANDRE HERCULANO)

b) Proximidade, contiguidade:

"Um curioso em Itália (segundo um autor de crédito conta) estando com sua mulher *ao* fogo lendo o Ariosto..." (RODRIGUES LOBO)

"(...) a igreja estava fechada e o sacristão *à* porta com as chaves na mão." (ALEXANDRE HERCULANO)

"Os Presos, *às* grades da triste cadeia,
Olhavam-me em face!" (ANTÔNIO NOBRE)

"E violetas e cravos quando passa,
Rosas, jasmins, rindo, com as mãos nervosas
Colhe. Volta, e ante o espelho *às* tranças pretas
Prende os jasmins, os cravos e as violetas
Prende *à* cintura, prende *ao* seio as rosas." (ALBERTO DE OLIVEIRA)

"(...) põe-se *à* mesa, e prepara-se para escrever..."
(ALMEIDA GARRETT)

Nos seguintes versos o nosso Alberto de Oliveira (*Poesias*, 3ª série, 1928, p. 52) mostra a diferença que geralmente se faz entre *na mesa* (= em cima da mesa, sobre a mesa) e *à mesa* (= junto à mesa para nela fazer algo):

"E *na mesa a que escrevo*, apenas fica
Sobre o papel — rastro das asas tuas,
Um verso, um pensamento, uma saudade".[5]

c) *Posição, situação*:

"Aquela cinta azul, que o céu estende
À nossa mão esquerda..." (CLÁUDIO MANUEL DA COSTA)

"Cavaleiros — disse o conde de Seia depois de escutar um instante e aproximando-se da mesa — assentai-vos. Marechal *à* cabeceira. Que ninguém ocupe esse lugar junto a vós. É bom para o vilão." (ALEXANDRE HERCULANO)

d) *Direção*:

" — Como se chama? — perguntou-lhe o notário, fitando-a por cima dos óculos, com a pena de pato apontada *à* página da nota."
(CAMILO)

"Já me não era pouco a graça (pela qual erguia as mãos *ao* céu) de abrir os olhos à realidade evidente da minha impotência..."
(RUI BARBOSA)

e) *Distância*:

"A um tiro de besta abria-se um vale entre dous montes, cujos cimos se prolongavam para o norte." (ALEXANDRE HERCULANO)

---

[5]Sousa da Silveira, *Obras completas de D. J. G. de Magalhães*, vol. 2 ("Suspiros poéticos e saudades"), Rio de Janeiro: Ministério da Educação, 1939, p. 121, nota 52.

GRAMÁTICA NORMATIVA DA LÍNGUA PORTUGUESA

f) Tempo:

"Beatriz apenas saíra do letargo em que ficara *à* partida do monge..."
(ALEXANDRE HERCULANO)

"Adeus, rouxinol dos hortos,
que *às* matinas acordavas." (ANTÔNIO FELICIANO DE CASTILHO)

"Tudo *à* sazão de amor deve cantar de amor."
(ALBERTO DE OLIVEIRA)

Além de indicar o *momento rigoroso* como no último exemplo, ainda pode a preposição *a* traduzir o *tempo habitual*:

"(...) e jejuava dous dias cada sábado; isto é, cada semana; que era *às* segundas, e quintas-feiras..." (MANUEL BERNARDES)

g) Concomitância:

"(...) e recitava versos dele *ao* piano..." (CAMILO)

Em certas construções torna-se mais complexa a ideia de simultaneidade: a preposição denota "fenômeno ou ação, em concomitância com o qual ou a qual, ou em consequência ou por influência do qual ou da qual outro fenômeno ou ação se produz" (SILVEIRA, *Lições*, p. 294):

"Fechai logo esta porta por dentro, e não abrais senão *à* minha voz." (ALMEIDA GARRETT)

"Que *a* teus passos a relva se torre..." (GONÇALVES DIAS)

"Acordei *aos* gritos do coronel, e levantei-me estremunhado."
(MACHADO DE ASSIS)

Neste tópico, a nosso ver, cabe classificar os complementos que indicam o *agente físico* a que alguém ou alguma coisa está exposta:

"Uma tarde a Brites tecedeira sentara-se em um toro de castanho à porta do casebre, aquentando-se *à* réstia do sol..."

(CAMILO)

"E não há neste labor nem dureza, nem arranque. Todo ele é feito com a mansidão com que o pão amadurece *ao* sol."

(EÇA DE QUEIRÓS)

h) Motivo:

"*A* pedido de Calisto Elói, fora o abade de Estevães levar as entradas ao magistrado..." (CAMILO)

"Então, *a* rogos, promessas e protestos dos companheiros, Francia volta." (RUI BARBOSA)

i) Fim:

"Chama o Rei os senhores *a* conselho..." (CAMÕES)

"(...) era domingo: o sino tocava *à* missa..."

(ALEXANDRE HERCULANO)

"Que desse dinheiro *a* juros. Asseverava-lhe que uma dúzia **de** contos bem administrados, era obra para dar oitenta contos em dous anos." (CAMILO)

j) Modo:

"vivei *à* vossa vontade
e havei prazer." (GIL VICENTE)

"(...) partiram *a* galope ambos para o mesmo lado..."

(ALEXANDRE HERCULANO)

"D. Cipriana refastelou-se mais *a* seu cômodo na poltrona..."

(ALEXANDRE HERCULANO)

GRAMATICA NORMATIVA DA LÍNGUA PORTUGUESA

Pode incluir se nesta classe o emprego da preposição *a* nos complementos que denotam o *regímen de alimentação* a que alguém está sujeito ou se submete:

"Prometeu à Virgem jejuar três dias *a* pão e água..."
(ALEXANDRE HERCULANO)

"Dantes alimentara-se *a* leite e ovos..." (CAMILO)

k) Conformidade:

"Isto suposto, quero hoje *à* imitação de santo Antônio voltar-me da terra ao mar, e já que os homens se não aproveitam, pregar aos peixes." (ANTÔNIO VIEIRA)

"Vedes vós? Pois, se olhamos bem a cousa, nenhum deles tem grande culpa, *a* meu juízo..." (FRANCISCO MANUEL DE MELO)

"Os teólogos dir-vos-ão: Deus fez o homem *à* sua imagem e semelhança..." (ALEXANDRE HERCULANO)

"— Falou *à* portuguesa sr. Morgado; mas extemporaneamente.. " (CAMILO)

l) Meio:

"(...) deixa ainda ondulando o berço do filhinho, o qual adormeceu *a* custo de muito embalar." (ALEXANDRE HERCULANO)

"(...) a mãe era filha de Taubaté, São Paulo, amiga de viajar *a* cavalo." (MACHADO DE ASSIS)

m) Causa:

"Deus não desampara ao justo, nem o deixará perecer *à* fome."
(MANUEL BERNARDES)

"Eu ainda tentei espaçar a cerimônia a ver se tio Cosme sucumbia primeiro *à* doença, mas parece que esta era mais de aborrecer que de matar." (MACHADO DE ASSIS) *n*) *Instrumento*:

"Até, até se viram
terrenos *a* enxadão com agro afã rasgados,
os grãos da semeadura *a* unhas soterrados,
e entesando o pescoço os próprios lavradores
puxarem serra acima os carros gemedores."

(ANTÔNIO FELICIANO DE CASTILHO)

"De um lado cunhavam pedra cantando; de outro a quebravam *a* picareta; de outro afeiçoavam lajedos *a* ponta de picão; mais adiante faziam paralelepípedos *a* escopro e maceta."

(ALUÍZIO AZEVEDO)

"(...) e antes que ela raspasse o muro, li estes dous nomes, abertos *ao* prego, e assim dispostos:

BENTO
CAPITOLINA" (MACHADO DE ASSIS)

o) *Quantidade, medida e preço*:

"(...) declamavam enfaticamente versos *a* milhares..." (CAMILO)

"Que te valeram as máximas de boa vida colhidas *a* centenares nos teus clássicos, e enceladas nessa alma...?" (CAMILO)

"E eu caía, único vencido! E o tropel, de volta, vinha sobre mim, todos sobre mim! sopeavam-me, calcavam-me, pesados, carregando prêmios, prêmios *aos* cestos!" (RAUL POMPÉIA)

"(...) passar os dias fazendo barbas *a* vintém..."

(JOÃO DA CÂMARA)

"É uma voragem a minha casa. Quando entro numa sapataria é para comprar doze, quatorze pares de sapatos! Das lojas nunca trouxe fazenda *aos* metros, é *às* peças." (MONTEIRO LOBATO)

GRAMÁTICA NORMATIVA DA LÍNGUA PORTUGUESA

p) Referência "de uma cousa a outra que serve de norma ou tipo":[6]

"Que é isto? *Assassinato* é coisa que me não cheira *a* idioma de Bernardes e Barros." (CAMILO)

"— Abra aquela janela, disse esta ao criado; tudo cheira *a* mofo."
(MACHADO DE ASSIS)

6) Junto a verbo no infinitivo, forma orações reduzidas que expressam *condição, tempo, fim, concessão*, etc.

Exemplos:

a) Condição (equivale a *se* acompanhado do pretérito ou do futuro do subjuntivo):

"*A* ser tal culpa sabida
sei certo que este desvairo
pagarei com minha vida..." (CRISTÓVÃO FALCÃO)

"Retrato, vós não sois meu;
Retrataram-vos mui mal;
Que, *a* serdes meu natural,
Fôreis mofino como eu." (CAMÕES)

b) Tempo (vale por *quando*, e neste caso é o infinitivo precedido de artigo):

"*Ao* entrar na câmara de sua irmã, o monge viu que Domingas o enganara." (ALEXANDRE HERCULANO)

"*Ao* vir da primavera, a rosa lhe floria
mais cedo que a ninguém..." (ANTÔNIO FELICIANO DE CASTILHO)

---

[6]Epifânio Dias, op. cit., p. 119.

ROCHA LIMA

c) *Fim* (concorrentemente com *para*):

"(...) pescadores que daí saíam em seus batéis *a* pescar no Tejo."
(ALEXANDRE HERCULANO)

"Às onze horas entrou na Câmara. Dir-se-ia que entrava Cícero *a* delatar a conjuração de Catilina." (CAMILO)

"(...) sentia-se uma ressurreição de cavaleiro medievo, saindo *a* combater por amor de sua dama..." (MACHADO DE ASSIS)

Pode dar-se, em frases deste gênero, que o infinitivo tenha sentido passivo:

"Saía *a* enterrar um moço, filho único de sua mãe, a qual era viúva, e ia grande multidão do povo com ela." (ANTÔNIO VIEIRA)

"Então o imperador dava outra vez a mão *a* beijar, e saía, acompanhado de todos nós..." (MACHADO DE ASSIS)

d) *Concessão* (corresponde a *ainda que*, e é construção arcaizada):

"Os perigos, os casos singulares,
Que por mais de mil léguas toleramos,
Não contara, depois que no mar erro,
A ter o peito de aço,[7] e a voz de ferro." (SANTA RITA DURÃO)

7) Com esta preposição formam-se numerosas locuções adverbiais:

à baila ou *à balha, à matroca, à puridade, às vezes, às claras, às escuras, às testilhas, à justa, a preceito, a medo, a revezes, a rodo, a súbitas, a ponto, à uma, à ventura,* etc...

8) É quiçá mais usada em Portugal do que no Brasil a preposição *a*. Anotem-se certas construções em que se patenteia tal preferência:

---

[7]*A ter o peito de aço* = *ainda que tivesse o peito de aço.*

GRAMÁTICA NORMATIVA DA LÍNGUA PORTUGUESA

BRASIL	PORTUGAL
por	
partir *pelo* meio	partir *ao* meio
falar *pelo* telefone	falar *ao* telefone
fazer-se *pelo* seu próprio esforço	fazer-se *a* seu próprio esforço
por derradeiro	*ao* derradeiro
de	
coberto *de* telhas	coberto *a* telhas
ir *de* rastro	ir *a* rastro
adornado *de* plumas	adornado *a* plumas
sair *de* manhãzinha	sair *à* manhãzinha
caçada *da* lebre	caçada *à* lebre
para	
morrer *para* o mundo	morrer *ao* mundo
contribuir *para* a vitória	contribuir *à* vitória
com	
provar *com* argumentos	provar *a* argumentos
castigar *com* palmadas	castigar *a* palmadas
em	
ter sorte *no* jogo	ter sorte *ao* jogo
estar *em* circulação	estar *à* circulação
de grão *em* grão	de grão *a* grão
de longe *em* longe	de longe *a* longe
em benefício do ensino	*a* benefício do ensino
em busca de trabalho	*à* busca de trabalho
alistar-se *no* batalhão	alistar-se *ao* batalhão
assoar-se *no* lenço	assoar-se *ao* lenço
limpar as mãos *na* toalha	limpar as mãos *à* toalha
trazia um cravo *no* peito	trazia um cravo *ao* peito
foi estudar *em* Paris	foi estudar *a* Paris
estar *em (de)* férias	estar *a* férias

OUTRAS PREPOSIÇÕES

ATÉ

Em muitos casos, concorrem as preposições *a* e *até* na indicação da ideia de *termo*, empregando-se de preferência a última quando se deseja acentuar bem a noção de *limite*. E, a partir do século XVII, começou-se a usar das duas preposições combinadas.

Na seguinte frase, de Rui Barbosa, aproveitam-se ambas as possibilidades que a língua oferece:[8]

> "Tudo assim, desde os astros, no céu, *até os* micróbios no sangue, desde as nebulosas no espaço, *até aos* aljôfares do rocio na relva dos prados."

COM

1) Pode estabelecer as seguintes relações:

a) *Companhia*:

> "Eu quero marchar *com* os ventos,
> *Com* os mundos... *co'os* firmamentos!" (CASTRO ALVES)

b) *Instrumento*:

> "E um dia inteiro ao sol paciente esteve
> *Com* o destro bico a arquitetar o ninho." (ALBERTO DE OLIVEIRA)

---

[8]Usam-se as duas formas: *vou até o jardim* e *vou até ao jardim*.
A duplicação de preposições pode ser explicada por *cruzamento*:
    vou até o jardim + *vou ao jardim*.
É a opinião de Rodrigo Sá Nogueira, *Questões de linguagem*, 3 vols., Lisboa: Clássica, 1934-1936, vol. 1, p. 234.

GRAMÁTICA NORMATIVA DA LÍNGUA PORTUGUESA

c) *Simultaneidade*:

"(...) e concerta *com* o sabiá da mata, pousado no galho próximo, o canto agreste." (JOSÉ DE ALENCAR)

d) *Causa*:

"Fora rico e empobrecera *com* as secas." (GUSTAVO BARROSO)

e) *Oposição* (= contra):

"Temos guerra *com* a Espanha, senhor." (REBELO DA SILVA)

2) Em particular emprega-se *com*:

a) Falando do que se tem (*está com febre, um homem com cinco filhos*); do que se traz (*andar com cinco anéis nos dedos*); do que se contém (*um caixote com laranjas*).

b) Com os verbos e locuções que exprimem a qualidade das relações entre seres: *estar bem ou mal com alguém, ter intimidade com alguém.*

3) *Deparar com* é construção analógica, empregada ao lado da construção melhor — *deparar-se algo a alguém*:

Deparou-se-me um cenário novo e maravilhoso.
Deparara-se-lhes amplo campo de pesquisas.

4) *Copo com água — copo d'água.*
É manifesta a preferência popular por *copo com água. Copo d'água* é forma melhor, mais simples e eufônica. A preposição *de* também exprime conteúdo: *garrafa de vinho, cesta de ovos, caixa de fósforos.*
Sá Nogueira distingue *copo d'água* (cheio d'água) e *copo com água* (com alguma água).

5) Observa-se, na construção de certos verbos, a presença de um *prefixo* que repete a *preposição* reclamada por esses verbos:
Exemplificando a de *com*:

concordar com, combinar com, concorrer com, colaborar com, cooperar com, confrontar com, coabitar com, coexistir com, confundir com, coadunar com, coincidir com, confinar com, comparar com, etc.

6) *Com recursos ou sem eles* é a construção gramatical com que se evita a menos boa: *Com ou sem recursos*.

Esta última, todavia, está-se vulgarizando como "variante" da primeira, mesmo na língua culta.

CONTRA

1) Denota *oposição, direção contrária*:

"(...) e acabou por lançar mão da moringa e arremessá-la *contra* mim." (MACHADO DE ASSIS)

"... e *contra* as rochas
As vagas compeliste." (GONÇALVES DIAS)

2) É galicismo na acepção de *em troca de* (Epifânio, op. cit., parágrafo 215):

Entregarei os papéis *contra* recibo.
Diga-se: — *mediante* recibo.

3) A indicar *proximidade, contiguidade*, está-se usando modernamente, em vez de *a*, com o verbo *apertar* e equivalentes:

"Apertei *contra* o coração o punho da espada."
(ALEXANDRE HERCULANO)

"O guerreiro parou, caiu nos braços
Do velho pai, que o cinge *contra* o peito,
Com lágrimas de júbilo bradando:
— Este, sim, que é meu filho muito amado!" (GONÇALVES DIAS)

"Agarra o saco, e apalpa-o, e *contra* o peito o aperta,
Como para o enterrar dentro do coração." (OLAVO BILAC)

DE

1) Introduz o complemento relativo de muitos verbos:

precisar de, gostar de, depender de, lembrar-se de, esquecer-se de, abster-se de, etc.

2) Inicia o objeto direto preposicional:

"Ouvirás *dos contos*, comerás *do leite* e partirás quando quiseres."
(RODRIGUES LOBO)

"Arrancam *das espadas* de aço fino
Os que por bom tal feito ali apregoam." (CAMÕES)

3) Pode preceder uma oração subordinada substantiva, reduzida de infinitivo, a qual funcione como *sujeito* de certos verbos de efeito moral (*pesa, peja, dói, apraz*):

"Dói-me também, senhor conde — acrescentou o cavaleiro — *de ser eu* quem vos houvesse de trazer tão desagradável notícia."
(ALEXANDRE HERCULANO)

4) Expressa, entre outras, as seguintes relações:

a) Lugar donde, ponto de partida:

"Vinha *do* piano, enxugando a testa com o lenço."
(MACHADO DE ASSIS)

b) Origem, procedência:

"Sou filho *das* selvas,
Nas selvas cresci.
Guerreiros, descendo
Da tribo Tupi." (GONÇALVES DIAS)

c) Causa:

"Cegos *de* ver miragens tenho os olhos." (AUGUSTO DE LIMA)

"Ele chorou *de* cobarde..." (GONÇALVES DIAS)

d) Efeito:

"O estado dela é gravíssimo; mas não é mal *de* morte."
(MACHADO DE ASSIS)

e) Assunto:

"Falemos *do* direito ao gládio que reluz!" (CASTRO ALVES)

f) Meio:

"Porque o Senhor até à idade de trinta anos vivia *do* ofício de
S. José, e *do* trabalho de suas próprias mãos." (ANTÔNIO VIEIRA)

g) Instrumento:

"Já dão sinal, e o som da tuba impele
Os belicosos ânimos que inflama:
Picam *de* esporas, largam rédeas, logo,
Abaixam lanças, fere a terra fogo." (CAMÕES)

h) Modo:

"Não me olhou *de rosto*, mas a furto e a medo."
(MACHADO DE ASSIS)

GRAMÁTICA NORMATIVA DA LÍNGUA PORTUGUESA   451

i) Lugar onde:

"(...) Considera
agora, *desta* altura fria e austera,
os ermos que regaram nossos prantos." (ANTERO DE QUENTAL)

j) Agente da voz passiva:

"Querendo Sólon, filósofo ateniense, consolar a um amigo seu,
oprimido *de* veemente tristeza..." (MANUEL BERNARDES)

k) Tempo:

"*De* noite, em doces sonhos que mentiam;
De dia, em pensamentos que voavam..." (CAMÕES)

5) "Ligando um substantivo (ou equivalente) a outro, quer imediatamente, quer mediante certos verbos (*ser, estar, parecer,* etc.) serve de caracterizar, definir ou descrever uma pessoa ou coisa.

Neste emprego, o *de* indica muitas relações comuns, como as que se notam entre o autor e a sua obra; o possuidor e a coisa possuída; alguém ou alguma coisa e aquilo que lhe pertence, lhe é próprio ou lhe diz respeito; o continente e o conteúdo; o indivíduo e a espécie; o geral e o particular; a ação e o lugar onde se realizou (*o sermão da montanha*); uma coisa e a sua forma (*escada de caracol*); a sua duração (*rosas de todo o ano*); a data em que foi feita (*pão de hoje*); a sua composição, formação ou constituição (*uma comissão de professores*); a sua dimensão (*estrada de três quilômetros*); o seu valor ou preço (*canetas de 60 cruzeiros*); o lugar onde vive (*gato do mato*); onde se aloja (*bicho de pé*); o instrumento, órgão, dispositivo mecânico, ou agente com que funciona ou se maneja (*carrinho de mão, escada de mão, carro de bois, instrumento de sopro, navio de vela, barco de vapor, lancha de gasolina*); o lugar a que se destina (*bonde das Águas Férreas, um autolotação do Cosme Velho*); aquilo que produz (*o bicho da seda*); etc., etc."[9]

---

[9]Sousa da Silveira. *Sintaxe da preposição "de"*, Rio de Janeiro: Simões, 1951, p. 64-5.

6) Junta-se à interjeição *ai* ou *guai*, e, por analogia, aparece com palavras como *coitado*, *feliz*, *infeliz*, *pobre*, empregadas em exclamações:

"Ai, ai, ai *deste* último homem, está morrendo e ainda sonha com a vida." (MACHADO DE ASSIS)

"Feliz *de* quem sempre espera!" (JOÃO DE DEUS)

7) Rege infinitivos que formam conjugações perifrásticas com verbos como *cessar*, *ter*, *haver*, *deixar*, etc.:

cessou de falar, ter de ir, havemos de partir, deixaste de comparecer.

8) Forma numerosas locuções adverbiais:

de joelhos, de pé, de roldão, de propósito, de indústria, de chofre, de improviso, de soslaio, de repelão, de esguelha, etc...

9) Pode-se dizer:

Datar de ou *datar em*

mas somente

Através de: através da janela (e não: através a janela).

Observação

TER + QUE + INFINITIVO TRANSITIVO

Tenho umas cartas *que* escrever.

Fiquei perplexo: nada tive *que* dizer.

"A Câmara francesa trata agora de converter em delito de pena capital a traição, ainda quando inspirada por motivos políticos. Pela nossa parte, nada temos *que* objetar." (RUI, *Cartas* de *Inglaterra*, edição oficial, p. 27.)

GRAMÁTICA NORMATIVA DA LÍNGUA PORTUGUESA

(cont.)

Nestas frases, o *que* é pronome relativo e serve de objeto direto — respectivamente — aos infinitivos *escrever, dizer* e *objetar*.

Pode dar-se o caso de estar omitido o antecedente do pronome relativo, como nas frases seguintes:

Não posso sair agora: tenho (algo) *que* estudar.
Em face da situação, não tenho (coisa alguma) *que* dizer.

TER + DE + INFINITIVO INTRANSITIVO OU TRANSITIVO

Todos temos *de* morrer.
Tenho *de* sair à noite.
Tenho *de* escrever umas cartas.
O médico terá *de* atender a todos os pacientes.

Neste caso, há uma locução verbal que indica ser infalível, ou necessário, o fato expresso pelo infinitivo.

Como resultado de um *cruzamento sintático*, surgiu estoutra construção:

Tenho *que* escrever umas cartas.

nascida da confusão entre:

Tenho (algo) *que* escrever

e

Tenho *de* escrever umas cartas.

Grandes escritores contemporâneos deram-lhe, à construção cruzada, gasalhoso acolhimento; de forma tal, que ela é, hoje, um *fato* da língua. Eis alguns exemplos de Rui:

"No sentir, por que assim digamos, unânime de Paris, Dreyfus devia ter sido condenado à morte. Essa foi a voz das ruas, a da imprensa, e a da tribuna. Os radicais trovejaram tempestades contra o governo e a situação social. O Parlamento incendiou-se em uma cena de escândalo. O próprio elemento moderado *teve que* render o seu preito à força da corrente..." (*Cartas de Inglaterra*, 1896, p. 25)

"Cingir-me-ei, estritamente, a falar-vos como falaria a mim próprio, se vós estivésseis em mim, sabendo o que tenho experimentado, e eu me achasse em vós, *tendo que* resolver essa escolha." (*Oração aos moços*, 1921, p. 40)

"Só em sete pontos, logo, *teria* o dr. Carneiro *que* defender a sua revisão contra a minha..." (*Réplica*, 1904, p. 28)

(cont.)

> Eis a melhor maneira de analisar uma frase do tipo:
> Tenho que escrever umas cartas.
>
> *Sujeito*: eu (implícito na desinência verbal).
> *Predicado*: tenho que escrever umas cartas.
> *Núcleo verbal*: tenho que escrever.
> *Objeto direto*: umas cartas.
>
> Note-se que este *que* é pronome relativo (fossilizado); e não, preposição.
> Aliás, em hipótese alguma, pode um *que* ser preposição.

DESDE

Designa o *ponto de partida* de um movimento ou extensão (no espaço, no tempo, ou numa série), para assinalar especialmente a distância.

"Obed é rico e tem servos, e debalde buscaram Jesus por areias e colinas, *desde* Corazim até o país de Moab." (EÇA DE QUEIRÓS)

EM

1) Indica, principalmente:

a) *Lugar onde* (interior e exterior):

"*No* meu quarto uma luz com lumes amenos..."
(EUGÊNIO DE CASTRO)

"(...) *no* íntimo, *em* cada fibra..." (ALBERTO DE OLIVEIRA)

"O chá estava *na* mesa." (MACHADO DE ASSIS)

b) *Tempo*:

"Destroem-se *em* minutos, feitos montes de leivas, antigas roças penosamente cultivadas." (EUCLIDES DA CUNHA)

c) *Estado*:

"Ninhos cantando! *Em* flor a terra toda! O vento
Despencando os rosais, sacudindo o arvoredo..." (OLAVO BILAC)

GRAMÁTICA NORMATIVA DA LÍNGUA PORTUGUESA

d) *Mudança de estado*:

"Converte-se-me a carne *em* terra dura,
Em penedos os ossos se fizeram..." (CAMÕES)

"E por memória eterna *em* fonte pura
As lágrimas choradas transformaram." (CAMÕES)

"Deus os reverta da pedra e cal *em* homens." (RUI BARBOSA)

Dos verbos que encerram a ideia de "converter", o único que não se constrói com *em* é *reduzir* (reduzir *a* cinzas).

e) *Preço* (com os verbos *avaliar, estimar, taxar*, etc.):

"Avaliaram alguns o presente *em* um milhão."
(MANUEL BERNARDES)

f) *Modo*:

"Do Helesponto, do Egeu, do Jônio, *em* romaria,
Vinham vê-la e admirá-la efebos e donzelas." (OLAVO BILAC)

2) A preposição *in*, seguida de *acusativo*, podia ter sentido FINAL em latim. Apesar de ter sido, nesta acepção, substituída geralmente por *ad*, ficaram alguns vestígios daquele emprego em expressões como:

em memória de, em lembrança de, em vingança de.

3) Precede o gerúndio, exprimindo, sobretudo, *tempo e condição*:

"A vida não tem mais que duas portas: uma de entrar, pelo nascimento; outra de sair, pela morte. Ninguém, cabendo-lhe a vez, se poderá furtar à entrada. Ninguém, desde que entrou, *em lhe chegando* o turno, se conseguirá evadir à saída." (RUI BARBOSA)

4) O *in* que se combina com acusativo (*in urbem ire*) foi igualmente substituído, na maioria dos casos, por *ad*.

Tal transformação, que já estava bastante adiantada no período clássico, tem progredido cada vez mais na língua literária moderna, o que atesta ser o português, assim como o espanhol, um dos idiomas românicos mais seguramente etimológicos no emprego das preposições *em* e *a*.

Na sintaxe literária de nossos dias não é comum encontrar-se *em* com verbos de movimentos (*ir na cidade*), a não ser em certas construções como *tornar em si, cair no laço, saltar em terra*, etc., e ainda na combinação *de... em: de casa em casa, de porta em porta*, etc.

É, ainda, incontestável o sentido diretivo da preposição em construções como *crer em, pensar em, meditar em, refletir em*, etc.

5) Em numerosos tipos de construção usa-se indistintamente[10] *em* ou *a*:

pôr *à* venda, *em* venda
pôr *a* salvo, *em* salvo
a gritos, *em* gritos
sair *a* campo, *em* campo
a comparação de, *em* comparação de
ao outro dia, *no* outro dia
a benefício de, *em* benefício de
à puridade, *em* puridade
um *a* um, um *em* um
a meu juízo, *em* meu juízo
incorporar *a*, *em*
pela vida *afora, em* fora
continuar *a* fazer, continuar *em* fazer
primeiro *a* sair, primeiro *em* sair
tirar *a* limpo, tirar *em* limpo
levar *a* mal, levar *em* mal.

---

[10]Da equivalência *em: a* trataram largamente Rui Barbosa, *Réplica*, 3 vols., Rio de Janeiro: Ministério da Educação e Saúde, 1953, vol. 2, p. 322-9; Augusto Magne, *Dicionário da língua portuguesa*, op. cit.; Daltro Santos, *Revista de língua portuguesa*, nº 44, p. 111-97.

GRAMÁTICA NORMATIVA DA LÍNGUA PORTUGUESA

6) Diz-se: *dentro em* ou *dentro de.*

"(...) então (e por isso mesmo) é que mais à vista do coração estamos; não só bem à sua vista, senão bem *dentro nele.*"

(RUI BARBOSA)

"*Dentro em* meu coração..." (MACHADO DE ASSIS)

ENTRE

1) Designa: *posição no meio* (assim no espaço como no tempo, e, ainda, figuradamente):

Estar *entre* a cruz e a caldeirinha.

"Oscilas *entre* a crença e o desengano,
Entre esperanças e desinteresses." (OLAVO BILAC)

Daí decorre imediatamente o sentido equivalente ao de *chez* francês, em frases assim:

"Nem tão alta cortesia
Vi eu jamais praticada
Entre os Tupis..." (GONÇALVES DIAS)

"Tal andava o tumulto levantado
Entre os deuses no Olimpo consagrado." (CAMÕES)

2) Emprega-se antes de adjetivos, para denotar certo estado de perplexidade ou vacilação:

"— Mereço? inquiriu ela, *entre* desvanecida e modesta."

(MACHADO DE ASSIS)

3) Vale o mesmo que *de si para si*:

"Continua a examinar os róis, resmungando *entre si.*"

(ANTÔNIO FELICIANO DE CASTILHO)

PARA

1) Introduz o objeto indireto:

"— Se quiseres, podes dar isso a teu irmão.
Para ele é que eu o destinava..." (JÚLIO DINIS)

— Isto é *para mim*.[11]

2) Pode estabelecer, entre outras, as seguintes relações:

a) *Lugar para onde*:

"E *para* casa se partiu." (MACHADO DE ASSIS)

b) *Direção*:

"*Para* o norte inclinando a lombada brumosa,
Entre os nateiros jaz a serra misteriosa..." (OLAVO BILAC)

c) *Fim*:

"Talhado *para* as grandezas..." (CASTRO ALVES)

"Capitu ia lá coser, às manhãs; alguma vez ficava *para* jantar."
(MACHADO DE ASSIS)

d) *Consequência*:

"Achas que vivo muito triste *para* ser feliz!" (REBELO DA SILVA)

"Objetar-me-eis com a guerra? Eu vos respondo com o arbitramento. O porvir é assaz vasto *para* comportar esta grande esperança." (RUI BARBOSA)

---

[11]Em espanhol: *Eso es para mí*. Cf. Amado Alonso e Pedro Henríquez Ureña, *Gramática castellana*, op. cit., p. 77.

GRAMÁTICA NORMATIVA DA LÍNGUA PORTUGUESA

É legitimamente vernáculo este emprego da preposição *para* em conexão com uma partícula de intensidade — *muito, assaz, demais*, etc. — da oração anterior, emprego que alguns puristas têm, sem razão, impugnado como galicismo.

3) Usa-se ainda em várias construções, assim resumidas por Epifânio Dias.[12]

a) Na designação da proporcionalidade: 3 *está para 6 como 2 para 4.*

b) Falando-se da capacidade, em locuções como: *alguém não é para tal trabalho, tal trabalho não é para alguém.*

c) Na designação do que uma cousa requer para ser efetuada: *jornada para 15 dias; trabalho para 4 horas.*

d) Na designação do tempo em relação ao qual uma coisa é dada, exigida, etc.: *mantimentos para um mês.*

e) Depois de muitos adjetivos: *honroso, desonroso, indecoroso, odioso, indulgente, bondoso* (às vezes reforçada por *com: indulgente para (com) os amigos).*

4) Muitas vezes, a preposição *para* introduz uma oração de *forma subordinada*, porém de *sentido* fortemente independente da principal.[13]

Ele caiu *para* não mais se levantar.
Fomos primeiro a Roma *para* irmos depois a Nápoles.

A rigor, o que aí temos são dois fatos consecutivos, um dos quais realizado *logo depois* do outro.

Tais pensamentos poderiam expressar-se sob forma coordenativa:

Ele caiu *e* não mais se levantou.
Fomos primeiro a Roma *e* depois a Nápoles.

---

[12]Augusto Epifânio da Silva Dias, op. cit., p. 121-3.
[13]C. de Boer, *Essai sur la syntaxe moderne de la préposition en français et en italien*, Paris: Champion, 1926, p. 17-20.

POR

1) Coexistiam no português antigo as preposições *por* (do latim *pro*)
e *per* (do latim *per*), cada qual com o seu valor etimológico.

Por veio a suplantar a sua concorrente, que sobrevive apenas nas expressões *per si*, *de per si*, *de permeio* e nas combinações com o artigo definido e com o pronome demonstrativo átono (*pelo, pela, pelos, pelas*).

2) Tem por ofício esta preposição:

a) Anunciar o *agente da voz passiva*:

"Piloto aqui tereis, *por* quem sejais
Guiados pelas ondas sabiamente." (CAMÕES)

b) Reger o *anexo predicativo do objeto direto* de certos verbos, especialmente *ter, haver, tomar, dar* (= *declarar*), *julgar*:

Todos o têm *por sábio.*

"(...) se a lei processual, em todo o mundo civilizado, não houvesse *por sagrado* o homem, sobre quem recai acusação ainda inverificada." (RUI BARBOSA)

"Mas todo o mundo vo-lo dará *por líquido* e *certo...*"
(RUI BARBOSA)

"Tomando a vez de meu filho,
De haver-me *por pai* se ufane!" (GONÇALVES DIAS)

3) Anotem-se somente estas relações mais importantes:

a) *Lugar por onde*:

"*Por* mares nunca de antes navegados
Passaram ainda além da Taprobana." (*Os Lusíadas*, I, 1)

"E *por* onde ela passa a sombra se ilumina."
(VICENTE DE CARVALHO)

GRAMÁTICA NORMATIVA DA LÍNGUA PORTUGUESA

b) Lugar, "com ideia de dispersão, de existência de uma coisa em vários pontos de uma extensão":[14]

"(...) relanceou os olhos *pela* sala." (MACHADO DE ASSIS)

c) Tempo:

"E hei de amar-te *por* toda a eternidade." (FRANCISCO OTAVIANO)

d) Meio:

"Que não é prêmio vil ser conhecido
Por um pregão do ninho meu paterno." (*Os Lusíadas*, I, 10)

e) Causa:

"*Por* uma fatalidade,
Dessas que descem do Além." (CASTRO ALVES)

f) Fim (= para):

"E *por* memória eterna em fonte pura
As lágrimas choradas transformaram." (*Os Lusíadas*, III, 135)

g) Conformidade:

"Nós outros, modelando-nos *pelos* franceses, desprezamos o gênero..." (ODORICO MENDES)

h) Substituição:

"(...) vendei gato *por* lebre..." (MACHADO DE ASSIS)

"(...) falava *por* ela a idade, o tempo e a necessidade, e pedia socorro apressado." (FREI LUÍS DE SOUSA)

---

[14]Sousa da Silveira, *Lições de português*, op. cit., p. 238.

i) *Favor* (= em defesa de, em prol de):

Morrer *pela* pátria.
Combater *por* um ideal.

SEM

Indica *negação, ausência, desacompanhamento*:

"Em cada olhar *sem* luz um sol *sem* vida." (LUÍS DELFINO)

"E, *sem* nada dizer, disseste tudo!" (RAIMUNDO CORREIA)

SOB

Exprime *posição inferior*: embaixo de:

"A revezes, as fogueiras quase abafadas, vasquejando *sob* nuvens de fumo..." (EUCLIDES DA CUNHA)

Mais frequentemente é empregada em sentido figurado:

sob pretexto de, sob pena de, sob proposta, etc.

SOBRE

Denota:

a) *Posição superior*: em cima de:

"(...) com as mãos cruzadas *sobre* o peito." (CAMILO)

"A luz caída
Do lampião *sobre* a ave aborrecida
No chão espraia a triste sombra..." (MACHADO DE ASSIS)

GRAMÁTICA NORMATIVA DA LÍNGUA PORTUGUESA

b) Tempo aproximado:

"*Sobre* a tarde, quando o colorido tropical da nossa natureza desmaia na melancolia crepuscular..." (RUI BARBOSA)

c) Assunto:

Falar *sobre* religião (= acerca de, a respeito de).

Tal emprego não é galicismo, conforme alguns têm ensinado; já em latim, à preposição *super* cabia estabelecer relação idêntica. Eis um exemplo de Camões (*Os Lusíadas*, I, 20):

"Quando os deuses no Olimpo luminoso
Onde o governo está da humana gente,
Se ajuntam em consílio glorioso
Sobre as cousas futuras do Oriente..."

d) Excesso (= além de):

"Ah! não havia dúvida que o pequeno era com efeito muito embirrantezinho. *Sobre* ser uma criança feia, ... mostrava grande dificuldade para aprender as cousas mais simples." (ALUÍZIO AZEVEDO)

Emprega-se ainda como sinônimo de *em seguida a:*

Dormir *sobre* o jantar. (*Apud* EPIFÂNIO, op. cit., p. 161)

e) Direção (com o matiz subsidiário de oposição e hostilidade):

"Recrescem os imigos *sobre* a pouca
Gente do fero Nuno, que os apouca." (CAMÕES)

É o caso comum de frases como:

lançar-se sobre alguém, cair sobre o inimigo, atirar-se sobre o adversário.

CAPÍTULO 26

O PROBLEMA DO "A" ACENTUADO
A CRASE: REGRAS PRÁTICAS

UM PROBLEMA: O ACENTO EM "A"

1) Encontrando-se a preposição *a* com o artigo *a, as*, ou com o pronome demonstrativo feminino, *a, as*, bem como com o *a* de *aquele, aquela, aqueles, aquelas, aquilo, a qual* e *as quais*, fundem-se os dois sons em um só, que, na linguagem escrita, se assinala atualmente com o *acento grave*:

> Não irei hoje *à* cidade.
> Premiaram-no por sua dedicação *às* crianças.
> Essa história é muito parecida *à* que minha mãe me contava.
> Quero agradecer *àquele* rapaz as atenções que me dispensou.
> Desconheço a poesia de Olavo Bilac *à qual* o orador fez referência.

2) A crase da preposição *a* com o artigo *a, as* somente pode dar-se — é óbvio — antes de palavra *feminina*, expressa ou oculta, *que esteja acompanhada de artigo* e constitua com a preposição um complemento do antecedente desta:

> Sua frequência *às aulas* é muito irregular.
> Ele escreve *à* (moda de) Machado de Assis, isto é, com elegância e naturalidade.

Basta que tal palavra, ainda que feminina, *desaceite o artigo* (quer pela própria natureza dela, quer por já vir acompanhada de determinativo

GRAMÁTICA NORMATIVA DA LÍNGUA PORTUGUESA

incompatível com o artigo, quer, ainda, pela sua situação no contexto), para não haver crase.

Exemplos:

a) Voltarei a Paris ainda este ano.

> **Nota**
>
> A palavra *Paris* repele o artigo, como se vê nas construções seguintes *vive em Paris, jamais saiu de Paris, o avião passa por Paris*, etc.

Escrever-se-á, todavia: *Jamais voltei à Paris dos meus sonhos* — porque, aí, a palavra *Paris* está determinada.

b) Entregue a pasta *a* qualquer pessoa da casa.
Não comparecerei *a* esta cerimônia.
É uma jovem *a* cuja inteligência faço justiça.

> **Nota**
>
> Os substantivos *pessoa, cerimônia* e *inteligência*, todos femininos, estão determinados respectivamente por *qualquer, esta* e *cuja*, razão pela qual não podem trazer também o artigo.

c) O quarto recende *a* rosa.
Ele vive entregue *a* tristeza profunda.
Todo empregado tem direito *a* licença.

> **Nota**
>
> Os substantivos femininos *rosa, tristeza, licença*, se bem que possam, *por si mesmos*, em outras circunstâncias, ser usados com artigo, empregam-se, nestas frases, em sentido absolutamente geral, e, portanto, sem artigo.
> Cf. as construções seguintes, com palavras masculinas — nas quais, de modo mais claro, se percebe a falta do artigo: *o quarto recende a jasmim; ele vive entregue a pesar profundo; todo empregado tem direito a descanso.*

3) Quando for facultativo o artigo, facultativa será, naturalmente, a crase. Isto acontece com nomes próprios de pessoa, com alguns nomes de lugar, e antes dos possessivos:

Dê o retrato *a Evangelina* (ou *à Evangelina*).
Ir *a África* (ou *à África*).
Dirija-se *a sua sala* (ou *à sua sala*).

Nota

Nos dois últimos casos, a linguagem contemporânea prefere a construção com artigo.

---

4) Na designação das *horas*, o *a* é acentuado:

Chegarei *à* uma hora e sairei *às* cinco.

5) Em expressões como *gota a gota*, *cara a cara*, etc., nas quais falta o artigo antes do primeiro termo, faltará também antes do segundo:

Os inimigos estavam cara *a* cara.
O líquido caía gota *a* gota.

6) Com o substantivo *casa*, na acepção de *residência*, três fatos podem ocorrer:

a) Não se dará a crase, se a palavra *casa* não tiver nenhuma determinação:

Não voltarei *a casa* para almoçar.
Assim que cheguei *a casa*, recebi o seu recado.

Nota

Cf. as expressões: *ficar em casa*, *sair de casa*, *passar por casa*, etc. todas sem artigo.

GRAMÁTICA NORMATIVA DA LÍNGUA PORTUGUESA

b) Será facultativa a crase, se a palavra *casa* vier acompanhada de possessivo, ou adjunto que designe o *dono* ou o *morador*:

Tão cedo não voltarei *a tua casa* (ou *à tua casa*).
Nunca fui *a casa do Bentinho* (ou *à casa do Bentinho*).

c) Será obrigatória a crase, se a palavra *casa* vier acompanhada de qualificativo, ou adjunto que não designe o *dono* ou o *morador*:

Visita *à casa paterna*.
Ainda não voltei *à casa de Laranjeiras*, desde que lá morreu meu pai.[1]

> **Nota**
>
> Fora da significação aludida, a palavra *casa* exige o artigo nas circunstâncias comuns em que este se emprega.

7) Nem sempre — e aí é que bate o ponto — o *a* acentuado é resultante de crase.

Assim por motivos de clareza como para atender às tendências históricas do idioma,[2] recebem acento no *a*, independentemente da existência de crase, muitas expressões formadas com palavras femininas:

apanhar à mão, cortar à espada, enxotar à pedrada, fazer a barba à navalha, fechar à chave, ir à vela, matar o inimigo à fome, pescar[3] à linha; à força, à imitação de, à maneira de, à medida que, à míngua de, à noite, à pressa, à proporção que, à semelhança de, à toa, à ventura, à vista, à vista de.

---

[1]Cf. Sousa da Silveira, *Lições de português*, Rio de Janeiro: Civilização Brasileira, 1937, 3ª ed. melhorada, p. 257-67.
[2]Cf. o primoroso estudo de Said Ali "O acento em *á*" nos *Meios de expressão e alterações semânticas*, 2ª ed., Rio de Janeiro: Simões, 1951, p. 11-23.
[3]Epifânio Dias, op. cit., p. 119; e Augusto Magne, *Dicionário etimológico da língua latina*, Rio de Janeiro: Instituto Nacional do Livro, 1952, vol. I, p. 42 e 59.

> **Observação**
>
> Em expressões como às pressas, às vezes, às ocultas, às expensas de (outrora a pressa, a vezes, a ocultas, a expensas de), a forma plural dos substantivos teria determinado a presença do "as", que, apesar de não ter a função delimitadora de artigo, levou à falsa suposição da existência dele; daí o craseamento com a preposição e o uso do acento, que se estendeu a expressões semelhantes.

REGRAS PRÁTICAS PARA ACENTUAR (OU NÃO) O "A"

1) NUNCA acentuá-lo:

a) Antes de palavra masculina:

Iluminação *a* GÁS. Pintura *a* ÓLEO. Entrega *a* DOMICÍLIO. Que sabes *a* RESPEITO da vida?

b) Antes do artigo indefinido *uma*:

Você fas jus *a* UMA recompensa. Já assistiram *a* UMA tourada?

c) Antes de palavra no plural:

Não compareço *a* FESTAS públicas. Prender-se *a* IDEIAS envelhecidas.

d) Antes de verbo:

Preferiu morrer *a* ENTREGAR-SE. Fiquei *a* CONTEMPLÁ-LA.

e) Antes de pronome pessoal, incluindo-se o de tratamento:

O concerto será dedicado *a* VOCÊ. Vimos trazer nossos cumprimentos *a* VOSSA EXCELÊNCIA.

GRAMÁTICA NORMATIVA DA LÍNGUA PORTUGUESA

f) Antes de numeral cardinal (exceto na designação das *horas*):

O vilarejo fica *a* DUAS léguas da cidade.

g) Antes de pronome demonstrativo, indefinido, relativo, ou interrogativo:[4]

Não sei responder *a* ESSA pergunta. Chegaram vocês *a* ALGUMA conclusão?
Trata-se de pessoas *a* QUEM respeito muito. *A* QUE profissão se destina o rapaz?

h) Antes de nome de lugar, que se use sem artigo:

Voltarei *a* LONDRES ainda este ano. Foi *a* ROMA e não viu o Papa.

i) Em expressões como *frente a frente*, *gota a gota*:

Os duelistas já se encontravam FRENTE *a* FRENTE.

2) Pelo contrário, é SEMPRE acentuado o "a" (e o "as"):

a) Antes de palavra feminina, *que venha acompanhada de artigo*:

Vou *à* escola. Estive presente *às* comemorações do sesquicentenário do Colégio Pedro II.

Observação

Verificamos, no primeiro dos exemplos, que o verbo *ir* requer complemento com a preposição a e que o substantivo *escola*, feminino, se costuma empregar com o artigo:

Vou *a* + *a* escola = Vou à escola.

Do mesmo modo, o adjetivo *presente* exige a preposição *a*; e o substantivo feminino que se lhe segue, *comemorações*, também se usa com artigo:

Estive presente *a* + *as* comemorações... = Estive presente às comemorações...

---

[4]Exceto *aquele, aquela, aqueles, aquelas, aquilo, a qual, as quais* — que, em razão de começarem por *a*, se podem fundir com a preposição.

b) Antes de palavra masculina, porém somente quando se puder subentender de permeio uma palavra feminina:

Chapéu *à* Napoleão. (Comparar: Chapéu *à* MODA DE Napoleão). Irei amanhã *à* Rádio Nacional. (Comparar: Irei amanhã *à* ESTAÇÃO DA Rádio Nacional).

c) Na designação das "horas":

Os empregados entram *à* uma hora e deixam o serviço *às* seis.

d) Nas locuções de natureza adverbial, formadas *com palavra feminina*:

Passeie *à vontade* por toda a ilha. Saio, *às vezes*, muito cedo e só volto *à noite*.
Fazer tudo *à pressa*. Ganhamos experiência *à medida que* envelhecemos.

3) Casos em que é FACULTATIVO o acento:

a) Antes de nome próprio de pessoa (feminino, é claro):

Darei o vestido de noiva *a* Carolina (ou *à* Carolina).
A Maria de Lourdes (ou: *à* Maria de Lourdes), com os votos de felicidades do seu amigo Fulano.[5]

b) Antes de pronome possessivo:

Entregue as flores *a* MINHA irmã (ou: *à* minha irmã).
Dirija-se *a* SUA sala (ou: *à* sua sala).

---

[5]Fórmula usada em dedicatórias, telegramas, cartões que acompanham presentes, etc. A presença do artigo denota maior intimidade, ou afeição.

GRAMÁTICA NORMATIVA DA LÍNGUA PORTUGUESA

ARTIFÍCIOS DIDÁTICOS

Em caso de vacilação, podemos valer-nos de conhecidos recursos didáticos para sabermos quando deve ser acentuado o *a* (ou o *as*). Tais artifícios atendem a boa parte de possíveis dúvidas. Assim que:

1) Usaremos *à* (ou *às*) no feminino, quando no masculino usaríamos *ao* (ou *aos*):

Passemos *à* sala vizinha. (Passemos *ao* salão vizinho).
Compareci à conferência. (Compareci *ao* casamento).
Prestar obediência *às* leis. (Prestar obediência *aos* superiores).

2) Empregaremos *a*, somente preposição, antes de nome de lugar, quando, trocando-a por outra preposição, esta outra se empregaria sozinha, desacompanhada de artigo:

Irei *a* Copacabana. (Venho *de* Copacabana. Moro *em* Copacabana).

Mas teríamos de escrever, usando o acento:

Irei *à* Tijuca. (Assim como: Venho *da* Tijuca. Moro *na* Tijuca).

Capítulo 27

CONCORDÂNCIA VERBAL

CASOS GERAIS

Reduzem-se a duas as regras gerais de concordância verbal:

1) *Havendo um só núcleo* (sujeito simples), com ele concorda o verbo em pessoa e número:

"*Eu ouço* o canto enorme do Brasil!" (Ronald de Carvalho)

"Melhor negócio que Judas
fazes tu, Joaquim Silvério!" (Cecília Meireles)

"Um dia *um cisne morrerá*, por certo..." (Júlio Salusse)

"Naquela grande rua sossegada
nós fizemos, um dia, o nosso ninho:" (Guilherme de Almeida)

"Brasileiros,
vós tendes os ouvidos moucos
às grandes palavras de fé." (Tasso da Silveira)

"*Os caboclos levantaram-se* em alvoroço, alarmados."
(Coelho Neto)

"Aqui outrora *retumbaram hinos*." (Raimundo Correia)

GRAMÁTICA NORMATIVA DA LÍNGUA PORTUGUESA

2) *Havendo mais de um núcleo* (sujeito composto), o verbo vai para o plural e para a pessoa que tiver primazia, na seguinte escala:

a) A 1ª pessoa prefere todas as outras.
b) Não figurando a 1ª pessoa, a precedência cabe à 2ª.
c) Na ausência de uma e outra, o verbo assume a forma da 3ª pessoa.

Exemplos:

a) "*Eu e o papai queremos* aproveitá-lo, para conversar."

(CYRO DOS ANJOS)

c) "*Roberto e o milagreiro chegaram* logo." (RACHEL DE QUEIROZ)

Quanto ao caso *b*), deve notar-se que não é fácil documentar a sintaxe canônica (isto é: *tu* + *ele* ou *eles* = *vós*) na linguagem contemporânea do Brasil.

Uma construção como esta de Vieira:

"Neste caso *tu e mais eles todos sereis* salvos." —, toa-nos um tanto artificial em razão do pouco uso do tratamento de *vós*[1] e, além disso, da preponderância de *você* sobre *tu* em grande parte do território nacional.

Entre nós, o uso corrente culto, assim oral como escrito, parece inclinar para a concordância na 3ª pessoa do plural, a exemplo deste lanço de Coelho Neto:

"Juro que *tu e tua filha* me *pagam*."

Aliás, tal uso não é estranho a escritores portugueses de nota, não só antigos senão também modernos:

"Desejo que *tu e quantos* me ouvem se *tornem* tais qual eu sou."

(FREI AMADOR ARRAIS)

"O que eu continuamente peço a Deus é que *ele e tu sejam* meus amigos." (CAMILO CASTELO BRANCO)

"*Estão tu e teu irmão* resolvidos a procurarem Marcos Freire?"

(CAMILO CASTELO BRANCO)

---

[1] A não ser em situações solenes, em fórmulas rituais (é o caso do Padre-nosso e da Ave-maria), ou no estilo burocrático.

CONCORDÂNCIA FACULTATIVA COM O
SUJEITO MAIS PRÓXIMO

Em certas situações, não é raro que o verbo que tem sujeito composto concorde apenas com o núcleo que lhe estiver mais próximo — o que costuma ocorrer:

1) Quando o sujeito composto vier *depois* do verbo:

"Que me *importava* Carlota, o lar, a sociedade e seus códigos?"
(CYRO DOS ANJOS)

O escritor poderia ter empregado *importavam*, em concordância com a totalidade dos núcleos (o que, por sinal, é mais comum) — como fez nesta passagem:

"(...) o salão onde se *achavam* o dr. Azevedo e Glória."

Eis outros exemplos do verbo no singular:

"Faze uma arca de madeira: *entra* nela tu, tua mulher e teus filhos."
(MACHADO DE ASSIS)

"Era um auditório desigual onde se *misturava* infância e maturidade."
(CLARICE LISPECTOR)

2) Quando o sujeito composto for constituído de palavras *sinônimas* ou *quase sinônimas*, de sorte que se nos apresentem ao espírito como um todo indiviso, ou como elementos que simplesmente se reforçam:

"O mais importante era *aquele desejo e aquela febre* que os *unia* como o barro une as pedras duras." (DINAH SILVEIRA DE QUEIROZ)

Ainda aqui, tem cabimento a concordância regular, que é, sem dúvida, a predileta dos escritores brasileiros da atualidade:

"O desalento e a tristeza *abalaram-me*." (GRACILIANO RAMOS)

"*Só* o medo e o horror é que *são* justos." (RACHEL DE QUEIROZ)

GRAMÁTICA NORMATIVA DA LÍNGUA PORTUGUESA

3) Quando os núcleos do sujeito composto se ordenarem numa *gradação* de ideias, concentrando-se no último deles a atenção do escritor:

"E entrava a girar em volta de mim, à espreita de *um juízo*, de *uma palavra*, de *um gesto*, que lhe *aprovasse* a recente produção."
(MACHADO DE ASSIS)

Escusado acrescentar que, também neste caso, é lícito ao escritor optar pela forma do plural:

"*Um gesto, uma palavra à toa* logo me *despertavam* suspeitas."
(GRACILIANO RAMOS)

"*A saúde, a força, a vitalidade faziam-me* ver as coisas diferentes."
(JOSÉ LINS DO REGO)

VOZ PASSIVA COM A PARTÍCULA "SE"

Atenção especial deve merecer a concordância de verbo acompanhado da partícula "se" e seguido de substantivo *no plural*, em construções deste tipo:

Alugam-se casas. Regulam-se relógios.
Venderam-se todos os bilhetes.

Este substantivo, representado (geralmente) por *ser inanimado*, é o sujeito da frase —, razão pela qual com ele há de concordar o verbo.

A índole da língua portuguesa inclina para a posposição desse sujeito ao verbo; aponta-se por menos comum a sua presença antes do verbo, assim como vir ele representado por *ser animado*.

Eis documentação literária de um e outro caso, na linguagem modelar de Machado de Assis:

"Sentei-me, enquanto Virgília, calada, fazia estalar as unhas. *Seguiram-se alguns minutos* de pausa."

"Fizeram-se finalmente as partilhas, mas nós estávamos brigados."

"Não se perdem cinco contos, como se perde um lenço de tabaco. *Cinco contos levam-se* com trinta mil sentidos."

"Há ingratos, mas *os ingratos demitem-se, prendem-se, perseguem-se.*"

Nas variadas situações que se apresentam nos exemplos citados, o sujeito é sempre o *paciente* da ação verbal —, o que caracteriza a voz passiva.

Observação

Se o nome no plural estiver precedido de preposição, o verbo ficará no *singular:*

Precisa-se de datilógrafas. Não se obedece a ordens absurdas.

O mesmo acontece quando o verbo é *intransitivo,* ou empregado como tal:

Vive-se bem aqui. Assim se vai aos astros. Estuda-se pouco nos dias de hoje.

Em casos como esses, deixa-se completamente indeterminada a pessoa que pratica a ação.

CASOS PARTICULARES

1. UM E OUTRO

O substantivo que se segue à expressão *um e outro* só se usa no singular,[2] mas o respectivo verbo pode empregar-se no singular ou no plural.

---

[2]Continua solitário o conhecido exemplo de frei Luís de Sousa ("... de um, e outro *arcebispos...*") — para o qual chamara a atenção o professor Sousa da Silveira, nas *Lições de português,* op. cit., p. 140.

Exemplos:

"Uma e outra *coisa* lhe *desagrada*." (Manuel Bernardes)

"De repente, um e outro *desapareceram*, como se a terra os houvera engolido." (ALEXANDRE HERCULANO)

"Um e outro *é* sagaz e pressentido;
Um e outro aos ladrões *declaram* guerra."
(ANTÔNIO FELICIANO DE CASTILHO)

"Um e outro *pareciam* confusos e acanhados." (MACHADO DE ASSIS)

2. UM OU OUTRO

Já a expressão *um ou outro*, seguida ou não de substantivo, reclama o verbo somente no singular:

"(...) um ou outro rapaz *virava* a cabeça para nos olhar."
(RACHEL DE QUEIROZ)

"Um ou outro vaga-lume *tornava* mais vasta a escuridão."
(CLARICE LISPECTOR)

3. NEM UM, NEM OUTRO

Também a expressão *nem um, nem outro*, seguida ou não de substantivo, exige o verbo no singular.[3]
Exemplos:

"Afirma-se que nem um, nem outro *falou* verdade."
(FREI LUÍS DE SOUSA)

"Nem uma, nem outra diligência se *pôde fazer*." (MANUEL BERNARDES)

---

[3]Só excepcionalmente se encontrará o verbo no plural.

"No entanto, nem uma nem outra *se surpreendeu*, abstendo-se mesmo de fazer o mais leve comentário." (OCTÁVIO DE FARIA)

"Nem um, nem outro *havia* idealizado previamente esse encontro."
(TASSO DA SILVEIRA)

4. UM DOS QUE

Há dupla sintaxe: com o verbo no singular, construção talvez mais lógica; ou, atendendo-se de preferência à eufonia, com o verbo no plural. Exemplos:

"Esta cidade foi uma das que mais se *corrompeu* da heresia."
(FREI LUÍS DE SOUSA)

"Uma das coisas que muito *agradou* sempre a Deus em seus servos, foi a peregrinação..." (ANTÔNIO VIEIRA)

"O reitor foi um dos que mais se *importou* com a preocupação do homem." (JÚLIO DINIS)

"Patrocínio foi um dos brasileiros que mais *trabalharam* em prol da Abolição." (LAUDELINO FREIRE)

5. MAIS DE UM

Fica no singular o verbo, concordando com o substantivo que acompanha a expressão.
Exemplos:

"Mais de um jornal *fez* alusão nominal ao Brasil."
(ALEXANDRE HERCULANO)

"Mais de um réu *obteve* a liberdade..." (MACHADO DE ASSIS)

Se a expressão *mais de um* estiver *repetida*, ou se tor intenção do escritor inculcar ideia de *reciprocidade*, é ao plural que recorrem os bons autores.

Exemplos:

"Mais de um oficial, mais de um general, *foram mortos* nesta batalha." (CARNEIRO RIBEIRO)

"Mais de um político de princípios adversos *deram-se* as mãos naquela crise medonha do país." (*Idem*)

6. SUJEITOS RESUMIDOS

Quando a vários sujeitos se seguir uma das palavras de síntese — *tudo, nada, algo, alguém, ninguém*, etc. —, fica o verbo no singular, mesmo que entre os sujeitos haja algum ou alguns no plural.
Exemplos:

"As cidades, os campos, os vales, os montes, *tudo era* mar."
(ANTÔNIO VIEIRA)

"Uma bolsa a impar de dobrões de ouro, um palácio, criadagem, coches, vinhos generosos, estiradas sem termo de matas, vinhas, pastos e terras de semeadura, *nada* disto *faz* com que um rico seja mais afortunado que o mínimo dos vizinhos."
(ANTÔNIO FELICIANO DE CASTILHO)

"Os caminhões devastadores, as chuvas, o cupim, a política, a mesquinhez de verbas [...], *nada disso conseguiu* ainda liquidar completamente a gloriosa Vila Rica de Albuquerque..."
(CARLOS DRUMMOND DE ANDRADE)

"Comandantes, oficiais, soldados, *ninguém escapou* com vida naquele dia lutuoso." (CARNEIRO RIBEIRO)

7. EXPRESSÕES DE SENTIDO QUANTITATIVO ACOMPANHADAS DE COMPLEMENTO NO PLURAL

Se a um nome ou pronome no plural antepomos uma expressão quantitativa como *grande número de, grande quantidade de, parte de,*

grande parte de, *a maior parte de*, e equivalentes, o verbo fica no singular ou no plural.
Exemplos:

a) Singular:

"A maioria dos condenados *acabou* nas plagas africanas."
(CAMILO CASTELO BRANCO)

"Uma nuvem de setas *respondeu* ao sibilar dos esculcas árabes."
(ALEXANDRE HERCULANO)

b) Plural:

"A maior parte das suas companheiras *eram* felizes."
(CAMILO CASTELO BRANCO)

"(...) um grande número de velas *branquejavam* sobre as águas do estreito." (ALEXANDRE HERCULANO)

Quando a ação do verbo só pode ser atribuída à *totalidade* e não separadamente aos indivíduos, é óbvio que se deve preferir o singular:

"'Um troço de soldados *enchia* o primeiro pavimento do edifício.'
É claro que a ação de *encher um pavimento* não podia ser atribuída individualmente a cada soldado."[4]

8. QUAIS, QUANTOS, ALGUNS, MUITOS, POUCOS, VÁRIOS + DE NÓS, DE VÓS, DENTRE NÓS, DENTRE VÓS

Com sujeitos deste tipo, o verbo fica na 3ª pessoa do plural, ou concorda com o pronome *nós* ou *vós*.
Exemplos:

"(...) quantos dentre vós *estudam* conscienciosamente o passado?"
(JOSÉ DE ALENCAR)

---

[4]João Ribeiro, *Gramática portuguesa*, op. cit., p. 140.

GRAMÁTICA NORMATIVA DA LÍNGUA PORTUGUESA

"Quais de vós *sois*, como eu, desterrados no meio do gênero humano?" (ALEXANDRE HERCULANO)

"Quais dentre vós... *sois* neste mundo sós e não *tendes* quem na morte regue com lágrimas a terra que vos cobrir?"
(ALEXANDRE HERCULANO)

9. QUAL DE NÓS OU DE VÓS, DENTRE NÓS OU DENTRE VÓS

Se o interrogativo está no singular, torna-se impossível a concordância com o pronome que figura no complemento. Neste caso, fica o verbo somente na 3ª pessoa do singular.
Exemplos:

"Qual de vós me *arguirá* de pecado?" (ANTÔNIO VIEIRA)

"Qual de vós outros, cavaleiros — dizia Pelágio aos que o rodeavam — *duvidará* um momento...?" (ALEXANDRE HERCULANO)

"Abre o túmulo, e olha-me: dize-me qual de nós *morreu* mais."
(CECÍLIA MEIRELES)

10. SUJEITOS UNIDOS POR COM

O mais frequente é usar-se o verbo no plural, visto que ambos os sujeitos "aparecem em pé de igualdade tal, que se podem considerar como enlaçados por *e*".[5]
Exemplos:

"D. Maria da Glória firmou a doação, e a milanesa com seu filho *partiram* para a Itália." (CAMILO CASTELO BRANCO)

"Eu com o abade *entramos* corajosamente num coelho guisado."
(CAMILO CASTELO BRANCO)

---

[5]Mário Barreto, *Novíssimos estudos da língua portuguesa*, op. cit., p. 93; e *Novos estudos da língua portuguesa*, op. cit., p. 201-4.

"E *atravessaram* a serra,
o noivo com a noiva dele
cada qual no seu cavalo." (MÁRIO DE ANDRADE)

Emprega-se (mas raramente) o verbo no singular quando o segundo sujeito é posto em plano tão inferior, que se degrada à simples condição de um complemento adverbial de companhia. Por este meio — mais pertencente à linguagem afetiva — dá-se relevo especial ao primeiro sujeito, como fez Camões no seguinte lanço, referindo-se a Vênus:

"Convoca as alvas filhas de Nereu,
Com toda a mais cerúlea companhia:
Que, porque no salgado mar nasceu,
Das águas o poder lhe obedecia:
E propondo-lhe a causa a que desceu
Com todas juntamente se partia,
Pera estorvar que a armada não chegasse
Aonde pera sempre se acabasse." (*Os Lusíadas*, II, 19)

Ao pressentir a cilada traiçoeira que os mouros armavam à gente portuguesa, Vênus — figura central de todo o trecho, e cujo auxílio faz Camões questão de realçar — convoca "as alvas filhas de Nereu" para, juntamente com elas, impedir o desastre iminente.

Pondo o verbo no singular, ao dizer que Vênus

"Com todas juntamente se PARTIA",

consegue o poeta alcançar o efeito que buscava, isto é, encarecer principalmente a ação da formosa deusa, deixando na penumbra as que com ela se foram também em auxílio aos bravos nautas do Gama.

Do mesmo tipo é esta construção de Cyro dos Anjos:

"A viúva de Aguinaldo, com os dois filhos, *está* conseguindo arrombar a caixa-forte (...)"

GRAMÁTICA NORMATIVA DA LÍNGUA PORTUGUESA

11. TANTO... COMO, ASSIM... COMO, NÃO SÓ... MAS TAMBÉM, ETC.

Se o sujeito é construído com a presença de uma *fórmula correlativa*, deve preferir-se o verbo no plural.

> "Assim Saul como Davi, debaixo do seu saial, *eram* homens de tão grandes espíritos, como logo mostraram suas obras."
>
> (ANTÔNIO VIEIRA)

> "Não só a nação, mas também o príncipe, *estariam* pobres."
>
> (ALEXANDRE HERCULANO)

> "Tanto a mulata como a criança o *observavam* dissimuladas de longe sem se aproximar." (CLARICE LISPECTOR)

É raro aparecer o verbo no singular:

> "(...) tanto uma, como a outra, *suplicava-lhe* que esperasse até passar a maior correnteza." (JOSÉ DE ALENCAR)

12. SUJEITOS UNIDOS POR E

Quando concorrem vários sujeitos de 3ª pessoa, coordenados assindeticamente ou unidos pela conjunção *e*, a regra normal (já estudada) é pôr-se o verbo na 3ª pessoa do plural se os sujeitos estão antepostos.

No entanto, quebra-se este princípio, ficando o verbo na 3ª pessoa do singular, nos casos seguintes:

a) Quando os sujeitos se dispõem numa escala gradativa, de tal forma que a atenção do leitor se concentre no último. Exemplo:

> "Que alegria, pois, que gozo, que admiração *será* a de um Bem--aventurado, quando se vir semelhante a Deus...!"
>
> (MANUEL BERNARDES)

b) Quando os sujeitos estão de tal maneira unidos, que formam como um todo indivisível, expressando uma ideia única.

"Em tal sorriso o passado e o futuro *estava* impresso."
(ALEXANDRE HERCULANO)

Neste exemplo, *"o passado e o futuro* são manifestações de uma ideia única: o *tempo distante"*.[6]

São menos encontradiços os exemplos nos quais o segundo sujeito está precedido de artigo. "Com efeito, a função do artigo definido é a de particularizar o objeto; e, para que dois ou mais elementos possam formar um todo, é necessário que não se acentuem as particularidades que os distinguem."[7]

Exemplos, com o segundo sujeito sem artigo:

"A coragem e afoiteza com que eu lhe respondi *perturbou-o* de tal modo, que não teve mais que dissesse."
(CAMILO CASTELO BRANCO)

"(...) e este cuidado e temor nos *ajudará* a obrar com exação e pontualidade." (MANUEL BERNARDES)

13. SUJEITOS ORACIONAIS

Fica no singular o verbo que se refere a vários sujeitos expressos por orações, quer iniciadas por conectivo, quer reduzidas.
Exemplos:

["Que Sócrates nada escreveu] e [que Platão expôs as doutrinas de Sócrates] *é* sabido." (JOÃO RIBEIRO)

["Humilhar a aristocracia,] [refrear o clero,] [cercear-lhe os privilégios e imunidades] e [forçá-los a igualar-se com o povo]... *equivalia* a exalçar a plebe." (LATINO COELHO)

---

[6]J. Matoso Câmara Jr., *Elementos da língua pátria*, op. cit., p. 185, nota.
[7]M. Rodrigues Lapa, *Estilística da língua portuguesa*. 6ª ed., Rio de Janeiro: Acadêmica, 1970, p. 171.

GRAMÁTICA NORMATIVA DA LÍNGUA PORTUGUESA

"[E dizer] [e fazer] *era* um relâmpago."
(CARLOS DRUMMOND DE ANDRADE)

No caso de os sujeitos exprimirem contraste de ideias, usa-se o plural:

["Usar de razão] e [amar] *são* duas coisas que não se ajuntam."
(ANTÔNIO VIEIRA)

14. SUJEITOS UNIDOS POR NEM

a) É caso difícil de disciplinar; mas pode-se ter por norma empregar o verbo no plural quando os sujeitos são da 3ª pessoa.
Exemplos:

"Nem a natureza, nem o demônio *deixaram* a sua antiga posse."
(MANUEL BERNARDES)

"Nem a resignação, nem o consolo *são* possíveis para ti neste momento." (ALEXANDRE HERCULANO)

"Em todo caso, nem o coadjutor nem o sacristão lhe *perguntaram* nada." (MACHADO DE ASSIS)

b) "Querendo-se, todavia, pôr em relevo" — são palavras de Said Ali — "que a mesma ação se repete para cada um dos sujeitos, sucessivamente ou em épocas diferentes, dá-se ao verbo a forma do singular, desde que no singular também estejam os diversos sujeitos."[8]
Exemplos:

"Nem a lisonja, nem a razão, nem o exemplo, nem a esperança *bastava* a lhe moderar as ânsias..." (ANTÔNIO VIEIRA)

"Nem a vista, nem o ouvido, nem o gosto *pode* discernir entre cor, som e sabor." (MANUEL BERNARDES)

---

[8]Said Ali, *Gramática secundária da língua portuguesa*, op. cit., p. 153.

A verdade é que há certo descritério no uso do singular ou do plural. No desejo de traçarem regras, têm os gramáticos fixado (como Alfredo Gomes, por exemplo) que "os sujeitos reunidos por *nem* querem o verbo no singular ou no plural, *segundo exprimem especialmente concomitância* ou *alternativa*".

Mas a exemplificação que aduzem não esclarece devidamente o assunto, por se prestarem muitas frases a mais de uma interpretação. Posto que um tanto sutil, parece-nos corresponder melhor à realidade dos fatos a observação de Said Ali, por nós esposada.

c) Se algum dos sujeitos é *pronome pessoal,* a concordância se faz de acordo com os princípios da primazia, salvo se o verbo anteceder os sujeitos.
Exemplos:

"Nem meu primo, nem eu *frequentamos* tal sociedade."

"Nem nós, nem eles nos *esqueceremos* disso."

"Nem vós, nem ele *perdereis* em tal negócio."[9]

Com o sujeito depois do verbo:

"*Não seriam* eles, nem eu quem pusesse esse remate."
(ALEXANDRE HERCULANO)

d) Terminando a série negativa por palavra ou expressão que resuma alguns dos sujeitos anteriores ou todos eles, concorda o verbo com esta palavra ou expressão.
Exemplos:

"Nem eles, nem outrem *há* de possuir nada." (ANTÔNIO VIEIRA)

"Nem eu, nem tu, nem ela, nem qualquer outra pessoa desta história *poderia* responder mais." (MACHADO DE ASSIS)

---

[9]Todos os três exemplos, *idem, ibidem.*

GRAMÁTICA NORMATIVA DA LÍNGUA PORTUGUESA

15. CERCA DE, PERTO DE, MAIS DE, MENOS DE, OBRA DE...

Postas antes de um número no plural para indicar *quantidade aproximada*, estas expressões requerem a concordância no plural, exceto com o verbo *ser*, em que há vacilação.

Exemplos:

"*Saíram* à praia obra de oito mil homens." (JOÃO DE BARROS)

"Mais de sete séculos *são passados* depois que tu, ó Cristo, vieste visitar a terra." (ALEXANDRE HERCULANO)

"*Eram* perto de seis horas da tarde." (ALEXANDRE HERCULANO)

"*Era* perto das cinco quando saí." (EÇA DE QUEIRÓS)

16. DAR, BATER, SOAR (HORAS)

Em frases assim, estes verbos têm por sujeito o número que indica as horas.

Exemplos:

"*Eram dadas* cinco da tarde." (ALMEIDA GARRETT)

"*Deram* dez horas." (EÇA DE QUEIRÓS)

"*Deram* agora mesmo as três da madrugada." (GUERRA JUNQUEIRO)

"*Deram* três horas da tarde." (ALUÍZIO AZEVEDO)

"*Iam dar* seis horas." (MACHADO DE ASSIS)

"Na igreja, ao lado, *bateram* devagar dez horas." (EÇA DE QUEIRÓS)

"Cinco horas fanhosas *soam* no velho relógio do pensionato."
(CYRO DOS ANJOS)

17. VERBOS IMPESSOAIS

Em português, são impessoais, isto é, empregam-se sem sujeito, os seguintes verbos, principalmente:

a) Os que, no sentido próprio,[10] indicam fenômenos naturais: *chover, gear, nevar, alvorecer, amanhecer, anoitecer,* etc.

b) *Fazer,* acompanhado de objeto direto, quando indica fenômenos devidos a fatos astronômicos (*fazer calor, frio, vento, trovões, sol,* etc.), ou "que é decorrido tanto tempo depois que uma coisa aconteceu ou desde que ela acontece (*faz seis meses que ele morreu, que não o vejo,* etc.)".[11]
Exemplos:

"Aqui *faz* verões terríveis." (CAMILO CASTELO BRANCO)

"*Faz* hoje precisamente sete anos; voltávamos da Escola Militar."
(RUI BARBOSA)

"Três anos *faz* agora que eu recebia uma carta sua."
(MANUEL BERNARDES)

Combinando-se a um auxiliar, transmite a este sua impessoalidade. Exemplo:

"Vai fazer cinco anos que ele se doutorou." (ANTÔNIO VIEIRA)

c) *Haver,* seguido de objeto direto, significando a existência de uma pessoa ou coisa.
Exemplo:

"Se não *houvesse* ingratidões, como *haveria* finezas?"
(MANUEL BERNARDES)

---

[10]Em sentido figurado, eles podem-se personalizar: "Da espessa nuvem, *setas e pedradas / chovem* sobre nós outros sem medida" (CAMÕES).
[11]Augusto Epifânio Dias, op. cit., p. 16.

"Mas, sem dúvida *haveria* algumas noites para o amor."

(JORGE AMADO)

A impessoalidade deste verbo estende-se também aos auxiliares que com ele formam perífrases, como se vê nos exemplos seguintes:

"Então convosco também, senhores meus, *pode haver* pactos?"

(ANTÔNIO FELICIANO DE CASTILHO)

"*Costuma* nisto *haver* alguns perigos." (MANUEL BERNARDES)

"Esquecer as coisas sérias que *poderia haver* a separá-los: o marido, o filhinho que tinha dor de ouvido, o amor dela pelos dois, os deveres." (RACHEL DE QUEIROZ)

d) *Acontecer*, *suceder* e sinônimos, acompanhados de adjunto adverbial de modo.

Exemplo:

"Vasco da Gama, o forte Capitão,
Que a tamanhas empresas se oferece,
De soberbo e de altivo coração,
A quem fortuna sempre favorece,
Pera se aqui deter não vê razão,
Que inabitada a terra lhe parece:
Por diante passar determinava;
Mas não lhe *sucedeu* como cuidava." (*Os Lusíadas*, I, 44)

18. SUJEITOS UNIDOS POR "OU"

1) Impõe-se o emprego do verbo no singular em dois casos:

a) Quando, coordenando dois ou mais substantivos no singular, a partícula *ou* for *alternativa*, de tal forma que o verbo só se refira a um dos sujeitos, com *exclusão* dos demais.

Exemplos:

"(...) crendo que *Fainamá ou alguma de suas irmãs era morta.*"
(JOÃO DE BARROS)

"Ninguém soube jamais se fora *desgosto ou doidice* que o *levara* àquela vida." (RACHEL DE QUEIROZ)

b) Quando, coordenando dois ou mais substantivos no singular, a partícula *ou* exprimir *equivalência*, de tal forma que o verbo se possa igualmente referir *a qualquer um* desses sujeitos.
Exemplos:

"*Um cardeal, ou um papa*, enquanto homem, não *é* mais do que uma pessoa..." (MANUEL BERNARDES)

"*O leitor ou espectador* que acredita em histórias do Bicho-Tatu, *murmura* interiormente: 'Castigo'." (ÉRICO VERÍSSIMO)

2) Vai, ao revés, o verbo para o *plural*:

a) Quando, coordenando dois ou mais substantivos no singular, a partícula *ou* for *aditiva* (= e), de tal forma que a noção indicada pelo verbo abranja, ao mesmo tempo, todos os sujeitos.
Exemplo:

"O calor forte ou frio excessivo eram temperaturas igualmente nocivas ao doente." (JÚLIO NOGUEIRA)

b) Quando um dos sujeitos estiver no plural.
Exemplo:

"As penas que *são Pedro ou seus sucessores fulminam* contra os homens..." (ANTÔNIO VIEIRA)

GRAMÁTICA NORMATIVA DA LÍNGUA PORTUGUESA   491

"Repetindo-se depois de *ou* a palavra precedente, porém na forma do plural, para denotar que se admite *retificação* de número, o verbo concordará com o termo mais próximo, isto é, ficará no singular, se vier antes dos dous sujeitos, e no plural se vier depois:

'O poder ou poderes do homem *eram* sobre todos os peixes.'

(ANTÔNIO VIEIRA)

A parte ou partes contrárias *virão* à presença do juiz.

Nenhum vestígio de sua presença *deixou* o autor ou autores do crime."[12]

19. SUJEITO PRONOME RELATIVO

São por igual excelentes as construções dos tipos seguintes:

a) Fui eu que resolvi a questão.
b) Fui eu o que resolvi a questão.
c) Fui eu quem resolveu a questão.
d) Fui eu quem resolvi a questão.

Exemplos:

a) "Não *fui eu que* o *assassinei.*" (ALEXANDRE HERCULANO)

"És tu que ris, louca?" (JORGE DE LIMA)

b) "Não *és tu o que atribulaste* e *afligiste* os inocentes, *tiranizaste* os que te tinham ofendido, e sobretudo o *que disseste* injúrias, afrontas e blasfêmias contra o Altíssimo?" (ANTÔNIO VIEIRA)

c) "Fui eu quem a *matou.*" (ANTÔNIO FELICIANO DE CASTILHO)

"*Vós*, e unicamente vós, *sois quem* me *ocupa* o ânimo."

(FILINTO ELÍSIO)

"Não *sou eu quem* só *faz* isto, todos fazem." (ADALGISA NERY)

---

[12]Said Ali, *Gramática secundária da língua portuguesa*, op. cit., p. 151.

d) "E *tu és quem tens* a culpa de eu viver sempre à sombra."
(FILINTO ELÍSIO)

"*Sou eu quem prendo* aos céus a terra." (GONÇALVES DIAS)

20. CONCORDÂNCIA ESPECIAL DO VERBO "SER"

1º CASO: Tendo por sujeito o pronome interrogativo *quem*, o indefinido *tudo*, ou um dos demonstrativos neutros *isto*, *isso*, *aquilo* e *o* (*que*), e por predicativo um substantivo no plural —, é costume pôr-se neste número o verbo *ser*, mas não escasseiam exemplos em que ele aparece no singular:
Plural:

"*Eram tudo* travessuras de criança." (MACHADO DE ASSIS)

"*Isto... eram* notas que eu havia tomado para um capítulo triste e vulgar que não escrevo." (MACHADO DE ASSIS)

"*Aquilo não são vozes*, são ecos do coração." (MATIAS AIRES)

"*Tudo são* sonhos dormidos ou dormentes!" (CECÍLIA MEIRELES)

"*Isto são* coisas que digo,
que invento,
para achar a vida boa..." (CECÍLIA MEIRELES)

"*O que* nos define *são* as ideias estratificadas (...)."
(CYRO DOS ANJOS)

Singular:

"*Tudo é* flores no presente." (GONÇALVES DIAS)

"*Era tudo* ameaças de demência." (CAMILO CASTELO BRANCO)

"*Tudo o* que aí está *é* os dotes de meus irmãos."
(CAMILO CASTELO BRANCO)

GRAMÁTICA NORMATIVA DA LÍNGUA PORTUGUESA

2º CASO: Se o sujeito for *pessoa*, com ele há de concordar o verbo, qualquer que seja o número do predicativo.
Exemplos:

"*Ovídio é* muitos poetas ao mesmo tempo."
(ANTÔNIO FELICIANO DE CASTILHO)

"*Tito era* as delícias de Roma." (*Apud* CARNEIRO RIBEIRO, *Serões*)

3º CASO: Quando um dos dois termos da frase — sujeito ou predicativo — for *pronome pessoal*, faz-se a concordância com este pronome.
Exemplos:

"*Todo eu era* olhos e coração." (MACHADO DE ASSIS)

"O Brasil, senhores, *sois vós.*" (RUI BARBOSA)

"Nas minhas terras, *o rei sou eu.*" (ALEXANDRE HERCULANO)

4º CASO: Estando o verbo *ser* entre dois substantivos de números diversos, ambos *comuns* —, o que vai orientar a concordância é o sentido da frase: ela se fará com o termo a que se quiser dar maior relevo, isto é, com o elemento mais importante para quem fala.
Exemplo:

"Justiça é tudo, *justiça é as virtudes todas,* justiça é religião, justiça é caridade, justiça é sociabilidade, é respeito às leis, à lealdade, é honra, é tudo enfim." (ALMEIDA GARRETT)

Belíssimo exemplo este,

"onde é evidente intuito do escritor tornar patente, pela concordância, o relevo com que se lhe avulta ao espírito a ideia exprimida pelo vocábulo *justiça,* que é aqui manifestamente a predominante e cuja força ele mais e mais encarece, repetindo o sinal que serve para a exprimir na linguagem". (CARNEIRO RIBEIRO)

Já na seguinte frase de Camilo Castelo Branco:

"*O horizonte* da terra mais afastado *são cordilheiras agras*",

a impressão que deve surpreender o leitor — elemento afetivamente predominante — se concentra no predicativo *cordilheiras agras*.

A verdade é que campeia certa arbitrariedade de construção:

"*O maior trabalho* que tenho *é os pastores* com quem trato."
(FRANCISCO RODRIGUES LOBO)

"*Mulheres mudas é peçonha*." (DOM FRANCISCO MANUEL DE MELO)

"Mas sei de uma coisa: *meu caminho* não *sou* eu, *é* outro, *é os outros*."
(CLARICE LISPECTOR)

5º CASO: Emprega-se no singular o verbo figurante nas locuções *é muito, é pouco, é mais de, é menos de, é tanto*, junto à especificação de preço, peso, quantidade, etc.

Exemplos:

"*Vinte e quatro horas* não *é* muito." (MACHADO DE ASSIS)

"... *oito dias*... e *mais três dias é* tanto tempo!..." (ANTÔNIO VIEIRA)

"*Quinze anos era* muita coisa, mas para elas Zito ainda era um menino." (AUTRAN DOURADO)

6º CASO: Quando é usado impessoalmente, a concordância dá-se com o predicativo.

Exemplos:

"Hoje *são vinte e um do mês, não são?*"
(CAMILO CASTELO BRANCO)

"*Eram sete de maio* da era de 1439..." (ALEXANDRE HERCULANO)

"*São 17 deste mês de julho*." (ALMEIDA GARRETT)

GRAMÁTICA NORMATIVA DA LÍNGUA PORTUGUESA

Assim diremos:

Hoje é DIA 31 de outubro,

porque aí o predicativo é a palavra *dia*.
No entanto:

Hoje *são* SETE de março,

porque, neste caso, o predicativo é o numeral *sete*.
Da mesma forma, assim é que se pergunta:

— *Que* horas *são?*

pois, em tais frases, não há sujeito, e o predicativo é *que* (pronome adjetivo equivalente a *quantas*) *horas*.
E responder-se-á:
— *É uma hora.*
— *São três horas.*

"*Eram três horas* quando Marina deixou o hotel."
(ÉRICO VERÍSSIMO)

Fica sempre o verbo, pois, em concordância com o predicativo.

21. UM CASO DE REALCE COM O VERBO "SER"

A serviço da ênfase ou realce, pode o verbo *ser* (vazio de significação e sem papel sintático) figurar em frases assim:

a) Esta criança quer *é* dormir.
b) Visitei a Europa *foi* durante o verão.

Nestas construções, o termo intensificado é o que está à direita do verbo *ser*; e provavelmente terão elas resultado da elipse de elementos requeridos pela estruturação gramatical plena das frases-fontes respectivas.
No exemplo *a*), essa frase-fonte teria sido a seguinte:

O *que* esta criança quer, *é* dormir.

No caso *b*), há para notar que, se o verbo *ser* vier ANTES do verbo principal, aparecerá, em correlação obrigatória com ele, uma partícula *que*, igualmente parasitária:

Foi durante o verão *que* visitei a Europa.

22. A LOCUÇÃO "É QUE"

Como elemento de realce, vale-se a língua da locução *é que*, idiotismo português de grande poder expressivo.

Tal locução é invariável, e, por isso, não se altera a concordância do verbo da oração — a qual se faz normalmente com o seu sujeito:

eu (é que) coso   ele (é que) cose   vós (é que) coseis
tu (é que) coses   nós (é que) cosemos   eles (é que) cosem

Exemplo:

"— Você fura o pano, nada mais; *eu* é que *coso*, prendo um pedaço ao outro, dou feição aos babados..." (MACHADO DE ASSIS)

IRREGULARIDADES DE CONCORDÂNCIA

CONCORDÂNCIA IDEOLÓGICA

Considerações gerais

A concordância é campo vastíssimo, em que constantemente entram em conflito a rigidez da lógica gramatical e os direitos superiores da imaginação e da sensibilidade. Razões de ordem psicológica, ou estética, acutilam fundo, por vezes, as normas que a disciplina gramatical estabeleceu por boas e invioláveis.

GRAMÁTICA NORMATIVA DA LÍNGUA PORTUGUESA

"De ordinário, quando se diz que certo termo deve concordar com outro, tem-se em vista a forma gramatical deste termo de referência. *Dúzia*, *povo*, embora exprimam pluralidade e multidão de seres, consideram-se, por causa da forma, como nomes no singular.

Há, contudo, condições em que se despreza o critério da forma e, atendendo apenas à ideia representada pela palavra, se faz a concordância com aquilo que se tem em mente. À frase assim constituída e que, analisada segundo os meios de expressão, parece incongruente, dão os gramáticos os nomes de *constructio ad sensum* ou, helenizando a parte explicativa, *constructio kata synesin*, ou, abreviando, simplesmente *synesis* (em português *sínese*).

Consiste, portanto, a sínese em fazer a concordância de uma palavra não diretamente com outra palavra, mas com a ideia que esta sugere"[13]

"... não com a letra, mas com o espírito."[14]

São desvios, quase sempre inconscientes, que correspondem a matizes do sentimento e da ideia. O estudo e explicação dessas irregularidades faz parte de uma ciência especial chamada *Estilística*.

Acompanhemos o raciocínio e os métodos de um estilista.

"Vejam-se estas quatro frases, respectivamente de Heitor Pinto, João de Barros, Francisco de Morais e frei Antônio das Chagas:

1) A formosura de Páris e Helena *foram* causa da destruição de Troia.
2) Os povos destas ilhas *é* de cor baça e cabelo corredio.
3) *Foi* dom Duardos e Flórida aposentados no aposento que tinha o seu nome.
4) Pouco importa que tenha a casa cheia de pérolas e diamantes, se se não aproveita *delas*.

Se atentarmos bem nestas frases e nas outras já apresentadas, vemos que esses desvios aparentes de concordância se explicam sobretudo por três motivos: um, que consiste em concordar as palavras não segundo a letra, mas segundo a ideia; outro, segundo o qual a concordância varia

---

[13]Said Ali, *Gramática histórica da língua portuguesa*, op. cit., p. 280.
[14]Mário Barreto, *Através do dicionário e da gramática*, Rio de Janeiro: Quaresma, 1927, p. 192.

conforme a posição dos termos do discurso; e um terceiro, que traduz o propósito de fazer a concordância com o termo que mais interessa acentuar ou valorizar.

A 1ª e 2ª frases são um exemplo dessa concordância mental, a que se chama 'sínese', mais particularmente, 'silepse'. Na primeira, como se trata de duas pessoas, consideram-se dois exemplos de formosura, e por isso se pôs o verbo no plural. Na segunda frase, temos em mente, para além do plural, a imagem coletiva, representada por *a população, a gente*. No terceiro exemplo, sentimos perfeitamente que o singular *foi* se deve apenas à sua localização no princípio da frase; se pusermos o verbo depois do sujeito, já não. é possível essa construção: 'Dom Duardos e Flórida *foram* aposentados...'. Enfim, na 4ª frase, hoje diríamos *deles*; mas o autor preferiu referir-se a *pérolas*, por ser para ele a palavra mais expressiva e poética."[15]

Cumpre notar que a concordância portuguesa tem caminhado no sentido de restringir cada vez mais os fenômenos ideológicos e afetivos em seu sistema, por força da autocrítica coercitiva que a gramática impõe aos que escrevem. Isso importa, por sem dúvida, maior ordem e nitidez de expressão, mas atesta, de outro lado, a escassez de grandes e audaciosos artistas, que não se arreceiam de transcender limites e esquemas em seus formosos momentos de entusiasmo e de luz.

Alguns casos de concordância ideológica

1) As expressões de tratamento *Vossa Excelência, Vossa Majestade, Vossa Senhoria*, etc..., FEMININAS pela forma, exigem no MASCULINO os adjetivos a elas referentes, quando se empregam em relação a um homem.
Exemplos:

Vossa Majestade mostrou-se *generoso*.
Vossa Excelência é *injusto*.

---

[15]Rodrigues Lapa, op. cit., p. 167-8.

GRAMÁTICA NORMATIVA DA LÍNGUA PORTUGUESA

2) Ainda com relação ao gênero, não é raro fazerem-se flagrantes discordâncias gramaticais.

No seguinte exemplo de Garrett:

"Conheci *uma criança*... mimos e castigos pouco podiam com *ele*",

deixou-se o autor trair pela consciência de que *a criança* era *um menino*, posto que na frase nada indicasse o sexo.

Eis mais dois exemplos do mesmo tipo, colhidos, como o primeiro, por Carlos Góis:

"Está *uma pessoa* ouvindo missa, meia hora *o* cansa."

(MANUEL BERNARDES)

"*Alguém* andava então bem *saudosa*." (JOÃO DE BARROS)

3) A um sujeito coletivo do singular pode referir-se um verbo no plural, desde que predomine a ideia, concreta e viva, da pluralidade dos indivíduos que compõem a coleção.

Exemplo:

"O *resto* do exército realista *evacua* neste momento Santarém; *vão* em fuga para o Alentejo." (ALMEIDA GARRETT)

Neste outro exemplo de Fernão Lopes:

"O *povo* lhe *pediram* que se chamasse Regedor."

pressente-se a incapacidade de abstração, a qual levava o português de outros tempos a transmitir aspecto mais *visual* aos quadros coletivos.

"(...) mas o grande escritor que era Fernão Lopes não via no povo uma entidade abstrata, antes qualquer coisa de muito concreto e de muito vivo, que fervilhava pelas ruas e praças de Lisboa, na ânsia de escolher um rei."[16]

---

[16]Rodrigues Lapa, op. cit., p. 169.

"*O casal* não tivera filhos; mas *criaram* dois ou três meninos."
(AUGUSTO F. SCHMIDT)

4) Também, ao contrário, existe a possibilidade (aliás, menos comum), de um verbo se manter no singular quando o sujeito múltiplo, ainda que possua termos no plural, favoreça uma intensa representação unitiva. Exemplo:

"(...) e possa aquele curto interesse fazer maiores e menores homens aqueles que Deus e a Natureza *fez* iguais."
(DOM FRANCISCO MANUEL DE MELO)

Nesta frase, o espírito não decompõe *Deus e a Natureza* em dois elementos separáveis; antes prevalece, avultando avassaladoramente, a ideia da unidade dos dois conceitos.

5) A um sujeito da 3ª pessoa do plural pode referir-se um verbo na 1ª pessoa do plural, e isso acontece sempre que estiver implícita a ideia de que a pessoa que fala ou escreve (1ª pessoa — *eu*) está incluída entre os que participam da noção expressa pelo verbo.
Exemplos:

"Dizem que *os cariocas somos* pouco dados aos jardins públicos."
(MACHADO DE ASSIS)

"*Todos* geralmente o *adoramos*, porque *todos nos queremos adorados*." (ANTÔNIO VIEIRA)

É construção usual nas petições firmadas por várias pessoas:

Os abaixo assinados requeremos a V. Ex.ª...

O mesmo se dá em relação à 2ª pessoa do plural, em frases deste tipo:

"*Os portugueses sois* assim feitos." (SÁ DE MIRANDA)

GRAMÁTICA NORMATIVA DA LÍNGUA PORTUGUESA   501

"Não nego que *os católicos vos salvais* na Igreja romana."
(ANTÔNIO VIEIRA)

EMPREGO DO INFINITIVO

Os verboides

A tradição gramatical tem incluído nas conjugações, considerando-as como formas verbais, três classes de palavras às quais faltam certas características essenciais do verbo. São elas: o *infinitivo*, o *gerúndio* e o *particípio*.

A gramática clássica as denomina *uerbum infinitum*, em contraste com as do indicativo, subjuntivo e imperativo, chamadas *uerbum finitum*. Autores modernos intitularam-nas, expressivamente, *formas nominais do verbo*, ou, como prefere Rodolfo Lenz, VERBOIDES.

O infinitivo em português

Por ser um verboide, o infinitivo carece normalmente de flexão.

No entanto, a língua portuguesa apresenta, em relação às mais línguas neolatinas, esta riquíssima particularidade: nela, desde os mais antigos tempos, pode o infinitivo referir-se a determinado sujeito, graças às desinências de número e pessoa: *amar eu, amares tu, amar ele, amarmos nós, amardes vós, amarem eles*. É um *idiotismo* nosso, de alto valor estilístico, e cuja sistematização tem dado margem às maiores controvérsias.

Com emprego muito mais restrito, existe também no *galego* e se encontram vestígios de seu uso em documentos do antigo *leonês* e do *napolitano*, mas neste só em escritos do século XV.

> "Fato muito positivo é que este infinitivo se encontra nos mais antigos monumentos da língua portuguesa, parecendo ter nascido com o próprio idioma. E o que mais surpreende é que, apesar do íntimo parentesco do português com o castelhano, ficasse este desprovido do infinitivo pessoal, e apesar do contato da nossa literatura com o castelhano e mais tarde

com o francês e outros idiomas, nenhuma língua, absolutamente nenhuma, influenciasse o português no sentido de restringir-lhe de algum modo o uso do infinitivo flexionado.

Pelo contrário. Esta forma resistiu a todas as influências estranhas desde que apareceu, e o seu uso, quando muito, tem-se ampliado nos nossos escritores modernos.

Vem a propósito mencionar um fato muito significativo, observado por Frederico Diez. Houve, como se sabe, um tempo em Portugal, em que os poetas escreviam as suas obras parte em português, e parte em espanhol, língua que lhes era bastante familiar. Pois bem: todos eles, excetuando unicamente Camões, cometeram o erro de empregar o infinitivo flexionado em espanhol, como se também o castelhano conhecesse semelhante forma."[17]

Assim, ao lado do *infinitivo impessoal*, sem sujeito e, portanto, sem flexão, possuímos um *infinitivo pessoal*, que, referido a um sujeito, pode, ou não, flexionar-se.

Exemplos:

Fumar é nocivo à saúde. (infinitivo impessoal)

Trabalha, meu filho, para *agradar* a Deus. (infinitivo pessoal não flexionado)

Trabalha, meu filho, para *agradares* a Deus. (infinitivo pessoal flexionado)

Até hoje não foi possível aos gramáticos formular um conjunto de regras fixas, pelas quais se regesse o emprego de uma e outra forma.[18] A cada passo infringem os escritores alguns preceitos tidos por definitivos;

---

[17]Said Ali, *Dificuldades da língua portuguesa*, op. cit., p. 55.

[18]Tiveram muita voga, até relativamente pouco tempo, as regras formuladas, no século XVIII, por Jerônimo Soares Barbosa, em sua *Gramática filosófica da língua portuguesa*; bem como as do alemão Frederico Diez, na *Gramática das línguas românicas*, da primeira metade do século XIX, cuja doutrina foi entre nós vulgarizada por Júlio Ribeiro.

A pá de cal no assunto foi dada por Said Ali, em brilhante estudo publicado nas citadas *Dificuldades da língua portuguesa*, p. 55-76. Retomou a matéria o professor Theodoro Henrique Maurer Jr., em extenso artigo inserto na *Revista Brasileira de Filologia*, vol. 3, tomo I, 1957, p. 19-57.

GRAMÁTICA NORMATIVA DA LÍNGUA PORTUGUESA   503

e isso porque, ao lado das razões de ordem gramatical, e interferindo nelas, alçam-se muitas vezes ao primeiro plano certas condições reclamadas pela *clareza*, *ênfase* e *harmonia de expressão*.

Alguns conselhos para o uso do infinitivo

NÃO FLEXIONADO

O infinitivo sem flexão aparece nos seguintes casos:

1) Quando figura indeterminadamente, na plenitude do seu valor nominal, sem referir-se a nenhum sujeito:

"*Viver é lutar.*" (GONÇALVES DIAS)

"*O experimentar é desenganar-se.*" (ALEXANDRE HERCULANO)

2) Quando tem sentido de imperativo:

"*Cessar* o fogo, paulistas!" (JÚLIO RIBEIRO)

"*Andar* com isso — bradou Mascarenhas, batendo furioso com o pé na casa — *andar* com isso!" (ARNALDO GAMA)

3) Quando, regido da preposição *de*, tem sentido passivo e se emprega como complemento de um adjetivo:

"As cadeiras, antigas, pesadas e maciças, eram difíceis *de menear.*"
(RUI BARBOSA)

"(...) coisas fáceis *de perceber.*" (MACHADO DE ASSIS)

"Versos! são bons *de ler*, mais nada; eu penso assim."
(MACHADO DE ASSIS)

4) Quando, precedido da preposição *a*, equivale a um gerúndio que, em locução com um verbo auxiliar, indique *modo* ou *fim*.

"Todos no mesmo navio, todos na mesma tempestade, todos no mesmo perigo, e uns *a cantar*, outros *a zombar*, outros *a orar* e *chorar?*" (ANTÔNIO VIEIRA)

5) Quando se agrega, como verbo principal, a um *auxiliar*, formando com ele uma unidade semântica.

Em português, esses verbos auxiliares que mais habitualmente REGEM OUTRO VERBO são os seguintes:

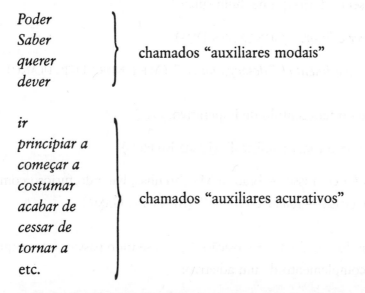

Estes últimos, os acurativos, são auxiliares que se juntam a um verbo principal a fim de indicarem noções subsidiárias de *começo de ação, duração, repetição, continuação, terminação*, etc.

"O sujeito da oração é indicado pela desinência desses auxiliares, ao passo que o verbo principal que os acompanha é uma forma nominal, de todo em todo *desprovida* de sujeito" — diz Said Ali,[19] em relação a estas duas classes de auxiliares. E continua assim:

---
[19]Said Ali, *Dificuldades da língua portuguesa*, op. cit., p. 60.

GRAMÁTICA NORMATIVA DA LÍNGUA PORTUGUESA

"Há ainda alguns verbos, como *ousar, desejar, gostar de, vir*, etc., que, sendo completados por outro verbo, não admitem a existência de um sujeito neste novo verbo e, portanto, só se empregam com o infinitivo impessoal. Não os podemos, entretanto, acomodar em nenhum dos grupos de auxiliares; mas isto é de somenos importância para a conclusão a que até agora temos chegado e que vem a ser: *infinitivo sem sujeito é o mesmo que infinitivo sem flexão.*"[20]

Tem-se por escusado aduzir abonações para este caso, tão comum é ele. A ninguém assaltarão dúvidas sobre frases destes tipos: *Podemos sair. Não soubeste resolver o problema. Deveis partir. Começaram a escrever. Havemos de vencer*, etc.

6) Quando seu sujeito é um *pronome pessoal átono*, que serve concomitantemente de complemento a um dos cinco verbos — *ver, ouvir, deixar, fazer* e *mandar*:

"*Viu-os partir* um herege." (FREI LUÍS DE SOUSA)

"Ela nos recebeu com muita alegria e *mandou-nos assentar* em umas esteiras." (FERNÃO MENDES PINTO)

"*Deixai-os morder* uns aos outros, que é sinal de Deus se amercear de nós." (ALEXANDRE HERCULANO)

FLEXIONADO

O infinitivo pessoal flexionado emprega-se obrigatoriamente num só caso:

— Quando tem sujeito próprio, distinto do sujeito da oração principal — ressalvado, é claro, o item 6) do caso anterior:

"Vivi o melhor que pude, sem me *faltarem amigas*..."
(MACHADO DE ASSIS)

---

[20]*Idem, ibidem.*

"Veio-me à lembrança a notícia lida naquela manhã de *estarem* fechadas *todas as farmácias da cidade.*" (MACHADO DE ASSIS)

"Cerrai a porta, que há aí alguns vizinhos de andares altos, que já murmuram *sermos nós* ruins gastadores de tempo."

(ANTÔNIO FELICIANO DE CASTILHO)

CASOS DE DUPLA CONSTRUÇÃO

1) Quando, apesar de subordinado a um auxiliar com o qual forme um todo semântico — veja-se item "Não flexionado", 5), estiver esse auxiliar *afastado* do infinitivo:

"*Possas* tu, descendente maldito
De uma tribo de nobres guerreiros,
Implorando cruéis forasteiros,
Seres presa de vis aimorés!" (GONÇALVES DIAS)

"Todas aquelas cenas dispersas e incompletas na memória de Cervantes *deviam*, animadas por uma grande fantasia de poeta, *sublevarem-se-lhe* na mente." (LATINO COELHO)

O trecho seguinte abona ambas as sintaxes:

"*Queres ser* mau filho, mau amigo, *deixares* uma nódoa d'infâmia na tua linhagem?" (ALEXANDRE HERCULANO)

2) Quando o sujeito do infinitivo é um *substantivo* que serve ao mesmo tempo de complemento a um dos cinco verbos: *ver, ouvir, deixar, fazer* e *mandar.*[21]

a) Com a forma não flexionada:

"O vento tépido, úmido e violento, *fazia ramalhar as árvores do jardim.*" (ALEXANDRE HERCULANO)

---

[21]Não confundir com o caso do item "Não flexionado", 6), onde o complemento é um *pronome pessoal átono.*

GRAMÁTICA NORMATIVA DA LÍNGUA PORTUGUESA

b) Com a forma flexionada:

"*Viu saírem e entrarem mulheres.*" (MACHADO DE ASSIS)

No excerto a seguir, documentam-se uma e outra sintaxe:

"Juntos *vimos florescer* as primeiras ilusões, e juntos *vimos dissiparem-se* as últimas." (MACHADO DE ASSIS)

3) Quando, apesar de possuir sujeito igual ao da oração principal, houver o "intuito ou necessidade de pormos em evidência o agente da ação." (SAID ALI)
Exemplos:

"Virtude, sem *trabalhares* e *padeceres*, não verás tu jamais com teus olhos." (MANUEL BERNARDES)

"Foram dous amigos à casa de outro, a fim de *passarem* as horas de sesta." (MANUEL BERNARDES)

A conclusão nos aponta esta verdade: na maioria dos casos, o uso do infinitivo flexionado ou não flexionado pertence mais ao território da Estilística do que ao da Gramática.

CAPÍTULO 28

REGÊNCIA DE ALGUNS VERBOS

ABDICAR

1) Com o sentido de *renunciar voluntariamente* (*poder, autoridade, cargo*):

"Os reis *abdicam* e fogem disfarçados." (JOÃO FRANCISCO LISBOA)

"Carlos IV e Fernando VII *abdicaram a Coroa.*" (REBELO DA SILVA)

"César cogitava em coagir Augusto a *abdicar o Império.*"
(CAMILO CASTELO BRANCO)

"Dona Inês *abdicou da* sua coroa de orgulho."
(CAMILO CASTELO BRANCO)

"Dom João de Bragança *abdicaria no* filho."
(CAMILO CASTELO BRANCO)

2) Significando *resignar, desistir de, abrir mão de*:

"Muito custa ao coração *abdicar!*" (CAMILO CASTELO BRANCO)

"Muitas cabeças inteligentes têm sabido conservar frio o ânimo, para não *abdicarem o senso comum.*" (ALEXANDRE HERCULANO)

"Eu não *abdico da* minha autoridade." (CAMILO CASTELO BRANCO)

GRAMÁTICA NORMATIVA DA LÍNGUA PORTUGUESA

"(...) todos *se abdicaram desta* honra e dignidade."
(MANUEL BERNARDES)

"Este *direito* não *abdicarei de* mim a troco de posição alguma."
(RUI BARBOSA)

ABRAÇAR

1) No sentido de *apertar entre os braços*:

"O mais velho *abraçou-a*, beijou-a e subiu para o seu berço de palha."
(COELHO NETO)

"*Abracei-o*, dizendo que eu era quem devia pedir perdão."
(CYRO DOS ANJOS)

"Quando melhorou, *abraçou-se à* menina."
(CAMILO CASTELO BRANCO)

"Antoninha *abraçava-se no* tio." (CAMILO CASTELO BRANCO)

"(...) corríamos a *abraçar-nos com* ela." (ALEXANDRE HERCULANO)

"Ricardina *abraçou-se... contra* o seio da mãe."
(CAMILO CASTELO BRANCO)

2) Com a significação de *adotar, seguir, escolher*:

"A população *abraçou a causa* da ordem civil." (RUI BARBOSA)

"Desde que, porém, esposastes o meu trabalho, *abraçando-o por vosso*, não seria decente furtar-me ao dever de justificá-lo contra os seus impugnadores." (RUI BARBOSA)

> **Observação**
>
> Admite este verbo outros variadíssimos empregos, que aqui não estão consignados por serem arcaicos uns, e pouco usuais outros. Exemplifique-se a título de curiosidade:
>
> "Como Antônio de Faria era naturalmente curioso, e não lhe faltava também cobiça, *se abraçou com* o parecer deste chim." (FERNÃO MENDES PINTO)
>
> Neste exemplo, *abraçar-se com* é igual a: *conformar-se com, acomodar-se a, pôr-se de acordo com*, etc., significação já hoje rebuscada.[1]

AJUDAR

Com o sentido fundamental de *prestar ajuda, auxiliar*:

"Viu-se convidado pelos governadores do reino a assistir a suas deliberações e a *ajudá-los* com seu conselho." (REBELO DA SILVA)

"O confeiteiro veio *ajudá-lo*..." (MACHADO DE ASSIS)

"Lenita *ajudou o Barbosa* nos seus aprestos de viagem."
(JÚLIO RIBEIRO)

"(Esmeralda) costurava para a filha de Zamboni, *ajudava dona Cacilda*." (ANÍBAL M. MACHADO)

"Para *ajudar* na guerra *a seus senhores*."[2] (CAMÕES)

"(...) vê-se em pressa
Veloso sem que alguém *lhe* ali *ajudasse*." (CAMÕES)

Note-se que houve dualidade de construção, na fase clássica; o próprio Camões escreveu:

"(...) e logo ordena
de ir *ajudar o pai ambicioso*."

---

[1]Como o fim deste capítulo não é apresentar um *dicionário de regimes verbais*, exclui-se quanto não é vivo e usual. Registram-se apenas *os principais* empregos dos verbos estudados.
[2]"Se, todavia, aquele *a* não é antes um expletivo" (SILVA RAMOS).

GRAMÁTICA NORMATIVA DA LÍNGUA PORTUGUESA

Foi aos poucos rareando o emprego do objeto indireto, ao mesmo tempo em que se vulgarizava o do objeto direto — único, pois, aconselhável hoje.

Vindo seguido de infinitivo precedido da preposição *a*, rege o verbo *ajudar* objeto direto ou indireto, se o infinitivo for transitivo; somente objeto direto, se intransitivo:

> ajudei-*o* a guardar os livros
>
> ou
>
> ajudei-*lhe* a guardar os livros.

Mas unicamente:

> ajudei-*o* a fugir.

Exemplos:

> "*Ajudou o padre* a guardar o pão sagrado." (MACHADO DE ASSIS)

> "Tendes vossos pais; *ajudai-lhes* a levar a sua cruz."
> (ANTÔNIO FELICIANO DE CASTILHO)

> "(...) e *a ajudou* a sair do seu sepulcro." (EÇA DE QUEIRÓS)

ASPIRAR

1) Equivalendo a *respirar, sorver*:

> "Egas *aspirava o perfume* de seus cabelos."
> (ALEXANDRE HERCULANO)

> "(...) *aspirando haustos de ar...*" (CAMILO CASTELO BRANCO)

> "Marina *aspirou o ar* da noitinha: cheirava a folhas secas queimadas."
> (ÉRICO VERÍSSIMO)

2) Com a significação de *pretender, desejar muito*:

> "Não penso que ela *aspirasse a algum legado*."
> (CAMILO CASTELO BRANCO)

"Todos os seres, todas as cousas *aspiram à luz,* que é a manifestação da beleza radiante." (COELHO NETO)

"(...) era a maior dignidade *a que podia aspirar.*"
(MACHADO DE ASSIS)

"Sua vigilância exasperava-me, no íntimo, fazendo-me *aspirar,* com ânsia, *à libertação.*" (CYRO DOS ANJOS)

"*Aspiro para a felicidade* com uma desconhecida ânsia."
(PINHEIRO CHAGAS)

"(...) *aspirando para um ideal indefinido.*" (OLIVEIRA MARTINS)

Não se diz: *aspiro-lhe*; e sim *aspiro a ele(s), a ela(s).*
Exemplo:

"Vanda não seria sua. Vanda não seria de nenhum dos dois. Não podendo ser dele, Flavio Paiva, Armando não podia *aspirar a ela.*"
(OCTAVIO DE FARIA)

ASSISTIR

Possui este verbo várias acepções, algumas das quais já caídas em desuso.

São vivas na língua as seguintes construções:

1) Sentido de *estar presente a, ser espectador de, presenciar.*[3]

"Infelizmente os meus olhos não gozaram a bem-aventurança de *assistir a esse capítulo vivo do nosso evangelho.*" (RUI BARBOSA)

"(...) E a natureza *assiste,*
Na mesma solidão e na mesma hora triste,
À agonia do herói e *à agonia da tarde*". (OLAVO BILAC)

---

[3]De algum tempo a esta parte (e não obstante a exigência, nessa acepção, de complemento preposicional), este verbo já admite voz passiva: "O ofício religioso não *era assistido* pela maioria dos homens." (DRUMMOND)

GRAMÁTICA NORMATIVA DA LÍNGUA PORTUGUESA

"Eu desejava *assistir à extinção* daquelas aves amaldiçoadas."
(GRACILIANO RAMOS)

"Ataxerxes *assistia a tudo*." (ANÍBAL M. MACHADO)

Se for *pronome pessoal* o complemento, não se admitirá a forma *lhe(s)*, senão *a ele(s)*, *a ela(s)*:

"Lá vão uns frades celebrar um auto! Não serei eu que *assista a ele*."
(ALEXANDRE HERCULANO)

"Aparentemente, apenas a aborrecia perder a missa dos domingos, sendo-lhe penoso vir da roça toda semana para *assistir a ela* (...)."
(CYRO DOS ANJOS)

2) Sentido de *competir, caber* (direito, ou razão, a alguém):

"(...) O direito que *assiste ao autor* de ligar o nome a todos os seus produtos intelectuais." (RUI BARBOSA)

Tem cabimento, neste caso, a forma pronominal *lhe(s)*:

"(...) nem *lhe assistiam* razões de querer mal ao Império..."
(RUI BARBOSA)

"Que direito *lhe assistia* de arriscar assim a vida do próximo?"
(CARLOS DRUMMOND DE ANDRADE)

3) Sentido de *servir de ajudante a alguém, acompanhá-lo, assessorá-lo*:

"Fazer competência de quem mais há de *assistir o príncipe*."
(ANTÔNIO VIEIRA)

"Quem *assistiu ao primeiro imperador* na obra de criar a nacionalidade brasileira?" (LATINO COELHO)

4) Sentido de *prestar socorro a um doente, agonizante ou desvalido, tratando-o, ou confortando-o moralmente*:

Usa-se indistintamente com objeto direto (*assistir um doente*), ou acompanhando complemento precedido de *a* (*assistir a um doente*). Exemplos:

"Deus bom, que *assiste os coitados*." (CYRO DOS ANJOS)

"Organizaram-se congregações de homens e mulheres para *assistir aos doentes, aos presos, aos réus da justiça humana*."
(CAMILO CASTELO BRANCO)

A substituição do complemento se faz, pois, pelas formas *o(s)*, *a(s)*, ou *lhe(s)*:

"A coroa da Paixão primeiro foi de Cristo crucificado e morto, e depois da afligida mãe, que *o assistiu* ao pé da cruz."
(ANTÔNIO VIEIRA)

"O sacerdote que *lhe assistia* na hora do trespasse..." (RUI BARBOSA)

"Legou os seus sacos de ouro e prata aos expatriados que *lhe assistiram* na doença." (CAMILO CASTELO BRANCO)

5) Sentido de *ajudar, proteger alguém*:

"Nas justas intenções *o assiste* Jove." (ODORICO MENDES)

"Enquanto conservou (Sansão) os cabelos, *assistiu-o* Deus."
(ANTÔNIO VIEIRA)

"Não se pode duvidar que *assiste* Deus *aos* que em palavra e obra são pregadores apostólicos." (FREI LUÍS DE SOUSA)

Alguns autores contemporâneos se têm servido da construção *assistir em* (= *morar*), tão querida dos clássicos:

GRAMÁTICA NORMATIVA DA LÍNGUA PORTUGUESA

"Nem de outro modo se compreende que se permitisse *assistissem no arraial* indivíduos cuja índole se contrapunha à sua plasticidade."

(EUCLIDES DA CUNHA)

"— Eu sou Manuel João, para o servir. *Assisto no Vão*, perto do arraial de Morrinhos e vou buscar um sal à cidade."

(AFONSO ARINOS)

"*Onde* o poeta *assiste*, não há 'cocks' / autógrafos, badalos, gravações." (CARLOS DRUMMOND DE ANDRADE)

ATENDER

1) Com o sentido fundamental de *tomar em consideração, prestar atenção a*:

"As mucamas faziam prodígios, *atendendo a um e a outro*."

(COELHO NETO)

"Ainda uma vez, nobre dama, *atendei às súplicas* do velho bucelário que tenta salvar-vos." (ALEXANDRE HERCULANO)

2) É transitivo direto, com os sentidos de *deferir* e de *receber* (em casa, ou no gabinete, etc.):

a) "O Senhor não *atendeu a oração* do pecador."

(CAMILO CASTELO BRANCO)

b) "Estávamos a sós, a princípio, havendo Glória descido para *atender*, na sala, *a outra visita* (...)" (CYRO DOS ANJOS)

Neste caso, é óbvio que admite voz passiva:

"As súplicas de Fernando e Isabel *foram atendidas* em Roma."

(ALEXANDRE HERCULANO)

3) Tem complemento introduzido pelas preposições *em* e *para*, quando significa *atentar, concentrar a atenção em*.

Exemplos:

"Não há coragem que seja demais, se *atendermos nas provações* do tempo de guerra." (RUI BARBOSA)

"Bastava, entretanto, *atender para essas afecções* orgânicas."
(FRANCISCO DE CASTRO)

4) Se o complemento for um pronome pessoal referente a PESSOA, só se empregam as formas objetivas diretas. Diz-se:

O diretor *atendeu os interessados*, ou aos *interessados*,
mas apenas:

O diretor *atendeu-os*.

Exemplos:

"O papa *atendeu-os*." (CAMILO CASTELO BRANCO)

"São Francisco de Assis com a mesma sinceridade falou às irmãs andorinhas e ao irmão lobo, e eles, os brutos, lhe ouviram a voz e se amansaram para *o atender*." (AFRÂNIO PEIXOTO)

"Uma senhora, muito pálida, veio *atendê-lo* em chinelos."
(ANÍBAL M. MACHADO)

CASAR

1) Apresenta, com a significação de *ligar por meio do casamento*, as seguintes construções:

"Quando ela *casara*, estava eu na Europa." (MACHADO DE ASSIS)

"Titia não *a quer casar* antes dos vinte." (MACHADO DE ASSIS)

"No princípio de 1869, voltou Vitela da província, onde *casara com uma dama formosa e tonta*." (MACHADO DE ASSIS)

GRAMÁTICA NORMATIVA DA LÍNGUA PORTUGUESA 517

"Encheu-se de ciúmes dela, e *casou-a com um eunuco*."
(MÁRIO BARRETO)

Nota

Poder-se-ia este verbo fazer acompanhar de um pronome reflexivo: *Ele casou cedo*, ou — *Ele se casou cedo; Vou casar com uma prima*, ou — *Vou casar-me com uma prima*.
Eis dois exemplos com o pronome, ambos de Mário Barreto, nas *Cartas persas*:
"Não *se* podem casar."
"Um moço estouvado... pretendia, há três meses, casar-*se* com a filha dele."

Na *Réplica*, Rui Barbosa confessa preferir a ausência do pronome, "pela superioridade, evidente ao ouvido, que a sua brevidade lhe dá".

---

2) Com a acepção de *associar, aliar, combinar*:

"Quatro velas de cera alumiavam-no lugubremente, *casando os seus clarões aos últimos clarões do dia*." (JÚLIO RIBEIRO)

"(...) para *casar o obsceno ao infecto*..." (RUI BARBOSA)

"Tal maneira de vida... não *se casava* exatamente *com a regra monástica*." (ALEXANDRE HERCULANO)

CHAMAR

Sobressaem as seguintes significações:

1) *Fazer alguém vir, dizendo-lhe o nome, ou por meio de sinais*:

"Estou *chamando* há meia hora, e ninguém aparece." (Apud SÉGUIER)

"Marcela *chamou um moleque*... e mandou-o a uma loja na vizinhança." (MACHADO DE ASSIS)

"Gurgel tornou à sala e disse a Capitu que a filha *chamava por ela.*"

(MACHADO DE ASSIS)

2) *Apelidar, dar nome de.* Possui as seguintes construções:

"E gostam... de que os saúdem nas praças, e de que os homens *os chamem mestres.*" (ANTERO DE FIGUEIREDO)

"É uma diatribe violenta contra Deodoro. *Chama-lhe mentiroso e caluniador.*" (RUI BARBOSA)

"No norte do Brasil *chamam ao diabo* de *cão...*" (JOÃO RIBEIRO)

"Assegura que eu *chamo* de *idiotismo certas construções portuguesas.*"

(CARNEIRO RIBEIRO)

Em vista disso, à última destas frases — por exemplo — poderiam dar-se quatro redações (afora outras, pela possibilidade de inversão do predicativo):

Assegura que eu chamo *certas construções portuguesas* (objeto direto) *idiotismo* (predicativo).

Assegura que eu chamo a *certas construções portuguesas* (objeto indireto) *idiotismo* (predicativo).

Assegura que eu chamo *certas construções portuguesas* (objeto direto) *de idiotismo* (predicativo precedido da preposição *de*).

Assegura que eu chamo a *certas construções portuguesas* (objeto indireto) *de idiotismo* (predicativo precedido da preposição *de*).

CUSTAR

1) Com o sentido de *ser custoso, ser difícil,* tem por sujeito uma oração reduzida de infinitivo, a qual pode ser precedida pela preposição *a,* a título de expletivo, ou surgida — como é mais provável — por efeito de alguma contaminação sintática.

GRAMÁTICA NORMATIVA DA LÍNGUA PORTUGUESA

Exemplos:

a) Sem preposição:

"Começou a lição escrita. *Custa-me dizer* que eu era dos mais adiantados da escola; mas era." (MACHADO DE ASSIS)

"(...) *custava-lhe aceitar* o acontecido como um fato consumado."
(VIANA MOOG)

"Bem me lembrava o quanto *me custava persegui-lo*."
(FERNANDO SABINO)

"Mas eu sei quanto *me custa manter* esse gelo digno, essa indiferença gaia (...)" (CARLOS DRUMMOND DE ANDRADE)

"(...) como *lhe custasse mentir* tanto, acrescentou rindo (...)"
(CLARICE LISPECTOR)

b) Com preposição:

"*Custou-me a deixar* meu pai." (CAMILO CASTELO BRANCO)

"O que *me custa a crer* não é que a alma dos homens tenha um destino imorredouro." (TASSO DA SILVEIRA)

Nos exemplos arrolados, *custar* significa, inequivocamente, *ser custoso, ser difícil*.

Já numa frase como esta, de Cyro dos Anjos:

"[Emilinha e Francisquinha] *custaram a habituar-se* a mim e ao meu modo de vida." —, começa a construção a transitar, ainda que um tanto ambiguamente, para a significação de *demorar*, que lhe é próxima, dada a convizinhança semântica entre os dois verbos.

Parece certo que a forma pessoal, acompanhada de preposição (*Custo a crer nisso; Custamos a resolver o problema.*), vulgarizada a partir do Romantismo, é contribuição brasileira à sintaxe e semântica desse verbo.

Inegavelmente, não transmitem o mesmo pensamento estes dois modos de dizer:

Custou-lhe acordar à hora combinada. (= Foi-lhe penoso acordar...)

e

Paloma custou a acordar à hora combinada. (= Paloma demorou a acordar...)

Outras construções:

2) Significando *ser adquirido pelo preço de*, pode ser seguido do *complemento circunstancial* com que se indica o preço, ou, ainda, deste e de objeto indireto.

Exemplos:

"(...) uma sentinela, que *custa milhares de milhões.*"

(LATINO COELHO)

"*Custou-me* toda essa brincadeira, inclusive o banquete que me foi oferecido, *cerca de dez mil francos* (...)" (LIMA BARRETO)

"O anel — disse o comendador ao fidalgo — tinha três brilhantes que *lhe custaram duzentas e cinquenta libras esterlinas.*"

(CAMILO CASTELO BRANCO)

3) É bitransitivo, na significação de *causar, acarretar consequências*, como se vê nas frases seguintes:

"Esta obrigação *custou-lhe lágrimas*, mas não hesitou um instante."

(CAMILO CASTELO BRANCO)

"(...) a história, cuja narrativa *custaria à envergonhada viúva muitas penas.*" (CAMILO CASTELO BRANCO)

ESFORÇAR-SE

No sentido próprio de *fazer esforço por alguma coisa*, é essencialmente pronominal e seguido de complemento começado pelas preposições *em*, *a*, *por* e *para*.
As duas últimas são as mais comuns.
Exemplos:

> "*Esforçava-se* o papa *em* pôr termo a tais guerras."
> (ALEXANDRE HERCULANO)

> "Se és cristão no nome, *esforça-te a* sê-lo nas obras." (*Apud* STRINGARI)

> "Debalde *nos esforçávamos por* gravar nas almas o verbo da força e do dever." (RUI BARBOSA)

> "Os pés *esforçavam-se... para* se arrancarem aos cravos que os esfacelavam." (CAMILO CASTELO BRANCO)

ESQUECER

A este verbo, quando usado com a significação própria de *olvidar*, *sair da lembrança*, oferecem-se três construções, que se distinguem por leves matizes estilísticos:

1) Transitivo direto:

> "A sociedade *esquece tudo. Esquece vítimas e algozes*. Mas não *esqueças* tu *que viste* chorar teu pai." (CAMILO CASTELO BRANCO)

> "A gente não *esquece* nunca *a terra* em que nasceu."
> (MACHADO DE ASSIS)

> "O tempo mostrará quem se ilude, ou quem *esqueceu os deveres* para com a pátria e a humanidade." (RUI BARBOSA)

"Hoje (o Nogueira) *esqueceu o latim* e é um bom advogado."

(GRACILIANO RAMOS)

"Ó mulinha, ainda bem que não *esqueceste o antigo dono*."

(ANÍBAL MACHADO)

2) Acompanhado de pronome reflexivo, tem complemento introduzido por *de* (*esquecer-se de*):

"Hoje, os príncipes, na embriaguez dos banquetes, *esqueceram-se das tradições* de avós." (ALEXANDRE HERCULANO)

"Já *me esqueci do meu nome*,
por mais que o queira lembrar!" (CECÍLIA MEIRELES)

Se o complemento for oracional, a língua contemporânea consente na supressão do reflexivo:

"(...) e achou-se-lhe a faca ensanguentada, que por um incrível descuido Rui *esquecera de lavar* ou deitar fora." (MACHADO DE ASSIS)

"Ah! *Ia esquecendo de fazer* uma confidência importante."

(ÉRICO VERÍSSIMO)

3) A terceira construção, de uso exclusivamente literário, apresenta curiosa particularidade: o objeto, quer direto, quer precedido de preposição, vai figurar como *sujeito*.

Esqueci *os documentos*.
Esqueci-me *dos documentos*.
Esqueceram-me *os documentos*.

Exemplos desta última modalidade:

"Nunca *me esqueceu o seminário*." (MACHADO DE ASSIS)

"*Esqueceu-lhe o pequeno problema*, que o levara ao gabinete."

(CYRO DOS ANJOS)

GRAMÁTICA NORMATIVA DA LÍNGUA PORTUGUESA

"Pastora das nuvens, *esqueceu-me o rosto*
do dono das reses, do dono do prado." (CECÍLIA MEIRELES)

Como produto de uma *contaminação sintática*,[4] aparece, a revezes, um quarto tipo, também comum em excelentes autores.
Cruzando-se as construções:

Nunca *me esqueci do seminário*

e

Nunca *me esqueceu o seminário*,

surgiu estoutra:

Nunca *me esqueceu do seminário*.

Exemplos:

"Tirei-a para lavar o pescoço — tartamudeou Eulália — e *esqueceu-me de a tornar a pôr.*" (CAMILO CASTELO BRANCO)

"*Esquecera-lhe de perguntar* a morada do Fonseca, para o caso de se demorar a resposta." (MACHADO DE ASSIS)

Entre frases do tipo:

Nunca *me esqueci do seminário*

e

Nunca *me esqueceu o seminário*,

há certa distinção estilística que não tem escapado a muitos escritores, e para a qual já chamou a atenção o mestre João Ribeiro, na *Seleta clássica*, 1905, p. 41-43, nota, considerando-a "um dos primores da nossa língua e de poucas outras". Em *esqueci-me*, predomina afetivamente a ideia de que "pareço culpado do esquecimento"; e em *esqueceu-me*, a noção de que "o esquecimento foi involuntário".

---

[4]"Duas construções equivalentes se nos apresentam ao espírito; em vez de elegermos uma delas, empregamos uma expressão que as resume e confunde a ambas. A esta fusão ou síntese de construções diferentes é que se chama *contaminação* ou *cruzamento sintático*." (Mário Barreto, *Novíssimos estudos da língua portuguesa*, op. cit., p. 227.)

Idêntica sutileza ocorre entre *lembrei-me* ("em que há propósito ou esforço de lembrar") e *lembrou-me* ("em que a lembrança é como casual e não procurada").

O malicioso João Ribeiro (no lugar citado) encerra sua nota com este pitoresco exemplo:

"A mulheres *lembra* o que *esqueceu* ao diabo."

Dito de outro modo: As mulheres *se lembram do que o diabo esqueceu.*

IMPLICAR

Distinguem-se as seguintes significações:

1) *Ter implicância com, mostrar má disposição para com alguém.* Neste caso, constrói-se com a preposição *com*:

"*Implicar com os empregados.*"

2) *Comprometer-se, enredar-se, envolver-se em situações embaraço- sas.* É acompanhado de pronome reflexivo e de complemento introdu- zido pela preposição *em*:

"*Implicar-se em negociações árduas, em empresas difíceis.*"
(CONSTÂNCIO)

3) *Trazer como consequência, acarretar.* É transitivo direto. Exemplos:

"(...) um dever que *implica desdouro* para o meu amigo, se eu me esquivar a cumpri-lo." (CAMILO CASTELO BRANCO)

"(...) sem que a investida do novo chefe *implicasse a menor que- bra* no movimento político e social." (LATINO COELHO)

Está ganhando foros de cidade na língua culta a sintaxe *implicar em*:

Tal procedimento *implica desdouro* (ou: *em desdouro*) para você.

INFORMAR

São significações usuais:

1) *Dar notícia ou conhecimento a, avisar*:
informar alguém de *ou* sobre *alguma coisa*:

"O abade *informou o fidalgo dos sucessos ocorridos.*"
(CAMILO CASTELO BRANCO)

"Logo *informei disso o velho barão* (...)." (LIMA BARRETO)

"Esta circunstância impede-me de *informar o leitor sobre* o que o mundo tem de vir a saber a respeito do tendeiro." (JÚLIO DINIS)

Na mesma acepção, porém menos usualmente, emprega-se com objeto direto de coisa e indireto de pessoa:

informar alguma coisa a alguém.

Exemplo:

"Apenas *lhe informaram que* os bens de Domingos Leite haviam sido confiscados." (CAMILO CASTELO BRANCO)

2) *Inteirar-se, pôr-se a par de alguma coisa.* Vem acompanhado de pronome reflexivo e seguido de complemento introduzido pelas preposições *de* ou *com*:

"*Informou-se com o contador d'Argote* e ficou sem saber a serventia da mesa." (CAMILO CASTELO BRANCO)

"Gente das imediações chegava a cavalo para *se informar do acontecido.*" (ANÍBAL M. MACHADO)

3) Como transitivo direto, apresenta os sentidos que se veem em frases como estas:

Informar um requerimento, um processo, etc...
(isto é: dar informação ou parecer)

Os jornais informam o público.
(isto é, esclarecem, dão notícias).

Exemplos:

"Não mais *informar processos*, não mais preocupar-se com o nome e a cara do futuro ministro." (ANÍBAL M. MACHADO)

"Ataxerxes *informa que nunca* [Juanita aprendera dança]."
(ANÍBAL M. MACHADO)

INTERESSAR

1) É transitivo direto, com o sentido de *ofender, ferir*:

"A facada *interessou o pulmão direito.*"

2) Ainda transitivo direto, com as seguintes significações:

a) Dizer respeito a.
b) Despertar a atenção, a curiosidade.
c) Dar interesse a.

Exemplos:

a) "Mas o alcance da lição *interessa* diretamente *os outros países.*"
(RUI BARBOSA)

b) "Essas lições atrairão e *interessarão* ainda *as criancinhas* mais verdes."
(RUI BARBOSA)

c) "O andamento deste processo, que *interessava* pecuniariamente os *jesuítas*, prendia-se com o caso da sublevação."
(CAMILO CASTELO BRANCO)

GRAMÁTICA NORMATIVA DA LÍNGUA PORTUGUESA

3) Na acepção de *ser proveitoso, ser do interesse de*, é empregado com a preposição *a*.

"o resto é dispensável e apenas pode *interessar aos arquitetos* (...)"
(GRACILIANO RAMOS)

"Dizia que fosse ali sem demora, para lhe falar de objeto que *interessava à felicidade* de ambos." (MACHADO DE ASSIS)

A substituição do complemento faz-se indistintamente pela forma átona *lhe(s)*, ou pelas tônicas regidas da preposição *a*: *a ele(s), a ela(s)*:

"Resta-me dizer-lhe, se em alguma coisa *lhe pode interessar* minha vida, que sábado passado contraí segundas núpcias."
(MACHADO DE ASSIS)

"O mais de presumir é que Afonso Henriques fosse o agressor porque era *a ele* que *interessava* anular o tratado de 1137."
(ALEXANDRE HERCULANO)

4) Quer dizer *empenhar-se, tomar interesse por*, quando vier acompanhado de pronome reflexivo e seguido de complemento com as preposições *em* e *por*:

"Antônia *interessava-se nestes estudos...*"
(CAMILO CASTELO BRANCO)

"— É a primeira vez que você *se interessa por ela*, desde que chegou..."
(ANÍBAL M. MACHADO)

5) Com objeto direto de pessoa e complemento começado por *em*, significa *dar parte a alguém em algum negócio, despertar o interesse de alguém para alguma coisa*:

"*Interessei-o nesta empresa*." (*Apud* SOUSA LIMA, *Gram. port.*)

INVESTIR

1) No sentido de *atacar*, *acometer*, é riquíssimo de construções. Aparece como transitivo direto, ou seguido das preposições *contra*, *para*, *a* e *com*:

> "Isto feito, o casebre fez-se um reduto. Os bandidos não ousaram *investi-lo*; mas foram de cobardia feroz. Atearam fogo à cobertura de folhas." (EUCLIDES DA CUNHA)

> "As mulheres queixavam-se de que esse homem *investia contra elas*." (MACHADO DE ASSIS)

> "Genoveva *investiu para mim*..." (MACHADO DE ASSIS)

> "Quando a onça *investe a um rebanho*, não o devora todo de repente." (ANTÔNIO FELICIANO DE CASTILHO)

> "(...) e um toiro preto investiu *com a praça*." (REBELO DA SILVA)

2) Emprega-se com objeto direto e outro complemento com as preposições *de* ou *em*, quando significa *empossar*, *dar investidura ou posse a alguém*.
Exemplos:

> "*Investiu-a da governança da casa*, e mais tarde esposou-a." (CAMILO CASTELO BRANCO)

> "Qual era agora o dever do governo? Não está ele estritamente limitado a realizar o concurso e *investir na cadeira o vencedor*?" (RUI BARBOSA)

GRAMÁTICA NORMATIVA DA LÍNGUA PORTUGUESA

LEMBRAR

1) Com o sentido próprio de *vir à memória*, constrói-se de variadas maneiras:

a) *Lembro-me desse fato.*
b) *Lembra-me esse fato.*
c) *Lembra-me desse fato.*

Entre os verbos *lembrar(-se)* e *esquecer(-se)* há estreita afinidade ideológica e sintática; aquele, como este, pode ter o seu *objeto* transformado em *sujeito*, e *vice-versa*, conforme se observa nos dois primeiros exemplos. O terceiro resulta de uma *contaminação sintática*, fenômeno já estudado. Exemplos:

a) "Você ainda *se lembra da roça*, Tomás?" (MACHADO DE ASSIS)

"*Lembras-te do nosso encontro* na feira?" (COELHO NETO)

"*Lembro-me de um cego* que me puxava as orelhas e *da velha Margarida*, que vendia doces." (GRACILIANO RAMOS)

"*Lembre-se*[5] *que* tem filho!" (CAMILO CASTELO BRANCO)

b) "A primeira coisa *que me lembrou* foi chamar por meu pai e por minha irmã." (ALEXANDRE HERCULANO)

"Era uma moeda do tempo do rei, cuido que doze vinténs ou dois tostões, *não me lembra*; mas era uma moeda..."
(MACHADO DE ASSIS)

c) "*Lembra-me disso*, nem era possível esquecer coisa de tanto porte." (CAMILO CASTELO BRANCO)

"Quero contar como *me lembrou de pôr* aquelas palavras na boca de Telmo Pais." (ALMEIDA GARRETT)

---

[5]Com omissão da preposição *de*, omissão normal nos complementos oracionais.

"Voltei depois que ela entrou em casa, e *só* muito abaixo é que *me lembrou de ver as horas.*" (MACHADO DE ASSIS)

Com respeito à distinção estilística entre *"lembrei-me de alguma coisa"* e *"lembrou-me alguma coisa"*, veja-se o que foi dito sobre o verbo *esquecer*.

2) Com a significação de *sugerir, trazer à lembrança*, é transitivo direto:

"E começou a menear os braços por tal jeito, que faziam *lembrar as velas do moinho.*" (ALEXANDRE HERCULANO)

"Tiroteios vivos, que *lembravam combates.*" (EUCLIDES DA CUNHA)

E também assim, como equivalente de *sugerir*:

"Foi ainda o dr. Altino, sempre inventivo, quem *lembrou uma quadrilha*, antes do chá." (COELHO NETO)

"A esposa *lembra uma gravura antiga*, ótimo tipo para um filme de horror." (ÉRICO VERÍSSIMO)

3) Emprega-se bitransitivamente na acepção de *fazer recordar*:

"Lembro-lhe o cumprimento de sua promessa."
(*Apud* Caldas AULETE, D.C.)

MORAR

Constrói-se com a preposição em:

"morava na rua da Madalena." (EÇA DE QUEIRÓS)

"— *Mora na* cidade?" (MACHADO DE ASSIS)

"Moro mesmo *na* Corte." (MACHADO DE ASSIS)

GRAMÁTICA NORMATIVA DA LÍNGUA PORTUGUESA

Modernamente, tem-se introduzido na língua escrita o uso da preposição *a* para indicar morada, mas somente junto a nomes *femininos* (rua, praça, travessa). Trata-se, ao que parece, de um fenômeno de ultracorreção, sob o influxo de expressões como *sentar-se à mesa, estar à janela, bater palmas à porta*, etc.[6]

Note-se que, com nomes masculinos (largo, beco), é invariável o emprego de *em*; mora no largo do Machado, no beco das Cancelas.

OBEDECER

Usa-se intransitivamente, ou com objeto indireto [prep. *a*, ou pronome *lhe(s)*].

"Mas o ministro assegurou que não *obedeceria*; não *obedeceu*."
(RUI BARBOSA)

"O soldado *obedece*, consoante vê *obedecerem* os seus chefes."
(RUI BARBOSA)

"Desculpa, Tomásia, que eu devo *obedecer ao meu amigo*."
(CAMILO CASTELO BRANCO)

"A palavra *obedecia-lhe*, mas o homem não é o mesmo em todos os instantes." (MACHADO DE ASSIS)

PAGAR

Possui várias construções e empregos, dos quais é útil frisar os seguintes:

"O colono *pagaria* de bom grado *qualquer taxa* que se lhe exigisse..."
(ALEXANDRE HERCULANO)

---

[6] É a interpretação de J. Matoso Câmara Jr., em fundamentado artigo inserto na *Miscelânea de estudos em honra de Manuel Said Ali*, Rio de Janeiro, 1938, p. 49-59.

"Roberto *pagou os refrescos*." (ÉRICO VERÍSSIMO)

"Encomendaste a festa: *paga aos músicos*.' (LATINO COELHO)

"Ouviu o parecer do médico e *pagou-lhe* generosamente."
(CAMILO CASTELO BRANCO)

"Estive quatro meses sem *lhe pagar o ordenado*."
(GRACILIANO RAMOS)

Outras significações:

1) *Expiar* (transitivo direto).

"Aquele homem tinha crimes, *que* estamos ambos *pagando*."
(CAMILO CASTELO BRANCO)

"(...) por causa dos olhos verdes de uma donzela, *pagaria todas as culpas* da sua geração, *todos os crimes* da sua vida."
(REBELO DA SILVA)

2) *Retribuir* (bitransitivo).

"(...) sendo forçoso *pagar a visita a Luís Garcia*."
(MACHADO DE ASSIS)

PERDOAR

Na acepção própria, emprega-se:

1) Com objeto direto de *coisa*.

"Investiu-os a todos do sacerdócio, conferindo-lhes o poder de *perdoar os pecados* da carne." (COELHO NETO)

"Perderia o salutar nome de Justiceiro, se *perdoasse aquele crime*."
(REBELO DA SILVA)

GRAMÁTICA NORMATIVA DA LÍNGUA PORTUGUESA

"Não *perdoava cegueiras de amor* porque não amara nunca."
(CAMILO CASTELO BRANCO)

2) Com objeto indireto de *pessoa*.

"*Perdoa a este mísero*, como *perdoaste aos algozes* que te crucificaram." (ALEXANDRE HERCULANO)

"E Deus *lhes perdoe* como eu perdoo agora." (REBELO DA SILVA)

3) Como bitransitivo (perdoar alguma coisa a alguém).

"*Perdoa-me a ousadia*, eu to suplico."
(MANUEL DE ARAÚJO PORTO-ALEGRE)

"Quando ela morresse, eu *lhe perdoaria os defeitos*."
(GRACILIANO RAMOS)

O objeto indireto da voz ativa pode ser sujeito da passiva:

"*Estás perdoado*, porque és fraco." (CAMILO CASTELO BRANCO)

PREFERIR

Cabe distinguir dois usos fundamentais:

1) Como bitransitivo (*preferir uma coisa a outra coisa*) significa *querer antes, escolher uma entre duas ou várias coisas*.
Exemplos:

"Capitu *preferiu tudo ao seminário*." (MACHADO DE ASSIS)

"Mas eu *preferia todas as brutalidades à sua indiferença*."
(COELHO NETO)

"Sêneca *prefere a morte* com os estoicos *a adular o tirano da sua pátria*." (LATINO COELHO)

Não se diz *preferir uma coisa* que *ou* do que *outra*.[7] A propósito ouça-se a Mário Barreto (*Novíssimos estudos*, op. cit., p. 73):

"*Preferir*, construído com *que* ou *do que*, só se explica, enquanto a mim, por uma falsa analogia, por influência de outra locução: *querer antes*. *Eu prefiro* é o mesmo que *eu antes quero*, e como *antes* aqui, assimilando-se às vozes comparativas, leva por correlativo o vocábulo *que*, para expressar a prioridade de uma coisa com respeito a outra (antes quebrar que torcer) sucede que, por contágio da expressão equivalente *querer antes*, que se constrói com *que*, também se empregue este vocábulo com o verbo *preferir* (...)"

2) É transitivo direto com o sentido de *dar primazia a*, sem que se mencione qualquer termo com que se coteje aquilo que vai ser preferido. Exemplo:

"Os lugares *que* o pai *preferia* são *os que ele prefere*."

PRESIDIR

Com a significação, que é a mais corrente, de *dirigir como presidente* e naquelas que lhe são colaterais — *superintender*, *nortear* — constrói-se com objeto direto, ou com a preposição *a*:

$$presidir \begin{cases} o\ tribunal \\ ao\ tribunal \end{cases}$$

"(...) É o uso antiquíssimo de mandarem os Papas *presidir os concílios ecumênicos*." (ALEXANDRE HERCULANO)

"Dançavam nos jogos públicos; eu *presidia-os* e pagava-os."
(LATINO COELHO)

---

[7]Se bem seja sintaxe usual na língua falada, *preferir... do que* não alcançou estabilizar-se nem na língua literária dos Modernistas de vanguarda, entre os quais só apareceu esporadicamente.

GRAMÁTICA NORMATIVA DA LÍNGUA PORTUGUESA

"A bela infanta viera *presidir ao banquete* dos ricos-homens."
(ALEXANDRE HERCULANO)

"Se és o anjo que *preside aos fados* da Espanha, mais submisso será ainda o nosso obedecer." (LATINO COELHO)

"As grandes edificações, *a que presidem* a autoridade e a força, não recebem de seus autores os esmeros de arte." (RUI BARBOSA)

Admitem-se as formas objetivas indiretas *lhe(s)*, ou *a ele(s)* e *a ela(s)*:

"É, sim, a variedade uma origem de prazeres, mas, quando o bom gosto *lhe não preside*, degenera facilmente em confusão."
(ANTÔNIO FELICIANO DE CASTILHO)

"Convoca o concílio de Jerusalém, *preside a ele* e ouve a todos."
(ALEXANDRE HERCULANO)

PREVENIR

1) Transitivo direto, no sentido de *evitar* (*dano, mal,* etc.).
Exemplos:

"Interdizia-os menos por debelar um vício, que para *prevenir desordens.*" (EUCLIDES DA CUNHA)

"Talvez procurásseis *prevenir uma desgraça* tão fatal."
(FREI FRANCISCO DE MONT'ALVERNE)

2) Com a significação de *avisar com antecedência*:

"Vou *prevenir minha irmã de que Teresa de Jesus irá para casa.*"
(CAMILO CASTELO BRANCO)

"— Ele tem mesmo cara de quem está fora da lei, não tem, Marta? Convém *prevenir Heleninha*. Um susto pode ser fatal."
(GASTÃO CRULS)

3) Complemento encabeçado pela preposição *para* traz a este verbo o sentido de *aparelhar-se, preparar-se*.
Exemplo:

"(...) puderam inteirar-se de tudo e *prevenir-se para a luta...*"
(ALEXANDRE HERCULANO)

PROCEDER

1) É intransitivo, com a significação de *ter fundamento*.
Exemplo:

"Esse argumento não *procede*." (*Apud* CALDAS AULETE, op. cit.)

2) Na acepção de *portar-se, conduzir-se*, apresenta-se sempre seguido de complemento de modo.
Exemplos:

"*Procedia honestamente* a filha do alcaide."
(CAMILO CASTELO BRANCO)

"— Para *proceder assim* é necessário ter independência."
(GRACILIANO RAMOS)

3) Usa-se com a preposição *de*, no sentido de *provir, originar-se*, e, por extensão, no de *descender*.
Exemplos:

"Nem sempre o primeiro [amor] engendra o segundo, nem sempre o segundo *procede do primeiro*." (DOM FRANCISCO MANUEL DE MELO)

"Não cabia tanta ignomínia no bojo de uma família que *procedia de dom Ordonho I, rei das Astúrias*." (CAMILO CASTELO BRANCO)

"Informou (o porteiro) que muitas dessas porcarias *procediam das janelas do fundo* do Instituto de Beleza." (ANÍBAL M. MACHADO)

Seguido de complemento com a preposição *a*, significa *realizar alguma coisa, dar começo a ela*:

"Às vezes, o rei mandava *proceder a inquérito* nos distritos mais remotos." (ALEXANDRE HERCULANO)

"Mandou *proceder ao recolhimento dos títulos.*" (RUI BARBOSA)

"Entretanto, *procedeu-se ao inventário dos objetos.*"
(MACHADO DE ASSIS)

"(...) dentro em pouco, ia *proceder-se ao interrogatório* (...)"
(ANÍBAL M. MACHADO)

QUERER

Dentre seus variadíssimos empregos, arrolem-se os seguintes:

1) Com o sentido de *ter afeto a alguém, amar alguém ou alguma coisa*, constrói-se com objeto indireto:

"O cavaleiro morto tinha, como disse, um irmão, que *lhe queria* mais do que à própria vida." (REBELO DA SILVA)

Uma que outra vez, tem escapado a escritores de nota a regência, vitanda, com o objeto direto, como aconteceu a Rui Barbosa:

"(...) *Querendo* com amor *o idioma*, que falamos."

Sem embargo de exemplos em contrário que se possam encontrar, a melhor construção é aquela em que este verbo figura acompanhado de complemento com *a*. Foi o próprio Rui quem escreveu:

"Toda a planta *quer ao húmus*, de que se nutre, *ao envoltório aéreo*, onde respira, *ao pedaço de azul celeste*, que lhe sorri e a orvalha."

2) Transitivo direto, com a significação de *desejar*.
Exemplo:

"Claro, sentira também uma acentuada atração física por Tilda. Quanto aos sentimentos dela, nunca tivera maiores dúvidas. Ela *o queria*, sim, mas sem ardor, sem jamais entregar-se por completo."
(ÉRICO VERÍSSIMO)

Explorando, com mestria, essa duplicidade sintático-semântica do verbo *querer*, escreveu Antônio Feliciano de Castilho:

"Eu quero-a e quero-*lhe*."

3) Na 3ª pessoa do presente do indicativo (*queira*, *queiram*) e seguido de infinitivo, constitui a fórmula de delicadeza equivalente a *"faça o favor de"*, *"tenha a bondade de"*.
Exemplo:

"*Queira esperar* um pouco, enquanto eu vou buscar as chaves."
(CAMILO CASTELO BRANCO)

RENUNCIAR

Na acepção própria de *abrir mão de*, pode-se dizer, facultativamente:

renunciar *o trono*, ou *ao trono*.

Exemplos:

"Como cidadão nunca *renunciarei um direito*." (ALMEIDA GARRETT)

"Dizia, porém, ele que *renunciava à glória*, se Leonor a não quinhoasse com ele." (CAMILO CASTELO BRANCO)

A construção com *a* é mais usada hoje:

"Ser mãe é *renunciar a todos os prazeres*..." (JÚLIA LOPES DE ALMEIDA)

GRAMÁTICA NORMATIVA DA LÍNGUA PORTUGUESA 539

"(...) uma das duas casas do Congresso teria de *renunciar à sua participação* legítima e indispensável na redação do código civil."

(RUI BARBOSA)

RESPONDER

1) Admite diversas construções:

"Deus, ó Deus, onde estás, que não *respondes?*" (CASTRO ALVES)

"*Responde*, demônio, ou morrerás!" (MACHADO DE ASSIS)

"*Respondendo ao ofício* de V. Ex.ª..." (ALEXANDRE HERCULANO)

"Capitu começara a escrever-me cartas, *a que respondi* com brevidade e sequidão." (MACHADO DE ASSIS)

"Só hoje, tendo sido ontem domingo, *lhe posso responder.*"

(RUI BARBOSA)

"Um dia, como eu lhe perguntasse porque não se dedicava à literatura, *respondeu-me que lhe faltavam sensibilidade e imaginação.*"

(ÉRICO VERÍSSIMO)

2) Outras significações:

a) Repetir o som, em correspondência a alguma coisa:

"Um galo solitário cantou num quintalejo; logo outros *responderam* dos quintais vizinhos." (COELHO NETO)

"Soou então uma trombeta; centenares delas *responderam* por todos os ângulos do campo." (ALEXANDRE HERCULANO)

b) Replicar, retorquir:

"*A isto* os turcos *respondem* com bom gosto."
(*Apud* FREI DOMINGOS VIEIRA, *Tesouro da língua portuguesa*)

SOCORRER

1) Na linguagem hodierna é transitivo direto.

"Vi o nome de Paula inscrito na lista das damas que *socorreram os aflitos.*" (CAMILO CASTELO BRANCO)

"Estava muito pobre e já tinha poucos amigos que *o socorressem.*"
(CAMILO CASTELO BRANCO)

"Um dos seus homens-de-armas voou a *socorrê-lo.*"
(ALEXANDRE HERCULANO)

2) Com a acepção de *valer-se*, apresenta, como este, pronome inseparável e rege complemento introduzido por *a* ou *de*:

"*Socorrestes-vos ao Senhor*, no dia da vossa aflição..."
(ALEXANDRE HERCULANO)

"O atribulado velho *socorreu-se de alguns cavalheiros* mais distintos da terra." (CAMILO CASTELO BRANCO)

SUCEDER

1) Como intransitivo, significa *acontecer*, *ocorrer*.
Exemplo:

"*Sucedeu* que a minha ausência foi logo temperada (...)"
(MACHADO DE ASSIS)

2) Na acepção de *vir depois* e, extensivamente, na de *substituir*, *ser sucessor*, constrói-se com objeto indireto, na língua moderna; em outros tempos regia objeto direto, sintaxe hoje desusada:

"É erro que *sucede ao erro*." (ALEXANDRE HERCULANO)

GRAMÁTICA NORMATIVA DA LÍNGUA PORTUGUESA

"Otávio, esse banhou as mãos no mais puro sangue de Roma por modo tão vil e atroz, que podia despertar inveja nos mais sanhudos tiranos que *lhe sucederam*." (JOÃO FRANCISCO LISBOA)

"João Carlos pretende que este o puxou e irá *suceder-lhe*, um dia, na sua obra." (CYRO DOS ANJOS)

3) Também com objeto indireto se constrói, quando vale por *acontecer* (= passar-se algo com alguém):

"Dias depois, [Tati] mal pôde recordar-se do que *lhe sucedera*."
(ANÍBAL M. MACHADO)

VISAR

1) Como *transitivo direto*, quer dizer.

a) Apontar, mirar.
b) Dar o visto em alguma coisa.

Exemplos:

a) "(...) engatilhava a pistola, *visando* com olhos convulsivos e escarlates *o peito* do preso." (CAMILO CASTELO BRANCO)

b) "Queria [o americano] *visar seu passaporte*, e como não podia deixar de ser, sua barba impôs respeito." (FERNANDO SABINO)

2) No sentido de *ter em vista um fim*, *pretender*, deve empregar-se de preferência com a preposição *a*, posto que se amiúdem, na linguagem contemporânea, os exemplos com objeto direto:

"(...) a cura — almejado escopo *a que visam* as supremas aspirações do médico." (FRANCISCO DE CASTRO)

"(...) e, se por acaso *visa algum bem*, será unicamente *o seu próprio bem*." (RACHEL DE QUEIROZ)

Quando o complemento for uma oração reduzida de infinitivo, há, no Brasil, forte tendência para suprimir-se a preposição.

Exemplos:

"*Visou* ele *mostrar* as correlações existentes."
(OSÓRIO DUQUE ESTRADA)

"Não *visa* [o livro] de modo algum, e insisto neste ponto, *fabricar escritores*." (JOSÉ OITICICA)

Capítulo 29

COLOCAÇÃO DOS PRONOMES ÁTONOS

COM AS FORMAS VERBAIS FINITAS

1) A posição normal dos pronomes átonos é *depois* do verbo (*ênclise*). Tal fato se dá:

a) Quando o verbo abrir o período, ou encetar qualquer das orações que o compõem:

Ordeno-lhe que saia imediatamente.
Criei-o, dei-lhe o meu nome, *tornei-o* um cidadão útil à sociedade.

Excetuam-se as *orações intercaladas* —, nas quais os pronomes aparecem também *antes* do verbo (*próclise*):

Tão altos exemplos de nobreza, *disse-me* o velho diplomata, eram comuns no meu tempo.
Tão altos exemplos de nobreza, *me disse* o velho diplomata, eram comuns no meu tempo.

> **Nota**
>
> Nunca se pospõe pronome átono às formas do futuro do presente, nem às do futuro do pretérito.

b) Quando o sujeito — substantivo ou pronome (que não seja de significação negativa) — vier imediatamente antes do verbo, assim nas orações afirmativas como nas interrogativas:

O combate demorou-*se*.
Deus chamou-*o* para si.
Desde então, *ele* afastou-*se* de nossa casa.
Os dois amavam-*se* desde a infância?

Motivos particulares de eufonia ou de ênfase podem concorrer para a deslocação do pronome.

Na seguinte frase de Alexandre Herculano:

"(...) cada dia *lhe desfolha* um afeto."

parece fora de dúvida que a anteposição do pronome se deve ao propósito que teve o escritor de evitar o desagradável encontro de sons palatais de *desfolha-lhe*.

Eça de Queirós, na passagem, que se vai ler, valeu-se de ambas as possibilidades que a língua oferece:

"— Ah! *o Melo* conhece-*os?* — exclamou Pedro.
— Sim, meu Pedro, *o Melo os* conhece."

Na primeira frase, interrogativa, o elemento mais importante é, indiscutivelmente, o verbo: o objetivo da pergunta é saber se o Melo *conhece* alguém. Já na segunda, avulta em relevo psicológico o termo *os*, sobre o qual recai todo o interesse da resposta. Daí, talvez, a anteposição do pronome.

Todavia, cumpre reconhecer, com Said Ali, que não há

> linha de demarcação rigorosa entre o termo comum e termo enfático. A noção predominante pode atribuir-se às vezes tanto ao sujeito como ao predicado ou algum complemento verbal. A colocação do pronome átono depende, em tais casos, tão somente da intenção e maneira de sentir da pessoa que fala".[1]

c) Nas orações coordenadas sindéticas:

Ela chegou *e* perguntou-*me* logo pelo filho.
Persegui-o, *mas* ele fugiu-*me*.
Estudam *ou* divertem-*se*?

---

[1]Said Ali, *Gramática secundária da língua portuguesa*, op. cit., p. 213. — Observação.

GRAMÁTICA NORMATIVA DA LÍNGUA PORTUGUESA   545

Em qualquer destes três casos, pode, contudo (por puro arbítrio, ou gosto), ocorrer a anteposição, salvo quando se tratar de início de período.

2) É obrigatória a *próclise*:

a) Nas orações negativas (*não, nem, nunca, ninguém, nenhum, nada, jamais*, etc.), desde que não haja *pausa* entre o verbo e as palavras de negação:

Não me recuses este favor.
Ninguém nos convencerá da tua culpa.
Nunca se viu tal arrogância...
Nada o demoveu do seu propósito.
Não faz a felicidade dos outros, *nem se sente* feliz ele mesmo.

b) Nas orações exclamativas, começadas por palavras exclamativas, bem como nas orações optativas:

Quanto sangue *se* derramou inutilmente!
Deus *o* abençoe, meu filho!

c) Nas orações interrogativas, começadas por pronomes ou advérbios interrogativos:

Quem o obrigou a sair?
Por que te afliges tanto?

d) Nas orações subordinadas:

[*Quando o* recebo em minha casa,] fico feliz.
É clara e arejada a casa [para *onde nos* mudamos.]
Espero [(*que*) *me* atendas sem demora.]

e) Com advérbios e pronomes indefinidos, sem pausa:

Aqui se aprende / a defender / a pátria.
Bem me avisaram / que ele era / um impulsivo.
Tudo se fez / como você / recomendou.

Havendo pausa, impõe-se a *ênclise*:

Aqui, / não há preconceitos filosóficos; aqui, / não há distinções religiosas; aqui, / não há desigualdades raciais; *aqui, / estuda-se /* e trabalha-*se* com amor.
Bem, / luta-*se* ou não se luta?

COM AS FORMAS INFINITAS

INFINITIVO

1) A regra geral é a *ênclise*:

Viver é *adaptar-se*.
Foi bastante *olharem-se* e logo se compreenderam.

2) É, contudo, *facultativa* a colocação do pronome, quando o infinitivo, na forma *não flexionada*, estiver precedido de *preposição*, ou *palavra negativa*.

Estou aqui
{
para servir-te
ou
para te servir.

Meu desejo era
{
não o incomodar
ou
não incomodá-lo.

Observação

A *ênclise* é, todavia, de rigor, se o pronome for *o(s)* ou *a(s)*, e o infinitivo vier regido da preposição *a*:
Estou inclinado *a perdoá-lo*.
Comecei *a compreendê-la* naquele dia.

GRAMÁTICA NORMATIVA DA LÍNGUA PORTUGUESA 547

Estando o infinitivo na forma *flexionada*, costuma-se preferir a *próclise*:

Perseguia-os a obsessão *de se vingarem*.
Não nos cansarmos demais — foi a recomendação primeira do médico.

GERÚNDIO

1) A regra geral é, ainda, a *ênclise*:

Cumprimentou os presentes, *retirando-se* mudo como entrara.
O professor entregou o prêmio ao filho, *abraçando-o* com emoção.

2) Não obstante, haverá *próclise* obrigatória, no caso de o gerúndio vir precedido:

a) Da preposição *em*,
b) De advérbio (que o modifique diretamente, sem pausa):

Em se tratando de minorar o sofrimento alheio, podemos contar com a sua colaboração.
Não nos provando essa grave denúncia, a testemunha será processada

COM AS LOCUÇÕES VERBAIS[2]

AUXILIAR + INFINITIVO:

Há quatro possibilidades:

a) Ênclise ao infinitivo:
O presidente *quer falar-lhe* ainda hoje.

---

[2]Ver o tópico "Interposição do pronome átono"

548 ROCHA LIMA

b) Ênclise ao auxiliar:
O presidente *quer-lhe falar* ainda hoje.

c) Próclise ao auxiliar:
O presidente *lhe quer falar* ainda hoje.

d) Próclise ou ênclise ao infinitivo precedido de preposição:
Jamais *deixei de ajudar-te*.

ou

Jamais *deixei de te ajudar*.

Começou a ensinar-lhe português.

ou

Começou a lhe ensinar português.

AUXILIAR + GERÚNDIO:

São três as posições:

a) Ênclise ao gerúndio:
As visitas *foram retirando-se*.

b) Ênclise ao auxiliar:
As visitas *foram-se retirando*.

c) Próclise ao auxiliar:
As visitas *se foram retirando*.

AUXILIAR + PARTICÍPIO:

a) Ênclise ao auxiliar:
Os alunos *tinham-se levantado*.

b) Próclise ao auxiliar:
Os alunos *se tinham levantado*.

REPETIÇÃO E OMISSÃO DOS PRONOMES ÁTONOS

Segundo Epifânio Dias:

"Na coordenação os pronomes átonos, quando pospostos ao verbo, repetem-se junto de cada verbo: *depois de saudar-me e abraçar-me*; quando antepostos, podem subentender-se do primeiro para o segundo e seguintes: *depois de me saudar e abraçar*."[3]

A ênfase é que (assim completa Daltro Santos a lição do mestre português) "leva, às vezes, a repetir-se o pronome átono anteposto".[4]
Eis exemplos das várias maneiras de dizer:

A lei *deslegitima-se, anula-se* e *torna-se* inexistente.
A lei *se deslegitima, anula* e *torna* inexistente.
A lei *se deslegitima, se anula* e *se torna* inexistente.

INTERPOSIÇÃO DO PRONOME ÁTONO

A interposição do pronome átono nas locuções verbais, sem se ligar por hífen ao auxiliar, é sintaxe brasileira que se consagrou na língua literária, a partir (ao que parece) do Romantismo:

"O morcego *vem te chupar* o sangue." (JOSÉ DE ALENCAR)

"(...) *estava se distanciando* da outra..." (VISCONDE DE TAUNAY)

"*Vais te perder!*" (OLAVO BILAC)

"E *foi nos mostrar* um álbum de pintura inglesa..."
(RACHEL DE QUEIROZ)

"*Estou me afogando...*" (CARLOS DRUMMOND DE ANDRADE)

"Como *teria se comportado* aquela alma de passarinho diante do mistério da morte?" (RACHEL DE QUEIROZ)

"Vivia sozinho, *não quisera se casar.*" (JOSÉ LINS DO REGO)

---

[3]Epifânio Dias, op. cit., p. 178.
[4]Daltro Santos, na *Antologia nacional*, 26ª ed., Rio de Janeiro: Francisco Alves, p. 28, nota 6.

Tal construção não tem agasalho com o pronome *o* (*a*, *os*, *as*), em razão, decerto, do volume fonético dele, mais reduzido do que o das demais partículas pronominais átonas. De fato, não se usa "*estou o esperando*", etc.

CAPÍTULO 30

PONTUAÇÃO

PAUSAS RÍTMICAS[1]

As pausas rítmicas, — assinaladas na pronúncia por entoações características e na escrita por sinais especiais —, são de três espécies:

1) Pausa que não quebra a continuidade do discurso, indicativa de que a frase ainda não foi concluída. Marcam-na:

a vírgula	(,)
o travessão	(—)
os parênteses	( )
o ponto e vírgula	(;)
os dois-pontos	(:)

2) Pausa que indica o término do discurso ou de parte dele. Assinalam-na:

o ponto simples
o ponto parágrafo
o ponto final

3) Pausa que serve para frisar uma intenção ou estado emotivo. Mostram-na:

o ponto de interrogação	(?)
o ponto de exclamação	(!)
as reticências	(...)

---

[1]Esta sistematização, é claro, não se destina a ser *decorada*. Visa antes a auxiliar o trabalho do professor, que aqui encontrará, já metodicamente dispostos, os principais casos relativos à matéria.

VÍRGULA

Usa-se a *vírgula*:

1) Para separar os termos da mesma função, assindéticos.
Exemplos:

> "(...) vieram os Goncourts, os Daudets, os Baudelaires, os Banvilles, os Zolas, os impressionistas, os naturalistas, os realistas, os simbolistas... imaginando, forjando, engendrando, importando, amalgamando, tumultuando, carreando, golfando para o vocabulário, para a sintaxe, para a rua, para as letras, para a especulação, para o trabalho, para a vida uma torrente de formas inesperadas, cambiantes, revolucionárias..." (RUI BARBOSA)

> "Era o nada, a eversão do caos no cataclismo,
> A síncope do som no páramo profundo,
> O silêncio, a algidez, o vácuo, o horror do abismo..."
>
> (OLAVO BILAC)

Nota

Havendo a conjunção e entre os dois últimos termos, suprime-se a vírgula:

"Sem pressa, sem pesar, sem alegria,
Sem alma, o tecelão, que cabeceia,
Carda, retorce, estira, asseda, fia,
Doba e entrelaça, na infindável teia." (OLAVO BILAC)

---

2) Para isolar o vocativo:

> "Deixe-me, senhora." (MACHADO DE ASSIS)

> "Ó meu Amor, que já morreste,
> Ó meu Amor, que morta estás!
> Lá nessa cova a que desceste,
> Ó meu Amor, que já morreste,
> Ah! nunca mais florescerás?!" (CRUZ E SOUSA)

> "Varrei os mares, tufão!..." (CASTRO ALVES)

GRAMÁTICA NORMATIVA DA LÍNGUA PORTUGUESA

3) Para isolar o aposto:

"Matias, cônego honorário e pregador efetivo, estava compondo um sermão..." (MACHADO DE ASSIS)

"Dou-te meu coração irreverente,
Meus penachos de Cid, o Campeador..." (JOSÉ OITICICA)

4) Para assinalar a inversão dos adjuntos adverbiais:

"Por impulso instantâneo, todo o ajuntamento se pôs de pé."
(REBELO DA SILVA)

Nota

Aliás, sendo o adjunto adverbial de pouca longura, expresso, por exemplo, por um simples advérbio, pode dispensar-se a vírgula, ainda que ele venha deslocado.

---

5) Para marcar a supressão do verbo:

"Uma flor, o Quincas Borba." (MACHADO DE ASSIS)

"Eu sou empregado público:
Tu, minha noiva bem cedo.
Eu sou Artur Azevedo;
Tu és Carlota Morais." (ARTUR AZEVEDO)

6) Nas datas:

"Milão, 9 de março de 1909."

"Rio, 1 de junho de 1902."

"31, janeiro, 1902."

"Rio, 2-4-904."

> **Nota**
>
> Os três primeiros exemplos são de Olavo Bilac, e o último de Euclides da Cunha; todos, de cartas a Coelho Neto. Observe-se que, invariavelmente, os nomes dos meses (março, junho, janeiro) estão grafados com letra minúscula. Tais cartas, primorosos modelos de epistolografia brasileira, estão publicadas, na íntegra, no *Manual de estilo*, do professor José Oiticica (p. 187 a 200).

7) Nas construções em que o complemento do verbo, por vir anteposto a este, é repetido depois dele por um pronome enfático:

"Arquiteto do mosteiro de Santa Maria, já o não sou."
(ALEXANDRE HERCULANO)

"Ao pobre, não lhe devo. Ao rico, não lhe peço." (RODRIGUES LOBO)

8) Para isolar certas palavras e expressões explicativas, corretivas, continuativas, conclusivas, tais como:

por exemplo, além disso, isto é, a saber, aliás, digo, minto, ou melhor, ou antes, outrossim, demais, então, com efeito, etc.

9) Para isolar orações ou termos intercalados:

"A mim me parece, tornou Leonardo, que os títulos é cousa conveniente e necessária." (RODRIGUES LOBO)

> **Nota**
>
> Se for muito longa a intercalação, ou quisermos dar relevo à palavra, expressão ou oração intercalada, poderemos usar o *travessão*:
>
> "Vi a ciência desertar do Egito...
> Vi meu povo seguir — Judeu maldito —
> Trilho de perdição..." (CASTRO ALVES)
>
> Pode usar-se, ainda, os *parênteses*, e não a vírgula, quando a palavra, expressão ou oração intercalada figurar sem relação sintática com o resto, fora do fio principal do discurso, à maneira de um esclarecimento ou observação suplementar.

GRAMÁTICA NORMATIVA DA LÍNGUA PORTUGUESA

(cont.)

Exemplos:

"Pouco depois de transpor o portão da lúgubre morada, veio a mim um amigo vestido de preto, que me apertou a mão. Tinha ido visitar os restos da esposa (uma santa!), suspirou e concluiu: — Que há de novo?" (MACHADO DE ASSIS)

"É o fim (rola o trovão...) da miseranda sorte..." (OLAVO BILAC)

---

10) Para separar as orações coordenadas assindéticas:

"Há sol, há muito sol, há um dilúvio de sol." (HERMES FONTES)

"Não aquieta o pó, nem pode estar quedo; anda, corre, voa; entra por esta rua, sai por aquela; já vai adiante, já torna atrás; tudo enche, tudo cobre, tudo envolve, tudo perturba, tudo toma, tudo cega, tudo penetra..." (ANTÔNIO VIEIRA)

11) Para separar as orações coordenadas ligadas pela conjunção *e*, quando os sujeitos forem diferentes:

"Aires Gomes estendeu o mosquete sobre o precipício, e um tiro saudou o ocaso." (JOSÉ DE ALENCAR)

"Veio a noite do baile, e a baronesa vestiu-se." (MACHADO DE ASSIS)

Nota

Para acentuar, numa enumeração, o vulto das coisas enumeradas, é lícito empregar repetidamente a conjunção e. Neste caso, as várias palavras, expressões ou orações, são separadas por vírgulas, apesar da presença do e. Exemplos:

"Seca a terra aparece, e nela é tudo
Informe, e rude, e solitário, e mudo." (J. A. DE MACEDO)

"E eu morrendo! e eu morrendo,
Vendo-te, e vendo o sol, e vendo o céu, e vendo
Tão bela palpitar nos teus olhos, querida,
A delícia da vida! a delícia da vida!" (OLAVO BILAC)

12) Para separar as orações coordenadas ligadas pelas conjunções *mas*, *senão*, *nem*, *que*, *pois*, *porque*, ou pelas alternativas: *ou... ou*; *ora. .. ora*; *quer... quer*, etc.

"Não és filha, mas hóspeda da Terra!" (OLAVO BILAC)

"Não se deve julgar o homem por uma só ação, senão por muitas." (CARNEIRO RIBEIRO)

"Fiquem-se com o Senhor, que eu vou-me."
(ANTÔNIO FELICIANO DE CASTILHO)

"Ou o conhece, ou não." (ANTÔNIO VIEIRA)

Nota

Quanto à conjunção *mas*, se for muito frisante o sentido adversativo, pode-se usar o *ponto e vírgula*.
Exemplo:

"Defenda-se; mas não se vingue." (JOSÉ OITICICA)

---

13) Para isolar as conjunções adversativas *porém*, *todavia*, *entretanto*, *no entanto*, *contudo*; e as conjunções conclusivas: *logo*, *pois*, *portanto*.

"Contudo, ao sair de lá, tive umas sombras de dúvida..."
(MACHADO DE ASSIS)

"Nada diminuía, portanto, as probabilidades do perigo e a poesia da luta." (REBELO DA SILVA)

14) Para separar as orações consecutivas:
Exemplo:

"(...) e o fulgor das pupilas negras fuzilava *tão* vivo e por vezes *tão* recobrado, *que* se tornava irresistível." (REBELO DA SILVA)

15) Para separar as orações subordinadas adverbiais (iniciadas pelas conjunções subordinativas não integrantes), quer antepostas, quer pospostas à principal.

GRAMÁTICA NORMATIVA DA LÍNGUA PORTUGUESA

Exemplos:

"Juro que ela sentiu certo alívio, *quando* os nossos olhos se encontraram..." (MACHADO DE ASSIS)

"*Enquanto* o senhor escarneceu o feitio das minhas botas, estava no seu ofício e no seu direito. Das botas acima, não."

(CAMILO CASTELO BRANCO)

16) Para separar os adjetivos e as orações adjetivas de sentido explicativo, ou, como lhes chama o professor José Oiticica, orações adjetivas e adjetivos *parentéticos*.

"É indispensável, nesse caso, distinguir se a oração é mesmo *parentética* ou meramente *determinativa*. A oração parentética, embora por seus característicos de forma e posição seja adjetiva, tem, no sentido, algo de adverbial, apontando vagamente a *causa*, a *concessão*, a *condição*.
Exemplos:
A cabroeira, alucinada, gritava atrozmente (isto é: porque estava alucinada).
A ele, que é o decano da corporação, nenhum preito lhe renderam (isto é: apesar de ser o decano da corporação...).

O critério para verificar isto é tentar a inversão. A oração parentética pode ser anteposta ao substantivo a que se prende; a determinativa, nunca.
Assim, temos:

— Alucinada, a cabroeira gritava atrozmente.
— Decano da corporação, nenhum preito lhe renderam."[2]

17) Para separar as orações reduzidas de gerúndio, particípio e infinitivo.
Exemplos:

"Lactescente, a neblina opálica flutua,
Diluindo, evaporando os montes de granito,
Em colossos de sonho, extasiados de lua..." (GUERRA JUNQUEIRO)

---

[2]José Oiticica, *Manual de estilo*, 3ª ed., Rio de Janeiro, 1936, p. 68-9.

"Purna! ao fim da Renúncia e ao fim da Caridade
Chegaste, *estrangulando* a tua humanidade." (OLAVO BILAC)

"A brisa, *roçando* as grimpas da floresta, traz um débil sussurro..."
(JOSÉ DE ALENCAR)

"*Caindo* o sol, a costureira dobrou a costura para o dia seguinte..."
(MACHADO DE ASSIS)

"*Satisfeita* a sede... e *comidas* umas colheres de farinha de mandioca
ou de milho..., estira-se a fio comprido sobre os arreios desdobrados..."
(VISCONDE DE TAUNAY)

"*Pera servir-vos*, braço às armas feito;
Pera cantar-vos, mente às Musas dada..." (CAMÕES)

PONTO E VÍRGULA

Emprega-se o *ponto e vírgula*:

1) Para separar as várias partes distintas de um período, que se equilibram em valor e importância.
Exemplos:

"Os pobres dão pelo pão o trabalho; os ricos dão pelo pão a fazenda; os de espíritos generosos dão pelo pão a vida; os de nenhum espírito dão pelo pão a alma..." (ANTÔNIO VIEIRA)

"O homem transfigura-se. Impertiga-se, estadeando novos relevos, novas linhas na estatura e no gesto; e a cabeça firma-se-lhe, alta, sobre os ombros possantes, aclarada pelo olhar desassombrado e forte; e corrigem-se-lhe prestes, numa descarga nervosa instantânea, todos os efeitos do relaxamento habitual dos órgãos; e da figura vulgar do tabaréu achamboado reponta, inesperadamente, o aspecto dominador de um titã acobreado e potente, num desdobramento inesperado de força e agilidade extraordinárias." (EUCLIDES DA CUNHA)

GRAMÁTICA NORMATIVA DA LÍNGUA PORTUGUESA

"(...) Sílvio não pede um amor qualquer, adventício ou anônimo; pede um certo amor, nomeado e predestinado." (MACHADO DE ASSIS)

"Foram divergências profundas, casos de originalidade refratária ao meio identificador, os de Balzac, dos Goncourts, de Baudelaire, na literatura francesa; os de Carlyle, Meredith e de Poe, na língua inglesa; o de Gregório de Matos, nas letras brasileiras..." (XAVIER MARQUES)

2) Para separar as séries ou membros de frases que já são interiormente separadas por vírgulas.
Exemplo:

"Uns trabalhavam, esforçavam-se, exauriam-se; outros folgavam, descuidavam-se, não pensavam no futuro." (JÚLIO NOGUEIRA)

3) Para separar os diversos considerandos ou os itens de uma lei, de um decreto, de uma exposição de motivos, etc...
Exemplo:

"Art. 12. Os cargos públicos são providos por:
   I. Nomeação;   V. Readmissão;
  II. Promoção;   VI. Reversão;
 III. Transferência;   VII. Aproveitamento."
 IV. Reintegração;
(Estatuto dos Funcionários Públicos, título I, capítulo I.)

DOIS-PONTOS

Empregam-se os *dois-pontos*:

1) Antes de uma citação.
Exemplo:

"O projeto formula deste modo o art. 494:
Se mais de uma pessoa possuir cousa indivisa, ou estiver no gozo do mesmo direito, poderá cada uma exercer sobre o objeto comum atos possessórios..." (CARNEIRO RIBEIRO)

2) Antes dos apostos discriminativos.
Exemplos:

"A sala... possuía a mobília simples, costumeira, da vida rústica: o relógio de parede, a mandolina sobre a mesa, a espingarda num dos cantos, algumas cadeiras e bancos rudes para assento."
(AFRÂNIO PEIXOTO)

"Três cousas me assombraram: terem eles embarcado em tal jangada, não haverem dito nada ao capitão e, sobretudo, terem levado a pobre criança." (JOSÉ OITICICA)

3) Antes de uma explicação ou esclarecimento.
Exemplos:

"O padre reza: a estola é de uma cor que chora:
Roxa como a saudade astral dessas olheiras
Onde correm de novo as lágrimas de outrora..."
(ALPHONSUS DE GUIMARAENS)

"Foi pó e há de tornar a ser pó? Logo é pó. Porque tudo o que vive nesta vida não é o que é: é o que foi, e o que há de ser."
(ANTÔNIO VIEIRA)

"Mostra. Abre as folhas: a água rebrilhando
Lá está..." (ALBERTO DE OLIVEIRA)

4) Depois de um *verbo dicendi* (disse, perguntou, respondeu, acrescentou, etc...), em frases de estilo direto:
Exemplos:

"Quando, num dia calmo, eu vim ao mundo,
Minha mãe, santa e nobre flor de lis,
Disse olhando os meus olhos bem no fundo:
— 'Meu filho, hás de ser bom e ser feliz!'" (OLEGÁRIO MARIANO)

"Alguém te *disse*: — 'Reza. É bom para que esperes'."
(ALPHONSUS DE GUIMARAENS)

GRAMÁTICA NORMATIVA DA LÍNGUA PORTUGUESA

"Ontem, na tarde loura de aguarela,
Alguém me *perguntou*: 'Como vai ela?
Como vai teu amor?' — Eu *respondi*:
'Não sei. Uma mulher passou na minha vida...
Não me lembro...' E, nessa hora comovida,
Como nunca lembrava-me de ti!" (MENOTTI DEL PICCHIA)

"*Bradei*: — 'Que fazes ainda no meu crânio?'"
(AUGUSTO DOS ANJOS)

PONTO SIMPLES, PARÁGRAFO E FINAL

1) O ponto *simples* é usado:

a) Nas abreviaturas:

V. Ex.ª
Sr.
D. F.

b) No final das orações independentes:

"Faz frio. Há bruma. Agosto vai em meio."
(VICENTE DE CARVALHO)

No final de cada oração ou período que, associados pelo sentido, representarem desdobramentos de uma só ideia central —, sem mudança sensível, portanto, do teor do conjunto:

"Cálido, o estio abrasava. No esplendor cáustico do céu imaculado, o sol, dum brilho intenso de revérbero, parecia girar vertiginosamente, espalhando raios em torno. Os campos amolentados, numa dormência canicular, recendiam a coivaras..." (COELHO NETO)

2) O *ponto parágrafo*, ao contrário, é de rigor quando, concluída uma unidade de composição, se vai iniciar outra de teor diferente:

"A melhor e mais sábia atitude do homem, neste mundo que não é seu nem foi feito para ele, é aquela avisada tolerância recomendada pelo poeta do Rubayat. O vinho no copo, a mulher amada entre os braços e uma árvore frondosa protegendo-lhe a paz, eis o que todo homem deseja, inconscientemente. Quem é feliz, ou quem se esquece de que é infeliz, acha sabor na vida, um sabor um tanto acre, sem dúvida, mas assim mesmo capitoso.

Nós complicamos o problema da existência com uma nuvem de palavras douradas e outra nuvem de lembranças teimosas e mortificadoras. Palavras inúteis e lembranças insopitáveis, são como as trepadeiras que se enrolam, preguiçosamente, ao longo dos troncos robustos. Dão, por vezes, alguma flor menos mofina, mas só o tronco sabe quanto lhe custou aquele formoso luxo. Todas as nossas ideias apriorísticas sobre a natureza do bem e do mal, todas as nossas construções metafísicas são como as flores daquela trepadeira. Quanto mais coloridas, tanto mais dolorosas...

Devemos fazer da vida um motivo de alegria e de saúde, sem, contudo, nos entregarmos aos impulsos da sensação pura, ao gozo brutal do momento que passa." (RONALD DE CARVALHO)

Nota

O resto da linha depois do ponto parágrafo fica em branco, iniciando-se o outro período na linha abaixo, com um pequeno recuo de margem.

---

3) O ponto chama-se *final* quando com ele se encerra definitivamente o trecho.

GRAMÁTICA NORMATIVA DA LÍNGUA PORTUGUESA

Nota

Nas cartas, requerimentos, ofícios, relatórios, etc... varia o uso das notações depois do vocativo inicial. Ora figura o ponto simples, ora dois--pontos, ora a vírgula e, com frequência, nota-se, até, a ausência de qualquer pontuação.

Eis vários exemplos, extraídos à seção "Correspondência de escritores", de "Autores e livros", suplemento literário do jornal *A manhã*:

a) Com ponto simples:

"Ex.ᵐᵒ Senhor e prezado colega."
(Carta de Eça de Queirós a Machado de Assis, vol. I, 108.)

"Meu caro João Ribeiro."
(Carta de Machado de Assis, *idem, ibidem.*)

b) Com dois-pontos:

"Querida irmã:"
(Carta de Casimiro de Abreu à sua irmã Albina, vol. I, 152.)

c) Com vírgula:

"Ex.ᵐᵒ Sr. Machado de Assis,"
(Carta de Francisco de Castro, vol. I, 133.)

d) Sem qualquer notação:

"Graça Aranha"
(Carta de Euclides da Cunha, vol. III, 70.)

"Sampaio"
(Carta de Artur Azevedo, vol. I, 167.)

Na *redação oficial*, é de uso mais frequente o emprego dos *dois-pontos*.

Excelentíssimo Senhor Presidente da República:
Sr. Diretor:

PONTO DE EXCLAMAÇÃO

1) Usa-se depois de qualquer palavra, expressão ou frase, na qual, com entoação apropriada, se indique espanto, surpresa, entusiasmo, susto, cólera, piedade, súplica.

Exemplos:

"Sim! Quando o tempo entre os dedos
Quebra um séc'lo, uma nação,
Encontra nomes tão grandes,
Que não lhe cabem na mão!" (CASTRO ALVES)

" — Mãe, sangue, sangue!" (RAUL POMPÉIA)

"Tem pena de mim!" (ÁLVARES DE AZEVEDO)

2) Emprega-se, também, depois das interjeições e dos vocativos intensivos.

Exemplos:

"Ah! Cumpra-se o fadário que me espera..." (LUÍS CARLOS)

"Oh! Se Carlos soubesse..." (JÚLIO DINIS)

"Andrada! arranca esse pendão dos ares!
Colombo! fecha a porta dos teus mares!" (CASTRO ALVES)

Nota

A interjeição *de espanto* (oh!), que se escreve com *h*, é sempre seguida do ponto de exclamação.
Já a interjeição *de apelo* (ó), não o admite depois de si: a notação vem só depois do vocativo.
Exemplos:

"Ó meu filho, meu filho! replicou frei Hilarião." (ALEXANDRE HERCULANO)

"Ergue-te, ó Radamés, ó meu vassalo!" (LUÍS DELFINO)

PONTO DE INTERROGAÇÃO

Usa-se nas interrogações *diretas* e nas *indiretas livres*. Depois de palavras, expressões ou frases, marcadas, na pronúncia, por entoação ascendente.

GRAMÁTICA NORMATIVA DA LÍNGUA PORTUGUESA

"— Então? Que é isso? Desertaram ambos?" (ARTUR AZEVEDO)

"Acaso as almas poderei sem custo
Ver, perspícuo e melhor, só quando odeio?
E é preciso odiar para ser justo?" (RAIMUNDO CORREIA)

"Dona Tonica confessava-lhe que tinha muita vontade de ver Minas, principalmente Barbacena. Que tais eram os ares?"

(MACHADO DE ASSIS)

Nas interrogações *indiretas puras*, não há sinal gráfico, nem entoação ascendente.

Exemplo:

"Não é fácil sondar o que as gerações futuras hão de pensar sobre os escritores e os poetas de hoje." (MÚCIO LEÃO)

Nota

Às vezes, aparecem juntos o ponto de interrogação e o de exclamação, quando há concomitantemente entoação interrogativa e exclamativa. Exemplo:

"Porque para este cemitério vim?!
Porquê?! Antes da vida o angusto trilho
Palmilhasse, do que este que palmilho
E que me assombra, porque não tem fim!" (AUGUSTO DOS ANJOS)

RETICÊNCIAS

Empregam-se as *reticências*:

1) Para indicar, nas citações, que foram suprimidas algumas palavras. Isto acontece quando, transcrevendo um trecho longo, não o apresentamos integral; omitimos o que não interessa imediatamente aos nossos propósitos.

Usadas no início da citação, servem de mostrar que o lanço transcrito pertence a uma frase que não foi copiada desde o princípio. Por isso, começa-se com letra minúscula.

Usadas no fim, são sinal de o termo da citação não coincidir com o fim da frase de onde ela foi tirada.

Exemplos:

"Lebréus, galgos, podengos e toda a demais cainçalha patrulhavam, noite e dia, por morros e devesas." (RUI BARBOSA)

Se, por acaso, quiséssemos abonar o coletivo *cainçalha* com um exemplo de Rui Barbosa, poderíamos, em vez de transladar o trecho inteiro, escrever somente assim:

"... *cainçalha*..." (RUI BARBOSA, *Coletânea literária*, 3ª ed., São Paulo, p. 272).

Ou desta forma, dando sentido à frase;

"... galgos... e toda a demais cainçalha patrulhavam... por morros..."
(RUI BARBOSA, *idem, ibidem*).

2) Para indicar uma interrupção violenta da frase, que fica truncada ou incompleta.

Exemplos:

"— Trinta e oito contos, disse ele.
— Am?... gemeu o enfermo.
O sujeito magro aproximou-se da cama, pegou-lhe na mão, sentiu-a fria. Eu acheguei-me ao doente, perguntei-lhe se sentia alguma cousa, se queria tomar um cálice de vinho.
— Não... não quar... quaren... quar... quar...
Teve um acesso de tosse, e foi o último; daí a pouco expirava ele, com grande consternação do sujeito magro, que me confessou depois a disposição em que estava de oferecer os quarenta contos; mas era tarde." (MACHADO DE ASSIS)

3) Para indicar, no corpo da frase, pequenas interrupções que mostram *hesitação*, ou *dúvida*, ou fatos que se sucedem *espaçadamente*. Exemplos:

"— Então veio muito tarde?
— Julgo que... às duas horas... balbuciou Jenny." (JÚLIO DINIS)

"— Este mal... pega, doutor?" (ALFREDO TAUNAY)

"— Vamos, eu gosto muito de estalar balas com o senhor... bem... puxe!" (MANUEL DE MACEDO)

4) Para indicar, no fim de uma frase gramaticalmente completa, que o sentido vai além do que ficou dito. Têm as reticências larga vida na poesia, pelo seu grande poder de sugestão.
Exemplo:

"Olha a vida, primeiro, longamente, enternecidamente
Como quem a quer adivinhar...
Olha a vida, rindo ou chorando, frente a frente,
Deixa, depois, o coração falar..." (RONALD DE CARVALHO)

5) Para indicar que o pensamento enveredou por caminho imprevisto, inesperado, decaindo, geralmente, para o chiste ou para a ironia.
Exemplo:

"Quanto moço elegante e perfumado
Que anda, imponente, de automóvel... fiado,
Porque lhe faltam níqueis para o bonde!" (BASTOS TIGRE)

Nota

Conjugam-se as reticências com o ponto de interrogação (?...) e com o de exclamação (!...), quando, num dos casos citados, há dúvida ou espanto.

RUDIMENTOS
DE ESTILÍSTICA
E POÉTICA

CAPÍTULO 31

FUNÇÕES DA LINGUAGEM.
GRAMÁTICA E ESTILÍSTICA

Segundo Karl Bühler, em teoria universalmente passada em julgado, possui a linguagem três *funções* primordiais: *representação mental, exteriorização psíquica e apelo.*

A língua nos fornece as formas que estabelecem, na comunicação social, o modo de transmitirmos a nossa compreensão do mundo (função representativa); mas, paralelamente, é o veículo de nossos estados de alma (função de exteriorização psíquica), bem como de atuação sobre o próximo, na vida em comum (função de apelo).

Enquanto a *gramática* estuda as formas linguísticas no seu papel de propiciarem o intercâmbio social na comunidade, cabe à *estilística* estudar a expressividade delas, isto é, a sua capacidade de transfundir emoção e sugestionar os nossos semelhantes.

Assim, a estilística vem complementar a gramática. E, como esta, abarca todas as camadas da língua: os sons, as formas e as construções.

Daí três campos de atividade, a saber:

$$\text{estilística} \begin{cases} \text{fônica} \\ \text{léxica} \\ \text{sintática} \end{cases}$$

ESTILÍSTICA FÔNICA

O acento de intensidade — já o sabemos — é o que caracteriza as palavras da língua portuguesa. O de altura só intervém para distinguir a oração afirmativa da interrogativa. O de duração (ou quantidade), de todo o ponto irrelevante, não tem valor significativo.

No entanto, a serviço da expressividade, costumam combinar-se e fundir-se esses três acentos para realçar determinada palavra em seu contexto, envolvendo-a num clima de afetividade — espécie de pauta sentimental que lhe acompanha a enunciação.

É o que se chama — *acento emocional de insistência*.

Tal acento pode consistir no prolongamento da própria sílaba tônica, à qual se comunica, assim, maior duração; ou recair em outra sílaba, valorizada, então, por maior intensidade, maior altura, e, às vezes, também, maior quantidade.

Exemplo do primeiro tipo (que os autores costumam indicar, na escrita, pela repetição da vogal tônica):

> "Certa vez, na inauguração de um edifício público em festa, [Ataxerxes] sentiu no meio da multidão que o olhar do amigo pousava no seu rosto, como que o reconhecendo. Não se conteve e gritou:
>
> — *Ziiito!*..." (ANÍBAL M. MACHADO)

(Este alongamento como que traduz a aflição do falante em fazer-se ouvir.)

Exemplo do segundo tipo, temo-lo em situações como as seguintes:

Se pronunciarmos normalmente, sem qualquer traço de natureza emotiva, frases como estas:

> *Espetáculo formidável, o das escolas de samba.*
> *O Rio é uma cidade maravilhosa.*

as palavras *formidável* e *maravilhosa* se proferirão com acento tônico apenas nas sílabas *da* e *lho*, respectivamente.

Mas se as proferirmos em momento de exaltado entusiasmo, ganharão relevo especial as sílabas *for* (de *formidável*) e *ra* (de *maravilhosa*), que passam a competir, nessas palavras, com as sílabas tônicas respectivas:

> *for*midável, ma*ra*vilhosa.

VALORIZAÇÃO ESTILÍSTICA DOS FONEMAS

Não só as sílabas, mas também os fonemas podem, predominantemente, receber valorização estilística. Haja vista o aumento da força articulatória das consoantes oclusivas, numa exclamação como — *Que bobagem!*, na qual o /b/ inicial se destaca por uma pressão labial mais forte e um abrimento mais brusco, que produz, até, uma leve aspiração. Com este reforço fonético, frisamos a nossa impaciência, ou aborrecimento.

Desde a Antiguidade, têm vários teóricos procurado estabelecer uma correspondência ou relação analógica entre certos fonemas e certas ideias, ou sentimentos.

Em 1898, Blondel publicou uma fonologia estética do francês, onde se aprende que "o *r* é fulvo, o *l* cristalino e transparente", etc.; René Ghil, que criou a célebre teoria do *instrumentismo*; o poeta Rimbaud, autor do não menos famoso "Soneto das vogais":

"*A noir, E blanc, I rouge, O bleu, voyelles...*" —,

eis outros tantos pregadores dessa doutrina essencialmente subjetiva.

A razão, decerto, está com Charles Bally:

"On peut donc adopter une thèse plus modeste, mais dont les 'esthètes' ne se contenteront pas: certains groupements de sons *favorisent*, le cas échéant, une impression des sens, une représentation sensible, si le sens du mot se prête à cette association; à eux seuls, les sons ne parviendraient pas à produire une action de ce genre."[1]

Ou com Maurice Grammont:

"Ce que l'on a dit à propos des voyelles, on le répétera pour les consonnes: la valeur qui leur est attribuée ici et qu'elles n'ont qu'en puissance ne devient une réalité que si la signification du mot òu elles se trouvent s'y prête."[2]

---

[1]Charles Bally, *Traité de stylistique française*, 2ª ed., 2 vols., Paris/Heidelberg: Klincksieck-Universitats/Buch-handlung, [s/d], vol. 1, p. 55.
[2]Maurice Grammont, op. cit., p. 395.

Nos seguintes versos de Cruz e Sousa:

"E a *l*ua vai c*l*orótica fu*l*gindo,
Nos seus a*l*perces etereais e brancos
A *l*uz ge*l*ada e pá*l*ida di*l*uindo...",

há, realmente, uma sugestão de "luminosidade frouxa, fluidez, transparência", que envolve o leitor numa atmosfera de sonambulismo e magia. No entanto, tal impressão decorre da *ideia* contida nos versos e de seu poder de evocação poética — e não da insistência no fonema /l/. Apreciados tão somente em seu ritmo e melodia — excluído o sentido intelectual das palavras, principalmente de algumas delas, como *clorótica*, *gelada*, *pálida*, *diluindo* —, pouco ou nada exprimiriam esses mesmos versos.

Também este, de Antero de Quental:

"Este vác*u*o not*u*rno, m*u*do e aug*u*sto,"

traduz, timbricamente, pela repetição do /u/, a impressão soturna do escuro (audição cromática); mas o que confere apreciável valor a essa impressão é a *ideia* que está no verso, "sem a qual diríamos ler um decassílabo desagradavelmente monofônico". (AMORIM DE CARVALHO)

ONOMATOPEIA

A atribuição a certos sons linguísticos, ou agrupamento deles, de capacidade especial para *imitar*, ou, de certo modo, *sugerir* determinados ruídos naturais, é o que se chama ONOMATOPEIA: *cri-cri*, *zum-zum*, *tique-taque*, *plic-plic*, etc.

Admire-se esta original criação de Guimarães Rosa, na qual ele aproveitou as qualidades imitativas virtuais da sequência vocálica /a/, /e/, /i/, /o/, /u/:

"O mato — vozinha mansa — *aeiouava*." (de um verbo potencial *aeiou-ar*).

Aí, como que se "ouve" o barulhinho leve da aragem a ondular o capinzal do mato.

Manuel Bandeira explorou esse processo com requintada arte, no poema "Os sinos":[3]

··

"Sino de Belém, pelos que inda vêm!
Sino de Belém bate bem-bem-bem.

Sino da Paixão, pelos que lá vão!
Sino da Paixão bate bão-bão-bão.

Sino do Bonfim, por quem chora assim?...

Sino de Belém, que graça ele tem!
Sino de Belém bate bem-bem-bem.

··

Sino de Belém,
Sino da Paixão,
Sino da Paixão, pelo meu irmão...

Sino da Paixão,
Sino do Bonfim...
Sino do Bonfim, ai de mim, por mim!
Sino de Belém, que graça ele tem!"

Aí, as onomatopeias *bem-bem-bem* e *bão-bão-bão*, elementos vocabulares à margem do sistema intelectivo, se combinam a palavras de conteúdo intelectivo (*Belém, vem, tem; paixão, irmão; Bonfim, mim*), que passam, então, a evocar variados sons dos sinos, em razão de suas potencialidades sonoras.

---

[3]Desse poema Joaquim Matoso Câmara Jr. realizou primorosa exegese, na obra *Contribuição para uma estilística da língua portuguesa*, Rio de Janeiro, 1952, p. 35.

Ao lado disso, há os VOCÁBULOS ONOMATOPEICOS: *fretenir*, *rechinar*, *zinzilular* (da cigarra); *rumorejar*, *farfalhar* (da folhagem ao vento); *tritilar* (do grilo); *escachoar* (de cascatas), *badalar*, *bimbalhar*, *repicar*, *tanger*, *dobrar* (dos sinos, com finalidades definidas).

Quinto Ênio, poeta latino da fase arcaica, inventou o vocábulo *taratantara*, para fingir o toque insistente e pausado das trombetas:

"Cum tuba terribili sonitu taratantara dixit."

Assim imita Gil Vicente o tinir de copos de cristal: *tirintintim*. Para o cantarolar de uma pessoa, Castilho forjou: *larilára*. Em "Val de lírios", B. Lopes empregou o verbo *flaflar*, para reproduzir o barulho de bandeiras ao vento, desfraldando-se ou chocando-se.

Eis a descrição de uma batalha entre romanos e cartagineses feita por Olavo Bilac, no poema "Delenda Carthago!":

"As máquinas de guerra
movem-se. Treme, estala, e parte-se a muralha,
racha de lado a lado. Ao clamor da batalha
estremece o arredor. Brandindo o pilum, prontas,
confundem-se as legiões. Perdido o freio, às tontas
desbocam-se os corcéis. Enrijam-se, esticadas
nos arcos, a ringir, as cordas. Aceradas,
partem setas, zunindo. Os dardos, sibilando,
cruzam-se. Êneos broquéis amolgam-se, ressoando,
aos embates brutais dos piques arrojados.
Loucos, afuzilando os olhos, os soldados,
presa a respiração, torvo e medonho o aspeito
pela férrea esquamata abroquelado o peito,
se escruam no furor, sacudindo os macetes.
Não param, entretanto, os golpes dos arietes,[4]
não cansam no trabalho os musculosos braços
dos guerreiros. Oscila o muro. Os estilhaços

---

[4]Aqui, a rima com *macetes*, por licença poética. A pronúncia correta é — *aríetes*.

saltam das pedras. Gira, inda uma vez vibrada
no ar, a máquina bruta... E, súbito, quebrada,
entre o insano clamor do exército e o fremente
ruído surdo da queda, — estrepitosamente
rui, desaba a muralha, e a pétrea mole roda,
rola, remoinha, e tomba, e se esfacela toda..."

Além do efeito total de confusão e alarido, repare-se na imitatividade isolada de algumas palavras: *enrijam-se* as cordas a *ringir* nos arcos; partem setas *zunindo*; cruzam-se *sibilando* os dardos. Soberbo é o final, onde a acumulação de *erres*, o som surdo da vogal nasal (õ) de *tomba* e o *e* aberto (é) de *esfacela*, avivam a imagem de uma muralha cujas pedras se desconjuntam, e despenham, e esmigalham.

É inegável o valor expressivo de grande número de palavras portuguesas (e o mesmo acontece em todas as línguas), provocado pela sua configuração fonética. Está no caso — para citar um só exemplo — a palavra *rolar*, em que "as duas consoantes líquidas do radical correspondem na sua articulação à ideia de um movimento desimpedido e contínuo, e o arredondamento labial do /o/ se casa bem com a forma dos objetos que rolam." (J. MATOSO CÂMARA JR.)

REITERAÇÃO DE FONEMAS

Distinta da onomatopeia em sentido estrito (ainda que não deixe de ser, em última análise, uma "expansão" dela), a combinação ou a repetição, com finalidade imitativa, de fonemas iguais ou semelhantes no curso da cadeia sonora, pode provocar sensação encantatória ao ouvido — sempre, como já ressaltamos, na dependência da significação das palavras em que esses fonemas se encontram.

Tais efeitos se realizam, principalmente:

a) Por *homofonia* (incidência da acentuação tônica na mesma vogal).

b) Por *aliteração* (repetição da mesma consoante).

c) Por *coliteração* (insistência em consoantes homorgânicas).

ROCHA LIMA

Exemplos:

"Tíbios flautins finíssimos gritavam,
E, as curvas harpas de ouro acompanhando,
Crótalos claros de metal cantavam." (OLAVO BILAC)

"Mas, muito antes da luz das barras, os passarinhos percebem
o sol:
pio, pingo, pilgo, silgo, pinta-alegrim..." (GUIMARÃES ROSA)

"Vozes veladas, veludosas vozes,
Volúpias dos violões, vozes veladas,
Vagam nos velhos vórtices velozes
Dos ventos, vivas, vãs, vulcanizadas." (CRUZ E SOUSA)

"Fogem fluidas, fluindo à fina flor dos fenos."(EUGÊNIO DE CASTRO)

"Ringe e range, rouquenha, a rígida moenda..." (DA COSTA E SILVA)

"Com grandes golpes bato à porta e brado" (ANTERO DE QUENTAL)

(Eis os fonemas coliterados: /k/ ... /g/; /p/ ... /b/; ... /t/ ... /d/.)

Observação

Modernamente, ampliou-se o conceito de aliteração, bem como o de coliteração, em função do próprio conceito de motivação fônica. Não se restringem ambos à repetição do mesmo fonema, ou de fonemas homorgânicos, no *início* de vocábulos sucessivos, mas abrangem também a repetição deles no *início*, no *meio*, ou no *fim* de vocábulos próximos ou mesmo distantes, desde que simetricamente dispostos.[5]

EVOCAÇÃO SONORA

Outro fato importante é a *evocação sonora*, ou seja, o despertar da emoção estética sem enraizar necessariamente na só expressividade dos

---

[5]Kenneth Burke, *The philosophy of literary form, on musicality in verso*, Nova York, 1941, p. 296.

fonemas e suas combinações; mas, antes, na perfeita adequação verbal às "imagens mentais" que o escritor deseja evocar.

Entram em jogo, então, predominantemente, a perícia na seleção lexical, a posição dos acentos e pausas, a ondulação rítmica da frase, a massa fonética das palavras —, tudo a impressionar a nossa sensibilidade e a nossa memória afetiva.

Veja-se como se consorciam admiravelmente, neste verso de Raimundo Corrêa, as ideias, a um só tempo, de *vertiginosidade* e *luminosidade* súbita e instantânea. (E isto, independentemente do /r/ inicial de todas as palavras —, o qual não tem, aí, nenhum papel onomatopeico):

> "E o céu da Grécia, torvo, carregado,
> *rápido, o raio, rútilo, retalha.*"

Repare-se também na imagem de *extensão* e *longura* estilizada nestes versos do mesmo Raimundo Corrêa, nos quais o vocábulo fonético proparoxítono, *desenrolando-se*, como que amplia a noção de espaço, já antecipada pelo adjetivo *imensa*:

> "Nós íamos seguindo; e, em torno, imensa,
> *ia desenrolando-se a paisagem.*"

No seguinte verso de Bilac, a impressão sonoro-evocativa resulta do artístico ajustamento do *ritmo* das pausas à monotonia da periodicidade das batidas (dos passos) no solo:

> "Só perturba a mudez do acampamento
> O *passo | regular | das sentinelas.*"

A aflição desesperada da falta de ar, figura-a o amargurado Augusto dos Anjos, em versos cuja dificuldade mesma de recitação parece adrede buscada para dramatizar a dificuldade e esforço da dispneia:

> "*Sobe-me à boca uma ânsia análoga à ânsia*
> que se escapa da boca de um cardíaco."

ESTILÍSTICA LÉXICA

A parte da significação de uma palavra que diz respeito à função representativa da linguagem é o que se chama — *denotação*; aquela outra, referente à capacidade dela para funcionar como exteriorização psíquica, ou apelo — eis a *conotação*.

Uma e outra se combinam para compor a significação integral da palavra.

Não é difícil concluir que o exame da conotação se situa na área da estilística, e só se precisa no contexto.

Um exemplo curioso:

Todos sabemos qual é o sentido denotativo de *madrasta*: "Mulher casada, em relação aos filhos que o marido teve de casamento anterior." Mas tal palavra apresenta sensível conotação de repulsa afetiva, sem embargo das boas madrastas que sempre houve e haverá. Por isso, os dicionários, logo após a definição principal (que é sempre a denotativa), trazem estoutra, conotativa: "mãe ou mulher má, pouco carinhosa." E registram-na também como adjetivo: *vida madrasta*.

José Lins do Rego documenta, em bela página de *Menino de engenho*,[6] o uso desse nome de parentesco aplicado a uma "tia-avó", pessoa autoritária e perversa — o que só se explica pela forte carga emocional com que lhe retrata a personalidade:

"A minha tia Sinhazinha era uma velha de uns sessenta anos. Irmã de minha avó, ela morava há longo tempo com o seu cunhado (...).

....

Era ela quem tomava conta da casa do meu avô, mas com um despotismo sem entranhas. Com ela estavam as chaves da despensa, e era ela quem mandava as negras no serviço doméstico. Em tudo isso, como um tirano. Meu avô, que não se casara em segundas núpcias, tinha, no entanto, esta *madrasta* dentro de casa."

---

[6]Jesus Bello Galvão, *Subconsciência e afetividade na língua portuguesa*, Rio de Janeiro: Ao Livro Técnico, 1979, p. 68.

GRAMÁTICA NORMATIVA DA LÍNGUA PORTUGUESA 581

Curioso exemplo de *padrasto* com esta mesma conotação lê-se em Murilo Mendes (*Poesias*, Rio de Janeiro: José Olympio, 1959, p. 65):

"Adeus, universo *padrasto*,
Que rejeitas o inocente,
O órfão, o pobre, o nu."

Os poetas líricos sabem tirar o melhor proveito de palavras puramente literárias, como *alperce, atalaia, cilício, glauco, heril* —, as quais, por sua raridade mesma, despertam uma emoção particular, sugerida pela atmosfera aristocrática em que têm trânsito. Muitas vezes, nem lhes conhecemos o sentido intelectual, mas nem por isso deixam elas de impressionar-nos pela força de sua conotação.

SÉRIES SINONÍMICAS

É, ainda, na conotação que repousa, em grande escala, a escolha do termo adequado numa *série sinonímica*.

Raramente duas ou mais palavras têm a mesma significação, como *antologia* e *seleta, bruxo* e *feiticeiro, cauteloso* e *prudente, diabo* e *demônio, enganar e iludir*. Quase sempre, separam-nas leves diferenças de ordem intelectiva — razão por que, entre vários sinônimos, há um que se impõe conforme o contexto, para melhor se ajustar àquilo que queremos exprimir.

Melhor do que falarmos em *sinônimos*, será, pois, falarmos em *séries sinonímicas*, isto é, grupos de palavras que têm uma significação geral comum, mas se distinguem por leves ideias particulares e se empregam em situações diferentes.

Comparem-se, por exemplo, as palavras *cara, rosto, face, fisionomia*. Todas significam a parte anterior da cabeça. Todavia, não usaríamos indistintamente umas pelas outras. Sentimos logo que *cara* é palavra vulgar, um tanto grosseira; *rosto* pertence a uma linguagem mais delicada; *face* já nos soa como termo culto, mais próprio da literatura; *fisionomia* emprega-se quando se quer aludir aos sentimentos que transparecem no rosto de uma pessoa.

O que distingue os sinônimos, no plano da denotação, é o seu significado mais amplo, ou mais restrito: *educador, mestre, professor; recompensa, gratificação, gorjeta.*

O que os diferencia, no plano da conotação, prende-se ao efeito estético:

a) Emprego usual, ou técnico: *vertigem* e *lipotimia, fastio* e *anorexia.*
b) Emprego corrente, ou literário: *criado* e *fâmulo, beijo* e *ósculo.*
c) Nobre, ou plebeu: *vísceras* e *tripas, narinas* e *ventas.*

Nestas condições, é a tonalidade afetiva que sobretudo orienta a eleição dos sinônimos.

POLISSEMIA

No âmbito puro da denotação, é preciso levar em conta *a polissemia* — vale dizer a multiplicidade de sentidos imanente em toda palavra, de que resulta que a sinonímia depende fundamentalmente do contexto.

Observem-se os variados sentidos de *romper*, nas frases abaixo:

Rompeu a roupa no arame farpado. (*rasgou*)
Romper um segredo. (*revelar*)
Romperam as músicas! (*principiaram*)
O senador *rompeu* com o governo. (*brigou com, desligou-se de*)
A cavalaria *romperá* as hostes inimigas. (*destroçará*)

Ou os do adjetivo *grave*, em:

Doença *grave*. (*séria, capaz de ocasionar a morte*)
Voz *grave*. (*baixa*)
Vocábulo *grave*. (*paroxítono*)
Homem de aspecto *grave*. (*circunspecto, sisudo*)

Palavras de significação diametralmente oposta dizem-se — *antônimos.*

Ora são termos de radicais distintos, ora possuem o mesmo radical, caracterizando-se um deles por um prefixo de valor negativo:

GRAMÁTICA NORMATIVA DA LÍNGUA PORTUGUESA

abrir — fechar	*feliz — infeliz*
claro — escuro	*lealdade — deslealdade*
resistir — ceder	*normal — anormal*

A verificação das diferenças denotativas ou conotativas entre duas ou mais palavras pode fazer-se:

a) Pela substituição de uma pela outra ou outras em determinado contexto.

b) Pela determinação de seu antônimo, comum ou diverso de cada uma delas.

Assim que, na série polissêmica de *grave*, acima lembrada, aos sinônimos que vêm entre parênteses poder-se-iam opor, numa espécie de prova dos noves, os seguintes antônimos:

Doença *grave.* (*leve*)
Voz *grave.* (*aguda*)
Vocábulo *grave.* (distingue-se de *agudo* e *esdrúxulo*)
Homem de aspecto *grave.* (*pouco sério, leviano*)

Mas *leve* pode, por sua vez, ser antônimo de *pesado*:

Mais *leve* que o ar. — Mais *pesado* que o ar.

E *aguda*, de *rombuda*:

Ponta *aguda.* — Ponta *rombuda.*

E *grave*, especialmente por sua conotação (sugere algo inaccessível, distante, difícil, solene), levar-nos-ia, com maior ou menor precisão e expressividade, a uma gama de antônimos, tais como: *accessível, simples*, e, talvez, extensivamente, *simpático, agradável*, palavras todas que, por seu turno, serão antônimas de outras, em novos contextos.

Por aí se vê a delicadeza desta questão de sinonímia e antonímia.

HOMÔNIMOS E PARÔNIMOS

Outro fator de perturbação da boa escolha das palavras é a existência de *homônimos*.

A rigor, só deveriam ser consideradas como tais aquelas palavras que, tendo origem diversa, apresentassem a mesma forma, em virtude de uma *coincidência* na sua evolução fonética.

No entanto, sem cogitar da origem das palavras, costuma-se entender sob essa designação *todas* as palavras que, possuindo forma idêntica, designem coisas distintas:

cabo (posto militar)
cabo (acidente geográfico)

real (verdadeiro)
real (de rei)

Há homônimos que, apesar de terem os mesmos fonemas, se escrevem diferentemente.

Exemplos:

espiar e *expiar*; *coser* e *cozer*; *bucho* e *buxo*; *insipiente* e *incipiente*; *sessão*, *seção* e *cessão*; *maça* e *massa*; *taxar* e *tachar*, etc.

Estes chamam-se especialmente *homófonos*.

Parônimos são palavras de forma parecida, que, por isso, se prestam a frequentes confusões de emprego.

Exemplos:

infligir e *infringir*; *intemerato* e *intimorato*; *ratificar* e *retificar*; *lactante* e *lactente*; *descrição* e *discrição*, etc.

Grande número de parônimos se distinguem pelos prefixos apostos a um radical comum:

eminente e *iminente*; *emigrar* e *imigrar*;
emergir e *imergir*; *prescrever* e *proscrever*, etc.

GRAMÁTICA NORMATIVA DA LÍNGUA PORTUGUESA 585

Para ultimar o sumaríssimo estudo que acabamos de fazer de estilística léxica, caberia apreciar aqui as *figuras de palavras* — que, todavia, serão examinadas em capítulo à parte (p. 596), para o qual remetemos o leitor.

ESTILÍSTICA SINTÁTICA

Um dos casos mais notórios de impregnação afetiva da frase é a *mudança de tratamento* — com a qual se assinala inesperada mudança de atitude do sujeito falante em relação ao ouvinte.

Soberbo exemplo, dá-no-lo o príncipe do Romantismo português, o escritor Almeida Garrett, neste trecho extraído ao drama *O alfageme de Santarém*: quem fala é o padre Froilão, dirigindo-se a dom Nuno Álvares Pereira, condestável do Reino. Froilão, antigo preceptor de dom Nuno, estava na suposição de que, por ordem deste, ou, pelo menos, com a sua aquiescência, é que fora preso, por traidor, o velho alfageme de Santarém. E, revoltado, exprobra-lhe publicamente o proceder.

Na violência de sua acusação, trata a dom Nuno ora por *vós* (quando se dirige à personalidade do poderoso condestável), ora por *tu* (quando, com a autoridade de antigo preceptor, se dirige amarguradamente ao amado pupilo de outros tempos):

"— *Ouvis* bem, Nuno Álvares Pereira? Por traidor o alfageme de Santarém, o marido de *tua* irmã!... E por ordem desse rei, que *vós* fizestes rei para nos libertar, para nos catar nossos foros, para nos guardar justiça! *Ouves* isto, Nuno Álvares Pereira? *Ouvis*, senhor condestável do Reino, senhor conde de Ourém? — Quantos mais títulos e honras e senhorios e mercês e grandezas *tendes*, para eu *vos* chamar por eles todos, Nuno, e *te* dizer: '*És* tudo isso, Nuno, dom Nuno; *olha* agora o alfageme, o homem do povo, e *vê* o que lhe *fizeste!*'"

Em "O Fantasma e a Canção", de Castro Alves, esta confere àquele dois tratamentos: o de *tu*, piedosamente acolhedor, quando o fantasma se apresenta, com humildade, a pedir abrigo:

"— Mendigo, *podes* passar!"

E o de *vós*, quando o fantasma, falando de seu passado, lhe revela que já fora rei:

"Meu cajado — já foi cetro,
Meus trapos — manto real!
— Senhor, minha casa é pobre...
Ide bater a um solar!"

Um pouco diferente, mas gerado pela mesma atmosfera emotiva, é este passo da "Balada da mulher sozinha", belo poema de Maria Eugênia Celso:

"Eu sou aquela que, na estação,
Depois do abraço arrancado do último instante,
Viu desaparecer na portinhola do vagão
Meus dois rapazes,
Moços, belos, audazes..."

É o lamento agoniado da mãe que vê partir para a guerra seus dois filhos, mal saídos da adolescência.

A sintaxe lógica exigiria o possessivo *seus*: Eu sou aquela que viu desaparecer seus dois rapazes...

Mas o delírio desesperado do sentimento de posse levou a escritora aquela construção maternamente egoísta, realizada com o fortíssimo possessivo de primeira pessoa.

Recurso eficaz de demonstrarmos interesse pelo interlocutor é nos associarmos afetuosamente a ele, pelo emprego do verbo na *primeira pessoa do plural* — e não na segunda, como seria o regular.

GRAMÁTICA NORMATIVA DA LÍNGUA PORTUGUESA

É ainda Garrett quem nos subministra este formoso exemplo, já recolhido por Sousa da Silveira:

"— Sim, eu agora ando bom... e *tu*, meu Luís, como *vamos* de saúde?"

Note-se a discordância *tu... vamos*. Mas esse *vamos*, de flagrante valor estilístico, frisa a cordialidade da nossa pergunta, comunicando à frase um ar de intimidade carinhosa, já preparado, aliás, pelo vocativo — *meu Luís* —, onde o possessivo *meu* como que movera antecipadamente a sensibilidade do autor.

ANACOLUTO

No *anacoluto* encontraremos, talvez, um dos mais frequentes casos de sintaxe afetiva.

Consiste essa figura numa desconexão sintática, resultante do desvio do plano de construção da frase. Iniciada com determinada estrutura, ela se interrompe de súbito e envereda por outro rumo.

Exemplo:

"*Tu* que, da liberdade após a guerra,
Foste hasteada dos heróis na lança,
Antes te houvessem roto na batalha,
Que servires a um povo de mortalha!..." (CASTRO ALVES)

Trata-se dos versos finais da penúltima estrofe de "O navio negreiro".

O poeta, depois de ter vergastado, com o azorrague da sua maldição, o drama dos escravos supliciados nos porões de um navio negreiro, vê tremular no mastro deste o pavilhão nacional. E, incendiado de cólera e humilhação, dirige veemente apóstrofe à bandeira, lamentando que ela, que se glorificara nas lutas pela liberdade, estivesse a acobertar tamanho opróbrio.

Não seria, portanto, esperável que sua frase saísse racionalmente *articulada*, e, sim, que refletisse o tumulto da paixão que lhe ia n'alma.

Daí o desarrumado da frase: a oração iniciada pelo pronome *tu* continua, com estrutura diferente, no terceiro verso; dela, na forma originária, só ficou o sujeito, sintaticamente desligado do resto do período, e, portanto, sem função que exercer.

Quase sempre, o que determina o anacoluto é a colocação, no rosto do período, do elemento de maior relevo psicológico. Nele se concentra por tal forma o nosso interesse, que não prestamos atenção à regularidade sintática e o deixamos a valer por si, sem ligação com os demais membros da frase.

Outros exemplos:

> "*E o desgraçado, tremiam-lhe as pernas e sufocava-o a tosse.*"
> (ALMEIDA GARRETT)

> "*Os* que acompanhavam o enterro, *apenas dois o faziam* por estima à finada: eram Luís Patrício e Valadares." (MACHADO DE ASSIS)

> "Olha: *eu*, até de longe, com os olhos fechados, *o senhor não me engana.*" (GUIMARÃES ROSA)

INFINITIVO FLEXIONADO

Também certos casos de *infinitivo flexionado* (que já se estudou em seus aspectos normativos) antes se apresentam como exigências da manifestação psíquica e do apelo.

No exemplo abaixo, de Alexandre Herculano, parece claro o traço estilístico:

> "*Queres ser* mau filho, mau amigo, *deixares* uma nódoa d'infâmia na tua linhagem?"

A flexão (*deixares*) não é, aí, requerida pela clareza — senão pela ênfase: a intenção de reforçar a presença do sujeito (já presente em — *queres*).

GRAMÁTICA NORMATIVA DA LÍNGUA PORTUGUESA 589

COLOCAÇÃO DOS PRONOMES ÁTONOS

O mesmo passa com algumas facetas da *colocação dos pronomes oblíquos*, como observa argutamente Matoso Câmara Jr.:[7]

"Não é por acaso que, na linguagem cotidiana, a próclise é de regra com a partícula *me* em frase imperativa: 'Me dá isso!' É que assim se consegue pôr estilisticamente em realce a própria pessoa, numa afirmação da tensão psíquica e da vontade. A construção — *dá-me* obumbra o pronome; daí pode resultar em última análise uma possibilidade para maior ênfase do verbo — é certo —, o que explica que João Ribeiro considere a ênclise com o imperativo um índice da atitude voluntariosa e atribua à próclise o caráter de delicada insinuação. A interpretação do saudoso filólogo sistematiza uma apenas das possibilidades estilísticas da próclise. E não colide com a tese de que se assinala, pela individualidade vocabular do pronome, a personalidade psíquica do sujeito falante: essa personalidade se destaca como um centro de interesse permanente, tanto no pedido mais suave quanto na ordem mais altiva.[8]

Também não é por acaso, por outro lado, que os exemplos espontâneos mais comuns de ênclise se verifiquem com o pronome de terceira pessoa (mormente quando se trata de *se* como índice de sujeito indeterminado), o qual é em regra um objeto de pouco interesse para nele se concentrar o nosso *élan* interior."

Deve-se, outrossim, incluir nos casos de estilística sintática o emprego do *estilo indireto livre* — cujo estudo, pelo desenvolvimento que lhe queremos dar, será feito no capítulo seguinte.

---

[7] Joaquim Matoso Câmara Jr., *Contribuição para uma estilística da língua portuguesa*, op. cit., p. 57.

[8] Não esquecer o papel decisivo da *entoação*. Conforme ela, a frase, por exemplo, "Mande-me dinheiro", poderá traduzir arrogância, ou súplica.
Experiência referida por Jakobson: um velho ator de teatro proferiu o mesmo enunciado com 50 entoações — cada uma das quais com matiz significativo diferente. (Georges Mounin, *Clefs pour la linguistique*, na tradução portuguesa com o título de *Introdução à linguística*, Lisboa: Iniciativas Editoriais, 1970, p. 62).

A INTERROGAÇÃO

Desde que encabeçado por pronome ou advérbio interrogativos, o enunciado obedece (como já aprendemos, p. 329) a uma ordem determinada, de conformidade com a qual o sujeito deve colocar-se depois do verbo:

Que deseja *você*? A quem amas *tu*? Quando chegarão *os teus amigos*?

Como, porém, em certos casos, tal construção se mostra imprestável para comunicar algumas cambiantes do nosso sentimento (o termo interrogativo é muitas vezes o elemento de maior interesse para nós) —, dispõe a Língua de recursos para obviar a este inconveniente.

O principal deles consiste em usarmos da locução idiomática *é que*, com a qual pomos em evidência o termo pelo qual queremos perguntar. Este modo de redigir permite, além do mais, o deslocamento do sujeito para antes do verbo:

Que *é que* você deseja? A quem *é que* tu amas? Quando *é que* os teus amigos chegarão?

Meio especial de valorizar o interrogativo *que* é aditar-lhe o apoio fonético da partícula *o*, como que desdobrando o referido pronome em — *o que*?
Exemplo:

— *Que* desejas aqui?/ — *O que* desejas aqui?

Se é para o sujeito que converge o nosso interesse, temos a faculdade de transpô-lo para o início da oração. Assim, em vez de:

— Como vão *as crianças*?

GRAMÁTICA NORMATIVA DA LÍNGUA PORTUGUESA

preferiremos formular a pergunta desta sorte:

—*As crianças* como vão?

Com a sua fina intuição estilística, Machado de Assis não vacilou em escrever:

"— *Capitu* como vai?" (*Dom Casmurro*, p. 123)

CAPÍTULO 32

ESTILO DIRETO, INDIRETO
E INDIRETO LIVRE

Para fazer-nos conhecer, no curso de uma narrativa, palavras ou pensamentos de outrem, dispõe a técnica da redação de três processos típicos.

1) No primeiro, que é o mais simples, o escritor apresenta a personagem e deixa-a expressar-se, reproduzindo-lhe textualmente as palavras; como que a anunciar tais palavras aparece um dos chamados verbos *dicendi* (disse, acrescentou, perguntou, respondeu), que pode precedê-las, encerrá-las, ou nelas intercalar-se.

Exemplo:

> *O alfinete disse à agulha: "Faze como eu, que não abro caminho para ninguém."*

> *"Faze como eu, que não abro caminho para ninguém" — disse o alfinete à agulha.*

> *"Faze como eu" — disse o alfinete à agulha — "que não abro caminho para ninguém."*

Na segunda frase, a oração do verbo *dicendi* poderia separar-se por vírgula; e na terceira, seria lícito pô-la entre vírgulas ou entre parênteses.

Este processo tem a vantagem de deixar intacta a expressividade linguística da frase citada, o que permite ao escritor hierarquizar socialmente as personagens que falam.

Denomina-se *estilo direto* a este molde de expressão.

GRAMÁTICA NORMATIVA DA LÍNGUA PORTUGUESA   593

2) A ele se opõe o *estilo indireto*, que consiste no seguinte: o autor encaixa no seu próprio discurso as palavras da personagem, propondo-se tão somente a transmitir-lhes o sentido intelectual e não a forma linguística que as caracteriza; usa também de um verbo *dicendi*, porém seguido de oração introduzida por um elo subordinativo, que é, na maioria das vezes, a conjunção integrante.

Exemplo:

> *O alfinete disse à agulha que fizesse como ele, que não abria caminho para ninguém.*

Da transposição do estilo direto para o indireto resultam alterações na estrutura do período, as quais se podem assim enumerar:

a) Terceira pessoa, em vez de primeira ou segunda.
b) Pretérito imperfeito, em vez de presente.
c) Futuro do pretérito, em vez de futuro do presente.
d) Subjuntivo, em vez de indicativo ou imperativo.
e) Forma declarativa, em vez de interrogativa ou imperativa.
f) Demonstrativo *aquele*, em vez de *este* ou *esse*.

Assim que, numa frase de estilo direto, como:

> *Napoleão disse aos seus soldados: "Do alto dessas pirâmides, 40 séculos vos contemplam."*

a transposição se haveria de fazer deste modo:

> *Napoleão disse aos seus soldados que do alto daquelas pirâmides 40 séculos os contemplavam.*

Outros exemplos:

ESTILO DIRETO	ESTILO INDIRETO
Tieck afirmou: "Aquele que não sabe obedecer, não deve mandar."	*Tieck afirmou que aquele que não saiba obedecer, não devia mandar.*
Eu ordenei-lhe: "Venha imediatamente."	*Eu ordenei-lhe que viesse imediatamente.*

Indagou o cirurgião: "Qual será a verdadeira idade do doente?"	*Indagou o cirurgião qual seria a verdadeira idade do doente.*
Indignado, perguntei ao jovem: "Porque me fala você com essa arrogância?"	*Indignado, perguntei ao jovem porque me falava ele com aquela arrogância.*

Havendo uma interrogação no estilo direto, a partícula introdutória da oração subordinada será, (como vimos nos dois últimos exemplos), no estilo indireto, um pronome ou advérbio interrogativos.

3) Um tanto sutil é a terceira modalidade, ou seja, a construção em *estilo indireto livre.*

Nele, o escritor consigna, em estilo indireto, as ideias, as reflexões, os sentimentos da personagem, sem empregar, contudo, verbo *dicendi* nem qualquer elo subordinativo. Ao contrário, constroem-se dois períodos — o segundo dos quais encerra o pensamento do falante.

Tomemos, para exercício de transposição, esta frase:

a) ESTILO DIRETO:
> *O sacerdote, com o coração a sangrar, disse: "Positivamente, este país não é amigo de Deus."*

b) ESTILO INDIRETO:
> *O sacerdote, com o coração a sangrar, disse que positivamente aquele país não era amigo de Deus.*

c) ESTILO INDIRETO LIVRE:
> *O sacerdote estava com o coração a sangrar. Positivamente, aquele país não era amigo de Deus.*

Outro exemplo:

a) ESTILO DIRETO:
> *O médico recusou pagamento, acrescentando: "É cristão levar a saúde à casa dos pobres."*

GRAMÁTICA NORMATIVA DA LÍNGUA PORTUGUESA

b) ESTILO INDIRETO:

O médico recusou pagamento, acrescentando que era cristão levar a saúde à casa dos pobres.

c) ESTILO INDIRETO LIVRE:

O médico recusou pagamento. Era cristão levar a saúde à casa dos pobres.

Este tipo sintático conserva as interrogações em sua forma originária, ao contrário do que acontece no estilo indireto puro, que as reduz a uma incaracterística forma declarativa.

Eis um exemplo:

a) ESTILO DIRETO:

O delegado, que estava indeciso, perguntou de si para si: "A quem *interessará o crime?*"

b) ESTILO INDIRETO:

O delegado, que estava indeciso, perguntou de si para si a quem interessaria o crime.

c) ESTILO INDIRETO LIVRE:

O delegado estava indeciso. A quem interessará o crime?

Observação

Acerca do assunto pode ler-se: Otto Jespersen, *The philosophy of grammar*, Londres: Allen & Unwin, 1924, p. 290-300; Marguerite Lips. *Le style indirect libre*, Paris: Payot, 1926; Joaquim Matoso Câmara Jr., *Ensaios machadianos*, Rio de Janeiro: Acadêmica. 1962, p. 25-41; G. Verdín Diaz, *Introducción al estilo indirecto libre en español*, Madri: C. S. I. C., 1970, p. 149.

CAPÍTULO 33

FIGURAS DE LINGUAGEM: OS TROPOS

CLASSIFICAÇÃO DAS FIGURAS DE LINGUAGEM

Figuras de linguagem são certas maneiras de dizer que expressam o pensamento ou o sentimento com energia e colorido, a serviço das intenções estéticas de quem as usa.

Trata-se de recursos naturais da linguagem, que os escritores aproveitam para comunicar ao estilo vivacidade e beleza.

Há figuras:

— De palavras (ou tropos).
— De construção.
— De pensamento.

Mencionando-se tão somente as mais importantes, podem-se elas dispor no seguinte quadro geral:

FIGURAS DE PALAVRAS

metáfora (e suas variedades)
metonímia (e suas variedades)

FIGURAS DE CONSTRUÇÃO

1) Por omissão:
elipse
zeugma

GRAMÁTICA NORMATIVA DA LÍNGUA PORTUGUESA

assíndeto
reticência

2) Por excesso:
pleonasmo
polissíndeto

3) Por transposição:
hipálage
hipérbato
sínquise

4) Por discordância:
anacoluto (já estudado, p. 587)
silepse

5) Por repetição:
anáfora
epístrofe
símploce
concatenação
conversão

FIGURAS DE PENSAMENTO

antítese
paradoxo
clímax
preterição
antífrase
eufemismo
litote
alusão

FIGURAS DE PALAVRAS OU TROPOS

METÁFORA

1) Consiste na transferência de um termo para uma esfera de significação que não é a sua, em virtude de uma comparação implícita.

Quando dizemos, por exemplo,

> perdi a *chave* do apartamento
> doente do *coração*
> pessoa *baixa*
> mancha *negra*,

as palavras sublinhadas se empregam na sua significação *reta*, ou denotativa.

Não é raro, porém, construírem-se frases como as seguintes:

> Atinamos, afinal, com a *chave* do problema,
> Penetramos no *coração* da floresta,
> Sempre foi pessoa de sentimentos *baixos*,
> Confessou ao sacerdote seu *negro* pecado,

em que as mesmas palavras aparecem transfiguradas e enriquecidas de novos valores expressivos.

Estes novos sentidos estão, porém, de alguma forma, relacionados com os primitivos, como é fácil perceber.

Assenta a metáfora numa relação de *similaridade*, encontrando o seu fundamento na mais natural das leis psicológicas: a associação de ideias.

Assim, ela transporta o nome de um objeto a outro, graças a um caráter qualquer comum a ambos: a *folha* da árvore dá o seu nome à folha de papel, em razão da pequena espessura de uma e outra.

Do mesmo modo: o *fio* de um discurso; *onda* de imigrantes; coração *empedernido*; *cabeça* de revolução; sorriso *amarelo*.

Nem sempre é fácil determinar-lhe o ponto de partida; muitas vezes, o processo de desenvolvimento da metáfora compreende dois momentos: um, em que ela é ainda sensível, por isso que o nome, ao designar o segundo objeto, desperta a imagem do primeiro; o outro, quando, por esvaecimento da primeira imagem, o nome só designa o segundo objeto e só a este se torna adequado.

Por isso, Konrad contrapõe a metáfora "estética" à metáfora "linguística" — ensinando que aquela mergulha raízes na intenção deliberada de criar efeito emotivo, enquanto na última, tornada hábito da língua, já não se sente nenhum vestígio de inovação criadora pessoal; Amado Alonso, comungando a mesma opinião, denomina "fóssil" a esta metáfora morta, conhecida (conforme a nomenclatura da retórica greco-latina) como — *catacrese*.

Metáfora necessária, estereotipada, resulta a catacrese da ausência de termo próprio para designar determinada coisa (*pernas da mesa, cabeça de alfinete*, etc.), o que conduz, às vezes, ao estabelecimento de relações de semelhança algo abusivas e forçadas, como se vê, por exemplo, em — *embarcar num trem, o avião aterrissou em alto-mar, enterrar uma farpa no dedo, espalhar dinheiro, azulejos verdes.*

Ao contrário, a metáfora viva, sempre renovada, nasce de um impulso estilístico — e, por isso, é explorada pelos escritores como processo básico de criação literária, especialmente na poesia. "Somente a metáfora" — diz Marcel Proust — "pode dar uma espécie de eternidade ao estilo." Exemplos:

"Incêndio — leão ruivo, ensanguentado." (CASTRO ALVES)

"Noite — dossel do amor aberto no infinito..." (LUÍS CARLOS)

"(...) só trovões longe, céu com pigarro." (GUIMARÃES ROSA)

Repare-se nestes dois excertos, onde se consorciam a significação reta e a figurada das palavras "tempestade" e "mundo", respectivamente:

"No dia seguinte, acordamos debaixo de um temporal (...). Enfim a *tempestade* amainou. Confesso que foi uma diversão excelente à *tempestade* do meu coração." (MACHADO DE ASSIS)

"Gramática, geografia, que me importava saber verbos e substantivos, se o *mundo* era redondo ou quadrado, que me importava, se o meu *mundo* era os meus coelhos!" (MARQUES REBELO)

2) A metáfora reveste diversas modalidades, entre as quais merecem destaque a *personificação*, a *hipérbole*, o *símbolo* e a *sinestesia*.

a) Entende-se por *personificação*, ou *animismo*, ou, ainda, *prosopopeia* — a atribuição a seres inanimados de ações, qualidades, ou sentimentos próprios do homem:

o mar *brame*, ondas *violentas*, tarde *triste*, etc.

Exemplos:

"(...) o *sol*, no poente, *abre* tapeçarias..." (CRUZ E SOUSA)

"(...) *os rios vão carregando* as queixas do caminho." (RAUL BOPP)

"Um *frio inteligente* (...) percorria o jardim..." (CLARICE LISPECTOR)

A mais genialmente arrojada prosopopeia da língua portuguesa é, sem dúvida, a personificação do Cabo das Tormentas na figura do gigante Adamastor. (CAMÕES, *Os Lusíadas*, V, 39-59)

b) *Hipérbole* — é a figura do exagero: tem por fundamento a paixão, que leva o escritor a deformar a realidade, glorificando-a ou amesquinhando-a segundo o seu particular modo de sentir.
Na linguagem corrente são comuns as hipérboles, exagerações autorizadas pelo uso:

morro de saudades, *estourou* de rir, ser *louca* pelos filhos, etc.

Exemplos:

"*Rios te correrão dos olhos*, se chorares!" (OLAVO BILAC)

"Eu, somente eu, com a minha dor enorme,
Os olhos ensanguento na vigília!" (AUGUSTO DOS ANJOS)

GRAMÁTICA NORMATIVA DA LÍNGUA PORTUGUESA

c) Símbolo — é a metáfora que ocorre quando o nome de um ser ou coisa concreta assume valor convencional, abstrato.

Desta sorte, a *balança* é o símbolo da justiça; a *cruz*, do cristianismo; o *cão*, da fidelidade; *Dom Quixote*, do idealismo; *Otelo*, do ciúme. Procurando caracterizar o símbolo, Wellek e Warren sustentam que o seu traço cardeal é a reiteração e a persistência — vale dizer que se a metáfora "se repite persistentemente, como presentación a la vez que como representación, se convierte en símbolo".[1]
Exemplos:

"Nem cora o *livro* de ombrear co *sabre*...
Nem cora o sabre de chamá-lo irmão..." (CASTRO ALVES)
(*livro* simboliza a cultura; e *sabre*, o poder militar).

"Ó *Natércias*, ó *Lauras*, ó *Beatrizes*,
Como noite que de astros se constela,
Vai-vos seguindo a dor dos infelizes..." (ALPHONSUS DE GUIMARAENS)
(*Natércias, Lauras, Beatrizes* simbolizam as mulheres que despertam grandes paixões.)

"O *Evangelho* e o *Corão* estão frente a frente no resultado das suas doutrinas." (ALEXANDRE HERCULANO)
(*Evangelho* simboliza a religião cristã; e *Corão*, a dos maometanos).

O simbolismo das *cores* tem caráter universal: são associações que estão no consenso de todos, e têm figurado em todas as literaturas. Com pequenas variedades insuficientes para desfigurar o sentimento geral, sua chave é mais ou menos esta:

branco   — pureza, virgindade
azul   — sonho, felicidade, misticismo
vermelho — luta, tragédia
verde   — esperança, ódio

---

[1]René Wellek e Austin Warren, *Teoría literária*, trad. esp., 2ª ed. aum. e corr., Madri: Gredos, [1955], p. 225.

amarelo — tédio, angústia
roxo — luto, mágoa
negro — dor, luto

Exemplos:

"Os sonhos *brancos* que não são da terra." (CRUZ E SOUSA)

"Ó rio *roxo* e triste, ó rio morto,
rio do esquecimento!" (CRUZ E SOUSA)

"É a esperança que pouco a pouco morre,
deixando em *crepes* o universo inteiro." (ALPHONSUS DE GUIMARAENS)

d) Sinestesia — é a interpenetração de planos sensoriais. Por esta figura, fundem-se sensações visuais com auditivas, gustativas, olfativas, tácteis — num amálgama de ricos efeitos expressivos.
Exemplos:

"A cor cantava-me nos olhos..." (CRUZ E SOUSA)
(aí se misturam a sensação visual de *cor* e a sensação auditiva de *cantar*)

"Por uma única janela envidraçada, (...) entravam claridades cinzentas e surdas, sem sombras." (CLARICE LISPECTOR)

"Gela o som... gela a cor..." (RONALD DE CARVALHO)

"Som que tem cor, fulgor, sabor, perfume." (HERMES FONTES)

"Voltou-se para o canto, o rosto próximo da parede — a camada de ar ali como que se guardava mais fresca, e com um relento de limo, *cheiro verde*, quase musgoso (...)." (GUIMARÃES ROSA)

Recorde-se o conhecido verso de Baudelaire:

"Les parfums, les couleurs et les sons se répondent."

METONÍMIA

1) Baseado numa relação de *contiguidade*, origina-se este tropo das ideias evocadas por outra com a qual apresentam certa interdependência.[2] Se leio *Os Lusíadas*, lembro-me de Camões, seu autor; se me refiro a *navio*, vêm-me à lembrança as suas *velas* — partes que são daquele todo.

Consiste, então, a metonímia em tomar-se, por exemplo:

a) O efeito pela causa: As *cãs* inspiram respeito (*a velhice*).

b) O autor pela obra: Ler *Machado de Assis*. Havia no salão um *Rafael*.

c) O continente pelo conteúdo: Tomar uma *taça* de chá, uma *garrafa* de vinho.

d) A parte pelo todo: Completou quinze *primaveras* (quinze *anos*).

e) O singular pelo plural: A *mulher* tem sempre rara intuição (*as mulheres*).

f) A matéria pela obra: Tangem os *bronzes* (*os sinos*), etc.

Exemplos:

"Aquele que criou todo o *Hemisfério*," (CAMÕES)
(hemisfério = mundo: a parte pelo todo).

"(Um homem) trazia um ferro na mão gotejando *vermelho*, uma faca de lâmina estreita ou um punhal." (RAUL POMPÉIA)
(vermelho = sangue: a característica pelo produto).

"Ele só naquela casa sabia que Deus derramara seu sangue para que o *mundo* o amasse." (JOSÉ LINS DO REGO)
(o mundo = os homens: o todo pela parte).

"A *vingança* vai-lhes no encalço." (ALEXANDRE HERCULANO)
(vingança = vingadores: o abstrato pelo concreto).

---

[2]Com esta conceituação, que é a dos modernos estilólogos, Wolfgang Kayser à frente —, a metonímia abrange a "sinédoque", outrora considerada ao lado da primeira, à base de distinções sutis.

2) Variedade da metonímia é a *antonomásia* — designação de uma pessoa ou lugar por qualquer atributo notório, ou acontecimento a que estejam ligados.

Entre os grandes episódios que marcaram a vida de Rui Barbosa destaca-se o ter representado o Brasil, com superior brilho, na conferência de Haia; daí a antonomásia: *Águia de Haia*. Também assim: o *Poeta dos Escravos* (Castro Alves); o *Patriarca da Independência* (José Bonifácio); o *Cavaleiro da Triste Figura* (dom Quixote).

> "Na linguagem coloquial, a antonomásia é o apelido, alcunha ou cognome, cuja origem é um aposto ao nome próprio. Quando o aposto e o nome se identificam de tal forma, que um evoca automaticamente o outro, omite-se o segundo, e o aposto passa a apelido: Pedro, *o Perneta* reduz-se a 'o Perneta', antonomásia.
>
> Também povos, países, cidades reais ou fictícias, até profissões e animais costumam ser designados por antonomásia, a que, então, se dá o nome generalizador de 'perífrase', que pode ser metafórica ou não. É assim que se diz *Cidade Maravilhosa* em vez de Rio de Janeiro. O processo é o mesmo: 'Rio de Janeiro, a cidade maravilhosa' reduziu-se ao aposto: *Cidade Maravilhosa*. Ninguém teria coragem de dizer que essa perífrase é o apelido de Rio: é a sua antonomásia."[3]

Exemplo:

> "Conheciam-no pelo toque-toque da perna de pau e logo, chamando-se uns aos outros, corriam todos os meninos às grades e, quando o inválido passava, rompiam em assuada: — *Ó perneta!*"
>
> (COELHO NETO)

---

[3] Othon M. Garcia, op. cit., p. 81.

GRAMÁTICA NORMATIVA DA LÍNGUA PORTUGUESA 605

> *Observação*
>
> Fundamentada no mesmo princípio da semelhança que rege a metáfora —, a *comparação* ou *símile* é o confronto de dois seres ou fatos em que o espírito percebe alguma relação.
>
> Sua inferioridade expressiva em face da metáfora reside em ser explícita, posta em pé com o socorro indispensável das partículas *como, qual, tal, assim como,* etc.
>
> O realizar-se por meio de um giro fraseológico retira-lhe, talvez, o caráter de *figura de palavra;* mas considera-se neste ponto e lugar, em virtude de ser governada, como já se acentuou, pelo mesmo princípio geral da similitude.
>
> Exemplos:
>
> > *"Assim como a madeira cria o bicho,* mas o bicho destrói a madeira, *assim do pecado nascem as lágrimas,* mas as lágrimas destroem o pecado."* (Manuel Bernardes)
> >
> > *"Como uma cascavel* que se enroscava, *A cidade dos lázaros* dormia..." (Augusto dos Anjos)
> >
> > *"Tinhas o coração* ermo e fechado, *Como a floresta* secular, sombria..." (Olavo Bilac)
> >
> > *"Qual a palmeira* que domina ufana Os altos topos da floresta espessa: Tal bem presto há de ser no mundo novo *O Brasil* bem fadado." (José Bonifácio)

Middleton Murry propôs que, sob a designação genérica de *imagem*, se compreendam a metáfora, a metonímia e o símile.

CAPÍTULO 34

OUTRAS FIGURAS DE LINGUAGEM

FIGURAS DE CONSTRUÇÃO

ELIPSE

Elipse é a omissão de termos que facilmente se podem subentender. Exemplos:

'Na rua deserta, nenhum sinal de bonde." (CLARICE LISPECTOR)

"Oxalá tenham razão." (MACHADO DE ASSIS)

"Mas a lua, fitando o sol, com azedume:
— Mísera, tivesse eu aquela enorme, aquela
Claridade imortal, que toda a luz resume!" (MACHADO DE ASSIS)

"De mau corvo, mau ovo." (PROVÉRBIO)

No primeiro exemplo, está implícito, ou melhor, "mentado", o verbo *haver* na forma negativa (*não haver*); no segundo, a conjunção integrante *que*; no terceiro, o verbo *dizer*; no último, o verbo *provir* ou outro de significação equivalente.

De belo efeito é a supressão da palavra *Senhora* (da expressão *Nossa Senhora*), nestes versos de Manuel Bandeira:

"Os cavalinhos correndo,
E nós, cavalões, comendo...
O Brasil politicando,

GRAMÁTICA NORMATIVA DA LÍNGUA PORTUGUESA

Nossa! A poesia morrendo...
O sol tão claro lá fora,
O sol tão claro, Esmeralda,
E em minhalma — anoitecendo!"

Aliás, nestes versos há várias vezes a elipse do verbo *estar*.

ZEUGMA

Zeugma é a omissão de termo anteriormente expresso, que se subentende com outra flexão.
Exemplo:

"Nem ele entende a nós, nem nós a ele." (*Os Lusíadas*, V, 28).

Na segunda oração está oculto o verbo *entender*, porém na forma *entendemos*

ASSÍNDETO

Assíndeto é a falta de conjunção entre elementos coordenados.
O emprego adequado desta figura comunica ao estilo brevidade e rapidez.
Exemplo:

"Luciana, inquieta, subia à janela da cozinha, sondava os arredores, bradava com desespero, até que ouvia duas notas estridentes, localizava o fugitivo, saía de casa como um redemoinho, empurrava as portas, estabanada: — Quero o meu periquito."

(GRACILIANO RAMOS)

RETICÊNCIA

Reticência é a suspensão intencional do pensamento, quando o silêncio parece mais expressivo do que a palavra.

Exemplo:

"Nós dois... e, entre nós dois, implacável e forte,
A arredar-me de ti, cada vez mais, a morte..." (Olavo Bilac)

PLEONASMO

Pleonasmo é o emprego de palavras desnecessárias ao sentido.

Há o pleonasmo grosseiro, decorrente da ignorância da significação das palavras (*hemorragia de sangue, subir para cima*), e o literário, que serve à ênfase, ao vigor da expressão.

Exemplos:

"(...) era véspera de Natal, as horas passavam, ele devia de querer estar ao lado de iá-Dijina, *em sua casa deles dois*, da outra banda, na Lapa-Laje." (Guimarães Rosa)

"Era como se todo o mundo que ele *pisara com os pés*, que *vira com os seus olhos*, que *pegara com as suas mãos*, se perdesse num instante." (José Lins do Rego)

POLISSÍNDETO

Polissíndeto é a reiteração do conetivo entre elementos coordenados.
Exemplo:

"No aconchego
Do claustro, na paciência e no sossego,
Trabalha, *e* teima, *e* lima, *e* sofre, *e* sua!" (Olavo Bilac)

HIPÁLAGE

Hipálage consiste em atribuir-se a uma palavra o que pertence a outra da mesma frase.

GRAMÁTICA NORMATIVA DA LÍNGUA PORTUGUESA

Exemplos (de Eça de Queirós):

"(...) as lojas *loquazes* dos barbeiros."
(por: as lojas dos barbeiros loquazes)

"As tias, fazendo as suas meias *sonolentas*."
(por: as tias sonolentas fazendo as suas meias)

HIPÉRBATO

Hipérbato é a inversão da ordem natural das palavras na oração, ou a da ordem das orações no período.

Observação

Recebe particularmente o nome de *anástrofe*, quando se pospõe uma preposição ao seu consequente.[1]

"*Das idades através*." (CASTRO ALVES)
"As tribos erram *do areal nas vagas*..." (CASTRO ALVES)

Exemplos:

"A Deus pedi que removesse os duros
Casos que Adamastor contou *futuros*." (*Os Lusíadas*, V, 60)

"*A grita* se alevanta ao céu *da gente*." (*Os Lusíadas*, II, 91)

"*O coração* no peito *que estremece*
De quem os olha, se alvoroça e teme." (*Os Lusíadas*, VI, 64)

"Também deixo a memória que os obriga
A grande nome, quando alevantaram
Um por seu capitão, que *peregrino*
Fingiu na cerva espírito divino." (*Os Lusíadas*, I, 26)

---

[1]Cf. Fernando Lazaro Carreter, *Diccionario de términos filológicos*, Madri: Gredos, 1953, p. 37.

Interpretação das duas últimas passagens camonianas:

a) Embora pareça, à primeira vista, referir-se a *peito*, a oração *que estremece* prende-se a *coração*.

O sentido é este:

O coração, que estremece no peito de quem os olha, se alvoroça e teme.

b) O artigo *um* determina *peregrino*.

O sentido é este:

... quando alevantaram por seu capitão um peregrino, que fingiu na cerva espírito divino.

Em poesia (muitas vezes por necessidade métrica), tal figura não desapareceu do gosto contemporâneo:

"*Essas* que ao vento vêm / *Belas chuvas de junho!*"

(JOAQUIM CARDOZO)

SÍNQUISE

Sínquise é a inversão por tal forma violenta dos termos da frase, que o sentido se torna difícil de perceber.

Exemplo:

"Lícias, pastor — enquanto o sol recebe,
Mugindo, o manso armento e ao largo espraia,
Em sede abrasa, qual de amor por Febe,
Sede também, sede maior, desmaia." (ALBERTO DE OLIVEIRA)

Eis a interpretação:

Lícias, pastor, enquanto o manso armento, mugindo, recebe o sol e ao largo espraia —, abrasa em sede, qual desmaia de amor por Febe, sede também, sede maior.

GRAMÁTICA NORMATIVA DA LÍNGUA PORTUGUESA

ANÁFORA

Anáfora é a repetição da mesma palavra no começo de cada um dos membros da frase.

Exemplo:

Grande no pensamento, *grande* na ação, *grande* na glória, *grande* no infortúnio, ele morreu desconhecido e só.

Podem ser várias as palavras que se repetem:

Deus te abençoe, amor, por seres bela!
Deus te abençoe, amor, por seres pura!

Eis um admirável exemplo de Rui:

"Ei-la aí a cólera santa! Eis a ira divina!
Quem, senão ela, há de expulsar do templo o renegado, o blasfemo, o profanador, o simoníaco? *quem, senão ela*, exterminar da ciência, o apedeuta, o plagiário, o charlatão? *quem, senão ela*, banir da sociedade o imoral, o corruptor, o libertino? *quem, senão ela*, varrer dos serviços do Estado o prevaricador, o concussionário e o ladrão público? *quem, senão ela*, precipitar do governo o negocismo, a prostituição política, ou a tirania? *quem, senão ela*, arrancar a defesa da pátria à cobardia, à inconfidência, ou à traição? *Quem, senão ela, ela* a cólera do celeste inimigo dos vendilhões e dos hipócritas? a cólera do justo, crucifixo entre ladrões? a cólera do Verbo da verdade, negado pelo poder da mentira? a cólera da santidade suprema, justiçada pela mais sacrílega das opressões?"

EPÍSTROFE

Epístrofe é a repetição da(s) mesma(s) palavra(s) no fim de cada um dos membros da frase.[2]

---

[2]Essas duas correspondências rímicas (a anáfora e a epístrofe) eram particularmente queridas de Augusto Frederico Schmidt, em cujos poemas abundam como um dos traços mais característicos da sua arte.

Exemplos:

Parece que eles vieram ao mundo para ser *ladrões*; nascem de pais *ladrões*, criam-se em meio a *ladrões*, morrem como *ladrões*.

"Gastos *largos*, esperanças do mundo *largas*, vaidades *largas*, consciências *largas*, com apertos e estreitezas se hão de castigar." (HEITOR PINTO)

SÍMPLOCE

Símploce é a repetição da(s) mesma(s) palavra(s) no começo e no fim de cada um dos membros da frase.
Exemplo:

Hoje, não quero pensar senão na arte *nova*; *hoje*, não me agrada cantar senão a canção *nova*.

CONCATENAÇÃO

Concatenação consiste em iniciar-se cada um dos membros da frase com a última palavra do membro anterior.
Exemplo:

O mau humor produz a *impaciência*; da *impaciência* nasce a *cólera*; da *cólera*, a *violência*; e a *violência* conduz ao crime.

CONVERSÃO

Conversão é a repetição simétrica, com os termos invertidos.
Exemplo:

"Cheguei. Chegaste. *Vinhas fatigada*
E triste, e triste e fatigado eu vinha.
Tinhas a alma de sonhos povoada,
E a alma de sonhos povoada eu tinha..." (OLAVO BILAC)

GRAMÁTICA NORMATIVA DA LÍNGUA PORTUGUESA 613

FIGURAS DE PENSAMENTO

ANTÍTESE

Antítese é a contraposição de uma palavra ou frase a outra de significação oposta.

Exemplo:

> "Amigos e inimigos estão, amiúde, em posições trocadas. Uns nos querem mal, e fazem-nos bem. Outros nos almejam o bem, e nos trazem o mal." (RUI BARBOSA)

PARADOXO

Paradoxo é a reunião de ideias contraditórias num só pensamento, o que nos leva a enunciar uma verdade com aparência de mentira.

Estriba o paradoxo na diversidade de modos de ver com que apreciamos as coisas e os seres; quando falamos, por exemplo, dos *ricos pobres*, estamos a conciliar dois julgamentos distintos: pensamos na sua *riqueza* porque têm dinheiro, mas simultaneamente na sua *pobreza*, por sabermos do vazio da vida que vivem, ou da sua aridez de alma...

Todo paradoxo encerra, em última análise, uma antítese, porém uma antítese especial, que, em vez de opor, enlaça ideias contrastantes.

Exemplo:

Quando Camões, em célebre soneto sobre as contradições do Amor, disse que esse sentimento

> *"é dor que desatina sem doer"*,

criou um dos mais galantes paradoxos do lirismo português.

Eis outro belo exemplo, do nosso Hermes Fontes:

> "Este Amor, que, afinal, é a minha vida
> e que será, talvez, a minha morte,
> amor que me acalora e me intimida,

que me põe fraco quanto me põe forte;
este Amor, que é um broquel e é uma ferida,
vai decidir, por fim, a minha sorte."

CLÍMAX

Clímax é uma gradação ascendente, com a qual procura o escritor acumular efeitos expressivos e conceituais cada vez mais empolgantes, até alcançar a culminância emocional.

A gradação descendente chama-se *anticlímax*.

Exemplos:

"Não aquieta o pó, nem pode estar quedo: *anda, corre, voa...*"
(ANTÔNIO VIEIRA)

"Tão *dura*, tão *áspera*, tão *injuriosa* palavra é um Não."
(ANTÔNIO VIEIRA)

Agora, um exemplo de *anticlímax*:

"Eu era *pobre*. Era um *subalterno*. Era *nada*." (MONTEIRO LOBATO)

PRETERIÇÃO

Preterição é a figura pela qual o escritor finge não afirmar o que, na realidade, está afirmando.

Exemplo:

"*Não vos pintarei* os tumultos, a grita da multidão: o sangue de todos os lados, o corpo do filho estendido sobre o cadáver do pai, as mães em lágrimas correndo com os filhinhos ao colo, os irmãos erguendo uns contra os outros as espadas fratricidas, o incêndio, a ruína, a desolação por toda parte..." (COSTA E CUNHA)

ANTÍFRASE

Antífrase é a expressão de uma ideia pela ideia contrária, quase sempre com entoação irônica.
Exemplos:

Bonita resposta!
(com o sentido de: *Que resposta inadequada!*)

No primoroso e pungentíssimo conto intitulado "Negrinha", Monteiro Lobato retrata uma mulher perversa, a dona Inácia, uma das mais cruéis personagens da galeria de tipos criados pelo escritor.
A certa altura do conto, escreveu o seguinte:

"*Ótima*, a dona Inácia. Mas não admitia choro de criança. Ai! Punha-lhe os nervos em carne viva."

Pouco depois, insiste no emprego da antífrase:

"A *excelente* dona Inácia era mestra na arte de judiar de crianças."

EUFEMISMO

Eufemismo é meio pelo qual se evita uma palavra ou expressão molesta, odiosa ou triste, substituindo-a por outra palavra ou expressão menos desagradável.
Exemplo:

faltar à verdade, em vez de *mentir*.

Para atenuar a violência do emprego do verbo *matar*, Camões se valeu do eufemismo *tirar ao mundo*, na conhecida passagem do episódio de Inês de Castro:

"*Tirar* Inês *ao mundo* determina,
Por lhe tirar o filho que tem preso..." (*Os Lusíadas*, III, 123)

A ideia de *morrer* tem-se prestado muito à metaforização eufêmica. Originalíssimo exemplo recolhe-se em Machado de Assis, logo no início de *Dom Casmurro*:

"Os amigos que me restam são de data recente; todos os antigos foram *estudar a geologia dos campos santos*."

E este de Jorge Amado:

"Nada restará de Guma. Somente uma história que o velho Francisco legará aos homens do cais, *quando for com Janaína*."[3]

Manuel Bandeira chamou-lhe, à Morte, — *A Indesejada das Gentes* e *A Dama Branca*.

LITOTE

Litote é uma variedade do eufemismo, em que se afirma algo pela negação do contrário.

Ao dizermos — *Ele não* vê (em lugar de — *Ele é cego*), fazemos a seguinte operação mental: a ideia oposta à de *ser cego* é a de *ver*; então, negamos esta última (o contrário de *ver* é — *não ver*)

Exemplos:

"*Tu não estás bom*, José Rodrigues." (MACHADO DE ASSIS)

"À beira do negro poço
debruço-me; e nele vejo,
agora que não sou moço,
um passarinho e um desejo." (CARLOS DRUMMOND DE ANDRADE)

---

[3]Janaína é um dos sete nomes de Iemanjá

ALUSÃO

Alusão é a referência a um fato ou personagem (vivo, histórico, mito lógico, etc.) conhecidos.

Exemplo:

"Qual *Prometeu*, tu me amarraste um dia
Do deserto na rubra penedia,
    Infinito galé!...
Por abutre — me deste o sol ardente!
E a terra de Suez foi a corrente
    Que me ligaste ao pé..." (CASTRO ALVES)

Nesta imagem riquíssima, o poeta alude a *Prometeu*, vulto da mitologia clássica, na qual figura como iniciador da primeira civilização humana. Após ter criado o homem do limo da terra, ambicionou dar-lhe alma, e, com este fito, roubou o fogo do céu.

Para castigá-lo, Júpiter ordenou a Vulcano que o acorrentasse ao Cáucaso, onde um abutre, pelos tempos fora, lhe devoraria o fígado, sempre renascente para eternizar-lhe a dor...

Sobre este tema, escreveu Ésquilo a tragédia *Prometeu acorrentado*, obra sublime, que apresenta a personagem como o representante divino da humanidade. Tal obra foi vertida ao francês, com admirável rigor, por Leconte de Lisle.[4] Dela existe a exegese literária, universalmente famosa, de Maurice Croiset,[5] o insigne helenista, professor do Collège de France.

---

[4]Leconte de Lisle, *Eschyle*, traduction nouvelle, Paris: Alphonse Lemerre, s./d., p. 3 a 47.
[5]Maurice Croiset, *Eschyle: Études sur l'invention dramatique dans son théâtre*, Collection d'Études Anciennes, Paris, 1928, p. 131 a 164.

Capítulo 35

NOÇÕES DE VERSIFICAÇÃO

VERSO TRADICIONAL

1) Uma *linha poética*, com número determinado de sílabas — apuradas sob condições especiais — e com pausas também obrigatoriamente fixas, chama-se *verso*.

A poucos preceitos se reduz a contagem das sílabas no verso:

a) Quando a última sílaba de uma palavra terminar em vogal e a primeira da palavra seguinte começar por vogal, (desde que *não sejam tônicas* ambas), dá-se a junção delas numa sílaba só.

b) Os hiatos podem transformar-se em ditongos, e os ditongos (menos frequentemente) em hiatos.

Sílabas métricas chama-se a esses grupos silábicos do verso, diferentes dos que o critério estritamente gramatical reconhece na prosa.

Contagem das sílabas gramaticais:

Le	ve	, na	bo	ca	a	flan	te	, es	vo	a	ça	-lhe	um	so	rri	so
1	2	3	4	5	6	7	8	9	10	11	12	13	14	15	16	17

(Olavo Bilac)

Contagem das sílabas métricas:

Le	ve	, na	bo	ca a	flan	te, es	voa	ça	-lhe um	so	rri	so
1	2	3	4	5	6	7	8	9	10	11	12	

CRASE, SINALEFA, ELISÃO

Na quinta sílaba, houve um encontro de vogais átonas, e, por isso, as duas sílabas *ca* (de *bo-ca*) e *a* (de *a-flan-te*) fundiram-se numa só: *ca*. O mesmo aconteceu na sétima: o *e* da sílaba *te* (*a-flan-te*) embebeu-se no *e* da seguinte *es* (*es-vo-a-ça*), resultando daí uma só sílaba métrica: *tes*. Como o encontro se fez entre vogais iguais, diz-se que houve *crase*. Se elas fossem diferentes, ou uma seria absorvida — desaparecendo consequentemente — ou se formaria um ditongo crescente, ou ainda um tritongo.

Exemplos:

E	re	vi	ver	de_in	ten	si	da	de_a	dor
1	2	3	4	5	6	7	8	9	10

(HERMES FONTES)

Na quinta sílaba *de* + *in* lê-se *din*, por fusão das duas vogais. Já o encontro *de* + *a*, do nono pé, vai gerar o ditongo *iá* (*yá*), com ambos os elementos nitidamente pronunciados. No primeiro caso, tem-se ainda a *crase*; no segundo, a *sinalefa*.

Que_eu	ou	ço_ao	lon	ge_o_o	rá	cu	lo	de_E	lêu	(sis)
1	2	3	4	5	6	7	8	9	10	

(RAUL DE LEONI)

Na primeira sílaba formou-se o tritongo *iêu*; na terceira, outro tritongo: *uáu*, ambos por *sinalefa*. O quinto pé é mais complexo: por *elisão*, apagou-se o *e* (de *lon-ge*), e por *sinalefa*, nasceu o ditongo *uô*. Ainda esta última figura originou o nono pé: *diê* (*yê*, ditongo).

HIATO, DITONGO, DIÉRESE, SINÉRESE

Em geral, têm muitos poetas (sem razão, aliás) procurado evitar o hiato, quer intraverbal, quer interverbal.

a) Denomina-se *diérese* a transformação de um ditongo em hiato.

Só por exceção se têm valido os poetas deste recurso, explorando-o intencionalmente. Fê-lo, entre outros, o nosso admirável Raimundo Correia, com rara felicidade, no verso:

"Na	to	a	lha	fri	í	ssi	ma	dos	la	(gos)..."
1	2	3	4	5	6	7	8	9	10	

A palavra *toalha*, que na prosa pode ter duas ou três sílabas, é, no entanto, normalmente dissilábica no verso, e como tal devem separar-se-lhe as sílabas métricas (*toa-lha*). Mas, aí, contou-se como trissilábica (*to-a-lha*). Além disso, belo o efeito conseguido com o hiato *i/i* (de fri-í-ssi-ma).

b) Chama-se *sinérese* a transformação de um hiato em ditongo.

A palavra *ruína*, por exemplo, pronuncia-se, na prosa corrente, com três sílabas (*ru-í-na*). Em poesia, porém, não é raro figurar como dissílabo (*ruí-na*), e, pois, com ditongo — como neste verso de Hermes Fontes:

"Fa | ri | a | tu | do em | ruí | nas, | aos | seus | pés..."

2) Contam-se os versos somente até a última sílaba tônica: daí, três espécies:

a) *Agudos*, os terminados em palavra oxítona;

b) *Graves*, os terminados em palavra paroxítona;

c) *Esdrúxulos*, os terminados em palavra proparoxítona.

Exemplos:

"Faria tudo em ruínas, aos seus *pés*..." (HERMES FONTES)

"Quem foi que viu a minha Dor *choran*(do)?"
(AUGUSTO DOS ANJOS)

"A noiva cheira a *sân*(dalo)..." (GUIMARÃES PASSOS)

NÚMERO DE SÍLABAS, ACENTUAÇÃO

Em português, compõem-se versos de *duas* até *doze* sílabas. Só por mero capricho e fantasia constroem alguns poetas composições inteiramente em versos de uma sílaba. Aliás, também os de duas, de três e mesmo os de quatro raramente figuram em poesias completas; o mais comum é inserirem-se em poemas polimétricos, entre outros de várias medidas, em ordem crescente ou decrescente, ou sem ordem sistemática.

VERSO DE UMA SÍLABA

Exemplos (em estrofes completas e como fragmento):

1
"*Va*gas,
1
*pla*gas,
1
*fra*gas,
1
*sol*tam
1
*can*tos:
1
*co*brem
l
*mon*tes,
1
*fon*tes,
1
*tí*bios
1
*man*tos."

(FAGUNDES VARELA)

" ... triunfareis todos, em bando,
1
voan(do)
na Apoteose das Asas!" (HERMES FONTES)

VERSO DE DUAS SÍLABAS

2
"Tu, *on*tem,
2
na *dan*ça
2
que *can*sa
2
vo*a*vas,
2
com as *fa*ces
2
em *ro*sas
2
form*o*sas,
2
de *vi*vo
2
car*mim*...

(CASIMIRO DE ABREU)

"A voz expira
2
do*len*(te),
mansa,
como a agonia
de uma criança..."

(GILKA MACHADO)

GRAMÁTICA NORMATIVA DA LÍNGUA PORTUGUESA

VERSO DE TRÊS SÍLABAS

3
"Vem a aurora

3
pressurosa,

3
cor de rosa,

3
que se cora

3
de carmim;

3
a seus raios

3
as estrelas

3
que eram belas

3
têm desmaios

3
já por fim."

(GONÇALVES DIAS)

"Tudo passa, neste mundo,

3
vento e vaga,
dura apenas um segundo,

3
e se apaga."

(MARTINS FONTES)

Verso de Quatro Sílabas

                        4
              "O inverno *bra*da
                        4
            forçando as *por*tas...
                        4
              Oh! que re*voa*da
                        4
            de folhas *mor*tas
                        4
              o vento es*pa*lha
                        4
            por sobre o *chão*..."

                    (Alphonsus de Guimaraens)

            "A iara chora na corrente,
        penteando as tranças de ouro fino
                        4
            e olhando o *céu*."

                    (Alberto de Oliveira)

Verso de Cinco Sílabas

Já os versos de cinco sílabas são frequentes em peças integrais; o mesmo acontece com os de seis; e os de sete em diante —, estes são os comuns.

Para alguns versos há denominações especiais:

    5 sílabas — redondilha menor;
    7 sílabas — redondilha maior;
    10 sílabas — heroico, ou sáfico (conforme o ritmo),
    12 sílabas — alexandrino.

GRAMÁTICA NORMATIVA DA LÍNGUA PORTUGUESA

Até sete sílabas não há pausas rítmicas obrigatórias: o acento tônico pode cair em qualquer das sílabas.

Exemplos:

Verso de cinco sílabas ou redondilha menor:

2   5

"Meu *canto* de *morte*,

2   5

gue*rrei*ros, ou*vi*:

2   5

sou *fi*lho das *sel*vas,

2   5

nas *sel*vas cres*ci*;

2   5

gue*rrei*ros, des*cen*do

2   5

da *tri*bo tu*pi*."

(2ª)

(GONÇALVES DIAS)

3   5

"Peque*ni*no, a*cor*da!"   (3ª)

(VICENTE DE CARVALHO)

Posto que normalmente se usem os ritmos dos exemplos dados, isto é, com acentuação na 2ª ou na 3ª sílaba, não será difícil encontrar outras modalidades:

1   5

"*Pé*rola da al*tu*ra,   (1ª)

5

santa lua *pu*ra   (só na 5ª)

1   5

*lí*vida a boi*ar*."   (1ª)

(AUGUSTO FREDERICO SCHMIDT)

"Palpi*tando* o seio,
salpi*cando* pérolas $\quad\big\}\quad$ (3ª)

5

no desali*nhado* $\qquad$ (só na 5ª)
do gen*til* bailado,
cada *corpo* airado,
de iri*sa*das veias, $\qquad$ (3ª)
é um jar*dim*-fechado
no fes*tim* sagrado
das se*rei*as..."

(HERMES FONTES)

VERSO DE SEIS SÍLABAS

Admite vários metros; pode ser acentuado na 2ª; na 3ª; na 4ª; só na 6 :

$$4 \qquad 6$$
"E o cava*leiro pa*ssa $\qquad$ (4ª)
$$4 \qquad 6$$
ante a som*bria po*rta $\qquad$ (4ª)
$$2 \qquad\qquad 6$$
da *lú*gubre Des*graça,* $\qquad$ (2ª)
Silenciosa mulher de olhar de morta.
$$3 \qquad\qquad 6$$
— Viste, *ve*lha agou*rei*ra, $\qquad$ (3ª)
$$1 \qquad\qquad 6$$
O *an*jo do meu so*lar?* $\qquad$ (1ª)
$$6$$
— Ah! com uma Feiti*cei*ra $\qquad$ (só na 6ª)
$$2 \qquad\qquad 6$$
a*ca*ba de pa*ssar..."* $\qquad$ (2ª)

(ALPHONSUS DE GUIMARAENS)

GRAMÁTICA NORMATIVA DA LÍNGUA PORTUGUESA

É importante notar que "nem todos os acentos tônicos geram pausas".[1] Assim, no 2º verso da segunda estrofe, o *meu* é muito fraco; no verso seguinte, só há uma pausa na sílaba final.

VERSO DE SETE SÍLABAS

Neste tipo de verso, também chamado *redondillha maior*, não há fixidade das pausas:[2] o acento tônico pode cair em qualquer sílaba. Nesta poesia, por exemplo, predomina a acentuação na 4ª sílaba, o que é, aliás, o mais comum:

4　　　　7		
"Antes de a*mar*, eu di*zia*:	(4ª)
4　　　7		
para cor*tar* na ra*iz*	(4ª)
4　　　　7		
esta cons*tante* ago*nia*	(4ª)
4　　　7		
preciso a*mar* algum *dia*	(4ª)
2　　　5　　7		
a*man*do, se*rei* fe*liz*.	(2ª e 5ª)
2　　　　5　　7		
A*mei*... desven*tura minha*!	(2ª e 5ª)
3　　　　7		
Quis cu*rar*-me e pio*rei*;	(3ª)
2　　4　　　7		
o a*mor* só *mágoas* con*tinha*	(2ª e 4ª)
3　　　　7		
e, aos tor*mentos* que já *tinha*,	(3ª)
4　　　7		
novos tor*mentos* jun*tei*!"	(4ª)
	(MENOTTI DEL PICCHIA)

---

[1] José Oiticica, *Manual de estilo*, 3ª ed., Rio, 1936, p. 74.
[2] A combinação dos acentos internos soma até 64 variedades.

Outras possibilidades:

    2   4   7
"Que a*mor*, que *so*nhos, que *flo*res..." (2ª e 4ª)
            (Casimiro de Abreu)

   2   7
"De*bai*xo dos laran*jais*!"   (2ª)
          (Casimiro de Abreu)

Verso de oito sílabas

Há vários tipos de octossílabo. O mais harmonioso, com pausa principal na 4ª sílaba, é frequentíssimo. Outros ritmos: 2ª e 5ª; 3ª e 6ª; 3ª e 5ª; somente na 3ª.
Exemplos:

     4   8
"No ar sosse*ga*do, um sino *can*ta..." (4ª)
     4   8
"Um sino *can*ta no ar som*bri*o."   (4ª)
            (Olavo Bilac)

   2   5   8
"De*bai*xo de um *bos*que de *flo*res..." (2ª e 5ª)
         (Alphonsus de Guimaraens)

    3 6   8
"Tem do *céu* a se*re*na *cor*..."   (3ª e 6ª)
          (Machado de Assis)

    3   5   8
"O escar*ni*nho *mun*do per*ver*so..." (3ª e 5ª)
        (Alphonsus de Guimaraens)

$$3 \qquad 8$$
"E o per*fu*me da virgin*da*de..."   (3ª)

(ALPHONSUS DE GUIMARAENS)

VERSO DE NOVE SÍLABAS

Este verso possui dois ritmos. O primeiro, formado de três trissílabos, tanto vale dizer com acento na 3ª e 6ª; o outro, menos cadenciado, se compõe de dois tetrassílabos, sendo o primeiro sempre grave.

$$3 \qquad 6 \qquad 9$$
"Ó guer*rei*ros da *ta*ba sa*gra*da,
$$3 \qquad 6 \qquad 9$$
Ó guer*rei*ros da *tri*bo tu*pi*!
$$3 \qquad 6 \qquad 9$$
Falam *deu*ses nos *can*tos do *pi*aga!
$$3 \qquad 6 \qquad 9$$
Ó guer*rei*ros, meus *can*tos ou*vi*!"

(GONÇALVES DIAS)

$$4 \qquad 9$$
"Meu verso é *san*gue. Volúpia ar*den*te...
$$4 \qquad 9$$
Tristeza es*par*sa... remorso *vão*...
$$4 \qquad 9$$
Dói-me nas *vei*as. Amargo e *quen*te,
$$4 \qquad 9$$
Cai, gota a *go*ta, do cora*ção*."

(MANUEL BANDEIRA)

VERSO DE DEZ SÍLABAS

Os decassílabos se encontram, principalmente, nas epopeias e no soneto clássico.

Existem três tipos usuais:

1) *Heroico*, com acentuação principal na 6ª sílaba;
2) *Sáfico*, com acentuação principal na 4ª e 8ª sílabas;
3) *Imperfeito*, com acentuação principal na 4ª sílaba e acentuação secundária (subtônica) na 8ª.

Estes três podem combinar-se (e é de esplêndidos efeitos a combinação), como no seguinte soneto de Hermes Fontes:

6   10

"Também a mim, Se*nhor*, como a Ala*di*no,   (her.)

4   10

coube uma *lâm*pada, a maravi*lho*sa   (imp.)

6   10

lâmpada, a cuja *luz* de opala e *ro*sa   (her.)

4   10

sonhei mi*la*gres para o meu des*ti*no.   (imp.)

6   10

E tirei da impre*ci*sa nebu*lo*sa   (her.)

6   10

o meu pequeno *mun*do levan*ti*no;   (her.)

6   10

e da minha espe*ran*ça de me*ni*no   (her.)

6   10

fiz minha adoles*cên*cia gene*ro*sa!   (her.)

4   8   10

Cada um de *nós* faz sua *pró*pria *len*da...   (sáf.)

4   8   10

E mais a*per*ta o cora*ção* no *pei*to,   (sáf.)

6   10

Porque a lâmpada *má*gica se a*cen*da.   (her.)

6   10

Mas — alma! — cerra os *o*lhos à lu*fa*da: (her.)

GRAMÁTICA NORMATIVA DA LÍNGUA PORTUGUESA

6   10

Tudo o que é mister*io*so é mais per*fei*to...   (her.)

6   10

Conserva a tua *lâm*pada ve*la*da...”   (her.)

Como se vê, predominam aí os versos heroicos: para dez deles, há dois sáficos e dois imperfeitos. A disciplina clássica impunha a identidade de ritmos na estrofe, mormente no soneto, e desconhecia o decassílabo imperfeito.

Libertaram-se depois os poetas dessa exigência, com imensa vantagem para a harmonia total da obra.

Entre nós, muitos poetas não conseguiram fugir à fascinação do decassílabo imperfeito:

“E há um rasgar de sudários pela altura,

4   10

passos de es*pec*tros pelo pavi*men*to...”

(Olavo Bilac)

“Amavios, feitiços e carinhos

4   10

moles, que*bra*dos e perturba*do*res...”

(Olavo Bilac)

4   10

“Era um do*min*go da Ressur*rei*ção...”

(Raimundo Correia)

4   10

“Não creias *nun*ca na felici*da*de!”

(Olegário Mariano)

Quem se dispusesse a rastrear pacientemente a métrica de *Os Lusíadas*, amealharia numerosos exemplos de decassílabos com ritmos diversos desses que apontamos. Camões usou, em não poucos lugares, decassílabos acentuados na 3ª e 8ª, e na 4ª e 7ª sílabas:

3　　　8
"Sacras aras e sacerdote santo."　　　　(II, 15)

3　　　8
"Se serve inda dos animosos braços."　　(X, 31)

4　　　7
"O louvor grande, o rumor excelente."　(IX, 46)

4　　　7
"De vossos reinos será certamente..."　(VII, 62)

Este último tipo, com acentuação na 4ª e 7ª sílabas, também chamado *decassílabo de gaita galega*, tem longa tradição na poesia italiana e espanhola e foi retomado, em português, por poetas contemporâneos. Eis três exemplos:

4　　　7
"Oh! languidez, languidez infinita..."

(CRUZ E SOUSA)

4　　　7
"Já vai florir o pomar das macieiras..."

(CAMILO PESSANHA)

4　　　7
"A vida é vã como a sombra que passa."

(MANUEL BANDEIRA)

GRAMÁTICA NORMATIVA DA LÍNGUA PORTUGUESA   633

"Esses decassílabos de acentuação ambígua são raríssimos em nossos melhores parnasianos. Não me lembro de os ter encontrado jamais em Bilac, Raimundo Correia e Vicente de Carvalho.
Em Alberto de Oliveira, anotou o prof. Sousa da Silveira um exemplo:

'A lavar também, como gigantescos...'

> ("Flor do rio", *Poesias*, 3ª série, Rio de Janeiro:
> Francisco Alves, 1928, p. 75).

Entre os modernos poetas, Martins Fontes compôs os 'Decassílabos franceses' (*Poesias*, ed. do Bazar Americano, Santos, 1928, p. 377), todos com acentuação na quinta e na oitava sílabas, e Guilherme de Almeida, no seu livro *Você*, tem um poema intitulado 'Soneto sem nada', em decassílabos que todos são pausados na quarta e na sétima sílabas."[3]

VERSO DE ONZE SÍLABAS

Resulta da justaposição de dois versos de cinco sílabas, o primeiro dos quais deve ser grave. Ambos podem ter acentuação na 2ª, ou na 3ª sílaba.

<table>
<tr><td>2</td><td>5</td><td>8</td></tr>
<tr><td colspan="2">"A*ce*rva-se a *le*nha</td><td>da *va*sta fogueira,</td></tr>
<tr><td>2</td><td>5</td><td>8</td></tr>
<tr><td colspan="2">en*te*sa-se a *cor*da</td><td>da em*bi*ra ligeira,</td></tr>
<tr><td>2</td><td>5</td><td>8</td></tr>
<tr><td colspan="2">a*dor*na-se a *ma*ça</td><td>com *pe*nas gentis..."</td></tr>
</table>

> (GONÇALVES DIAS)

<table>
<tr><td>3</td><td>5</td><td>3</td><td>5</td></tr>
<tr><td colspan="2">"Ai há *quan*tos *a*nos</td><td colspan="2">que eu par*ti* cho*ran*do</td></tr>
<tr><td>3</td><td>5</td><td>3</td><td>5</td></tr>
<tr><td colspan="2">deste *meu* sau*do*so,</td><td colspan="2">ca*ri*nhoso *lar*..."</td></tr>
</table>

> (GUERRA JUNQUEIRO)

---

[3] Manuel Bandeira, *Antologia dos poetas brasileiros da fase parnasiana*, Rio de Janeiro: Ministério da Educação e Saúde, 1938, p. 263-4.

Mais recentemente, o harmonioso Hermes Fontes tentou novo ritmo mais agradável, com pausa na 3ª e 7ª sílabas:

3   7   11

"Alvas *pé*talas do *lí*rio de tu*a al*ma..."

3   7   11

"Astros, *nu*vens, madrug*a*das, aves, *f*lores..."

VERSO DE DOZE SÍLABAS

Este verso, também chamado *alexandrino*,[4] deve o nome, provavelmente, ao poema medieval "Li romans d'Alixandre", do trovador Alexandre de Bernay e outros.

É composto de dois versos de seis sílabas, com o primeiro agudo ou grave. Cada um desses hexassílabos se chama *hemistíquio* (metade de verso). Daí ser sempre acentuada a sexta sílaba do alexandrino.

Na poética clássica, havia, além dessa *cesura fônica*, a exigência de uma como *cesura psicológica*,[5] isto é, cada hemistíquio deveria constituir uma unidade de sentido:

> "Que toujours dans vos vers, | le sens coupant les mots suspende l'hémistiche, | en marque le repos."
>
> (BOILEAU, L'art poétique)

Os românticos romperam com este preceito, fazendo que o sentido de um hemistíquio continue no outro, e até realizando o *enjambement*, ou seja, o prosseguimento de um verso no verso seguinte.

Quando o primeiro hemistíquio for *agudo*, faz-se naturalmente a justaposição do segundo:

---

[4] Advirta-se que estamos a falar do alexandrino francês (de doze sílabas); pois que existe também o alexandrino espanhol (de treze sílabas), cultivado esporadicamente em nossa língua.

[5] Auguste Dorchain, *L'art des vers*, Paris [s.d.], p. 217.

GRAMÁTICA NORMATIVA DA LÍNGUA PORTUGUESA

$$6 \qquad\qquad 12$$

"O azul se abisma em *luz* | ... o verde em luz se a*bisma...*"

(LUÍS CARLOS)

$$6 \qquad\qquad 12$$

"Subirão até *Deus*, | nas asas da ora*ção.*"

(ALBERTO DE OLIVEIRA)

$$6 \qquad\qquad 12$$

"Reboavas ao tro*pel* | dos índios e das *feras!*"

(OLAVO BILAC)

Sendo, porém, *grave* o primeiro hemistíquio (não pode nunca ser *esdrúxulo*), a última sílaba deverá terminar em vogal; e esta se irá fundir (embebimento) com a primeira sílaba do segundo hemistíquio, também obrigatoriamente começado por vogal:

$$6 \qquad\qquad 12$$

"Latescente, a ne*bli* | na opálica flu*tua...*"

(GUERRA JUNQUEIRO)

$$6 \qquad\qquad 12$$

"Bebo-te, de uma em *u* | ma, as lágrimas do *rosto!*"

(OLAVO BILAC)

$$6 \qquad\qquad 12$$

"Choro não ter co*lhi* | do o beijo que per*deste...*"

(MENOTTI DEL PICCHIA)

Este tipo de dodecassílabo dividido em duas partes tem o nome de *alexandrino clássico.*

Para evitar a rijeza dos hemistíquios, criou-se modernamente outro tipo: o *alexandrino romântico*, posto em voga pelos românticos franceses.

Suprimida a divisão em dois hexassílabos, grupam-se três versos de quatro sílabas, havendo, portanto, acentuação na 4ª e 8ª.

                4   8   12
"Na encruzi*lh*a | da silencio | sa do des*ti*(no)..."
                                   (OLEGÁRIO MARIANO)

                4   8   12
"Ouvindo a *fa*la como*vi*da do meu *pai*..."
                                   (OLEGÁRIO MARIANO)

                4   8   12
"Leitos de *fa*das, em guir*lan*das lumi*no*(sas)..."
                                   (RAUL DE LEONI)

                4   8   12
"Quieta e dor*men*te, como as *á*guas estag*na*(das)..."
                                   (MENOTTI DEL PICCHIA)

O alexandrino é um verso muito rico; permite várias pausas secundárias, o que lhe opulenta a variedade de ritmos:

a) Dissilábico:

        2   4   6   8   10   12
"Em *cin*za, em *cre*pe, em *fu*mo, em *so*nho, em *noi*te, em *na*da
                                       (OLAVO BILAC)

b) Trissilábico:

            3   6   9   12
"É lou*cu*ra este a*mor*? Foi-o *des*de começo..."
                                 (VICENTE DE CARVALHO)

c) Tetrassilábico:

  4   8   12
"Mais numerosa, mais audaz, de dia em dia..."
(OLAVO BILAC)

d) Misto:

  1   3   6   4   6
"Fúmeas faixas no céu, | como pendões de guerra..."
(ALBERTO DE OLIVEIRA)

   2   6   3   6
"Possuída da expressão | de um silêncio sem fim."
(OLEGÁRIO MARIANO)

VERSOS BÁRBAROS

Raramente aparecem versos com mais de 12 sílabas, os chamados *bárbaros*.
Eis alguns:

"Amor aos dezenove, saudade aos quarenta anos."   (13)
(FRANCISCO OTAVIANO)

"Abre uma orquídea gloriosamente sorrindo ao sol..."   (14)
(ALBERTO DE OLIVEIRA)

"Quando as estrelas surgem na terra, surge a esperança." (14)
(OLAVO BILAC)

"Durmam velhinhas! durmam crianças! durmam donzelas!
Quando acordarem, já têm os anjos à espera delas..."   (14)
(GUERRA JUNQUEIRO)

RIMA

1) Rima é a identidade, ou semelhança, de sons dentro de um verso, ou no final de um verso em relação a outro. Admite-se tenha sido introduzida no século IX, pelo poeta religioso Otfried, monge beneditino da abadia de Wissenburgo, na baixa Alsácia, autor do *Livro dos Evangelhos*, poema da vida de Cristo. Vulgarizaram-na na Espanha os árabes, e, mais tarde, pelos trovadores provençais foi adaptada às línguas românicas.

2) Classificam-se as rimas em:

a) {
toantes
consoantes
aliteradas

b) {
masculinas
femininas

c) {
ricas
pobres
raras
preciosas

d) {
emparelhadas
alternadas
cruzadas
encadeadas
iteradas
misturadas

Por pertencer a uma rica família de fenômenos rítmicos, tais como a anáfora, a assonância, a aliteração, as pausas, os acentos, a reiteração de vocábulos em lugares fixos ou não, etc. — a rima

GRAMÁTICA NORMATIVA DA LÍNGUA PORTUGUESA

"não é adereço do poema, engaste que se queira mais acabado ou mais raro, antes desempenha uma função estética e tem um valor expressivo, harmoniza-se no todo poético e converge, com outros elementos da composição, para um fim único, o significante poético".[6]

TOANTES, CONSOANTES E ALITERADAS

As *toantes* apresentam identidade somente nas vogais tônicas: lú*cido e dilú*culo, *ár*vore e *pá*lido, *bo*ca e *bo*a.

"Molha em teu pranto de aurora as minhas mãos pá*lidas,*
Molha-as. Assim eu as quero levar à bo*ca,*
em espírito de humildade, como um cá*lice*
de penitência em que a minha alma se faz bo*a*..." (MANUEL BANDEIRA)

As *consoantes* guardam conformidade total de fonemas, a partir da vogal tônica: *destino, pequenino, sino; vejo, desejo,* etc.

"O homem desperta e sai, cada alvor*ada,*
para o acaso das coisas... E, à sa*ída,*
leva uma crença vaga, indefin*ida,*
de achar o Ideal nalguma encruzilh*ada...*" (RAUL DE LEONI)

As *aliteradas* — raras na moderna poesia portuguesa — são as que têm a mesma consoante inicial.

Foi a forma rudimentar da rima, frequente na tradição popular, nos provérbios.

Na segunda estrofe da "Canção do exílio", Gonçalves Dias rimou *primores* com *palmeiras,* rima aliterada, a par de *morra* com *primores,* rima toante, e de *lá* com *cá* e *sabiá,* rima consoante.

"Não permita Deus que eu morra
sem que eu volte para lá;
sem que desfrute os *primores*
que não encontro por cá;
sem qu'inda aviste as *palmeiras*
onde canta o sabiá."

---

[6]Hélcio Martins, *A rima na poesia de Carlos Drummond de Andrade,* Rio de Janeiro: José Olympio, 1968, p. 26.

Duas espécies de rimas há que só excepcionalmente foram cultivadas entre nós: a de sílabas átonas finais, e a de final de palavra esdrúxula com a tônica de palavra aguda — ambas frequentes em poetas ingleses e alemães.

As toantes, ainda hoje muito usadas em espanhol, formam, com as aliteradas, a base da metrificação dos antigos povos escandinavos, godos, etc.

Em nossos dias, Manuel Bandeira fez algumas tentativas de rimar sílaba tônica com átona.

Quanto às rimas imperfeitas do tipo — *vejo* com *beijo* — ouçamos a Manuel Bandeira:[7]

"'Arpejos, beijos; beijo, pejo; vejo, beijo; louca, boca; caçoula, rola; repouso, gozo; frouxo, roxo; pouco, oco; tesouro, coro; fecha, deixa; douda, toda.'

Todas essas rimas obedecem à pronúncia usual brasileira; algumas mesmo (aquelas em que entra o ditongo *ou*) à pronúncia normal portuguesa. Todavia, os nossos parnasianos mais rigorosos procuraram evitá-las. Creio que lhes soavam como uma licença ou desleixo fonético, coisas que não admitiam. A única, talvez, largamente empregada, foi a de *beijo* com *desejo*, *vejo*, etc., encontradiça até em Bilac. O que os mestres mais apurados nunca fizeram foi rimar *ais*, *éis*, *óis*, *uis* com *ás*, *és*, *ós*, *us*, como era comum entre os românticos. As exceções que conheço são as de Alberto de Oliveira em relação à última rima *uis*, *us* (azuis, luz), por mim assinaladas na minha *Antologia dos poetas brasileiros da fase romântica*, p. 30, e à primeira *ais*, *az* no soneto 'Saudade da estátua' (*Poesias*, 1ª série, 1912, p. 99), onde 'traz' rima com 'mais'. No entanto, todos os parnasianos rimaram abundantemente vogais abertas com vogais fechadas: aposto, rosto; melhores, flores; bela, estrela; rimas quase só para os olhos."

---

[7]Manuel Bandeira, op. cit., p. 270.

GRAMÁTICA NORMATIVA DA LÍNGUA PORTUGUESA 641

Com razão estranha Manuel Bandeira essas *rimas só para os olhos*. Ao contrário, a rima é "*só para o ouvido*"; e desta verdade aduz copiosa prova o padre Alírio Gomes de Melo (*A rima em alguns poetas*, Coimbra, 1942, p. 4-8); defendendo a rima *taire* e *terre*, figurante no célebre *Soneto de Arvers* e censurada pelo visconde de Taunay, o pesquisador e religioso português carreia convincente exemplificação colhida em poetas como Victor Hugo, Lamartine, Vigny, Musset, Bainville, Verlaine, Baudelaire, Coppée — toda a floração dos grandes mestres franceses. De *sul* e *Liverpool* usou Cesário Verde; *ouvir* e *Shakespeare* se encontram em Antônio Nobre; Guerra Junqueiro e Gonçalves Crespo perfilharam *humilde* com *Rotschild*; e *rei Lear* com *rir* foi agasalhada por Antônio Feijó.

Augusto dos Anjos, rimando *apodrece* com *s*, quase desconcertaria a quem apenas o *lesse*:

"É uma trágica festa emocionante!
A bacteriologia inventariante
Toma conta do corpo que *apodrece*...
E até os membros da família engulham,
Vendo as larvas malignas que se embrulham
No cadáver malsão, fazendo um *s*."

Masculinas e Femininas

São *masculinas* as rimas de palavras oxítonas; *femininas*[8] as rimas de palavras paroxítonas. Não há denominação especial para o caso dos esdrúxulos porque essa nomenclatura é francesa e, como se sabe, o francês não possui palavras proparoxítonas. Em francês, é, aliás, de rigor a alternância das rimas masculinas e femininas. Muitos poetas portugueses e brasileiros se têm cingido a esse preceito em algumas obras, como, Tomás Ribeiro, em "A judia"; Machado de Assis, em "A mosca azul"· Olavo Bilac, em "Baladas românticas", etc.

---

[8] São denominações da poética medieval, de origem provençal. Os trovadores galaico-portugueses não conheceram a rima esdrúxula.

Pobres, ricas, raras, preciosas

Consideram-se *pobres* as rimas de palavras da mesma classe gramatical, ou as de palavras corriqueiras. Por exemplo, as que se fazem com advérbios em *mente*: *docemente, tristemente, pobremente*; com as terminações *ão* (*coração, irmão*), *eza* (*tristeza, natureza, beleza*), *or, dor* (*amor, sonhador*), *ando* (*dilatando, devastando*), *ado* (*criado, celebrado*), etc.

São *ricas* as formadas com palavras de classes gramaticais diversas, ou, principalmente, as que surpreendem pela novidade: *trai* e *Xangai*; *fibra* e *vibra*; *esgote* e *sacerdote*; *brilha* e *maravilha*; *assumes* e *vaga-lumes*; *dele* e *aquele*; *saudade* e *nade*.

Diz-se que uma rima é *rara*, quando obtida entre palavras para as quais só haja poucas rimas possíveis. Exemplos: para *cisne* só há *tisne*; para *estirpe*, só a forma verbal *extirpe*; para *flórido*, só *rórido*; para *turco*, há *murco, furco, urco* e algumas formas verbais como *bifurco, conspurco*.

Eis um exemplo de *tisne* com *cisne*, e outro de *urcos* com *turcos*:

> "Um dia, um cisne morrerá, por certo:
> quando chegar esse momento incerto,
> no lago, onde talvez a água se *tisne*,
> que o cisne vivo, cheio de saudade,
> nunca mais cante, nem sozinho nade,
> nem nade nunca ao lado de outro *cisne!*" (Julio Salusse)

> "Orna-lhe fulva pedraria o manto
> régio; tiram-lhe o plaustro resplendente
> nédias parelhas de possantes *urcos*...
> Prostra-se o povo... Passa Alá? Nem tanto:
> passa um sultão, apenas, simplesmente
> o imperador dos *turcos!*" (Raimundo Correia)

Preciosas são as rimas artificiais, forjadas com palavras combinadas, tais como *múmia* com *resume-a*; *réstias* com *veste-as*; *escárnio* com *descarne-o*; *vence-a* com *sonolência*; *lagarta* com *amar-ta*; *pântanos* com *quebranta-nos*; *águia* com *alague-a*, etc.

GRAMATICA NORMATIVA DA LÍNGUA PORTUGUESA

No seu *Dicionário de rimas* (2ª ed., Rio de Janeiro: Francisco Alves, 1913), o poeta Guimarães Passos cita curioso exemplo, de péssimo gosto:

"Mandou-me o senhor vigário
que lhe comprasse uma *lâmpada*
para alumiar a *estampa da*
Senhora do Rosário."

Eugênio de Castro, de polirritmia estonteante, criou, em sua fase de iniciação, rimas opulentíssimas, algumas das quais suprimiu na mais recente edição de "Oaristos". Entre as abandonadas, por extravagantes, figura esta: *lírios* e *delir e os*..., que, na realidade, é por demais extravagante.

Também ao exigente Hermes Fontes não repugnavam — antes fazia ele estandarte-de-glória desse luxo verbal — peregrinismos como este·

"Cultuo a Dor... a Dor, cujo reverso é o gozo,
é o prazer, é a volúpia, é o mundo dos *espasmos*...
O heroísmo, a glória e o que há de mais maravilhoso,
— Ó Dor dos imortais, Dor que me orgulhas, — *dás-mos*."

EMPARELHADAS, ALTERNADAS, CRUZADAS, ENCADEADAS, ITERADAS, MISTURADAS

Emparelhadas são as rimas de dois versos seguidos:
(aa; bb; cc; etc...)

"— Dize, Juca Mulato, o mal que te tor*tura*.
— Roque, eu mesmo não sei se este meu mal tem *cura*.
— Sei rezas com que venço a qualquer mau olh*ado*,
breves para deixar todo o corpo fech*ado*.
Mas... de onde vem o mal que tanto te abat*eu*?
— Ele vem de um olhar que nunca será m*eu*...
Como está para o sol a luz morta da estr*ela*,

a luz do próprio sol está para o olhar de*la*...
— Juca Mulato! Esquece o olhar inating*ível*!
Não há cura, ai de ti! para o amor imposs*ível*;
Arranco a lepra ao corpo; extirpo da alma o *tédio*;
Só para o mal de amor nunca encontrei re*médio*..."

(MENOTTI DEL PICCHIA)

São *alternadas* as figurantes em versos não consecutivos, o 1º com o 3º, o 5º, etc. e o 2º com o 4º e o 6º, e assim por diante: (ababab, etc.).

"Somos dois. Cada qual mais triste e mais cal*ado*.
Anda lá fora o luar garoando no jard*im*...
Tenho pena da sombra imóvel a meu l*ado*,
possuída da expressão de um silêncio sem f*im*.
E recordo, em voz alta, o meu tempo pass*ado*.
e a sombra chega mais para perto de m*im*."

(OLEGÁRIO MARIANO)

As *cruzadas* se intercalam, em parelhas, num grupo de quatro versos (abba):

"Aqui outrora retumbaram h*inos*;
muito coche real nestas calç*adas*
e nestas praças, hoje abandon*adas*,
rodou por entre os ouropéis mais f*inos*..."

(RAIMUNDO CORREIA)

São *encadeadas*, quando a última palavra de um verso rima com outra no meio do verso seguinte:

1

"Voai, zéfiros *mimosos*,

1   2

vagarosos, com *cautela*:

GRAMÁTICA NORMATIVA DA LÍNGUA PORTUGUESA

     2   3

Glaura *bela* está *dormindo*...

        3

Quanto é *lindo* o meu amor!"

(SILVA ALVARENGA)

Nestes versos de Drummond, encadeiam-se rimas totais, em parelhas:

"Às vezes o *encontro*
num *encontro* de nuvem.
Apoia em meu *ombro*
seu *ombro* nenhum."

Iteradas são as que se repetem no mesmo verso:

     1 1   2   2

"Donz*ela* b*ela*, que me insp*ira* à l*ira*

     3   3

um *canto* *santo* de fremente amor,

    4   4   5   5

ao b*ardo* o c*ardo* da trem*enda* *senda*

    6   6

est*anca*, arr*anca*-lhe a terrível dor!"   (CASTRO ALVES)

A repetição de sons pode ocorrer em todas as palavras do verso (ou quase todas), como neste justamente famoso verso de Eugênio de Castro:

"Na messe que enloirece, estremece a quermesse..."

As vezes, ao poeta agrada dispor as rimas sem critério fixo. Estas chamam-se *misturadas*, como no exemplo seguinte:

"Antes pela existência andar à tuna.
sono, viola e fumo, e ao *Deus-dará*...
O que passou, já lá se foi — que *importa?*

E o que há de vir, por sua vez *virá!*
Para a dor do viver que nos *devasta*
e que beijo nenhum de amor *consola,*
os ciganos fizeram-me *sentir*
que, das três cousas, uma só nos *basta:*
— Tocar *viola,*
fumar cachimbo, ou *dormir.*"

(RAIMUNDO CORREIA)

Nesses versos, rimam: *Deus-dará* e *virá* (rima consoante); *importa* e *consola* (rima toante); *devasta* e *basta, sentir* e *dormir, consola* e *viola* (rima consoante).

VERSOS MONORRIMOS

Raros são os exemplos modernos dos artificiosos versos monorrimos, aqueles em que, em toda a estrofe, a rima não varia:

SALÁRIO

"Ó que lance extraordinário:
aumentou o meu salário
e o custo de vida, vário,
muito acima do ordinário,
por milagre monetário
deu um salto planetário.
Não entendo o noticiário.
Sou um simples operário,
escravo de ponto e horário,
sou caxias voluntário
de rendimento precário,
nível de vida sumário,
para não dizer primário,
e cerzido vestuário.
Não sou nada perdulário,

GRAMATICA NORMATIVA DA LÍNGUA PORTUGUESA   647

muito menos salafrário,
é limpo meu prontuário,
jamais avancei no Erário,
não festejo aniversário
e em meu sufoco diário
de emudecido canário,
navegante solitário,
sob o peso tributário,
me falta vocabulário
para um triste comentário.
Mas que lance extraordinário:
com o aumento de salário,
aumentou o meu calvário!"

(CARLOS DRUMMOND DE ANDRADF)

"Exceto para efeitos cômicos, são monótonos" — observa Antenor Nascentes, em suas *Noções de estilística e literatura* (Rio de Janeiro, 1929). Encontramo-los, por vezes, nos trovadores medievais:

"'Tan comprida de todo ben,
per boa fé, esto sei ben,
se Nostro Senhor me dê ben
d'ela, que eu quero gran ben,
per boa fé, non por meu ben,
ca, pero que lh'eu quero ben,
non sabe ca lhe quero ben.'"   (PERO GARCIA BURGALÊS)

O *ENJAMBEMENT*, OU CAVALGAMENTO

"Il y a *enjambement* toutes les fois que le sens, commence dans un vers, se termine dans une partie du vers suivant:
'Au-dessus de sa tête *un clairon de victoire*
S'allonge, et sa légende achève son histoire.'

(VICTOR HUGO, 'L année terrible')

La partie de la phrase, ou du membre de phrase, qui empiète sur le second vers est dit le *rejet*."[9]

Depois de muito usado pelos poetas do século XVI na França, foi o *enjambement* rigorosamente proscrito no século XVII. "Enfin Malherbe vint..." — escreveu Boileau —

"Et le vers sur le vers n'osa plus enjamber",

e durante dois séculos esta lei se tornou, pelo menos teoricamente, uma das pedras angulares da poética francesa.

Com sobriedade e equilíbrio, valeram-se desse recurso nossos clássicos mais autorizados. Garcia de Resende, Sá de Miranda e Antônio Ferreira talvez se excederam até em seu emprego, e, em Os *Lusíadas*, há passos como este:

"Já pelo espesso ar *os estridentes*
Farpões, setas e vários tiros voam:
Debaixo dos pés duros dos *ardentes*
Cavalos treme a terra, os vales soam.
Espedaçam-se as lanças, e as *frequentes*
Quedas co'as duras armas tudo atroam.
Recrescem os imigos sobre a *pouca*
Gente do fero Nuno, que os apouca." (IV, 31)

Mas entre parnasianos é que aparece o *enjambement* como elemento estilístico expressivamente explorável. Parece-nos fora de dúvida o efeito artístico adrede *buscado* por Bilac no soneto "Pátria", onde a quebra do verso inicial como que reforça e aviva, sugerindo plenitude e rapidez, a própria significação do verbo *circular*:

"Pátria, latejo em ti, no teu lenho, *por onde*
Circulo! e sou perfume, e sombra, e sol, e orvalho!"

---

[9]Auguste Dorchain, op. cit., p. 254

A SINAFIA E A ANACRUSA

Caso extremo de bizantinice métrica é a *sinafia*, fenômeno que se dá quando dois versos estão de tal modo interpenetrados, que uma palavra começa num deles e acaba no outro. Poder-se-ia considerar como o exagero delirante do próprio *enjambement*.

Esta rima por fragmentação vocabular vem dos primeiros tempos do idioma, de Sua Majestade el-rei dom Dinis, nos versos famosos que todos conhecemos:

> "Ca viv'en tal cuidado,
> come quen sofredor
> é de mal aficado
> que non pode maior,
> se mi non val a que en *for-*
> *te* ponto vi, ca ja da *mor-*
> *t'ei* prazer e nenhum pavor."

E, se recuarmos no tempo, iremos encontrá-la no latim de Horácio:

> "Labitur ripa Iove non probante *u-*
> *xorius* amnis."

Exemplos de poetas portugueses e brasileiros de várias fases:

> "Vê com *ardor*
> Teu belo *cor-*
> *po* escultural..."   (ANTÔNIO FEIJÓ)

> "São nuvens de oxigênio
> Teus vestidos? São de *vidro*?
> Ou são vapores de *hidro-*
> *gênio*?"   (MARTINS FONTES)

"Ó rei, no teu doirado *reino*,
onde és tu mesmo a *lei*..." (CASSIANO RICARDO)

A *anacrusa*, palavra tirada à linguagem da música, é uma sílaba exce-
dente, anteposta à sílaba inicial de um verso, a qual não se leva em conta
na escansão desse verso:

"Meu Deus,
eras bela
donzela
valsando..." (CASIMIRO DE ABREU)

Sendo este poema, "A valsa", composto em versos de duas sílabas,
aquele *e* de *eras bela* há de ser desprezado, sob pena de romper-se o
isossilabismo — pois que, em caso contrário, ficaria o aludido verso com
três sílabas.

VERSOS BRANCOS OU SOLTOS

Versos que não rimam chamam-se *brancos* ou *soltos*. Posto que a rima
seja, a par do ritmo, elemento natural da forma poética, numerosos poemas há, musicalíssimos, que a têm dispensado.

Olavo Bilac, no tratado de versificação escrito de mão comum com
Guimarães Passos, exprobrou a ausência da rima: "... em composição
alguma de versos se deve prescindir da rima. Ela é indispensável." "Não
se lembrou, talvez, de que em 'Satânia' compusera" — como já frisou
Manuel Bandeira — "cento e nove melodiosíssimos e harmoniosíssimos
versos brancos."

Na literatura brasileira enxameiam belas peças em versos soltos:
"Uraguai", de Basílio da Gama; "Anchieta" e "Cântico do Calvário", de
Fagundes Varela; "Palavras ao mar", de Vicente de Carvalho, e muitas outras.

VERSO LIVRE

1) Assim se chama o verso que não tem medida padronizada.

Nele, não há o ritmo "matemático" que estamos habituados a sentir, proveniente da divisão regular das sílabas em grupos métricos com pausas determinadas. Há, no entanto, uma musicalidade particular — baseada no jogo das entoações e das pausas —, a qual reproduz o movimento interior da alma do poeta, regulando-se pela amplidão da ideia ou do sentimento —, ritmo subjetivo, único e intransferível.

Eis uma observação interessante do crítico Sérgio Milliet a respeito da poética dos modernistas brasileiros de 1922:

> "Em suma, para eles, o verso só tinha de livre o nome; na realidade criavam novas regras, mais difíceis ainda do que as anteriores, porquanto exigiam do artista uma penetração profunda na própria essência da poesia. Não se tratava de abolir ritmos, música, imagens, mas de encontrar o ritmo certo, a música adequada e a imagem incisiva. A luta era contra a retórica e contra as fáceis e falsas soluções da metrificação tradicional, que já não correspondiam nem à língua nem à sensibilidade de nossa época. E o resultado da luta não foi a licença, como pensavam os reacionários, nem a anarquia, como parecem acreditar alguns jovens de hoje, porém a possibilidade para cada um de criar suas próprias leis, as que melhor se ajustassem a seu temperamento e sua mensagem."[10]

Eis um belo exemplo de poema em versos livres:

> "Era um grande pássaro. As asas estavam em cruz, abertas para os
> [céus.
> A morte, súbita, o teria precipitado nas areias molhadas.
> Estaria de viagem, em demanda de outros céus mais frios!
> Era um grande pássaro, que a morte asperamente dominara.
> Era um grande e escuro pássaro, que o gelado e repentino vento
> [sufocara.

---

[10]Sérgio Milliet, *Diário crítico*, 9 vols., São Paulo· Martins, 1944-57 vol 2, p. 96-7.

Chovia na hora em que o contemplei.
Era alguma coisa de trágico,
tão escuro, e tão misterioso, naquele ermo.
Era alguma coisa de trágico. As asas, que os azuis queimaram,
pareciam uma cruz aberta no úmido areal.
O grande bico aberto guardava um grito perdido e terrível."
(AUGUSTO FREDERICO SCHMIDT, "Poema", em *Estrela solitária*.)

Quem, por primeiro, libertou o ritmo do verso parece ter sido o americano Walt Whitman, que exerceu grande influência sobre os simbolistas franceses — os teóricos da arte nova e seus grandes vulgarizadores.

2) Do poema em versos livres distingue-se (é conveniente assinalar) o poema *heterométrico* — em que se sucedem, com disposição arbitrária, versos *tradicionais* de *medidas diferentes*.
Exemplo:

CONSOADA

Quando a Indesejada das gentes chegar (11)
(Não sei se dura ou caroável), (8)
Talvez eu tenha medo. (6)
Talvez sorria, ou diga:
         — Alô, iniludível! (12)
O meu dia foi bom, pode a noite descer. (12)
(A noite com os seus sortilégios.) (9)
Encontrará lavrado o campo, a casa limpa, (12)
A mesa posta, (4)
Com cada coisa em seu lugar. (8)

(MANUEL BANDEIRA)

ÍNDICE DE ALGUNS FATOS DE LINGUAGEM[1]

A

a (com acento; sem acento) 464-471
a/há 426
abdômen (seus plurais) 127
aceito a 435
acerbo 68
à chave 467
à fome 467
acurativos (auxiliares) 504
algoz, algozes (pronúncia) 69
aliá 124
ambos 155, 384
à mesa, na mesa 438
anacoluto 587
anafórico (demonstrativo) 401
ancião (seus plurais) 130
aonde (e onde) 408, 409
assistir-lhe, a ele 512-515
à(s) pressa(s) 468
até/até a 446
através de 452
avós/avôs 131

B

badejo (pronúncia) 68
boêmia/boemia (subst.) 63
bolsos (pronúncia) 134

C

cada, 162, nota
cartomancia (pronúncia) 62
casa (ir a casa) 466-467
casar(-se) 516-517
cateter 62, 63

caudal (gênero) 122
cerda (pronúncia) 69
cidadão (plural) 129
champanha (seu gênero) 122
colorir (e colorar) 222
como pai/como a pai 304
com ou sem recursos 448
consigo 158, 389, 390
conosco e com nós... 389
contra recibo 448
cor (adjetivos de) 146-148
corvos (pronúncia) 134
coisa e cousa 86
copo d'água/com água 447
crase (acento de) 91, 385, 464-465

D

de há muito 426
dêitico (demonstrativo) 401
dentro em 457
diferencial (acentuação) 93-95
dum (= de um) 233

E

embaixatriz/embaixadora 124
em mão 228
em que pese a 220
enquanto 354
entoação 285
entre mim e ti 389, 433
é que 406, 496
eu me parece 392

---

[1]Este índice estava em elaboração pelo Autor. Não se sabe se ele o considerava terminado.

G

grama 122
gratuito 62
guarda-marinha 133

H

haja vista 421

I

ibero 62
ileso 69
interesse(s) 69

J

já/mais 426-427
júnior (plural) 127

L

labareda 69
lança-perfume 122

M

mais bem/melhor 424
mais bom 150
mais grande 150
maquinaria 62
marani 124
meio-dia e meia 385
meio(s) nus 373, 374
mil (número indeterminado) 383
misantropo 62
modais (auxiliares) 504
muita rosa (= muitas rosas) 364
muita vez (= muitas vezes) 364

N

não   partícula de negação 229
        substantivo 361
        vicário 167

não obstante 345
nenhum/nem um 410-411
Nobel 62
nomes de pessoas (seu plural) 131
nós (com valor de singular) 395
noves (prova dos) 131
números (seu plural) 131

O

obeso (pronúncia) 68
obsoleto (pronúncia) 68
ocre (pronúncia) 69
óculos 130
omega e ômega 63
omoplata (gênero) 122
onagro (pronúncia) 62
onde/aonde 408, 409
os planos (os) mais elevados 370

P

pagão (plural) 129
para com 459
para eu fazer 389
peão (seus femininos) 120
pegada (substantivo) 62
perito (pronúncia) 62
personagem (gênero) 121
pijama (gênero) 121
pior (comparativo) 150, 424
PORQUE (interrogativo) 427, 428
POR QUE 430
pra 67
projétil/projetil 128
pronomes átonos (interposição em locu-
        ções verbais) 549-550
propositalmente 426

Q

quando 228, 229, 354
quanta vez (= quantas vezes) 363, 364

GRAMÁTICA NORMATIVA DA LÍNGUA PORTUGUESA

QUE
  advérbio 226, 227
  átono, tônico 66, 71
  comparativas 348, 349, 350
  correlativa 349
  integrantes 239, 329
  interrogativa 164, 166, 409, 410
  omitida, simples elo, 327
  relativo 162, 163, 403-406, 491
QUEM 163-166, 329, 330, 333, 337,
    338, 406-407, 410, 491
querer-lhe e querê-la 537-538

R

rani 125
réptil/reptil 128
reduzir a 455
rubrica 62

S

s/c (nascer, etc.), 59 nota 4, 83
SE com função de dativo 387
    ind. de indeterm. do suj. 475, 476
    part. apassivadora 391
    reflexivo 391
se + o (vê-se-o, etc.) 393-394
sem que 344-347
sênior (plural) 127
ser 167, 492-495
seu dele 392, 399
si 158, 389-390
sim (vicário) 167
sogros 134

soprano (gênero) 122
surdo-mudo 143

T

telefone (falar pelo, ao) 445
ter de, ter que 452, 453
todo o sempre 414
todos os dois 414
todo, todo o 413
tratamento (mudança de) 585
trocos 134
tudo que, tudo o que 414, 415
tudo são (é) flores 492

U

ũa 380
uma (numeral), à uma 385
ureter 62
usucapião (seu gênero) 122

V

vicárias (palavras) 167
vir e ver (derivados) 216, 218
vós (uso deste tratamento) 473

X

xerox 62

Z

zero (desinência) 243, 244

Este livro foi composto na tipografia Classical
Garamond BT, em corpo 12/16, e impresso em
papel off-set no Sistema Cameron da Divisão
Gráfica da Distribuidora Record.